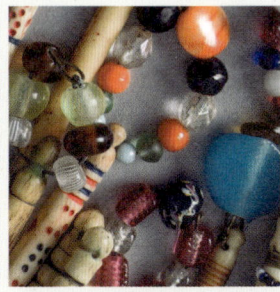

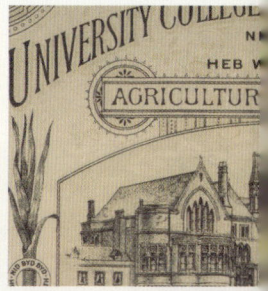

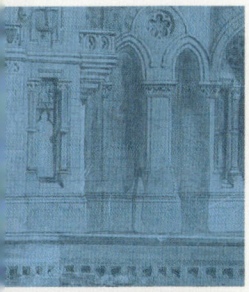

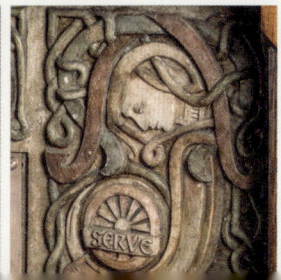

Breuddwydiwr gyda chalon llew a ddaeth
I godi palas cain ar fin y traeth;
Mynydd o faen a marmor, mur a gris
A'r byd yn grwn yn taer ddyfalu'i bris;
O'i fewn, yr onglau'n gymysg oll i gyd,
Cyfrodedd meddwl pensaer, clir ei fryd;
Pinaclau fry na chyfarfyddant fyth
Yn ysu am gael croesi'r bwlch di-lyth.
Mewn gair, cyfanwaith coeth o'i ben i'w droed
Tu hwnt i beth fu unrhyw westy 'rioed.
Anghyflawn, fel un Babel, oedd y tŵr
A ddylai uno'r ddeuddarn ger y dŵr
Pan ddaeth y Cymry pybyr, oll ar dân
Dros hybu academia gwlad y gân;
Sylwyd ar yr honglaid hardd a seliwyd nod
Nad oedd dim oll ond coleg yno'i fod.

> Rhagymadrodd i berfformiad o *She
> Stoops to Conquer* (Rhagfyr 21, 1892)
> gan Charles Harold Herford (1853–1931),
> Athro Saesneg yn Aberystwyth

Cyfieithiad gan Arwel 'Pod' Roberts

A Titan-hearted Publican had piled
A Giant Palace in the Cambrian wild;
Ossas of stone on marble Pelions toss'd
Made the world wonder – what it must have cost;
Within, all angles, mystically twined
To express the Builder's enigmatic mind;
While ever-parted Pinnacles above
Sigh'd for each other, wan with hopeless love.
In short a Place that sounded, like a Bell,
Of All that never was in a Hotel.
Only the Tower was left, like Babel's, incomplete,
Because ('twas said) the two ends wouldn't meet.
What wonder then if Cambrians on the roam,
In search for just a neat scholastic home,
Eying the Pile, swore, all afire for knowledge,
It nothing was, nor should be, but a College!

> Prologue to performance of *She Stoops
> to Conquer* (December 21, 1892) by Charles
> Harold Herford (1853–1931), Professor of
> English at Aberystwyth

CEINIOGAU'R WERIN • THE PENNIES OF THE PEOPLE

1872 150 2022

Prifysgol Aberystwyth mewn 150 Gwrthrych

Aberystwyth University in 150 Objects

Talfyriadau | Abbreviations

CPC	Coleg Prifysgol Cymru
FRS	Fellow of the Royal Society
IBERS	Athrofa y Gwyddorau Biolegol, Amgylcheddol a Gwledig / Institute of Biological, Environmental and Rural Sciences
OSA	Old Students' Association
STEM	Science, Technology, Engineering and Mathematics
UCL	University College London
UCW	University College of Wales

Rhagair

Mae'r syniad o sefydlu prifysgolion yng Nghymru yn dyddio'n ôl i ymgyrch Owain Glyndŵr ar ddechrau'r bymthegfed ganrif, ond ni chafodd ei wireddu am dros 450 o flynyddoedd. Diolch i weledigaeth criw bach o Gymry yng nghanol y bedwaredd ganrif ar bymtheg, taniodd y syniad o godi prifysgol gyntaf Cymru yn Aberystwyth ddychymyg y genedl, er na ddenodd fawr ddim cefnogaeth gan y llywodraeth yn y blynyddoedd cynnar. Ar y dechrau, roedd ein hegin-sefydliad, wedi'i leoli mewn gwesty glan-môr anorffenedig, yn dibynnu ar roddion ewyllysgar a chymorth 'ceiniogau'r werin'.

Yn ddi-os, mae hi'n stori ramantus, yn un o lwyddo er gwaethaf pawb a phopeth. Mae'n hanes sydd wedi cael ei adrodd yn rhannol o'r blaen: yn yr antholeg *The College by the Sea* yn 1928 ac yng nghofiant meistrolgar EL Ellis, a gyhoeddwyd ar gyfer ein canmlwyddiant yn 1972. Mae'r gyfrol hon yn myfyrio ar agweddau ar ein hanes a'n pobl drwy gyfrwng 150 o wrthrychau. Yn cyd-fynd â phob gwrthrych, ceir ysgrif fer neu ymateb creadigol gan leisiau o bob rhan o deulu'r brifysgol, gan gynnwys staff, myfyrwyr a chefnogwyr ddoe a heddiw.

Daw mwyafrif y gwrthrychau o'n casgliadau a'n hadrannau ein hunain, gan gynnig blas o'r arddangosfeydd cyffrous sydd i ddod pan fydd yr Hen Goleg yn ailagor ar ôl i waith ailddatblygu sylweddol ddod i ben. Mae rhai i'w gweld drwy garedigrwydd Llyfrgell Genedlaethol Cymru, Amgueddfa Cymru a chyfeillion eraill. Rwy'n diolch o waelod calon i bawb a gyfrannodd at gynhyrchu'r clytwaith gwych hwn o gynnwys.

Byddai ein sylfaenwyr yn ei chael hi'n anodd adnabod y sefydliad fel y mae heddiw, wedi iddo flodeuo o ddim ond pump ar hugain o fyfyrwyr a phedwar aelod o staff yn 1872 i'r gymuned fywiog o dros 8,000 sydd gennym ni yma bellach. Ac eto, er gwaethaf newidiadau a heriau'r 150 mlynedd diwethaf, rydym yn parhau'n driw i'n hegwyddorion sylfaenol o ddarparu ymchwil ac addysg gynhwysol sy'n ymateb i anghenion Cymru a'r byd ehangach.

Elizabeth Treasure

Elizabeth Treasure
Is-Ganghellor

Foreword

Though the idea of establishing universities in Wales dates back to Owain Glyndŵr's campaign in the early fifteenth century, it was more than 450 years before it became a reality. Driven by the vision of a small group of Welsh individuals in the middle of the nineteenth century, the proposal for Wales' first university to be located at Aberystwyth captured the imagination of a nation, though it attracted little government support in the early years. Housed in a half-finished seafront hotel, our fledgling institution was initially dependent on goodwill donations and the legendary pennies of the people.

Ours is without doubt a romantic story, a story of triumph in the face of adversity. It is a story which has been partially recounted before: in the 1928 anthology *The College by the Sea* and in EL Ellis' masterly history published for our centenary in 1972. This latest book reflects on aspects of our history and our people through the lens of 150 objects. Each object is accompanied by a short essay or creative response by voices from across the university – staff, students, and supporters past and present.

Most objects are drawn from our university and departmental collections, many of which will be on display in Old College when it reopens after major redevelopment. Some objects are featured here by kind permission of the National Library of Wales, Amgueddfa Cymru – National Museum of Wales and other friends of the University. To everyone who has played a part in producing this wonderful kaleidoscope of content, I am most grateful.

Our founders would likely struggle to recognise the institution we have become today, growing from just twenty-five students and four members of staff in 1872 to today's vibrant community of more than 8,000. Yet despite the changes and challenges of the past 150 years, we remain true to our founding principles of delivering research and an inclusive education that respond to the needs of Wales and the wider world.

Elizabeth Treasure

Elizabeth Treasure
Vice-Chancellor

Castell yn yr Awyr

■ 'Boed i'r ysbryd, nid y synnwyr, reoli'r dyfodol!' oedd cri JP Seddon ym mis Gorffennaf, 1870. Y flwyddyn ganlynol, rhoddodd rwydd hynt i'w ddychymyg yn y darlun hwn o sut y gallai Prifysgol Aberystwyth edrych pe gellid sicrhau'r arian angenrheidiol. Ac yntau'n ymwybodol fod yr egin-sefydliad yn dibynnu ar geiniogau'r werin ac yn brwydro am ei fodolaeth, crëwyd y dyluniad hwn gan Seddon 'mewn gobaith yn hytrach na disgwyliad'.

Gwaith y pensaer adnabyddus John Pollard Seddon oedd Gwesty Tŷ'r Castell (a agorodd yn 1865). Mae ei wedd eclectig i'w phriodoli i benderfyniad Thomas Savin, dilledydd a chontractiwr rheilffordd o Groesoswallt, i greu gwesty rheilffordd mawreddog mewn cwta flwyddyn. Rhoddwyd rhwydd hynt i Seddon, ac nid oedd Savin yn cyfri'r gost.

Fel dilynwr i John Ruskin ac un a ffafriai'r arddull Gothig Uwch Fictoraidd, hyrwyddai Seddon ymasiad o arddulliau hanesyddol i greu arddull bensaernïol wreiddiol ac unigryw ar gyfer yr oes fodern. Grŵp o adeiladau rhyng-gysylltiedig a gafwyd yn hytrach nag adeiledd unedig, wedi eu hysbrydoli gan nodweddion o'r Gothig Ewropeaidd. Mae amlinell y toeon yn y darlun yn drawiadol o afreolaidd, gyda'r tyrrau castellaidd, y meindyrau crwn, y gargoeliau ar y parapetau, y tyredau tebyg i golomendai, y simneiau addurnedig a'r toeon serth. Roedd castell yn yr awyr Seddon i'w edmygu o bob cyfeiriad.

Oherwydd methdaliad, daeth adeilad Savin – ei dyrau anorffenedig a'i adain ogleddol ddi-do – i feddiant grŵp o

Cynlluniau o 1871 yn dangos gweledigaeth y pensaer gwreiddiol John Pollard Seddon ar gyfer cwblhau Gwesty Tŷ'r Castell, Aberystwyth, a'i drosi i'w ddefnyddio gan Goleg y Brifysgol. Ni wireddwyd ei gynllun rhwysgfawr erioed.

1871 plans to complete and repurpose the Castle House Hotel, Aberystwyth, for use by the University College as envisioned by its original architect John Pollard Seddon. His extravagant scheme was never implemented.

'Let spirit, not sense, rule future ages!' insisted JP Seddon in July, 1870. The following year, he painted this exuberant impression of how the university at Aberystwyth might look, should funds be secured. Aware the fledgling institution relied on the pennies of working people in Wales and was struggling for its existence, Seddon executed this design 'more in hope than expectation'.

The Castle House Hotel (which opened in 1865) was the work of celebrated architect, John Pollard Seddon. Its eclectic appearance bears witness to Oswestry draper-cum-railway contractor Thomas Savin's determination to complete a grandiose railway hotel in just one year. Seddon was afforded total stylistic freedom, and Savin was not counting the cost.

A follower of John Ruskin and advocate of High Victorian Gothic, Seddon promoted a fusion of historical styles to create an original and distinct architectural form for the modern age. A group of interconnected buildings rather than a unified structure, its interlocking forms were inspired by features Seddon appropriated from the European Gothic. Its crenellated towers, conical spires, gargoyled parapets, pigeon-house turrets, ornamented chimneys and steep-pitched roofs create a strikingly irregular skyline. Seddon's castle in the air was conceived to be admired from all aspects.

Following Savin's bankruptcy, the building – its towers incomplete and northernmost wing roofless – was acquired by a group of philanthropists intent on founding a university in Wales. Seddon was tasked to complete and repurpose Castle House Hotel as a college. As this perspectival drawing attests, retaining the integrity of his building prevailed over cost.

Seddon's extravagances were curbed. His visionary scheme for the College was never completed. The north tower adjoining the library did not rise beyond the first floor, and plans for a tenth-storey observatory were abandoned. Yet Seddon's legacy remains, as the Old College stands testament to our founders who rose to the seemingly impossible challenge of establishing Wales' first university college.

ddyngarwyr â'u bryd ar sefydlu prifysgol yng Nghymru. Cafodd Seddon y dasg o orffen ac ailbwrpasu'r gwesty i fod yn goleg. Fel y gwelwn yn ei luniad persbectifaidd, roedd cynnal uniondeb ei adeilad yn bwysicach iddo nag ystyried y gost.

Rhoddwyd ffrwyn ar afradlonedd Seddon. Ni chafodd ei gynllun arloesol ar gyfer y Coleg fyth ei orffen. Cyn belled â'r llawr cyntaf yn unig yr adeiladwyd twr y gogledd nesaf at y llyfrgell, a bu'n rhaid rhoi'r gorau i'r syniad o arsyllfa ar y degfed llawr. Ac eto, mae gwaddol Seddon yn parhau, gyda'r Hen Goleg yn tystio i'n sylfaenwyr a ymatebodd i'r her, amhosibl yn ôl pob golwg, o sefydlu coleg prifysgol cyntaf Cymru.

Robert Meyrick

Robert Meyrick

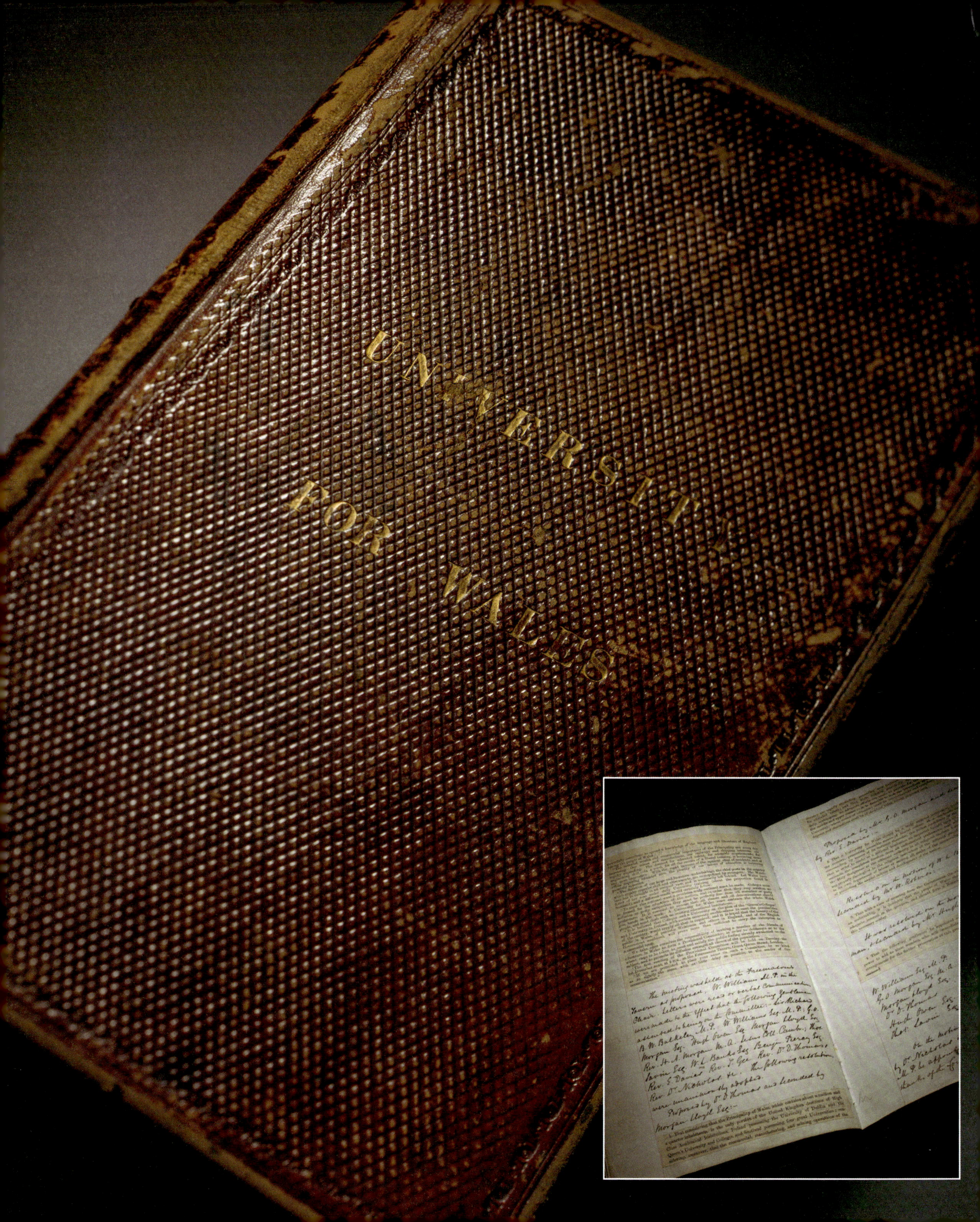
UNIVERSITY
FOR WALES

Mae'r llyfr cofnodion swmpus hwn yn dynodi trobwynt hanesyddol yng nghyd-destun addysg yng Nghymru, a'r teitl ar y clawr blaen yn datgan pwrpas y pwyllgor yn blwmp ac yn blaen mewn llythrennau breision aur – *University for Wales*. Mae'r cynigion a roddir gerbron, mewn cyfuniad o lawysgrifen gain a phrint, yn gwbl glir o ran yr amcanion a'r weledigaeth ar gyfer y sefydliad newydd hwn:

Dylai Prifysgol Cymru fod yn sefydliad gwirioneddol genedlaethol, a leolir yn y wlad, yn darparu moddau hygyrch o ddiwylliant rhyddfrydol am gost gymedrol, ac yn ennyn, drwy ei hanian genedlaethol, lawn hyder y bobl... ac yn anelu yn ei chylch llafur ei hun at uno pob haen yn y gymuned er mwyn hybu diwylliant meddyliol a datblygiad y genedl.

Er y nodir yn benodol yn y dogfennau nad oedd bwriad gwleidyddol, cenedlaetholgar, wrth wraidd y cysyniad, rhydd y cynnwys y cyd-destun yn yr Alban ac yn Iwerddon, gan bwysleisio'r angen am addysg o safon gymharol yng Nghymru: '...ehangu'n gyflym y mae gweithgareddau masnachol, gweithgynhyrchu, a mwyngloddio'r wlad, gan gyflwyno adnoddau newydd a chreu galw o'r newydd am ddoniau addysgedig.'

Yn ogystal â chroniclo'r cyfnod arwyddocaol hwn, mae'r cofnod hefyd yn taflu goleuni ar yr unigolion a'r cyfranwyr cynnar hynny a fu mor allweddol wrth sefydlu'r Brifysgol, boed hynny drwy gyfraniadau ariannol neu drwy eu dylanwad a'u statws.

A minnau'n rhywun sy'n gweithio ym maes llywodraethu, mae'r gwrthrych yn crisialu pwysigrwydd rhai o'r penderfyniadau allweddol, hanesyddol sy'n cael eu pwyso a'u mesur yn feunyddiol gan gyrff llywodraethu. Mae'n tanlinellu'r cyfrifoldeb ar ysgwyddau aelodau wrth iddynt ddod i gasgliadau, yn ogystal â phwysigrwydd cysylltiedig cofnodion y cyfarfodydd hynny wrth groniclo'r cyfan – yr unigolion sy'n cyfrannu at y drafodaeth; y cynigion, a'r ystyriaethau a'r penderfyniadau sy'n llywio dyfodol y sefydliad ac, o bryd i'w gilydd, sydd â sgil-effeithiau a ddethlir 150 mlynedd yn ddiweddarach.

D Gwawr Taylor

This substantial minute book marks a historic turning point in the context of Welsh education, with the title on the front cover clearly stating the committee's purpose in bold gilt lettering – *University for Wales*. The proposals, in a combination of manuscript and print, unambiguously set out the new institution's objectives and vision:

That a University for Wales should be a truly national institution, located in the country, presenting accessible means of liberal culture at a moderate cost, and commanding, by reason of its national character, the fullest confidence of the people... and aims in its own department of labour at uniting all ranks of the community in the work of promoting the mental culture and development of the nation.

While specifically noting the absence of a political or nationalistic intent behind the concept, the content provides the Scottish and Irish context, emphasising the need for education of a comparable standard in Wales: '...the commercial, manufacturing, and mining operations of the country are rapidly expanding, presenting new facilities and creating new demands for educated talent.'

As well as chronicling this significant period, the records also shine a light on those pioneers who played such an instrumental part in establishing the University, be that through financial contributions or through their influence and status.

The book encapsulates the importance of some of the key historical decisions that governing bodies weigh up on a daily basis. It underlines the responsibility placed upon members as they come to conclusions, as well as the associated importance of the minutes of those meetings in recording the entire process – the individuals contributing to the discussion, the proposals, and the deliberations and decisions that would shape the future of the institution and the repercussions of which, now and again, are still celebrated 150 years later.

D Gwawr Taylor

Y llyfr cofnodion gwreiddiol a ddefnyddiwyd gan bwyllgor sefydlu 'Prifysgol i Gymru', a gyfarfu yn 1863.

The original book used to record the minutes of the 'University for Wales' founding committee which met in 1863.

3

Saif cerflun o Syr Hugh Owen y tu mewn i'r adeilad sy'n dwyn ei enw ar gampws Penglais, ac mae'n coffáu gŵr a chwaraeodd ran mor flaenllaw yn sefydlu'r Brifysgol yn Aberystwyth, ac a fu'n ymgyrchydd diflino dros addysg.

Wedi'i eni ym Môn yn 1804, ychydig o addysg ffurfiol a gafodd ei hun cyn cychwyn ar yrfa fel clerc a gwas sifil yn Llundain. Gyda diddordeb amlwg mewn gwaith elusennol a gan sylweddoli'r bylchau yn narpariaeth addysg Cymru, daeth gwella cyfleoedd ar lefelau elfennol, uwchradd ac uwch yn brif flaenoriaeth i Owen. Ar adeg pan oedd ymyrraeth y llywodraeth mewn addysg yn ddadleuol, oherwydd pryderon y byddai'r Eglwys Anglicanaidd sefydledig yn sicr o elwa mewn rhyw fodd, ceisiodd ddarbwyllo'i gyd-Gymry a'i gyd-Anghydffurfwyr i fagu'r hyder i fanteisio ar y cyllid a oedd ar gael gan y llywodraeth ar gyfer addysg elfennol. Fel sawl un arall ar y pryd, cymerai'n ganiataol nad oedd dyfodol i'r iaith Gymraeg yng nghynnwrf yr oes fodern ac mai defnyddio'r Saesneg fyddai ddoethaf at ddibenion addysg. Yn hynny o beth, profwyd ef yn anghywir, ond gwireddwyd ei weledigaeth ehangach am brifysgol yng Nghymru.

Prif orchest Owen oedd llwyddiant ei ymdrechion i helpu i sefydlu prifysgol yng Nghymru, er mwyn sicrhau llwybr haws a mwy fforddiadwy tuag at addysg uwch ar gyfer myfyrwyr Cymru. Ef a fu'n gyfrifol am gyfrif 'ceiniogau'r werin', a gasglwyd i ariannu'r mudiad a fedrodd wedyn fynd ati i brynu Gwesty Tŷ'r Castell yn Aberystwyth a'i drawsnewid i greu'r 'Hen Goleg' eiconig. Hyd yn oed ar ôl i'r Brifysgol agor ei drysau am y tro cyntaf yn 1872, parhaodd i deithio ledled Cymru i ennyn cefnogaeth, er mwyn sicrhau bod y sefydliad yn denu arian ac ewyllys da. Yr ymdrech hon i osod Aberystwyth ar sylfaen gadarn yw'r rheswm pam mae ei enw yn cael ei gofio o hyd fel rhan o adeiladwaith y Brifysgol fodern.

Eryn White

The statue of Sir Hugh Owen, which stands in the building named in his honour on Penglais campus, commemorates a man who played a key role in establishing the University at Aberystwyth, and who campaigned tirelessly in the name of education.

Born in Anglesey in 1804, he received limited formal education himself before embarking on a career as a clerk and civil servant in London. Having a particular interest in charitable work and aware of the gaps in educational provision in Wales, Owen identified as his main priority the improvement of opportunities at elementary, secondary and higher levels. At a time when state involvement in education was controversial, because of concerns that the established Anglican Church was sure to benefit in some way, he sought to persuade his compatriots and fellow Nonconformists to feel confident about taking advantage of available government funding for elementary education. Like many at the time, he assumed that the Welsh language would not survive the challenges of the modern age and that it would be pragmatic therefore to use English for educational purposes. In this, he proved to be mistaken, yet his greater vision of a university in Wales was realised.

Owen's major achievement was the success of his efforts to help establish a university within Wales itself, to make higher education a more easily attainable and affordable goal for Welsh students. He was responsible for counting 'the pennies of the people', collected to fund the movement which was then able to buy the Castle House Hotel in Aberystwyth and convert it into the iconic 'Old College'. Even after the University opened its doors in 1872, he continued to travel the length and breadth of Wales to drum up support to ensure that the institution was endowed with both money and good will. This effort to place Aberystwyth on a secure foundation is the reason why his name continues to be remembered in the very structure of the modern University.

Eryn White

Model plastr hanner maint wedi'i beintio o Syr Hugh Owen (1804–1881), seiliedig ar gerflun efydd gwreiddiol o 1888 gan James Milo Griffith (1843–1897) sy'n sefyll ar y Maes, Caernarfon.

A half-size painted plaster model of Sir Hugh Owen (1804–1881) reduced from the original 1888 bronze by James Milo Griffith (1843–1897) which stands on Castle Square, Caernarfon.

■ Model o 'The Castle House', Aberystwyth, sydd yn y llun hwn, model o dŷ a gynlluniwyd gan neb llai na'r enwog John Nash. Y mae hanes yr adeilad anghyffredin hwn, a alwyd yn 'ornament o dŷ' gyda'i falcon a'i dwred ym mhob congl, yn rhamantus o'i ddechreuad. Fe'i codwyd yn wreiddiol yn y 1790au gan Syr Uvedale Price, perchennog ystad Foxley yn Swydd Henffordd, a oedd yn enwog am gymhwyso syniadau'r Pictiwrésg i faes tirlunio ac am ei ddiddordeb ysgolheigaidd (neu ffug-ysgolheigaidd) mewn ynganu geiriau Groeg a Lladin. Fel tŷ glan-môr i'w wraig y'i cododd, a dyna pam mai'r enw cyntaf arno oedd 'Tŷ Ledi Caroline'.

Gwerthwyd ef yn 1824 i berchennog Gwesty'r Talbot yn y dref, yr hwn yn ei dro a'i gwerthodd i John Taylor, perchennog nifer o weithfeydd mwyn yng ngogledd Ceredigion. Edgar Taylor, ei fab ef, a roes y model porslen i'r Coleg yn 1941. Pam? Beth oedd cysylltiad y tŷ â'r Coleg?

Hyn. Yn 1864, gwerthodd John Taylor y tŷ i Thomas Savin, dyn busnes tra mentrus a fynnai godi gwesty mawr yn Aberystwyth o gwmpas Tŷ'r Castell i dderbyn y myrddiynnau o bobl y meddyliodd ef a ddeuai ar eu gwyliau i'r dref ar drenau o ddinasoedd mawr Lloegr. Gwariodd £80,000 arno. Ond ymhen dim, gydag argyfwng ariannol yn y wlad, aeth Savin yn fethdalwr. Fel y digwyddodd, yr oedd y pwyllgorwyr a fu ers blynyddoedd yn ystyried codi coleg i Gymru wedi bod yn dadlau ac yn dadlau ynghylch ei leoliad – meddyliwyd am Fangor, yn ogystal â Llanilltud Fawr, ac am Gaer hyd yn oed – ond wele yn 1867 cynigiodd Savin ei westy methedig iddynt yn fargen na allent ei gwrthod. Tŷ'r Castell, fel y'i diwygiwyd gan Savin, oedd cartref y Prifathro cyntaf.

Derec Llwyd Morgan

■ Here is a model of the Castle House, Aberystwyth, depicting the small mansion planned by the great John Nash. The history of this eccentric 'ornament of a building' with its balcony and three corner turrets is truly romantic. It was originally built in the 1790s by Sir Uvedale Price, the owner of the Foxley estate in Herefordshire, who was well known for his application of Picturesque ideas to landscaping and for his scholarly (or quasi-scholarly) interest in the pronunciation of Greek and Latin. Price built the Castle House as a seaside resort for his wife and that's why it was first called Lady Caroline's House.

It was sold in 1824 to the owner of the Talbot Hotel in town, who then sold it to John Taylor, who owned several lead mines in north Cardiganshire. It was his son, Edgar Taylor, who donated this china model of the house to the College in 1941. Why? What connection was there between the house and the College?

Here is the connection. In 1864, Taylor sold the Castle House to Thomas Savin, a ruthlessly adventurous businessman, who wished to build a large hotel around the nucleus of the house to lodge the hordes that he envisaged coming on their holidays to Aberystwyth from the great cities of England by train. He spent £80,000 on it. But within a few years, with the country in the throes of a financial depression, Savin became bankrupt. As it happened, he knew that the committee which for many years had sought to establish a college for Wales had been debating long and hard about its location – Bangor had been mentioned, as well as Llantwit Major, and Chester even – and in 1867, he offered the committee members his failed hotel at a bargain they couldn't ignore. The Castle House, as revised by Savin, was the first Principal's lodgings.

Derec Llwyd Morgan

Llosgydd pastiliau tsieini asgwrn Swydd Stafford wedi'i fodelu ar Dŷ'r Castell, wedi'i roi i'r Brifysgol gan Edgar Taylor yn 1942.

Staffordshire bone china pastille burner modelled on the Castle House, gifted to the University by Edgar Taylor in 1942.

Mae golwg go simsan ar safle'r adeiladwyr ar y sgaffaldiau ond, ar amrantiad bron, fe godwyd y gwesty a'i agor cyn gorfod cau flwyddyn yn ddiweddarach. Menter hwy o lawer a esgorodd ar agor coleg prifysgol cyntaf Cymru yn yr un adeilad yn 1872 ac, er breuder y blynyddoedd cynnar, gallwn ddathlu cyrraedd y cant a hanner yn hyderus.

Breuddwyd Thomas Savin o Groesoswallt, partner busnes David Davies (Llandinam) ym menter dod â'r rheilffordd i Aberystwyth, oedd agor nid un ond cadwyn o westai ar lannau Bae Ceredigion wrth i dwristiaeth fynd o nerth i nerth.

Cynigiai Aberystwyth leoliad delfrydol ym marn Savin a'r safle perffaith iddo oedd Tŷ'r Castell, tŷ haf a ddyluniwyd gan y pensaer John Nash. Comisiynodd Savin y pensaer John Pollard Seddon ac roedd disgwyl i'r cynllunio a'r gwaith adeiladu ddigwydd ar ruthr gwyllt. Clywn am Savin yn cael syniad am ystafell goffi a Seddon yn creu brasluniau sydyn, Savin yn eu cymeradwyo y noson honno, a'r adeiladwyr yn gosod y sylfeini y bore canlynol. Er brysio, roedd gan Savin hefyd uchelgais am ei adeilad ac, er iddo agor gwesty anorffenedig Tŷ'r Castell ym mis Mehefin 1865, cafodd ei fwrw gan yr argyfwng ariannol yn 1865–66. Ceisiodd Savin werthu drwy ocsiwn ar 1 Tachwedd, 1866, ac er na lwyddodd bryd hynny, roedd prynwr arall ar y gorwel.

Gweledigaeth Hugh Owen oedd sefydlu prifysgol i Gymru, ac yn 1863 fe ddechreuwyd codi arian yn enw Pwyllgor y Brifysgol. Diolch felly i 'geiniogau prin y werin' a chyfraniadau hael gan drigolion Aberystwyth ac unigolion eraill o Gymru a thu hwnt, fe gronnwyd digon i alluogi Owen a'r pwyllgor ym mis Mawrth 1867 i brynu'r adeilad am £10,000 – tipyn llai na'r £80,000 a wariwyd arno gan Savin. Roedd gan yr egin-Brifysgol gartref, a'r weledigaeth yn dechrau dwyn ffrwyth.

Rhodri Llwyd Morgan

The builders' position on the scaffolding might appear precarious but, almost overnight, the hotel was built and opened before having to close a year later. The campaign that led to the opening of Wales' first university college in the same building in 1872 took much longer, but, despite the fragility of the early years, we can celebrate reaching the 150th anniversary landmark with confidence.

Thomas Savin of Oswestry, David Davies Llandinam's business partner in the venture to bring the railway to Aberystwyth, dreamt of opening not one but a chain of hotels on the shores of Cardigan Bay as tourism went from strength to strength.

Aberystwyth offered the ideal location for Savin, and his dream site was the Castle House, a summer house designed by the architect John Nash. Savin commissioned the architect John Pollard Seddon and the planning and building work were expected to take place at pace. It is said that Savin had an idea for a coffee room. Seddon drew up some quick sketches, Savin endorsed them that night, and the builders laid the foundations the following morning. Despite the urgency, Savin also had ambitions for his building, and, although the unfinished Castle House Hotel was opened in June 1865, he was hit by the financial crisis of 1865–66. Savin attempted to sell up by auction on 1 November, 1866, and although that proved unsuccessful, there was a prospective buyer on the horizon.

Hugh Owen's vision was to establish a university for Wales, and in 1863 fundraising began in the name of the University Committee. Thanks to the 'hard-earned pennies of the people' and generous contributions from the residents of Aberystwyth and other individuals from Wales and beyond, there was sufficient funding by March 1867 to enable Owen and the committee to buy the building for £10,000 – considerably less than the £80,000 spent on it by Savin. The nascent University had a home, and the vision was beginning to bear fruit.

Rhodri Llwyd Morgan

Adeiladwyr Gwesty
Tŷ'r Castell ar sgaffaldiau
yn y 1860au.

Builders on scaffolding
at the Castle House Hotel
in the 1860s.

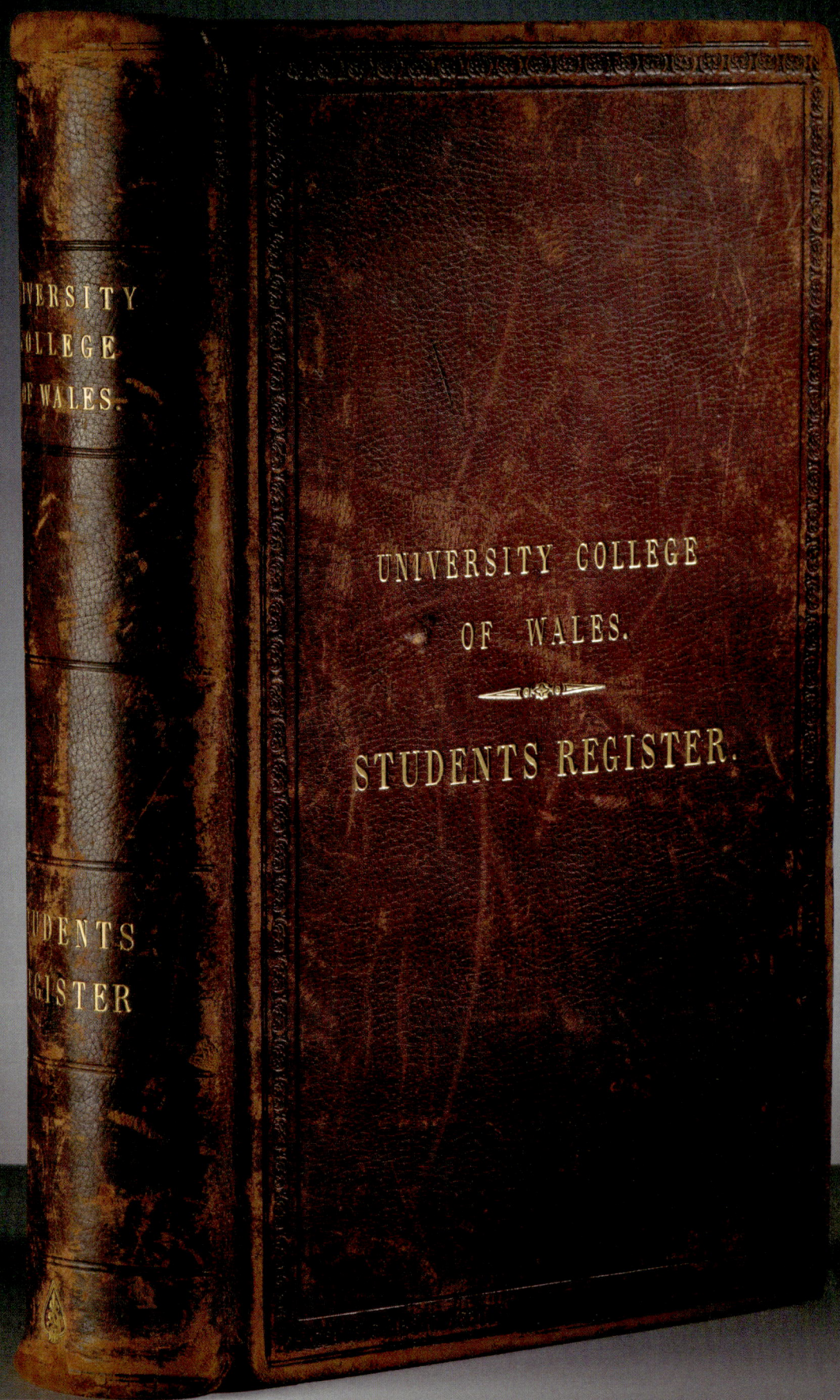

Mae'r gyfrol hon, wedi'i rhwymo mewn lledr, yn cofnodi enwau'r myfyrwyr cyntaf i gyrraedd Aberystwyth o fis Hydref 1872 ymlaen.

A leather-bound volume recording the details of students arriving in Aberystwyth from October 1872.

Pan agorwyd drysau ein Coleg Prifysgol newydd o'r diwedd, ymunodd pump ar hugain o fyfyrwyr â'r Prifathro a'r tri aelod o staff ar gyfer tymor Mihangel. Cofnodir eu gyrfaoedd academaidd, yn llawysgrifen daclus Evan Penllyn Jones, y Cofrestrydd-Lyfrgellydd, yn hon, y gyntaf o ddeg cyfrol.

Mae pob cyfrol yn cynnwys manylion tua 300 o fyfyrwyr, yn cwmpasu'r cyfnod o 1872 i 1909. Mae'r manylion yn cynnwys enw, oedran, addysg hyd yma, enw, swydd a chyfeiriad y tad (neu weithiau'r fam), gan adrodd cyfrolau am gefndir y myfyrwyr cynnar a natur yr egin-Goleg.

Gan mai dyma'r sefydliad addysg uwch cyntaf eang ei gwmpas yng Nghymru, hawdd deall bod llawer o'i fyfyrwyr o gefndiroedd cymharol gyffredin. Roedd ffermwyr, morwyr, masnachwyr, siopwyr a chlerigwyr yn anfon eu plant yma. Mae Cymru'n cael ei chynrychioli'n helaeth, fel mae'r Cymry ar wasgar. Cerddor o dalaith Pennsylvania oedd Nellie Owen, ein myfyrwraig ryngwladol gyntaf. Daeth yma yn 1875, dri mis wedi cofnodi'r criw cyntaf o fenywod.

Mae rhai manylion yn ein taro'n chwithig wrth edrych ar y cyfan o safbwynt addysg uwch ein hoes. Roedd yr oedrannau'n amrywio o bedair ar ddeg i ddeuddeg ar hugain oed yn y garfan gyntaf, gyda phlentyn tair ar ddeg oed yn dechrau flwyddyn yn ddiweddarach; daeth rhai myfyrwyr am ran o sesiwn yn unig, rhai ar gyfer dwy sesiwn, a rhai'n aros am bum mlynedd. Mae'r ystod o bynciau ar gael yn awgrymu mai peth anghyffredin oedd arbenigo.

Mae nodiadau yn y rhan fwyaf o'r cyfrolau yn datgelu eu hynt ar ôl gadael y Coleg – sef llwyddiannau academaidd, gyrfaoedd ac – yn anffodus – marwolaethau anhymig. Erbyn y degfed gyfrol, yn cofnodi carfan 1908–09, mae'r nodiadau hyn wedi peidio. Hynny, mae'n debyg, oherwydd cynnydd mewn niferoedd, gyda chyfanswm cronnol erbyn hynny o 4,093 ar draws pob cofrestr. Diolch i gyllid hael ac ymdrechion gwirfoddol gan Gymdeithas y Cynfyfyrwyr, cafodd y cofrestrau eu digideiddio a'u trawsgrifio.

Julie Archer

When our new University College finally opened its doors, its Principal and three staff were joined for the Michaelmas term by twenty-five students. Their academic careers are recorded, via the neat hand of Evan Penllyn Jones, Registrar-cum-Librarian, in this, the first of a ten-volume series.

Each contains the details of around 300 students, and documents entrants from 1872 to 1909. Name, age, education to date, father's (or sometimes mother's) 'name, quality [occupation] and address' are recorded, and they tell us much about the makeup of the early student body and the nature of the nascent College.

As the first broad-based higher education institution in Wales, it is not surprising that many of its students came from relatively ordinary backgrounds. Farmers, mariners, tradespeople, shopkeepers and members of the clergy all sent their offspring here. Wales is heavily represented, as is the diaspora, from which came our first international student, a Pennsylvanian musician by the name of Nellie Owen, who arrived in 1875, some three months after the first group of women was recorded.

Some details don't necessarily fit with our current perceptions of higher education. Ages ranged between fourteen and thirty-two in the first intake, a thirteen-year-old joined just a year later; some students came for part of a session only, some for just a couple, some stayed five years. The range of subjects studied suggests that specialism was uncommon.

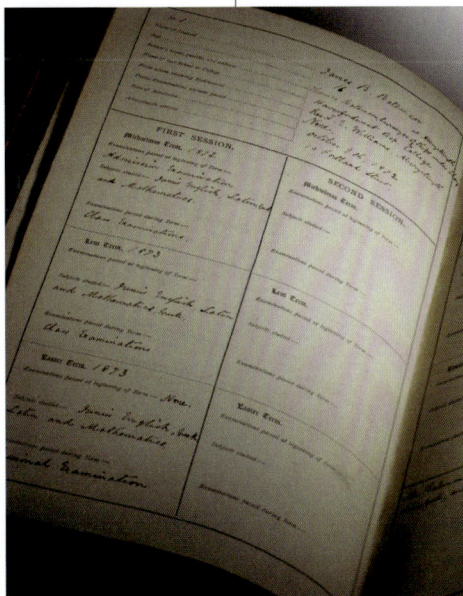

Notes within the bulk of the volumes reveal post-College academic successes, careers and – sadly – untimely deaths. By the tenth volume, recording 1908–09 entry, these notes are no more – the result, presumably, of increased student numbers, which by then had reached a cumulative total of 4,093 across all registers. Thanks to generous funding and voluntary effort from the Old Students' Association, the registers have now been digitised and transcribed.

Julie Archer

Portread Syr Hubert von Herkomer o Thomas Charles Edwards (1837–1900), Prifathro (1872–1891), a gyflwynwyd i'r Brifysgol gan danysgrifwyr tua 1897. Ffoto: Art UK.

Sir Hubert von Herkomer's portrait of Thomas Charles Edwards (1837–1900), Principal (1872–1891), was presented to the University by subscribers circa 1897. Photo: Art UK.

Ni wn pwy ddewisodd Hubert von Herkomer i bortreadu Thomas Charles Edwards mewn olew, ai ef ei hun ynteu un neu ragor o swyddogion y Coleg. Prin y gellid dau mor wahanol i'w gilydd.

Y naill yn frodor o Fafaria a aned yn fab i gerfiwr pren tlawd, a'r llall yn fab i un o ffigyrau mawr Cymru'r bedwaredd ganrif ar bymtheg – Lewis Edwards, sylfaenydd Coleg y Bala – ac yn or-ŵyr i un o Gymry mawr yr oesoedd, sef Thomas Charles.

I ennill bywoliaeth, mudodd teulu von Herkomer i Cleveland, Ohio, yn 1851, ac yna i Southampton yn Lloegr. Ni wyddai'n hollol beth na phwy ydoedd: Almaenwr, ie, ond un a ddaeth yn ddinesydd Prydeinig. Daeth o hyd i'w alwedigaeth fel darluniwr ac arlunydd, galwedigaeth y ffynnodd ynddi i'r fath raddau fel y cafodd gomisiynau gan y teulu brenhinol a chan gewri diwydiant fel Syr Henry Tate, a'i urddo'n farchog yn 1907.

Ni phrofodd Edwards amheuaeth erioed: o goleg ei dad aeth i Brifysgol Llundain, yna i Rydychen, lle graddiodd gyda dosbarth cyntaf disglair yn y literai humaniores. Yna aeth yn weinidog ar ddwy o eglwysi mawr y Calfiniaid Saesneg yn Lerpwl. Yn 1872, oblegid ei ddysg enfawr a'i enwogrwydd eithriadol fel pregethwr dylanwadol, penodwyd ef yn Brifathro cyntaf coleg cenedlaethol cyntaf Cymru, yn Aberystwyth.

Prin mai ei gysylltiadau â Chymru a ddenodd Edwards at von Herkomer. Peintiai yn Eryri; ef a gynlluniodd gleddyf mawr Gorsedd y Beirdd, a merched o Ruthun oedd ei ail wraig a'i drydedd. Prin y dywedwn fod mawredd yn ei bortread o Edwards. Düwch y gŵn academaidd yw'r nodwedd amlycaf ohono. 'The Prince' oedd enw'r myfyrwyr ar eu pennaeth, ond ni welir yma'r bersonoliaeth dywysogaidd a lywiodd y Coleg i fod yn sefydliad o bwys tra sylweddol.

Derec Llwyd Morgan

It is not known who chose Hubert von Herkomer as portraitist of Thomas Charles Edwards: he himself, or one or more College officials. The pair couldn't have been more different.

One was Bavarian, the son of an impoverished wood carver, and the other, the son of one of the great figures of nineteenth-century Wales – Lewis Edwards, the founder of Bala College – and the great-grandson of Thomas Charles, one of the greatest Welshmen in history.

To make a living, von Herkomer's family migrated to Cleveland, Ohio, in 1851, and then to Southampton in England. His identity was ambiguous: yes, he was German, but he became a British subject. He found his vocation as an illustrator and an artist, and had such success that he received commissions from the Royal Family and from such a giant of industry as Sir Henry Tate, and was knighted in 1907.

Edwards knew his identity and intent from birth: from his father's college he went to London University, then to Oxford, where he graduated with a brilliant First in literai humaniores. He then served as minister of two of the largest Calvinistic English churches of Liverpool. And, in 1872, because of his great learning and his extraordinary fame as an influential preacher, he was appointed the first Principal of Wales' first national college at Aberystwyth.

I doubt whether Edwards was drawn to von Herkomer's Welsh connections. The German painted a lot in Snowdonia; it was he who designed the grand sword of the Gorsedd of the Bards, and both his second and third wives were from Rhuthun. Unfortunately, there is no majesty in his portrait of Edwards. Its chief feature is the dense black of the academic gown. His students called their Principal not 'Prinny' but 'The Prince', although there is little evidence here of the princely personality who guided Aberystwyth to be an institution of such national importance.

Derec Llwyd Morgan

Dadorchuddiwyd y cerflun efydd llawn hwn gan William Goscombe John (1860–1952) y tu allan i'r Hen Goleg yn 1922, i goffáu Prifathro cyntaf y Brifysgol, Thomas Charles Edwards (1837–1900).

This full-length bronze sculpture by William Goscombe John (1860–1952) was unveiled outside the Old College in 1922 to commemorate the University's first Principal, Thomas Charles Edwards (1837–1900).

Names and Addresses		promised				Date.	
		£	s	d			

Names and Addresses

~~Jan 88 Thomas, & Davies Edward, Esqre~~   184 / apper 23.3.88 X   334 13 3   5 . .

~~Flannel Manufacturers Llanidloes~~

"   5 " "

184 | 1 apper. 23-3-88.
    | 2 "   23-11-88.
    | 3 "   18-2-89.
    | 4 "   27-5-89.
    | refundices 1-5-90

Thomas, George Esq   184

Tremyfa . Llanidloes   5 " "

7 Feb. 88 Tregaron. subscriptions coll. by   185.   names may be

Mr. J. Davies Saddler Tregaron   sent hereafter

17 Decr. 87. Tydweilog district per Rev. D.E. Davies   185

Payment without particulars   1 10 "

//

9 Mar 88 Talgarth Breconshire   2

Collectn at Cal. Met. Chapel per Rev. E. W Par

196

18 May 89 Travis J. Esq.   Manchester

Un o'r straeon twymgalon niferus sy'n gysylltiedig â sefydlu Prifysgol Aberystwyth yw'r cyfraniadau a ddenodd gan bobl Cymru – 'ceiniogau'r werin'. Dangosodd dadansoddiad gan Hugh Owen yn 1880 fod 100,000 o gyfraniadau amrywiol o lai na hanner coron, a chodwyd mwy na £50,000 (tua £5.4 miliwn heddiw) drwy danysgrifiad cyhoeddus.

Mae amryw o resymau pam y gwnaeth yr ymgyrch dros goleg prifysgol i Gymru danio dychymyg y cyhoedd. Ychydig iawn o ysgolion gwaddol 'uwchradd' a oedd yn bodoli ar y pryd, er bod ysgolion Sul yn helpu oedolion a phlant i ddysgu darllen yr ysgrythurau yn eu mamiaith. Roedd ethos hunanwella Anghydffurfiaeth hefyd yn gryf, ac felly roedd y ffaith nad oedd yr un sefydliad addysg uwch anenwadol yng Nghymru yn peri loes i lawer oherwydd na allai Anghydffurfwyr fynychu colegau fel Rhydychen a Chaergrawnt – oherwydd gwreiddiau Anglicanaidd eu sefydlu – na Dewi Sant yn Llanbedr Pont Steffan, a sefydlwyd yn 1822 i hyfforddi ordinandiaid ar gyfer Eglwys Loegr. Roedd galw hefyd am hyfforddiant mewn masnach, diwydiant, amaethyddiaeth a'r diwydiant gwlân.

Heb unrhyw grantiau gan y llywodraeth, talwyd y £10,000 i brynu'r adeilad (tua £1 miliwn heddiw) gan gymwynaswyr blaenllaw, gyda nifer yn rhoi £200 yr un (tua £21,000 heddiw). Cyfrannodd tref Aberystwyth £1,032 hefyd (tua £110,000 heddiw), a hynny wedi dim ond mis o gasglu o dŷ i dŷ.

Roedd diffyg cymorth cynnar gan y wladwriaeth hefyd yn golygu bod cyfraniadau gan gynulleidfaoedd a chymunedau yn hanfodol er mwyn talu'r costau. Roedd chwarelwyr a glowyr ymhlith y cyfranwyr, gyda chasgliadau lleol ledled Cymru ac apeliadau arbennig yn Llundain, Manceinion a Lerpwl. Yn 1875, dynodwyd Sul olaf mis Hydref yn Sul y Brifysgol gan gapeli anghydffurfiol, pan fyddai'r holl arian casgliad yn mynd i'r Coleg. Cafwyd cyfraniadau gan fwy na 70,000 o bobl.

Fel y nodwyd yn Siarter Ymgorffori 1889, cefnogwyd y Coleg gan ymdrechion gwirfoddol Cymru gyfan yn ystod deng mlynedd cyntaf ei fodolaeth.

Susan Davies

One of the many stirring stories surrounding the founding of Aberystwyth University is the funding it attracted from the people of Wales – the legendary 'pennies of the people'. An analysis by Hugh Owen in 1880 showed that 100,000 miscellaneous sums were below half a crown, while more than £50,000 (the equivalent of around £5.4 million) was raised by public subscription.

There are several reasons why the campaign for a university college for Wales captured the public imagination. Few endowed schools at 'secondary' level existed at this time, though the Sunday school movement was helping adults and children learn to read the scriptures in their native language. Nonconformity's self-improvement ethos was also strong, so the lack of a secular higher education institution in Wales was painful, as nonconformists could not attend colleges such as Oxford and Cambridge – due to their Anglican founding ethos – nor St David's in Lampeter, founded in 1822 to train ordinands for the Church of England. There was also a need for training in commerce, industry, agriculture, and the wool industry.

With no government grants forthcoming, leading benefactors met the building's £10,000 purchase price (equivalent to around £1M today), with several giving £200 each (c£21K today). Aberystwyth town also contributed £1,032 (around £110K today) following only one month of house-to-house collecting.

The absence of state support in the early years also made contributions from congregations and communities vital in supporting revenue costs. Slate quarry workers and miners were among those who gave, with area collections across Wales and special appeals in London, Manchester and Liverpool. In 1875, nonconformist chapels designated the last Sunday in October as 'Sul y Brifysgol' (University Sunday), when all collections would go to the College. More than 70,000 contributed.

As its Charter of Incorporation in 1889 notes, the College 'for the first ten years of its existence… was supported by the voluntary efforts of the whole Welsh people'.

Susan Davies

Llyfr tanysgrifio yn cofnodi rhoddion ac addewidion apêl y Brifysgol. Daw'r darnau un geiniog Fictoraidd o gasgliad o ddarnau arian y Brifysgol.

This subscription book recorded donations and pledges made to the University's appeal. The Victorian pennies are from the University's coin collection.

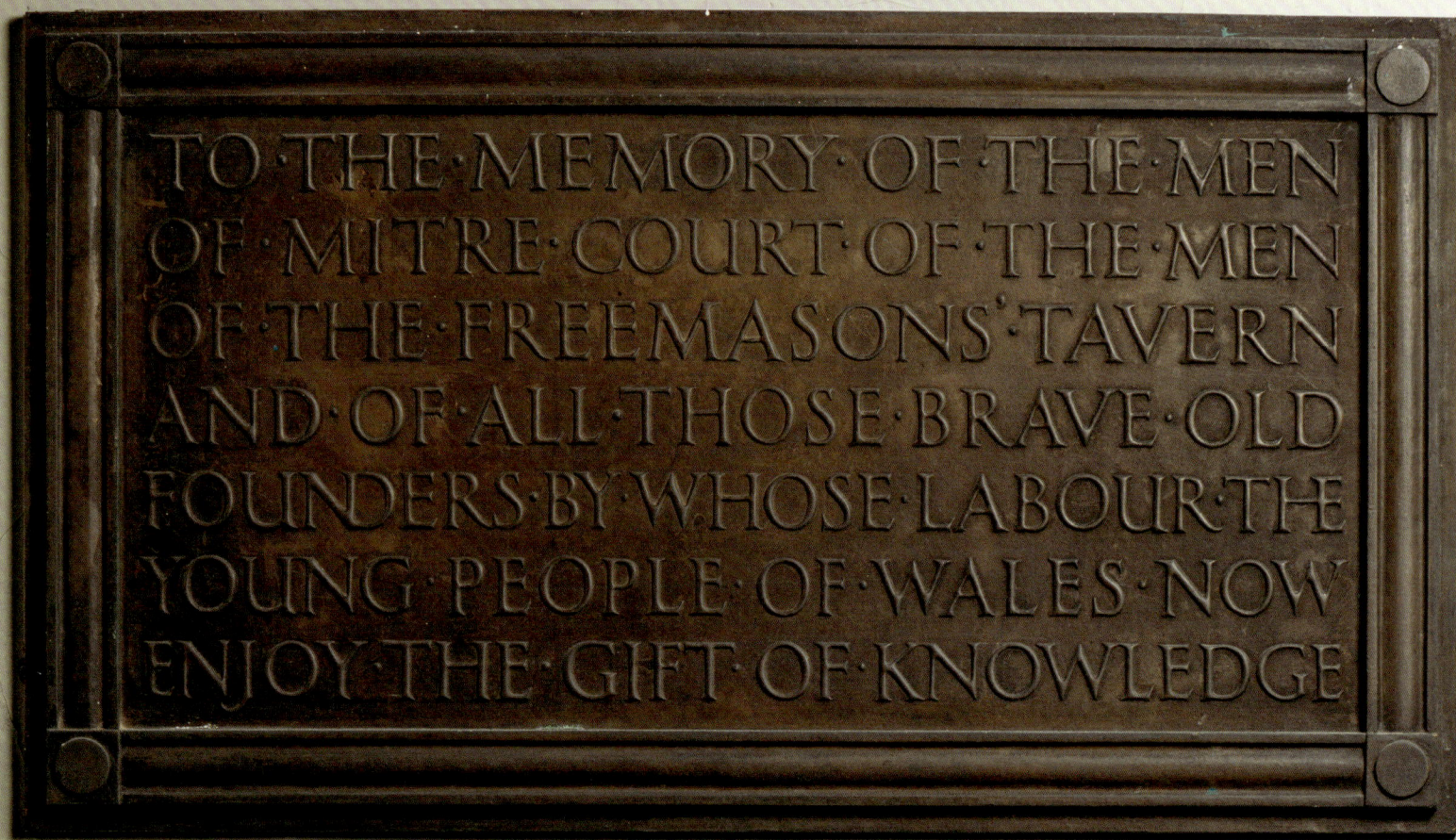

TO·THE·MEMORY·OF·THE·MEN
OF·MITRE·COURT·OF·THE·MEN
OF·THE·FREEMASONS'·TAVERN
AND·OF·ALL·THOSE·BRAVE·OLD
FOUNDERS·BY·WHOSE·LABOUR·THE
YOUNG·PEOPLE·OF·WALES·NOW
ENJOY·THE·GIFT·OF·KNOWLEDGE

Cofeb bres / bronze plaque
'To the memory of the men
of Mitre Court of the men
of the Freemasons' Tavern
and of all those brave old
founders by whose labour
the young people of Wales
now enjoy the gift of
knowledge.'

9

Wedi'i ddadorchuddio yn ystod dathliadau jiwbilî 1922, mae'r plac efydd hwn yn talu teyrnged i sylfaenwyr y Brifysgol, a gynhaliodd eu cyfarfodydd cyntaf yn Mitre Court a'r Freemasons' Tavern yn Llundain yn 1863, yn ogystal â phawb a gyfrannodd at lwyddiant yr ymgyrch.

Roedd llawer yn Gymry oddi cartref ym meysydd masnach a diwydiant, y gyfraith, addysg, gwleidyddiaeth, a rolau anghydffurfiol, yn enwedig yn Lerpwl, Manceinion a Llundain, yn cyfrannu o'u hamser a'u dylanwad yn ogystal â'u harian. Nid oes lle i'w henwi i gyd yma ond roedd cefnogwyr cynnar allweddol yn cynnwys David Davies, Llandinam (1818–90), diwydiannwr, AS a dyngarwr. Roedd Hugh Owen (1804–81) yn un arall a weithiodd yn ddiflino i sefydlu coleg a oedd, ar y cychwyn, yn fenter breifat, gwbl ddibynnol ar roddion a chodi arian.

Ni ddaeth y grant gwladol cyntaf tan 1885. Roedd Adroddiad Aberdâr ar addysg uwch yng Nghymru yn 1881 wedi dod i'r casgliad y dylid cael dau goleg prifysgol, un yn y de ac un yn y gogledd, ac roedd yn amlwg mai Caerdydd a Bangor oedd yn cael eu ffafrio. Dyfarnwyd grant blynyddol o £4,000 i'r ddau (tua £443,000 heddiw) pan agorwyd hwy yn 1884, ond bu'n rhaid i Aberystwyth frwydro am gydraddoldeb ac am ei bodolaeth.

Esgorodd yr ymdeimlad hwn o annhegwch ar gefnogaeth enfawr i Aberystwyth, yr unig goleg a oedd eisoes yn bodoli. Gwelwyd ymdrech gyfun gan gefnogwyr yn San Steffan, dan arweiniad y dyngarwr ac AS Sir Drefaldwyn, y Barwn Stuart Rendel, a magwyd momentwm pellach pan ddifrodwyd y Coleg gan dân yn 1885. Arweiniodd hyn at lwyddiant pan gytunodd y llywodraeth – bellach yn ymwybodol o gryfder teimladau yng Nghymru, diolch yn rhannol i eiriolaeth dawel Rendel – y dylai Aberystwyth dderbyn yr un grant blynyddol â'r newydd-ddyfodiaid. O'r diwedd, daeth yn amlwg y byddai tri choleg prifysgol yng Nghymru, gyda'r cyntaf ohonynt – a lwyddodd er gwaethaf pawb a phopeth – yn un arbennig iawn.

Susan Davies

Unveiled during the jubilee celebrations of 1922, this bronze plaque pays tribute to the University's founders, who held their inaugural meetings at Mitre Court and the Freemasons' Tavern in London in 1863, as well as all who contributed to the success of the movement.

Many were Welshmen based outside Wales in commerce and industry, law, education, politics, and nonconformist roles, especially in Liverpool, Manchester and London. They contributed their time and influence as well as money. There is no room to name them all here but key early supporters included David Davies of Llandinam (1818–90), industrialist, MP and philanthropist. Hugh Owen (1804–81) was another who worked tirelessly to establish what was initially a private venture college, utterly dependent on donations and fundraising.

The first state grant did not come until 1885. The Aberdare Report on higher education in Wales had concluded in 1881 that there should be two university colleges, one in the south and one in the north, and it was clear that Cardiff and Bangor were favoured. Both were awarded an annual grant of £4,000 (around £443K today) when they opened in 1884, but Aberystwyth had to fight for parity and its continued existence.

Widespread distress at this perceived unfairness created massive support for Aberystwyth, the only currently established college. Influential supporters mounted a coordinated effort at Westminster, led by Montgomeryshire MP and philanthropist Baron Stuart Rendel.

The campaign gained further momentum when fire damaged the College in 1885. This culminated in success when the government – not insensitive to the strength of feeling in Wales, as well as Rendel's quiet advocacy – finally agreed Aberystwyth should receive the same annual grant as the newcomers. At last it was clear there would be three university colleges in Wales, of which the first – having succeeded against all financial pressures – was very special.

Susan Davies

Chambers Temple London Esquire one of Her
Majesty's Counsel —— Edward Montgomery
Williams of Gwydr Villa Uplands Swansea in
the County of Glamorgan Commercial Traveller
—— Charles Rice Williams of Aberystwyth
in the County of Cardigan Doctor in Medicine

Signed Sealed and Delivered by
the above named Hugh Pugh in
the presence of
John Thomas Clerk to the
Bangor & Beaumaris Union
Carnarvon ——

Hugh Pugh   Dead

Signed Sealed and Delivered by
the above named Hugh Owen in
the presence of
W. Cadwaladr Davies, 8 Queen Victoria Street, London, E.C.

Hugh Owen   Dead

Signed Sealed and Delivered by
the above named Thomas Barnes
in the presence of
John Hughes
8 Queen Victoria St
London E.C

Thomas Barnes

Sealed and Delivered by
the above named Sir Richard Bulkeley
Williams Bulkeley in the presence of

Daniel Phillips Davies

Signed and Delivered by
the above named John Cory in the
presence of

Thomas Davis

Signed Delivered by
Daniel Phillips
presence of
(1)
Robert Jones
Berry St
Clerk

Trosglwyddiad Gweithred Ymddiriedolaeth a Chyfansoddiad, 1875

Mae'r geiriau 'University College of Wales Conveyance Declaration of Trust and Constitution' yn ymddangos mewn aur ar gyfrol denau tua 35cm x 21cm sy'n cael ei chadw yn archifau'r Brifysgol. Y tu mewn, mae oddeutu naw ar hugain tudalen o destun cyfreithiol ac yna ceir dwy res o seliau coch llachar. Er mai gofyniad cyfreithiol syml yw'r seliau, maen nhw'n cyflwyno elfen o fywiogrwydd i ddogfen sydd, er gwaetha'r ysgrifen gain, yn bur ddifrifol. Efallai fod yr elfen fywiog yn addas, oherwydd mae'r testun yn cyfeirio at drafodion technegol arwyddocaol ac optimistaidd o ran dyfodol y sefydliad.

Er bod myfyrwyr wedi defnyddio'r Hen Goleg ers iddo agor, roedd angen mynd i'r afael â sefyllfa gyfreithiol yr eiddo. Cadwodd bancer o'r enw Hugh Pugh afael ar deitl rhyddfraint yr adeilad ym mis Tachwedd 1874, gan dalu'r £10,000 a godwyd drwy danysgrifiad, fel y gellid ei drosglwyddo i ymddiriedolwyr. Mae'r weithred, ddyddiedig 1 Ionawr, 1875, yn cwblhau'r trosglwyddiad hwnnw, ac yn mynd gam ymhellach wrth ymgorffori'r cyfansoddiad ar gyfer rhedeg y Coleg. Mae'r testun yn cyfeirio at gasglu swm mawr o arian gan unigolion amrywiol sydd â diddordeb yn addysg a diwylliant meddyliol ieuenctid Cymru, waeth beth yw eu barn grefyddol. Cafodd y ddarpariaeth olaf hon, ynghyd ag eithrio addysgu diwinyddiaeth a gwahardd unrhyw brawf o farn grefyddol ar gyfer myfyrwyr neu staff, ei chynnwys er mwyn sicrhau cefnogaeth gwahanol enwadau ledled Cymru i'r fenter. Roedd darpariaeth hefyd a oedd yn rhoi statws 'etholwr' y Coleg i bob unigolyn a danysgrifiodd fwy nag un gini i'r gronfa.

Mae'r ddogfen wedyn yn darparu'r cyfansoddiad ar gyfer rhedeg yr egin-sefydliad, gan sefydlu fframwaith y Llys, y Cyngor a'r Senedd. Roedd cyfnodau anodd i ddod, ond roedd y sylfaen yn ei lle, yn gadarn ac yn unol â'r gyfraith.

Richard Ireland

Roedd Trosglwyddiad, Gweithred Ymddiriedolaeth a Chyfansoddiad Coleg Prifysgol Cymru yn garreg filltir arwyddocaol yn hanes y Brifysgol. Roedd yn nodi cyfansoddiad newydd a throsglwyddiad rhyddfraint y Coleg i gorff llywodraethol o ymddiriedolwyr cyhoeddus.

Conveyance Declaration of Trust and Constitution, 1875

The wording 'University College of Wales Conveyance Declaration of Trust and Constitution' appears in gold on a slim bound text, measuring around 35cm x 21cm, and retained in the University archives. Inside are some twenty-nine pages of legal text but then there appear two rows of bright red seals. Although the seals are a simple legal requirement, they introduce a note of vitality to this otherwise sober, if beautifully handwritten, document. The vitality is perhaps not misplaced, for the text rehearses a transaction both technically significant and optimistic for the future of the institution.

Although students had been using the Old College since it opened, the legal position of the property needed to be addressed. Hugh Pugh, a banker, had taken the freehold title to the building in November 1874, paying the £10,000 pounds raised by subscription, so that it might be transferred to trustees. The deed dated 1 January, 1875, of which this is a copy, makes that transfer to the named trustees, and goes further in incorporating the constitution for the running of the College. The text refers to the collection of 'a large sum of money' by 'divers [sic] persons… interested in the education and mental culture' of the youth of Wales, 'irrespective of religious views'. This latter provision, together with the exclusion of the teaching of theology and prohibition of any test of religious opinions for either students or staff, was included to ensure the support for the enterprise of different denominations across Wales. There was also a provision which conferred the status of 'constituent' of the College on all subscribers of more than one guinea to the funds.

The document then provides the constitution for the running of the infant institution, establishing the framework of the Court, the Council and the Senate. There were difficult times ahead, but the foundation had been firmly, legally, established.

Richard Ireland

The University College of Wales Conveyance Declaration of Trust and Constitution marked a significant moment in the University's history. It heralded a new constitution and the transfer of the College's freehold to a governing body of public trustees.

Victoria, by the Grace of God,

of the United Kingdom of Great Britain and Ireland, Queen Defender of the Faith To all to whom these Presents shall come Greeting— Whereas The President, Vice Presidents, Treasurers, Council and Governors of the University College of Wales at Aberystwyth have lately presented to us in Council a humble Petition, representing to us, amongst other things, that the said College was established in the year one thousand eight hundred and seventy two, that for the first ten years of its existence it was supported by the voluntary efforts of the whole Welsh people, that the College has made steady and uninterrupted progress, that large sums have been contributed, for the provision of suitable buildings and appliances, and that the said College ought to be placed on a feeling of equality with the recently Established Colleges of Cardiff and Bangor in respect of the profession of a Charter. Whereupon the Petitioners most humbly prayed that We might be graciously pleased to grant a Charter of Incorporation for the College. We therefore by virtue of all our royal powers enabling us in that behalf and of our Prerogative Do hereby grant order and declare as follows.

1. The Members of the Institution now existing in the Borough of Aberystwyth in the County of Cardigan, under the name of the University College of Wales, Aberystwyth and the persons by these Present made or declared to be Members of the Body hereinafter constituted or the successors are hereby constituted and declared to be one body Politic and corporate by the name of "The University College of Wales, Aberystwyth" with perpetual succession and a common seal and may assume annual learning (which shall be duly the Aberystwyth College and with power in that name to sue and to be sued and to take and hold without any other licence, the Presents lands tenements and hereditaments for the purposes only of the said body politic and corporate not exceeding in annual value of Ten thousand pounds by the year.

2. The said Corporation is hereinafter referred to as "the College."

3. The object for which the College is established and is intended to be carried on is, and shall be, to afford at a moderate cost means of instruction in such branches of learning and science, excepting Theology, as are a may be for the time being usually studied in the Universities of the United Kingdom, or any of them, and as the Governors or other the persons who shall for the time being have that behalf, shall from time to time, in manner required by this Our Charter, and the Statutes to be made in pursuance of subject (except theology) as shall be determined, such technical or other instruction as may be of immediate service in professional life, and further to promote higher education generally by lectures, combined with class teaching and examining at such places the Presents.

4. The said Corporation and the Members thereof shall, in all respects be governed by and conform to the directions and Presents.

5. No Student, Professor, Teacher or other Person connected with the College shall be required to make any declaration as to any test whatever as to his or her religious opinions, or required to profess any particular religious opinions.

6. Female students shall be admissible to all the benefits and emoluments of the College, and women shall be Members of the Governing Body, on the Council, and on the Senate.

7. The Governors and the Members of the Council and of the Senate under this Charter shall be Members of Corporate and Politic as also such persons as the Statutes may prescribe.

II. Authorities of the College.

8. The Authorities of the College shall be the President, the Vice-Presidents, the Treasurer or Treasurers.

Siarter Frenhinol yn Ymgorffori Cynwysoldeb

Dyfarnwyd Siarter Ymgorffori Frenhinol gyntaf y Brifysgol yn 1889 gan y Frenhines Victoria, ar argymhelliad y Cyfrin Gyngor. Dogfen felwm ffurfiol a thrawiadol yw hi sy'n nodi'n glir amcanion a chyfansoddiad y sefydliad, a'i bwerau i lywodraethu ei weithgareddau ei hun.

Mae Cymal 5 y Siarter yn datgan yn groyw na fyddai byth angen unrhyw ddatganiad o gred grefyddol, a Chymal 3 na fyddai diwinyddiaeth yn cael ei haddysgu. Roedd yr un gofynion anenwadol yn berthnasol i Gaerdydd a Bangor, a sefydlwyd yn 1884, yn ogystal â'r siarter a gafodd ei dyfarnu i sefydliad ffederal Prifysgol Cymru yn 1893.

Mae hawl gyfartal gan fyfyrwyr benywaidd i ddilyn unrhyw gwrs gradd ar waith yn Aberystwyth ers 1884, ac mae hynny'n cael ei nodi'n glir yng Nghymal 6, fel y mae rôl menywod yng ngwaith llywodraethu'r Coleg, gyda hawl iddynt fod yn aelodau o'r Corff Llywodraethu, y Cyngor a'r Senedd. Nododd ymhellach y dylai pum menyw fod yn aelodau o Lys y Llywodraethwyr ac y dylid enwebu tair ohonynt yn aelodau o'r Cyngor.

Felly mae siarter gyntaf Aberystwyth yn rhyfeddol o gynhwysol a blaengar – un o nodweddion y Brifysgol hon byth ers hynny. Mae Cymal 3 hefyd yn mynegi ymrwymiad i ddarparu addysg ar gost gymedrol – yn amlwg yn ystyriol o dlodi'r rhan fwyaf o fyfyrwyr Cymru a'r ethos a arweiniodd at sefydlu'r Coleg yn y lle cyntaf.

Roedd y Siarter hefyd yn ymgorffori statws y sefydliad i'r oesoedd a ddêl. Yn dilyn trafodaethau rhwng y Cyfrin Gyngor, y Colegau yng Nghaerdydd a Bangor, a Llys y Llywodraethwyr yn Aberystwyth, cytunwyd y dylid cydnabod y sefydliad yn ffurfiol fel Coleg Prifysgol Cymru, Aberystwyth. Yr enw swyddogol heddiw yw Prifysgol Aberystwyth, newid a gymeradwywyd gan y Cyfrin Gyngor yn 2007 ar ôl i strwythur ffederal Prifysgol Cymru ddod i ben.

Susan Davies

Inclusivity Enshrined in the Royal Charter of Incorporation

The University's first Royal Charter of Incorporation was granted in 1889 by Queen Victoria, on the advice of the Privy Council. It is an impressive formal vellum document and sets out with clarity the institution's objectives, constitution, and powers to govern its own affairs.

Clause 5 states unequivocally that no declaration of religious belief would ever be required, and Clause 3 that theology would not be taught. The same non-sectarian requirements applied to Cardiff and Bangor, founded in 1884, as well as the later charter granted to the federal University of Wales in 1893.

Equal access to degree courses for women at Aberystwyth dates from 1884 and is clearly set out in Clause 6 of the Charter, as is the role of women in the governance of the College: 'Female students shall be admissible to all the benefits and emolument of the college, and women shall be eligible to sit on the Governing Body, on the Council and on the Senate.' It further specified that five women should be members of the Court of Governors and that three of them should be nominated as members of the Council.

In modern terms, Aberystwyth's first charter is remarkably inclusive and ahead of its times – a feature of this University ever since. Clause 3 also expresses a commitment to providing education 'at a moderate expense' – obviously mindful of the poverty of most Welsh students and the ethos that gave rise to the College in the first place.

The Charter not only confirmed the established status of the College, it also enshrined its name for posterity. Following discussions between the Privy Council, the Colleges in Cardiff and Bangor, and the Court of Governors at Aberystwyth, it was agreed the institution be formally recognised as the University College of Wales, Aberystwyth. The official name today is Aberystwyth University, a change approved by the Privy Council in 2007 after the federal structure of the University of Wales ended.

Susan Davies

Siarter Ymgorffori Frenhinol, a ddyfarnwyd yn 1889, wedi'i hysgrifennu â llaw ar felwm.

Royal Charter of Incorporation, granted in 1889, handwritten on vellum.

12

◼ Cafodd y paentiad dyfrlliw hwn gan yr arlunydd Cyn-Raffaëlaidd Simeon Solomon (1840–1905) ei beintio yn unol â manylebau ei gasglwr, George Ernest John Powell (1842–1882). Cyflwynwyd Solomon i Powell gan gyfaill cyffredin, y bardd Algernon Charles Swinburne.

Er mawr siom i'w dad, roedd y Powell ifanc yn dipyn o freuddwydiwr. Yn hytrach na hela, ysgrifennodd gerddi am farwolaeth, colled a brad cariad. Ac yntau wedi'i wahardd rhag rhoi blaen bys ei droed ar dir ystad ei dad, Nanteos, ac yn awyddus i hel ei bac, llogodd Powell ystafelloedd yn Llundain, teithiodd i Ewrop, Rwsia, gogledd Affrica a Gwlad yr Iâ, a threuliodd hafau ar arfordir Normandi mewn bwthyn a enwyd ganddo ar ôl cymeriad deurywiol amlgymharus yng nghyfrol de Sade, *La philosophie dans le boudoir*.

Wrth i flynyddoedd canol oed ddynesu, ceisiodd Powell greu gwaddol fel cymwynaswr. Bu'n breuddwydio am amgueddfa ger y lli yn llawn 'darluniau, gwrthrychau celf, hynafolion a hynodion' o'i gasgliad, ac fe'u cynigiodd i Gyngor Tref Aberystwyth ar yr amod y dylid creu oriel gyhoeddus i'w harddangos. Ni wireddwyd y prosiect.

Ym mis Mawrth 1879, ac yntau'n ymwybodol bod y Brifysgol wedi sefydlu ei hamgueddfa ei hun, ysgrifennodd Powell at y Prifathro Thomas Charles Edwards, gan ddatgan ei fwriad i gymynroddi i'r Brifysgol y cyfan o'i eiddo, 'y rhagfarnllyd a'r rhinweddol'.

Erbyn hynny, roedd enw da Solomon yn faw. Yn 1873, fe'i cyhuddwyd o ymgais i sodomeiddio, y term a ddefnyddiwyd ar gyfer gweithredoedd cyfunrhywiol ar y pryd. Roedd llawer o'i ffrindiau, gan gynnwys Swinburne, wedi troi eu cefnau ar Solomon. Parhaodd Powell i'w gefnogi.

Wrth dalu teyrnged i Powell, dywedodd Edwards ei fod 'yn ddirdynnol ymwybodol o'r trallod yr oedd ei haelioni yn ei leddfu'. Roedd Powell, yn ôl Edwards, yn ystyried Aberystwyth yn 'sefydliad nad oedd iddo ond un genhadaeth, sef creu hyfrydwch a lledaenu goleuni', a byddai wedi deall o'n harwyddair ein bod yn credu nad bydysawd cyflawn ond anrhefn llwyr fyddai byd heb wybodaeth. Mae'r breuddwydiwr mwyn, androgynaidd ger y lli gan Solomon yn parhau i adlewyrchu'r genhadaeth honno.

Harry Heuser

◼ This watercolour painting by the Pre-Raphaelite artist Simeon Solomon (1840–1905) was made to the specifications of its collector, George Ernest John Powell (1842–1882). Solomon had been introduced to Powell by a mutual friend, the poet Algernon Charles Swinburne.

Much to his father's disappointment, young Powell was a dreamer. Instead of hunting, he wrote poems about death, loss and love betrayed. Forbidden to set foot on his father's estate, Nanteos, and eager to get away, Powell took rooms in London, travelled to Europe, Russia, northern Africa and Iceland, and spent summers on the Normandy coast in a cottage he named after a bisexually promiscuous character in de Sade's *Philosophy in the Bedroom*.

Approaching middle age, Powell sought to build a legacy as a benefactor. He had been dreaming of a museum by the sea, filled with 'pictures, objects of art, antiquities & curiosities' from his collection, which he offered to Aberystwyth Town Council on provision that a public gallery be created for their display. The project was never realised.

In March 1879, aware that the University had established its own museum, Powell wrote to Principal Thomas Charles Edwards, stating his intention to bequeath to the University all he possessed 'of bigotry and virtue'.

By that time, Solomon had fallen into disrepute. In 1873, he was charged with attempted sodomy, the term then used for homosexual acts. Many of his friends, including Swinburne, deserted Solomon. Powell continued to support him.

He 'was tremblingly alive to the misery which his bounty alleviated,' Edwards remarked in a tribute to Powell. In Aberystwyth, Edwards declared, Powell saw an 'institution whose sole mission was to create sweetness and diffuse light, whose motto would have told him that we believe a world without knowledge is not a kosmos, but a chaos.' Radiating calm and hopefulness, Solomon's gentle, androgynous daydreamer by the sea continues to reflect that mission.

Harry Heuser

Yn 1871, comisiynodd George EJ Powell o Nanteos y dyfrlliw hwn, 'Love Dreaming by the Sea', gan ei ffrind, yr arlunydd Cyn-Raffaëlaidd Simeon Solomon (1840–1905).

In 1871, George EJ Powell of Nanteos commissioned this watercolour, 'Love Dreaming by the Sea', from his friend, the Pre-Raphaelite painter Simeon Solomon (1840–1905).

Casged enamel arian a chreigrisial (Awstria, tua 1880), wedi'i chymynroddi i'r Brifysgol gan George Ernest John Powell o Nanteos yn 1882. Honnir ei bod ar un adeg yn cynnwys darn o arch Robert Schumann.

Enamelled silver and rock crystal casket (Austrian, c.1880), bequeathed to the University by George Ernest John Powell of Nanteos in 1882. It is reputed to have once held a fragment of composer Robert Schumann's coffin.

'Gall hen ddarn o arian, llawysgrif neu delchyn o grochenwaith ein dysgu mwy am hanes lliwgar, go iawn' na'r hyn a geir mewn gwerslyfr myfyriwr. Dyna a haerodd Frederick William Rudler, gwyddonydd naturiol, anthropolegydd a churadur cyntaf Amgueddfa'r Brifysgol, yn 1882. Aeth Rudler mor bell ag annog 'pob myfyriwr yng Ngholeg Prifysgol Cymru' i'w 'gwneud hi'n ddyletswydd' i fod yn 'gysylltiedig ag o leiaf un sbesimen yn Amgueddfa'r Coleg'.

Yn ystod degawd cyntaf y Brifysgol, noddwr amlycaf yr amgueddfa oedd George EJ Powell (1842–1882), diletant Eingl-Gymreig a etifeddodd ystad Nanteos ger Aberystwyth pan fu farw ei dad yn 1878. Nododd erthygl yn rhifyn Chwefror 1881 o gylchgrawn *The University College of Wales Magazine* fod pob crair yn tystio i'w deithio helaeth, ei lygad graff a'i chwaeth ragorol. Ymhlith rhoddion diweddaraf Powell, cyfeiriwyd at y 'gasged greigrisial' a welir yma. Yn ôl pob sôn, roedd yn cynnwys 'darn o arch Robert Schumann'.

Mewn arweinlyfr i Aberystwyth yn 1869, disgrifiwyd Powell fel 'ysgolhaig cerddorol', a gwnaeth lawer i hyrwyddo cerddoriaeth Ramantaidd yng Nghymru. Fel pianydd, cyfrannodd at gyngherddau yn Ystafelloedd Cynnull Aberystwyth, gan berfformio 'Einsame Blumen' gan Schumann ar o leiaf un achlysur. Gan gyd-fynd â diddordebau Powell ei hun, mae'r gasged yn dangos delwedd o Apolon, duw cerddoriaeth y Groegiaid.

Roedd Powell, a oedd yn gohebu â Clara Schumann, yn bedair ar ddeg oed pan fu farw ei gŵr yn 1856. Profwyd bod gwrthrychau eraill yn ei gasgliad yn rhai ffug, yn cynnwys llestri coffi yr honnwyd iddynt gael eu cyflwyno i Mozart yn 1777, gan fwrw amheuaeth ar ei ddawn fel connoisseur. Mewn gwirionedd, cafodd corff Schumann ei ailgladdu yn 1879 ar ôl i gaead ei arch bren ddymchwel. Rhoddwyd darn o'r arch i adeiladwr y gofeb newydd, ac mae'n bosibl y cafodd darnau eraill eu dosbarthu.

Yn 1883, dywedodd yr Athro Mortimer J Angus, 'Ni fydd pall ar ein mwynhad o'r trysorau a adawyd i'r Brifysgol gan George Powell.' Mae'r datganiad yn llawn mor wir heddiw ag erioed.

Harry Heuser

'The old coin, the autograph, or the potsherd may teach more of real vivid history' than may be derived from a student's textbook. That is what Frederick William Rudler, natural scientist, anthropologist and first curator of our University Museum, declared in 1882. Rudler went so far as to urge 'every student of the University College of Wales' to 'make it a point of honour' to be 'associated with at least one specimen in the College Museum'.

During the University's first decade, the museum's most prominent donor was George EJ Powell (1842–1882), an Anglo-Welsh dilettante who, upon his father's death in 1878, inherited the Nanteos estate near Aberystwyth. '[E]very additional curiosity bears testimony to his extensive travel, his keen observation, and his excellent taste,' an article in the February 1881 issue of *The University College of Wales Magazine* stated. Mentioned among Powell's latest gifts was the 'casket in rock crystal' shown here. It reputedly contained a 'fragment of Robert Schumann's coffin'.

Referred to in an 1869 guide to Aberystwyth as a 'musical scholar', Powell did much to promote Romantic music in Wales. As a pianist, he contributed to concerts at Aberystwyth's Assembly Rooms, playing Schumann's 'Einsame Blumen' on at least one occasion. Reflecting Powell's passions, the casket features an image of Apollo, the Greek god of music.

Powell, who corresponded with Clara Schumann, was fourteen years old when her husband died in 1856. Other objects in his collection, including a coffee-service allegedly presented to Mozart in 1777, were proven to be spurious, casting doubt on his connoisseurship. As it turns out, Schumann's body was reinterred in 1879 after the lid of his wooden coffin had collapsed. A piece of the coffin was given to the builder of the new memorial and other fragments may have been distributed.

'It will be long before we exhaust the treasures' left to our University by Powell, Professor Mortimer J Angus wrote in 1883. This statement remains true to this day.

Harry Heuser

Blodwen

Welsh Opera

Composed by Joseph Parry. Mus. Doc. Cantab.

Professor of Music at the

University College of Wales

Aberystwyth
1877

Jos Lewis
U.C.W.

1st VIOLIN.

Mae Joseph Parry wedi ennill ei blwyf fel rhyw fath o rith cerddorol a diwylliannol – yn rhannol Gymreig, rhannol Americanaidd; cefnogwr uwch-gelfyddyd opera, cyfansoddwr alawon poblogaidd fel 'Myfanwy' – ond heb amheuaeth y ffigwr mwyaf dylanwadol ym mywyd cerddorol Cymru yn y bedwaredd ganrif ar bymtheg, a'r dylanwad hwnnw wedi'i deimlo, yn ymwybodol neu fel arall, gan holl gyfansoddwyr Cymreig yr ugeinfed ganrif. Treuliodd chwe blynedd fer a thanllyd yn addysgu yn Aberystwyth, ac yma y cyfansoddodd ei emyn-dôn fawreddog 'Aberystwyth', sy'n cael ei chanu i 'Iesu, cyfaill f'enaid cu' (cyfieithiad o 'Jesu, lover of my soul' gan Charles Wesley), a'r opera Gymraeg gyntaf, *Blodwen*.

Penodwyd Parry yn Athro Cerdd cyntaf y Brifysgol yn 1873, ac, yn ôl yr hanes, oherwydd iddo fynnu bod angen sopranos ac altos i berfformio ei waith corawl y cafodd menywod eu derbyn i astudio cerddoriaeth. Roedd y menywod hyn hefyd yn hanfodol o ran perfformio operâu – roedd Parry wedi gweld *Fidelio* gan Beethoven yn Philadelphia yn 1863, ac wedi penderfynu ysgrifennu opera yn Gymraeg. Llwyfannwyd *Blodwen* am y tro cyntaf yn y Neuadd Ddirwest, enw anaddawol braidd ar adeilad sydd wedi'i ddymchwel erbyn hyn. Myfyrwyr Parry oedd y perfformwyr yn bennaf, gyda'i ddau fab yn cyfeilio – un ar y piano, un ar yr harmoniwm. Anerchodd Parry y gynulleidfa, y rhan fwyaf ohonynt erioed wedi profi opera, gan eu sicrhau, er y byddai'r cantorion mewn gwisgoedd, nad oeddent yn sicr ar fin gweld unrhyw 'actio'! Serch hynny, ac yn wyneb rhywfaint o feirniadaeth o barthau crefyddol, roedd y perfformiad yn llwyddiant ysgubol, a daeth Parry'n ateb Cymru i Verdi, gan fynd ymlaen i ysgrifennu naw opera arall. Daeth llinach o gyfansoddwyr o Aberystwyth i'w olynu, gan gynnwys Walford Davies, David de Lloyd ac Ian Parrott, y mae eu gwaith yn dal i gael ei ddathlu a'i berfformio hyd heddiw.

Iwan Teifion Davies

Joseph Parry has gone down in history as a kind of musical and cultural chimera – part-Welsh, part-American; proponent of the high art of opera, purveyor of popular tunes like 'Myfanwy' – but without question the most influential figure in Welsh musical life in the nineteenth century, and one whose influence was felt, consciously or otherwise, by all Welsh composers of the twentieth century. He spent only six short and fiery years teaching at Aberystwyth, but, whilst here, composed his great hymn tune 'Aberystwyth' which is sung to Charles Wesley's words, 'Jesu, lover of my soul', and the first Welsh opera, *Blodwen*.

Parry was appointed the University's first Professor of Music in 1873, and, so the story goes, on his insistence that he needed sopranos and altos to perform his choral works, women were admitted to study music. These women were also essential to the performance of opera – Parry had seen Beethoven's *Fidelio* in Philadelphia in 1863 and had resolved to write an opera in Welsh. *Blodwen* was first performed at the now-demolished and forbiddingly named Temperance Hall, mostly by Parry's students, with his two sons accompanying – one on piano, one on harmonium. The audience, most of whom had never experienced opera, were addressed by Parry, who assured them that, though the singers would be wearing costumes, they were certainly not about to witness any 'acting'! Nevertheless, and in the face of some criticism from religious quarters, the performance was a resounding success, and Parry became Wales' Verdi, going on to write a further nine operas. After him came a line of Aberystwyth composers, including Walford Davies, David de Lloyd and Ian Parrott, whose work we celebrate and still perform today.

Iwan Teifion Davies

Llawysgrif yn cynnwys y sgôr ar gyfer y ffidil gyntaf yn opera *Blodwen* gan Joseph Parry. Mae'r dudalen deitl yn nodi bod *Blodwen* yn opera Gymraeg a gyfansoddwyd gan Joseph Parry, Mus Doc Cantab, pan oedd yn Athro Cerdd ym Mhrifysgol Cymru, Aberystwyth, yn 1877. Mae hefyd yn cynnwys llofnod 'Wm Lewis, UCW'. Trwy ganiatâd Llyfrgell Genedlaethol Cymru.

Manuscript containing the autograph score for the first violin in Joseph Parry's opera *Blodwen*. The title page is inscribed '*Blodwen*. Welsh Opera composed by Joseph Parry, Mus Doc Cantab, Professor of Music at the University of Wales, Aberystwyth, 1877' and bears the signature of 'Wm Lewis, UCW'. By permission of The National Library of Wales.

ABERYSTWYTH
MUSICAL FESTIVAL

BACH

JUNE 22, 23, 24, & 25, 1923

UNIVERSITY HALL

DESIGNED AND PRINTED AT THE GREGYNOG PRESS MONTGOMERYSHIRE MAY 1923

Poster ar gyfer Gŵyl Gerddoriaeth Aberystwyth yn 1923. Darlun bloc pren o JS Bach, wedi'i ddylunio a'i argraffu gan RA Maynard yng Ngwasg Gregynog. Drwy garedigrwydd Ymddiriedolaeth Gregynog.

Poster for Aberystwyth Music Festival in 1923. Wood-engraved illustration of JS Bach, designed and printed by Robert Ashwin Maynard at Gregynog Press. Courtesy: Gregynog Trust.

Yn ei ddarlith agoriadol yn 1919, mynegodd Henry Walford Davies obaith y byddai breuddwydion a gweithredoedd Aberystwyth heddiw yn dod yn weledigaeth a phrofiad Cymru yfory. Roedd newydd ei benodi'n Athro Cerdd y Coleg ac yn Gyfarwyddwr Cerdd ar Brifysgol Cymru, ac yntau wedi dod yn syth o swydd Cyfarwyddwr Cerdd yr Awyrlu Frenhinol. Yno roedd wedi sefydlu'r Ysgol Gerdd a chyfansoddi 'RAF March Past', ymdeithgan swyddogol yr Awyrlu. Wedi'i eni yng Nghroesoswallt, roedd wedi meithrin enw da ymhlith y sefydliad yn Llundain, yn ogystal â bri mawr fel organydd, arweinydd corawl a chyfansoddwr, ac – yn bwysicaf oll – ffydd a chefnogaeth y chwiorydd Davies, Gregynog. Roedd ei bersonoliaeth afieithus a charismatig yn goron ar y cyfan.

Cenhadaeth Davies oedd ehangu gorwelion angerdd a dawn y Cymry tuag at gerddoriaeth, yn enwedig cerddoriaeth offerynnol. Ar unwaith, galwodd offerynwyr o'r radd flaenaf ynghyd i ffurfio triawd piano. Dyma oedd ensemble siambr prifysgol preswyl cyntaf y byd ac fe berfformiai'n rheolaidd yn y Coleg ac mewn ysgolion a lleoliadau eraill. Denodd artistiaid gwadd – chwaraeodd Bartók ei gerddoriaeth biano mewn cyngerdd yma, ei berfformiad cyhoeddus unigol cyntaf ym Mhrydain (ac un a oedd yn ddirgelwch llwyr i Davies). Ar raddfa fwy, sefydlodd Davies Gerddorfa Symffoni Gymreig i gefnogi'r gwyliau a drefnwyd ganddo ledled y wlad. Mae'r poster hwn yn hysbysebu pedwaredd Ŵyl Gerdd Aberystwyth. Wedi'i lansio yn 1919, denodd y sbloets flynyddol hon rai o enwau mawr cerddoriaeth Prydain: Elgar, Holst, Vaughan Williams. Yn llai amlwg, ond yn hynod bwysig, Davies oedd ar flaen y gad wrth ddatblygu addysgu offerynnol mewn ysgolion. Heb hynny, efallai nad Cymru fyddai wedi cynhyrchu cerddorfa ieuenctid genedlaethol gynta'r byd.

Ar ôl cael ei urddo'n farchog yn 1922, ildiodd Davies Gadair Aberystwyth yn 1926, cyn ennill enwogrwydd drwy ei ddarllediadau i ysgolion a'r gwrandäwr cyffredin a thrwy olynu Elgar fel Meistr Cerddoriaeth y Brenin. Fodd bynnag, roedd Cymru'n parhau'n flaenoriaeth. Yn Gyfarwyddwr Cerdd Prifysgol Cymru hyd ei farwolaeth yn 1941, parhaodd Davies â'r gwaith a ddechreuodd yn Aberystwyth, a gellid dadlau mai ef a wnaeth y cyfraniad personol pwysicaf i fywyd cerddorol Cymru yn yr ugeinfed ganrif.

David Russell Hulme

'What Aberystwyth dreams and does today may become the vision and experience of Wales tomorrow' – hopes expressed by Henry Walford Davies in his 1919 inaugural lecture. Newly appointed as UCW's Professor of Music and Director of Music for the University of Wales, Davies came straight from the RAF, where, as Director of Music, he established the School of Music, composing the familiar RAF 'March Past' along the way. Oswestry-born, he had acquired a London-establishment pedigree, a fine reputation as organist, choral conductor and composer, and – crucially – the faith and financial support of the Davies sisters of Gregynog. His personality, ebullient and charismatic, sealed his success here.

Davies' mission was to draw the Welsh love and talent for music towards broader horizons – those of instrumental music, in particular. Immediately, he engaged first-class instrumentalists to form a piano trio. Performing regularly in College and at schools and venues further afield, it was the first resident university chamber ensemble in the world. Guest artists appeared – Bartók played his piano music at a concert here, making his British public solo recital debut ('Baffling!' commented Davies). On a larger scale, Davies established the Welsh Symphony Orchestra, supporting the showcase festivals he set up across Wales. This poster advertises the fourth Aberystwyth Festival. Launched in 1919, this annual extravaganza attracted some of the biggest names in British music: Elgar, Holst, Vaughan Williams. Less spectacular, but ultimately hugely important, Davies spearheaded the development of instrumental teaching in schools. Without this, Wales could not have produced the world's first national youth orchestra.

Knighted in 1922, Davies resigned the Aberystwyth Chair in 1926, moving on to become a national celebrity through broadcast talks to schools and for 'the ordinary listener', and Elgar's successor as Master of the King's Music. Wales remained a priority, though. University of Wales Director of Music until his death in 1941, Davies continued the work begun here, arguably making his personal contribution to Welsh musical life the most important of the twentieth century.

David Russell Hulme

Cafodd 'The Coursers', ysgythriad gan Harry Morley ARA RE (1881–1943), ei brynu gan Sidney Greenslade am 4 gini o Arddangosfa Flynyddol Cymdeithas Frenhinol yr Ysgythrwyr-Arlunwyr ac Ysgythrwyr yn 1931, gydag incwm o rodd y teulu Davies.

'The Coursers', an engraving by Harry Morley ARA RE (1881–1943), was purchased by Sidney Greenslade for 4 guineas from the Royal Society of Painter-Etchers and Engravers Annual Exhibition in 1931, with income from the Davies Gift.

Gwendoline a Margaret Davies. Drwy ganiatâd Amgueddfa Cymru.

Gwendoline and Margaret Davies. By permission of Amgueddfa Cymru– National Museum Wales.

Yn 1917, bu'r aeres ddyngarol a noddwraig y celfyddydau, Gwendoline Davies, yn pendroni sut i hybu addysgu celf yn Aberystwyth. Roedd hi a'i chwaer Margaret wedi bod yn annog datblygu darpariaeth gerddorol y brifysgol, a bellach yn awyddus i gefnogi'r celfyddydau gweledol. Yn ystod eu cyfnod yn gofalu am filwyr clwyfedig ar y rheng flaen yn Ffrainc, penderfynodd y ddwy eu bod am sefydlu Plas Gregynog yn Sir Drefaldwyn fel canolfan wledig ar gyfer hybu celf, barddoniaeth a cherddoriaeth.

Ochr yn ochr â mentrau newydd Gregynog, byddai adran gelf newydd y Brifysgol yn ennyn gwerthfawrogiad o gelf a chrefftwaith ymhlith myfyrwyr. Roedd y chwiorydd yn rhagweld y byddai hyfforddi athrawon a meithrin diwydiannau crefft lleol yn arwain at adfywiad cenedlaethol ym myd y crefftau.

Yn 1918, cyfrannodd y ddwy £5,000 i ffurfio casgliad addysgu. Penodwyd pensaer Llyfrgell Genedlaethol Cymru, Sidney Greenslade, yn guradur ymgynghorol, gyda chyllideb flynyddol o £250. Ymwelodd ag orielau, arddangosfeydd, stiwdios artistiaid a siopau hen bethau, yn caffael printiau, crochenwaith, gwydr, gwieilwaith, ceinlythrennu, llyfrau o weisg preifat a chrefftau o Affrica, America, Awstralia, Seland Newydd a Moroedd y De.

Y bwriad oedd gosod gwaith gan wneuthurwyr printiau Llundain – roedd llawer ohonynt yn dal yn fyfyrwyr eu hunain – i fod yn esiampl i helpu ein myfyrwyr ni i wella eu dylunio a'u gwaith ymarferol drwy ddylanwad da y casgliadau.

Mae edmygedd Greenslade o gywreinrwydd yn amlwg yn ysgythriad cain Harry Morley o Diana, duwies hela. Fel llawer o artistiaid yn y cyfnod wedi'r Rhyfel Mawr, daeth Morley dan ddylanwad yr hen feistri. Pwysodd ar fytholeg glasurol am ei themâu a benthycodd arddull cerfluniau hynafol a chelf Eidalaidd y 15[fed] ganrif.

Yn 1925, nododd ein curaduron fod y casgliadau'n ehangu profiad diwylliannol myfyrwyr, o ran eu gwybodaeth ac o ran eu gallu i werthfawrogi gwrthrychau hardd, fel bod modd iddyn nhw gyfarwyddo ac ysbrydoli'r cenedlaethau i ddod. Gwaith Greenslade roddodd sylfaen i gasgliad o brintiau sydd bellach o arwyddocâd rhyngwladol, ac un sy'n dal i wneud cyfraniad amhrisiadwy i weithgareddau addysgu ac ymchwil yr Ysgol Gelf.

Robert Meyrick

'What is the best way of making some headway with art teaching at Aberystwyth?' the heiress, philanthropist and arts patron Gwendoline Davies enquired in 1917. Having recently encouraged music-making at the university, she and her sister Margaret were now eager to support the visual arts. While attending to wounded front-line soldiers in France, they resolved to establish Gregynog Hall in Montgomeryshire as a rural centre for the pursuit of art, poetry and music.

Alongside Gregynog initiatives, a newly founded University art department would instil in students an appreciation for art and craftmanship. The sisters anticipated that training teachers and fostering local craft industries would lead to a crafts revival in Wales.

In 1918, they donated £5,000 to form a teaching collection. National Library of Wales architect Sidney Greenslade was appointed consulting curator, with an annual budget of £250. He visited galleries, society exhibitions, artists' studios and antique shops, acquiring prints, ceramics, glass, basketwork, calligraphy, private press books and crafts from Africa, the Americas, Australia, New Zealand and the South Seas.

The standards set by London printmakers – many still students themselves – were intended to help our students improve their design and execution 'due to the good influence of the collections'.

Greenslade's admiration for precision is evidenced here by Harry Morley's idealised line engraving of Diana, goddess of hunting. Not alone among artists following the Great War, Morley looked to the Old Masters. He took narratives from classical mythology and stylistically borrowed from antique statuary and Italian quattrocento art.

Writing in 1925, our curators noted that the collections broadened students' cultural experience with a 'knowledge as well as a proper sense of appreciation of things of beauty, so that they may be able to instruct and inspire' for generations. Greenslade's acquisitions provided a foundation for what is now an internationally significant print collection that still makes invaluable contributions to the teaching and research activities of the School of Art.

Robert Meyrick

17

Rhestrwyd y gwrthrych hwn yng nghalendr 1881 y Brifysgol fel enghraifft werth chweil o swch llifbysgodyn. Yn anhygoel, mae i'w weld ar silff ben tân mewn ffotograff o amgueddfa wreiddiol y Brifysgol yn yr Hen Goleg. Tynnwyd y llun cyn tân yr Hen Goleg yn 1885, a byddai'r llifbysgodyn wedi bod ymhlith y gwrthrychau a gafodd eu hachub ychydig cyn i un o'r simneiau ddisgyn. Mae'n rhyfeddol ei fod wedi goroesi.

Mae ystyried creu amgueddfa o gwbl yn tystio i weledigaeth anhygoel sylfaenwyr Coleg Prifysgol Cymru, Aberystwyth. Roedd yn gam anarferol ac uchelgeisiol i brifysgol ifanc. Y curadur cyntaf oedd yr Athro Daeareg, FW Rudler, a oedd yn grediniol y gallai hen ddarn o arian, llawysgrif neu dalch o grochenwaith wneud mwy i ddod â hanes yn fyw i fyfyriwr cyffredin na phori drwy dudalennau llyfrau lu. Mae'r ddadl hon dros werth dysgu seiliedig ar wrthrychau yn dal i fod yn berthnasol hyd heddiw.

Dros gyfnod o ganrif a hanner, mae'r casgliadau wedi mynd ar wasgar, a rhai wedi cyfrannu at sefydlu casgliadau Amgueddfa Cymru a'r Llyfrgell Genedlaethol. Er hynny, bydd yn peri cryn syndod i lawer bod wyth deg o gasgliadau yn weddill, sy'n dal i gael eu cadw ar hyd a lled y campws. Yn eu plith mae amgueddfa eithriadol yr Ysgol Gelf, archifau'r Brifysgol, llyfrau prin, tacsidermi, esgyrneg, llysieufeydd, daeareg a mwy.

Rwyf wedi bod yn ddigon ffodus i gael helpu gyda'r gwaith paratoi ar gyfer arddangos rhai o'n casgliadau yn yr Hen Goleg unwaith eto. Pan fydd yr adeilad yn agor, bydd yn cynnwys mannau arddangos parhaol a dros dro i gylchdroi a churadu gwrthrychau o ddisgyblaethau eang y Brifysgol. Bydd yn cynnig gofod newydd sbon ar gyfer ennyn diddordeb myfyrwyr a'r cyhoedd yng ngrym gwrthrychau i helpu i ddehongli a deall y byd o'n cwmpas.

Cara Cullen

'A fine specimen of the snout of a sawfish' is how this object was listed in the 1881 University calendar. Incredibly, the sawfish can be seen in pride of place on the mantlepiece in a photograph of the original University museum in the Old College. The picture was taken before the Old College fire in 1885, and the sawfish would have been among the objects rescued from the blaze shortly before one of the chimneys collapsed. It is remarkable that it has survived.

It is a testament to the incredible vision of the founders of UCW Aberystwyth that a museum was thought of at all. It was an unusual and ambitious step for a young university. The first curator was Geology professor, FW Rudler. He wrote, 'The old coin, the autograph or the potsherd may teach more of real vivid history than an ordinary student can learn from many pages of a book.' This argument for the value of object-based learning is still relevant today.

Over 150 years, the collections have been dispersed. Some of them helped to form the basis of Amgueddfa Cymru–National Museum Wales and the National Library. Not many people will realise that what remains is a staggering eighty collections still housed across campus, which include our extraordinary School of Art museum, the University archives, rare books, taxidermy, osteology, herbaria, geology and more.

I have been fortunate to help with the preparations for displaying some of our collections in the Old College once again. When the building opens, it will include permanent and temporary exhibition spaces to rotate and curate objects from across disciplines. It will provide a brand new space for engaging students and public audiences in the power of objects to help interpret and understand the world around us.

Cara Cullen

Roedd y swch llifbysgodyn hon – sy'n mesur tua 120cm – ymhlith yr eitemau cynnar i'w harddangos yn Amgueddfa Gyffredinol y Brifysgol, a agorodd i'r cyhoedd yn 1876.

This sawfish snout – measuring some 120cm – was among the early items displayed in the University's General Museum which opened to the public in 1876.

Ffoto o'r amgueddfa wreiddiol.

Photo of the original museum.

Cafodd y bobinau les hyn eu rhoi i gasgliadau'r Brifysgol yn 1933 gan y cynfyfyrwraig Ellen Evans, a oedd bryd hynny yn Bennaeth Coleg Hyfforddi'r Barri. Sylwch pa mor gywrain ydynt, pob un wedi'i addurno â 'sbangl' sef cylch o fwclis, er mwyn pwyso'r bobin. Roedd angen o leiaf ugain bobin i ddechrau gwneud les gymhleth. Yn aml, byddent yn cael eu casglu dros oes y perchennog a gallai pob un gynrychioli rhyw ddigwyddiad pwysig, fel genedigaeth plentyn. Yng Nghymru, byddent weithiau yn cael eu rhoi fel arwydd o gariad. Efallai y gallwch weld yma fod un â'r gair 'husband' wedi ei losgi ynddo, trwy ddefnyddio dotiau bychain. Wedi eu turnio'n fedrus, gan ddefnyddio deunydd bregus fel ifori, asgwrn a phren yn gynnil, maent yn tystio i fedr anhygoel y crefftwr.

Mae'r bobinau'n cynrychioli'r hanes hir o astudio diwylliant materol ac anghyffwrddadwy yma. Gellir olrhain llawer o hyn i gyflwyno Anthropoleg a Daearyddiaeth yn dilyn penodiad yr Athro HJ Fleure. Roedd ganddo ddiddordeb yn Amgueddfa'r Brifysgol a, gyda chefnogaeth y chwiorydd Davies, dechreuodd gasgliad o grefftwaith Cymreig. Roeddent am ysbrydoli cenhedlaeth newydd i ymchwilio i grefftau traddodiadol a'u hymarfer. Y casgliad cenedlaethol yn Amgueddfa Sain Ffagan oedd pen y daith i lawer o'r eitemau hyn, ond mae rhai yn aros, yn eu plith llwyau caru, crochenwaith, ac eitemau pren fel stampiau menyn cerfiedig.

Fe wnaeth llawer o ddisgyblion Fleure fynd i'r afael ag astudio anthropoleg o Gymru mewn ffyrdd newydd ac arloesol. Pan agorodd Sain Ffagan yn 1947, roedd yn un o'r amgueddfeydd cyntaf yn y byd i flaenoriaethu gwybodaeth y werin. Roedd Iorwerth Peate, y curadur cyntaf, yn ddisgybl a darlithydd dan Fleure rhwng 1918 ac 1927 ac ymhlith y cyntaf i gyflwyno casglu hanes llafar fel rhan o waith sylfaenol amgueddfa. Fel Fleure, roedd ei olygon ar ddiwylliant gweithredol: lle i ddysgu ac i gael eich ysbrydoli.

Cara Cullen

These lace bobbins were given to the University collections in 1933 by former student Ellen Evans, then Principal of Barry Training College. Notice how intricate they are, each one adorned with a bead 'spangle' designed to weigh the bobbin down. At least twenty bobbins were needed to start making complex lace. They were often gathered over an owner's lifetime and each one might represent an important event such as the birth of a child. In Wales, they were sometimes given as love tokens. You might be able to see that one of ours has the word 'husband' burnt into it, using small dots. Expertly turned, using fragile material like ivory, bone and wood on a miniature scale, they also show us the incredible skill of the craftsperson.

These bobbins represent the long history of material and intangible culture studies here. Much of this can be traced back to the introduction of Anthropology and Geography through the appointment of Professor HJ Fleure. The professor took an interest in the University Museum and, with the support of the Davies sisters, began a collection of Welsh craftsmanship. They hoped the collection would inspire a new generation to research and take up traditional crafts. Many of these Welsh ethnographic items ended up being sent to the national collection at St Fagans museum but some remain, including love spoons, ceramics, and treen such as carved butter stamps.

Many of Fleure's students pursued and developed the anthropological study of Wales in new and innovative ways. When St Fagans opened in 1947, it was amongst the first cohort of museums in the world to prioritise the knowledge of ordinary people. Iorwerth Peate, the museum's first curator, was a student and lecturer under Fleure between 1918 and 1927. Peate was among the first to introduce gathering oral history as part of the fundamental work of the museum. Like Fleure, his vision was for culture in action; a place to learn and be inspired.

Cara Cullen

Roedd y bobinau les lliwgar hyn, a wnaed â llaw, yn rhan o gasgliad gwreiddiol y Brifysgol o grefftwaith traddodiadol Cymreig.

These colourful handmade lace bobbins originally formed part of the University's collection of traditional Welsh craftsmanship.

LA BELLE DAME SANS MERCI.
BY JOHN KEATS.

New Year,  mcxxxxvi.

The Eragny Press, The Brook, Hammersmith.

LA BELLE DAME SANS MERCI.

H, what can ail thee,
wretched wight,
Alone & palely loitering;
The sedge is wither'd
from the lake,
And no birds sing.

Llyfrau Gwasg Eragny
a argraffwyd gan Lucien
Pissarro. Fe'u prynwyd yn
1920 gan Sidney Greenslade
pan oedd yn Guradur
Ymgynghorol i Amgueddfa
Celf a Chrefft y Brifysgol.

Eragny Press books
printed by Lucien Pissarro,
purchased in 1920 by Sidney
Greenslade when he was
Consulting Curator to the
Arts and Crafts Museum.

■ Caiff rhywun ei synnu gan ysgafnder pur y llyfr bach hynod grefftus hwn o waith llaw. Ac eto rhwng y cloriau papur bregus, wedi eu hargraffu ar bapur o waith llaw a fewnforiwyd o bentref Arches yn Ffrainc, mae'r ddwy fersiwn o faled ffug-ganoloesol John Keats, 'La Belle Dame Sans Merci' (1819 a 1820). Yn adrodd stori oesol am filwr-marchog y torrwyd ei galon pan gefnodd hudoles dwyllodrus arno, mae'r faled hon wedi swyno cenedlaethau.

Wedi'i bastio tua chefn y llyfr mae darn o bapur sy'n cywiro gwall ar y dudalen deitl, lle mae MCXXXXVI (1146) yn hytrach na MDCCCCVI (1906) wedi'i argraffu. Mae rhywbeth yn briodol ynglŷn â'r gwall, gan y gellir dychmygu bod gorffennol canoloesol chwedlonol y faled (Ffrengig mwy na thebyg) yn perthyn i 1146.

Y flwyddyn honno yn Ffrainc, datganodd y Brenin Louis VII a'r Frenhines Eleanor o Acwitania eu cefnogaeth i'r Ail Groesgad, ac o ganlyniad ymosodwyd ar aneddiadau Iddewig ar hyd glannau afon Rhein. Mae'r gweithredoedd ffyrnig hynny yn f'atgoffa nad stori syml am filwr yw'r faled hon yn sicr, er ei holl Ramantiaeth ganoloesol.

Cafodd y bardd Keats ei fagu yn ystod cyfnod o ryfel yn erbyn Ffrainc Napoleon (ymladdwyd Brwydr Waterloo ryw bedair blynedd cyn i'r faled gael ei chyfansoddi). Roedd hefyd yn feddyg cymwysedig, yn hyddysg yn effeithiau corfforol a seicolegol rhyfel. Beth am y symptomau hynny a ddangosir gan y milwr-farchog – y lili ar ei dalcen, yr 'anguish moist and fever-dew'? A oedd yn glaf o gariad neu'n dioddef trawma? A pham y mae ar ei ben ei hun? A yw wedi goroesi cyflafan? Neu wedi cefnu ar bawb? Ai euogrwydd sy'n ei lethu? Wyddom ni ddim beth ddigwyddodd i'r hudoles gan na chlywn yn uniongyrchol ganddi hi.

Fel golwg dwbl hanesyddol yr argraffiad hwn gan Wasg Eragny, mae gan 'La Belle Dame Sans Merci' un llygad ar y gorffennol ac un ar y presennol. Mae hefyd yn cyfeirio at ein hoes gythryblus ni.

Mae'n eironi trist mai dechrau'r Rhyfel Mawr a welodd dranc y wasg – a hynny yn sgil costau cynyddol a'i bod hi'n anodd cael papur Arches o Ffrainc.

Richard Marggraf-Turley

■ The near-weightlessness of this tiny handcrafted book astonishes. Yet between the fragile paper boards, printed on handmade paper imported from the French village of Arches, are both versions of John Keats' faux-medieval ballad, 'La Belle Dame Sans Merci' (1819 and 1820). Ostensibly telling a timeless tale of a woe-begone 'knight-at-arms', abandoned by a femme fatale figure, it has cast a spell over generations.

Towards the back, a pasted-in erratum slip corrects a mistake in the title page, where instead of MDCCCCVI (1906), MCXXXXVI (1146) has been printed. There's something appropriate about the error, since the ballad's mythic medieval past (presumably French) could be imagined as 1146.

That year in France, King Louis VII and Queen Eleanor of Aquitaine declared their support for the Second Crusade, resulting in attacks on Jewish settlements along the Rhine. Those acts of violence remind me that, for all its medievalising Romanticism, this ballad is anything but a simple soldier's tale.

Keats grew up during a time of war with Napoleon's France (the Battle of Waterloo was fought just four years before the ballad's composition). He was also a qualified doctor, well versed in the physical and psychological effects of war. Those symptoms exhibited by the soldiering knight – the lily on his brow, the 'anguish moist and fever-dew'. Love-sickness or trauma? And why is he alone? Has he survived a slaughter? Deserted, perhaps? Or is there a darker side to Keats's poem? We never hear directly from La Belle Dame, and we don't know what becomes of her. Is the knight tormented by guilt?

Like this Eragny Press edition's historical double vision, 'La Belle Dame Sans Merci' has one eye on the past and one on the present. It also points towards our own troubled age.

It is a grim irony that the outbreak of the Great War saw the demise of the press, due to rising costs and the difficulty of obtaining Arches paper from France.

Richard Marggraf-Turley

Trychineb Cenedlaethol a Dim Llai: Tân Gorffennaf 1885

Little Short of a National Calamity: The Fire of July 1885

■ *Tua hanner nos ar 8–9 Gorffennaf, 1885, dechreuodd tân yn y labordy cemeg ar lawr uchaf adeilad y Coleg. Llwyddodd pawb y tu mewn i ddianc yn ddianaf, ond yn ystod yr ymdrechion i ddiffodd y fflamau ac achub yr adeilad, anafwyd sawl un a thynnwyd cyrff tri dyn lleol o'r lludw. Lledaenodd y newyddion yn bell, gyda sylw yn y New York Times yn ogystal â phapurau mwy lleol fel y South Wales Daily News. Dyma gyfieithiad o adroddiad eu gohebydd ar ddydd Sadwrn, 11 Gorffennaf, 1885.*

Mae'r tân trychinebus yng Ngholeg Aberystwyth fore Iau yn cael ei ystyried yn drychineb cenedlaethol a dim llai. Mae holl amgylchiadau'r digwyddiad yn destun trafod brwd, ond mae achos y tân yn ddirgelwch, a bydd yn parhau felly. Ymholais yn ofalus… gyda'r bwriad o sicrhau… nad yr arbrofion cemegol a gynhaliwyd yn y labordy brynhawn Mercher oedd wrth wraidd y tân….

Y llyfrgell, rhan fwyaf peryglus yr adfeilion yn nhyb Mr Seddon… wrth galon adeiladau'r Coleg, sydd wedi dioddef waethaf. Yn neuadd y llyfrgell, gyda'i tho cromennog hardd o bren cerfiedig, y cynhelid cyfarfodydd cyngor y llywodraethwyr. Roedd yr olygfa fore Iau ar ei mwyaf mawreddog pan afaelodd y fflamau yn y to hwn. Cragen yn unig yw wal y llyfrgell ar ochr y môr, ac mae disgwyl iddi ddisgyn ar fyrder. Syrthiodd un o'r pileri addurnol tua deg o'r gloch y bore yma, ac mae pobl yn cael eu hatal rhag bod yn agos at yr ochr honno i'r adeilad. Yn wir, ychydig iawn o bobl sy'n cael mynd i mewn i'r coleg, ac mae'r teimlad o gerdded ar loriau rhidyllog yn sgil y tân, gyda nenfydau rhydd uwchben, a waliau wedi'u hollti o'ch cwmpas, yn bur annymunol.

Gohebydd y *South Wales Daily News*
Trwy ganiatâd Media Wales
a Llyfrgell Genedlaethol Cymru.

Yr Hen Goleg yn ystod ac ar ôl y tân mawr yn 1885.

The Old College during and after the great fire of 1885.

■ *Around midnight on 8–9 July, 1885, a fire broke out in the chemistry laboratory on the top floor of the College building. Those inside managed to escape unhurt, but during the efforts to extinguish the flames and salvage the building, several were injured and the bodies of three local men were sadly recovered from the ashes. The news travelled far and wide, with coverage in the New York Times as well as more local papers like the South Wales Daily News, whose reporter wrote the following on Saturday, 11 July, 1885.*

The disastrous fire at the Aberystwith [*sic*] College on Thursday morning is regarded here as little short of a national calamity. The whole of the circumstances of the event are eagerly discussed but the origin of the fire still remains, and… will remain a mystery. I have made careful enquiry… with the result of ascertaining… that the chemical experiments conducted in the laboratory on Wednesday afternoon could have had nothing to do with originating [it]….

The library, which Mr Seddon thinks the most dangerous part of the ruins… [at] the centre of the whole of the College buildings, suffered a great deal more than the other part of the wing. It was in the library hall that the meetings of the council of the governors were held, and it possessed a magnificent vaulted roof of carved woodwork. It was when the flames laid hold of this roof that the scene on Thursday morning was most grand. The library wall fronting the sea is a mere shell, and its early collapse is expected. One of the ornamental pillars fell about ten o'clock this morning, and care is taken to prevent persons being near the building on that side. Indeed, very few persons are allowed inside the college, and the sensation of walking upon floors honeycombed by the fire, with loose ceilings overhead, and cracked walls around, is anything but a pleasant one.

***South Wales Daily News* Reporter**
By permission of Media Wales
and The National Library of Wales.

July 11. 1885.

Dearest Mother,

We were very glad to hear from your letter to Johanna that her previous note saved you some anxiety. It is indeed an awful calamity almost worse than anything I have yet experienced. All my apparatus that I was so fond of all my specimens everything gone or only re-covered in such a state as to

to be absolutely useless.

Wednesday night & the next day was the most dreadful time I ever spent. The sud-den awakening, hurried dressing, and frantic endeavour to arrest the progress of the fire almost unnerved me. Then the crowds of people totally without control, their shouting, the crackling & roaring of the flames, & ac-companied by frequent ex-plosions of the bottles & crashing of the plate glass windows, ~~the~~ combined to form a ~~scene~~ scene which is not often witnessed. After-wards came the sacking of

Ni chafodd union achos tân mawr 1885 ei ddarganfod erioed ond cafodd y digwyddiad trasig effaith ddifrifol ar yr Athro Cemeg Thomas Samuel Humpidge. Mae'r llythyr hwn at ei fam, sydd wedi'i olygu a'i gyfieithu (cedwir y gwreiddiol yn ein harchifau), yn creu darlun byw o'r noson drist. Yn anffodus, bu farw'r Athro Humpidge o waeledd ddwy flynedd yn ddiweddarach, yn dri deg a phedair oed.

11 Gorffennaf, 1885

F'anwylaf Fam,

Mae'n wir ei bod yn anffawd ofnadwy.... Mae'r holl gyfarpar yr oedd gennyf gymaint o feddwl ohono, fy holl sbesimenau, popeth naill ai wedi mynd neu wedi'i achub yn y fath gyflwr fel ei fod yn gwbl ddiwerth.

Nos Fercher a thrannoeth oedd yr amserau mwyaf ofnadwy a ddaeth i'm rhan erioed. Cefais bron fy niffygio gan y deffro sydyn, y gwisgo brysiog, a'r ymdrechu gwyllt i atal lledaeniad y tân. Yna'r torfeydd cwbl afreolus, y gweiddi, clecian a rhuo'r fflamau, ynghyd â ffrwydradau mynych y poteli a gwydr y ffenestri mawr yn chwalu, oll yn cyfuno i greu golygfa nad yw rhywun yn dyst iddi'n aml. Wedi hynny, anrheithiad yr Amgueddfa a'r Llyfrgell ac, yn olaf, y gwylio diymadferth wrth i'r holl flynyddoedd o waith gael ei ddinistrio.

Roeddwn i wedi bod yn gweithio hyd at chwech y diwrnod cynt ac roedd fy arbrofion yn mynd rhagddynt yn wych, pan ddaeth y tân a chwalu popeth yn deilchion. Mae'n rhaid i ni yn awr drefnu safleoedd dros dro a bydd yn rhaid i mi yn arbennig neilltuo'r rhan fwyaf o'r gwyliau i gael trefn ar labordy dros dro.

Daethpwyd o hyd i dri chorff yn yr adfeilion ac anafwyd tri arall yn ddrwg – nid oes disgwyl i un ohonynt wella. Roeddwn gerllaw pan ddigwyddodd y ddamwain hon ond, drwy drugaredd, cefais fy arbed yn ddianaf....

Rydym yn awr yn dechrau teimlo'r straen parhaus, ac, o ystyried natur beryglus y tân, rydym yn hynod ddiolchgar i ni ddianc mor ddidrafferth.

Yr eiddoch yn gariadus,
Tom.

TS Humpidge

The exact cause of the great fire of 1885 was never identified but the tragic incident severely affected the wellbeing of the popular and hardworking Chemistry Professor, Thomas Samuel Humpidge. This edited letter to his mother, now in our archives, paints a vivid picture of that sad night. Professor Humpidge died of ill health two years later, at the age of thirty-four.

11 July, 1885

Dearest Mother,

It is indeed an awful calamity.... All my apparatus that I was so fond of, all my specimens, everything gone or only recovered in such a state as to be absolutely useless.

Wednesday night and the next day was the most dreadful time I ever spent. The sudden awakening, hurried dressing, and frantic endeavouring to arrest the progress of the fire almost unnerved me. Then the crowds of people totally without control, the shouting, the crackling and roaring of the flames, accompanied by frequent explosions of the bottles and crashing of the plate-glass windows, combined to form a scene which is not often witnessed. Afterwards came the sacking of the Museum and Library and finally the passive watching of the destruction of so many years' work.

I had been working up to six the day before and my experiments were going on beautifully when the fire came and completely obliterated everything. We have now to provide for temporary premises and I specially will have to devote most of vacation to fitting up a temporary laboratory.

Three bodies were found in the ruins and three others were badly injured – one is not expected to recover. I was close at hand when this accident happened but was mercifully preserved without a scratch....

We are now beginning to feel the continuous strain, and, considering the dangerous character of the fire, we are extremely thankful for escaping so easily.

Yours lovingly,
Tom.

TS Humpidge

22

Yn dilyn y tân yn 1885, roedd yn rhaid i rannau o'r Coleg gael eu hailadeiladu. Daeth y pensaer John Pollard Seddon â'i gyn-ddisgybl, CFA Voysey, gydag ef. Roedd Voysey yn fab i sefydlydd yr Eglwys Theistaidd, a daeth yn ffigwr blaenllaw yn y Mudiad Celf a Chrefft ochr yn ochr â William Morris. Y dasg a roddwyd i Voysey gan Seddon oedd cynllunio mosäig triptych ar adain ddeheuol newydd yr Hen Goleg.

Yn eistedd yn y panel canol mae'r mathemategwr mawr, Archimedes yn ôl pob tebyg, ynghyd â dau wasanaethydd yn dal symbolau gwyddoniaeth fodern ac ymchwil am wybodaeth newydd – llong ager a thrên. Yn gorwedd ar liniau Archimedes mae llyfr sy'n dangos symbolau geometreg a phroffil penglog: 'dynoliaeth'.

Fy hoff ran yw'r un sy'n dangos traed cydnerth Archimedes: mae ei fawd mawr hirgrwn fel pe bai'n cynnig 'atalnod llawn' i'r ffigwr. Mae'r gwasanaethyddion, sydd wedi eu halinio'n gymesur a'u gwisgo mewn glas, wedi eu gosod i bwysleisio cyfansoddiad pyramidaidd, sy'n dyrchafu pwysigrwydd y mathemategwr, ac yn ffurfio triongl ar draws y tri phanel wedi'u fframio â thywodfaen.

Derbyniodd cynllun terfynol Voysey sêl bendith y Coleg, a chredir i'r gwaith gael ei gyflawni gan gwmni mosaigau Jesse Rust yn Battersea, a oedd yn cynhyrchu teils smalti o wydr wedi'i ailgylchu a thywod am y bumed ran o gost smalti o Fenis.

Cyn iddynt weld y darn gorffenedig nid oedd awdurdodau'r Coleg, a oedd â'u bryd ar greu canolfan addysg seciwlar, wedi sylwi ar y symbolau o ddysgeidiaeth Gristnogol a oedd wedi'u cuddio'n ddireidus o dan sedd Archimedes, a gorchmynnwyd i Seddon gael gwared ar y mosäig yn gyfan gwbl. Roedd y gost o gael gwared arno yn afresymol, felly cytunwyd ar gyfaddawd, a disodlwyd y 'rhannau anghymeradwy' gan wal ocr blaen.

Nid yw Voysey, a oedd ag enw am fod â 'safbwyntiau tanllyd', ac a gadwodd gofnodion manwl o'i holl brosiectau o 1887 ymlaen, yn cofnodi'r mosäig hwn. Efallai mai'r anghydfod hwn sy'n esbonio pam.

Alison Pierse

Following the fire in 1885, parts of the College needed rebuilding. Architect John Pollard Seddon brought in his former pupil, CFA Voysey, son of the founder of the Theistic Church, who became a leading figure in the Arts and Crafts Movement alongside William Morris. Voysey was tasked by Seddon to design a triptych mosaic on the new south wing of the Old College.

In the central panel sits the great mathematician, thought to be Archimedes, complemented by two attendants holding the symbols of modern science and pursuit of new knowledge – a steam ship and train. A book rests on the lap of Archimedes, indicating the symbols of geometry and the profile of a skull: 'humankind'.

My favourite section shows Archimedes' sturdy feet: his large oval big toe offers a weighty 'full stop' to the figure. The symmetrically aligned attendants, dressed in blue, are posed to emphasise a pyramidal composition, elevating the significance of the mathematician, and forming a triangle across the three sandstone framed panels.

Voysey's final design was sanctioned by the College, and the work is believed to have been carried out by the Jesse Rust Mosaic Company in Battersea, which manufactured smalti tiles from recycled glass and sand at one fifth of the cost of Venetian smalti.

It wasn't until they saw the finished piece that the College authorities, intent on creating a secular seat of learning, noticed symbols of religious doctrine illustrated under the throne, and ordered Seddon to remove the mosaic entirely. The cost of removal was extortionate, so a compromise was reached, and the 'objectional parts' replaced with a plain ochre wall.

Voysey, who had a reputation for having 'fierce opinions', kept meticulous logs of all his projects from 1887 onwards but no mention is made of this mosaic. The controversy perhaps explains why.

Alison Pierse

Cafodd y mosäig, a wnaed o wydr wedi'i ailgylchu, ei gomisiynu ar gyfer adain ddeheuol yr Hen Goleg gan y pensaer John Pollard Seddon. Fe'i crëwyd gan y dylunydd Celfyddyd a Chrefft, Charles Francis Voysey.

Manufactured from recycled glass, the mosaic on the south wing of the Old College was commissioned by architect John Pollard Seddon from Arts and Crafts designer Charles Francis Voysey.

Imperial VIEW SERIES.
MCALPIN & LAMB, PORTLAND, OR.

Multnomah Fall. 8 m E. of Portland
The upper fall is 400 ft high and the
lower a little I rather & shows at
the bottom of the picture is 100 ft.
I'm told glee on the artist days the
current of cool air following the
fall makes one require wraps for
warmth sake.

Written by Taid (T.C.E.)
in America
when raising funds for
Aberystwith College

Ar 9 Gorffennaf, 1885, roedd penawdau papurau newydd yn cyfeirio at dân mawr yng Ngholeg Aberystwyth a oedd wedi difrodi'r adeilad glan môr ac wedi dinistrio'r llyfrgell yn llwyr. Gallai'r digwyddiad fod wedi bod yn ddiwedd ar yr egin-sefydliad, ond, yn hytrach, sbardunodd don o gefnogaeth a ledodd ymhell y tu hwnt i Aberystwyth. Ym mhapur newydd *Y Drych*, a gâi ei gylchredeg ymhlith Cymry Cymraeg yr Unol Daleithiau, argraffwyd galwad angerddol Prifathro'r Coleg, Thomas Charles Edwards, i'r gad: 'Derbyniodd y Coleg ei fedydd tân. Fe gyfyd o'r lludw ac ynddo fywyd newydd. Ni fydd Cymru byth yn gadael iddo farw ar ôl hyn.'

Dilynwyd geiriau Thomas Charles Edwards gan weithredu, a chwaraeodd ran allweddol yn y gwaith o godi arian ar gyfer ailadeiladu'r Coleg. Er mwyn codi arian ar gyfer llyfrgell newydd, aeth ar daith bersonol o amgylch Gogledd America yn 1890, gan godi tua £1,050. Pan ddychwelodd i Gymru, adroddodd Edwards 'iddo gael sawl cyfle i ddwyn cais y Coleg at sylw Cymry yno sy'n dal i garu'r "hen wlad".'

Codwyd plac yn y llyfrgell newydd i goffáu'r rhai a gyfrannodd: 'Dodrefnwyd y llyfrgell hon gan Gymry cenedlgarol yn yr Unol Daleithau [sic] ac yn Canada 1890'. Daeth y plac i ben gyda dihareb: 'Cas gwr [sic] na charo y wlad a'i maco'.

Agorwyd y llyfrgell newydd yn 1892 a daeth dros 300 o bobl i'r agoriad swyddogol. Yn ystod y digwyddiad agoriadol, dywedodd Arglwydd Aberdâr fod 'rhodd Cymry America yn arwydd o gydymdeimlad â dylanwad personol y Prifathro Edwards, ac yn arwydd o haelioni America tuag at achos addysg.... Dangosai'r ystafell a'i rhoddion o America fod gwaed yn dewach o lawer na dŵr.'

Calista Williams

On 9 July, 1885, newspaper headlines reported a 'Great Fire at Aberystwyth College' that had devastated the seafront building and entirely destroyed the library. An event that could have marked the end of this fledgling institution triggered instead a wave of support that reached far beyond Aberystwyth. The newspaper *Y Drych*, circulated amongst the Welsh speakers of the United States, printed the patriotic call to arms made at the time by College Principal Thomas Charles Edwards: 'The College has at length had its baptism of fire. It will arise from its ashes with a new life. Wales will never now let it die.'

Thomas Charles Edwards put his words into action, playing a key role in fundraising for the rebuilding of the College. In order to raise money for a new library, he undertook a personal tour of North America in 1890, raising approximately £1,050. On his return to Wales, Edwards reported that 'many opportunities were offered me to bring the claims of the College under the notice of Welshmen there who still cherish love for "yr hen wlad".'

A plaque was erected in the new library to commemorate those who contributed: 'Dodrefnwyd y llyfrgell hon gan Gymry cenedlgarol yn yr Unol Daleithau [sic] ac yn Canada 1890 (This library was furnished by the patriotic Welshmen of the United States and Canada 1890). The plaque concluded with a proverb: 'Cas gwr [sic] na charo y wlad a'i maco' (Hateful the man who loves not the country that nurtured him).

The new library officially opened in 1892, and the event was attended by over 300 people. At the opening, Lord Aberdare said that 'the gift by the Welshmen of America was a mark of sympathy with the personal influence of Principal Edwards, and an indication of American generosity towards the cause of education.... That room and its gifts from America showed that blood was much thicker than water.'

Calista Williams

Cerdyn post o Multnomah Falls, Oregon, a anfonwyd gan y Prifathro Thomas Charles Edwards yn 1895. O dan y neges yn ei lawysgrifen, mae aelod o'i deulu wedi ychwanegu yn Saesneg: 'Ysgrifennwyd gan Taid (TCE) yn America wrth godi arian i Goleg Aberystwyth.'

Postcard of Multnomah Falls, Oregon sent by Principal Thomas Charles Edwards in 1895. Under his handwritten message, a member of his family has added: 'Written by Taid (TCE) in America when raising funds for Aberystwyth College.'

■ Daeth Cwad yr Hen Goleg i fodolaeth fel rhan o waith atgyweirio'r adeilad yn dilyn tân Gorffennaf 1885. Cyn hynny, roedd adain ogleddol Gwesty Tŷ'r Castell yn cynnwys nifer o ystafelloedd bychain, ond bellach yn eu lle ar hyd y muriau allanol roedd ystafelloedd dosbarth mawr. Yn y gofod rhwng y ddwy ochr, crëwyd neuadd eang tua 100 troedfedd o hyd a 24 troedfedd o led.

Pan gyhoeddwyd y newidiadau hyn yn 1887, dywedwyd y byddai'r neuadd yn cael ei goleuo oddi uchod, ond nid yw'n glir a oedd hyn yn golygu ei bod yn dal yn agored i'r elfennau ar ôl y tân, neu a fyddai goleuadau'n crogi o do newydd.

Ym mis Hydref 1889, cyhoeddwyd bod Mr WT Jones, mab i gyn-siopwr dillad yn Stryd Fawr Aberystwyth a oedd wedi gwneud ei ffortiwn yn Awstralia, wedi cynnig 'talu'r gost o £500 i roi to ar y pedrongl neu'r neuadd ganolog'. O ddiwedd y 1880au ymlaen, roedd ef a'i deulu yn ymwelwyr cyson ag Aberystwyth, a thros yr ugain mlynedd nesaf bu'n rhoddwr hael i'r Coleg a Llyfrgell Genedlaethol Cymru, yn ogystal ag i'r dref a'r pentrefi cyfagos.

Ym mis Hydref 1890, cyhoeddodd y Prifathro TC Edwards fod 'cynllun prydferth Mr Seddon' ar gyfer y to wedi cael ei dderbyn a bod yr adeiladwyr, Mr Davies a'i Fab o'r Drenewydd, wedi cwblhau'r gwaith. Nododd hefyd fod arfbeisiau cynghorau sir Cymru wedi eu gosod ar hyd dwy ochr y neuadd o dan y to.

Efallai fod cynllun prydferth John Pollard Seddon wedi ei dderbyn gan awdurdodau'r Coleg, ond ni chafodd Pollard ei hun, pensaer Gwesty Tŷ'r Castell, ei gyflogi i wneud y gwaith. Dadorchuddiwyd plac yn y Cwad i goffáu rhodd WT Jones, ac yn ddiweddarach enwyd ystafell gyfagos yn Ystafell Seddon i anrhydeddu pensaer yr adeilad.

Elgan Philip Davies

■ The Old College Quad was created as part of the rebuilding work following the fire of July 1885. Previously the northern wing of the Castle House Hotel had consisted of a number of small apartments, but these were now replaced by large classrooms along the outer walls, with the space between them converted into a spacious hall nearly 100 feet long and 24 feet wide.

When these changes were announced in 1887, it was said that the hall would be 'lighted from the top', but it isn't clear whether this meant that it was still open to the elements after the fire, or that it would be lit by lights hanging from a new roof.

In October 1889, it was announced that Mr WT Jones, the son of a former Great Darkgate Street draper who had made his fortune in Australia, had offered 'to roof the quadrangle or central hall at the cost of £500'. From the late 1880s, he and his family were frequent visitors to Aberystwyth, and over the next twenty years he was a prominent benefactor of the College and the National Library of Wales, as well as of the town and the surrounding villages.

In October 1890, Principal TC Edwards announced that 'the beautiful design of Mr Seddon' for the roof had been accepted and that the builders, Mr Davies and Son of Newtown, had completed the work. He also noted that the coats of arms of all the Welsh county councils were arranged along both sides of the hall under the roof.

John Pollard Seddon's beautiful design may have been accepted by the College authorities, but Pollard himself, the architect of the Castle House Hotel, was not employed to do the work. A plaque commemorating WT Jones' gift was unveiled in the Quad, and the adjacent Seddon Room was later named in honour of the building's architect.

Elgan Philip Davies

Cwblhawyd to mewnol addurnol Cwad y Coleg, a ariannwyd gan WT Jones o Melbourne, Awstralia, ym mis Hydref 1890. Daeth 'y Cwad' yn ganolbwynt i fywyd myfyrwyr am flynyddoedd lawer.

The ornamental inner roof of the College Quadrangle, funded by WT Jones of Melbourne, Australia, was completed in October 1890. 'The Quad' became a focus of student life for many years.

■ Mae'r arc-lamp garbon hon – a osodwyd yn y Coleg yn y 1890au – yn cynnig cipolwg diddorol ar sut roedd arweinwyr y sefydliad yn eu gweld eu hunain, a hwythau ar drothwy'r ganrif newydd. Trydan oedd y dyfodol yn y 1890au, ac roedd golau trydan yn dechrau dod ar gael ar raddfa fasnachol. Yn Llundain, megis dechrau cynllunio ei orsaf bŵer uchelgeisiol yn Deptford yr oedd Sebastian di Ferrantia – gorsaf a fyddai'n cyflenwi trydan ar raddfa fawr ar draws y ddinas. Tan ychydig flynyddoedd ynghynt, braint i'r cyfoethog iawn oedd golau trydan. Drwy osod system o'r fath, roedd arweinwyr Aberystwyth yn dangos eu bod ar flaen y gad o ran datblygiadau technolegol.

Sbardunwyd y fenter gan DE Jones, gŵr â gweledigaeth. Roedd yn gynfyfyriwr (y cynfyfyriwr cyntaf i ddychwelyd fel darlithydd) a ddechreuodd ar ei astudiaethau yma yn un ar bymtheg oed. Prin ei fod yn un ar hugain oed pan gafodd ei benodi'n ddarlithydd yn yr Adran Ffiseg. Roedd ganddo ddiddordeb brwd mewn trydan, ac yn enwedig yn ei ddefnydd a'i botensial ymarferol. Ysgrifennodd yng nghylchgrawn y Coleg am y datblygiadau diweddaraf, gan dynnu sylw at y camau breision ymlaen a'r dyfeisiadau newydd a oedd yn dod i'r fei fwy neu lai bob wythnos. Ei uchelgais, na fyddai byth yn cael ei gwireddu, oedd sefydlu Adran Peirianneg Drydanol yn Aberystwyth.

Roedd y system wreiddiol yn cynnwys arc-lamp, wedi'i phweru gan ddynamo Gramme 55 folt, ynghyd â switsys, switsfwrdd ac offer mesur. Ychwanegwyd dwy arc-lamp arall yn ddiweddarach, a'r cyfan yn rhedeg ar injan nwy Crossley, a brynwyd am hanner pris am £95. Ar fenthyg oedd yr offer yn wreiddiol, ond fe'i rhoddwyd i'r Coleg maes o law gan y cwmni peirianneg drydanol Crompton & Co. Yn 1900, disodlwyd y dynamo gan un mwy pwerus 110 folt wrth i system oleuadau trydan y Coleg gael ei hehangu.

Iwan Rhys Morus

■ This carbon arc lamp – installed at the College in the 1890s – offers an intriguing insight into how the institution's leaders saw themselves as the end of the century approached. Electricity was the future in the 1890s, and electric light was just becoming commercial. In London, Sebastian di Ferranti had only recently started planning his ambitious power station in Deptford, designed to supply electricity on a large scale across the city. Until a few years previously, electric light had been a luxury for the very wealthy. By having an electric light system installed, Aberystwyth's leaders were showing themselves to be at the cutting edge of technological progress.

The initiative came from DE Jones, recently appointed as lecturer in Physics. Jones was clearly precocious. He was a former student (the first former student to return as a lecturer) who had begun his studies here at the age of sixteen. He was barely twenty-one when he began his lectureship. He had a keen interest in electricity, and in its practical purposes and potential in particular. Jones had ambitions, which never materialised, to establish a department of electrical engineering at Aberystwyth. He wrote about the latest developments in the College magazine, describing how 'scarcely a week passes without the announcement of some electrical invention, or of practical advances in the construction of electric plant or the working of electrical processes.'

The original installation consisted of an arc light, powered by a 55-volt Gramme armature dynamo, along with switches, a switchboard and measuring equipment. A further two arc lights were added later. The whole ensemble ran from a Crossley gas engine, purchased at half price for £95. The equipment was originally loaned, and then donated to the College by the electrical engineering firm Crompton & Co. The dynamo was replaced by a more powerful 110-volt one in 1900 as the College electric lighting system was expanded.

Iwan Rhys Morus

Arc-lamp garbon a oedd yn darparu golau trydan cynnar yng Nghwad yr Hen Goleg yn y 1890au.

A carbon arc lamp which provided an early form of electric lighting in the Quad of the Old College in the 1890s.

Rhwng 1890 a'r 1970au, y Cwad oedd calon bywyd y myfyrwyr, lle byddai pawb yn ymgynnull rhwng darlithoedd yn ystod y dydd, a hefyd pan fyddai'r cymdeithasau yn cyfarfod fin nos. Yn ôl EL Ellis, roedd 'yn lle i weld ac i gael eich gweld, a… gwnaeth gyfraniad yr un mor bwysig i addysg myfyrwyr Aberystwyth ag unrhyw ystafell ddarlithio a labordy'.

Un o arferion poblogaidd y Cwad oedd 'gridio', a oedd wedi ei ganoli o gwmpas y ddau grid metel mawr a orchuddiai'r gwresogyddion. Yn ôl llawlyfr myfyrwyr cynnar, 'Gridio yw'r seremoni hyfryd o osod ar "grid" y Pedrongl y myfyrwyr hynny sydd wedi ennill anrhydedd deallusol… [a'u gorfodi] i draddodi'r hyn y mae'r dorf addolgar yn falch o'i alw yn "araith".' Go brin y byddai'r rhai a gâi eu hanrhydeddu yn y ffordd yma yn disgrifio'r cyfan yn 'seremoni hyfryd', gan y byddai eu hareithiau byrfyfyr yn cael eu gwatwar a'u gwawdio gan y gwrandawyr.

Yn 1893, crëwyd Prifysgol Cymru drwy Siarter Frenhinol, a gan mai Aberystwyth oedd y fam sefydliad, cynhaliwyd y seremoni raddio ar y cyd gyntaf yno ar 26 Mehefin, 1896. Am y chwe blynedd nesaf, parhaodd staff a myfyrwyr Bangor a Chaerdydd i deithio i Aberystwyth ar gyfer Diwrnod Graddio. Yn ôl pob golwg, bu dathlu swnllyd iawn ar ôl seremoni 1901, a gynhaliwyd ym Mhafiliwn y Pier Brenhinol ar 15 Tachwedd, gyda holl aelodau staff y Coleg, o'r Prifathro i'r porthorion, yn cael eu cario ar ysgwyddau'r myfyrwyr i'r gridiau.

Fodd bynnag, nid oedd y Llyfrgellydd, y Parchedig E Penllyn Jones, yn gwybod beth oedd achos yr holl gythrwfl yn y Cwad islaw, a phan ddaeth criw o fyfyrwyr ato gyda'r bwriad o'i gario yntau i'r gridiau, tynnodd gyllell boced allan i'w amddiffyn ei hun a thrywanodd yr arweinydd. Yn fuan wedyn, daeth yr arfer o gridio i ben a dim ond Llywydd Cyngor y Myfyrwyr a gâi ganiatâd i annerch o'r gridiau, i wneud cyhoeddiadau'r myfyrwyr.

Elgan Philip Davies

Between 1890 and the 1970s, the Quad was at the heart of student life, where students would congregate between lectures during the day and in the evening when student societies met. It was, according to EL Ellis, 'a place to see and be seen, and… made every bit as important a contribution to the education of Aberystwyth students as any lecture-room or laboratory'.

One popular Quad custom was 'gridding', which revolved around the two large metal grids that covered the heating radiators. According to an early student handbook, 'Gridding… is the delightful ceremony of placing on the Quadrangle "grid" those students who have achieved intellectual glory… [and obliging them] to deliver what the listening, worshipping crowd is pleased to term a "speech".' Those who were honoured in this way might not have described it as a 'delightful ceremony', as their impromptu speeches would be heckled and mocked by the listeners.

In 1893, the University of Wales was created by Royal Charter and, as Aberystwyth was the mother institution, the first joint graduation ceremony was held there on 26 June, 1896. For the next six years Bangor and Cardiff staff and students would continue to travel to Aberystwyth for Degree Day. The aftermath of the 1901 ceremony, held at the Royal Pier Pavilion on 15 November, appears to have been especially boisterous with all members of college staff, from Principal to porters, being carried shoulder high to the grids.

However, the Librarian, the Reverend E Penllyn Jones, didn't know why there was so much noise in the Quad below, and when he was approached by a group of students, intent on carrying him to the grids, he drew a penknife to defend himself and stabbed their leader. Shortly afterwards, gridding came to an end and the President of the Students' Council was the only one permitted to speak from the grids, to make student announcements.

Elgan Philip Davies

Mae cloriau haearn bwrw addurniadol rheiddiaduron Cwad yr Hen Goleg wedi cynnig llwyfan ar gyfer cyhoeddiadau neu areithiau byrfyfyr.

The large radiators ('gridirons') in the Quad of the Old College have decorative cast iron covers that provided a platform for making announcements or impromptu speeches.

Editorial

Contributions

Science Jottings

On the Genus Capuliboden Polemps

Our Portrait Gallery

Athletics etc.

Inter-Coll. Match
U.C... v Bangor

Town v Coll.

Final Greek

A Relic of the Storm

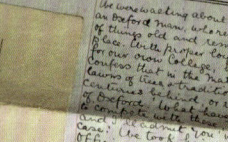

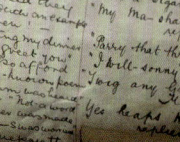

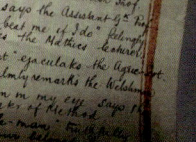

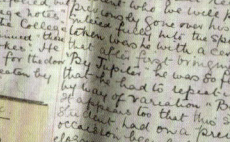

The Knickerbocker craze

■ Mae'r papur yn melynu ac mae rhwygiadau bach yn neunydd brau'r cylchlythyr myfyrwyr hwn a ysgrifennwyd mor ofalus â llaw. Mae wedi goroesi, bron yn gyfan, ers 1894, ac mae'n un o dair llawysgrif debyg a gedwir yn archifau'r Brifysgol. Ynddo ceir newyddion, clecs a barn o'r Coleg, yn ogystal ag ambell bortread a dynnwyd â llaw.

Erbyn i'r copi hwn o *Student* ymddangos, roedd y *College Magazine* wedi bodoli ers mwy na phymtheng mlynedd. Menter ar y cyd rhwng staff a myfyrwyr oedd y *Magazine* a châi ei ystyried braidd yn sidêt ac ysgolheigaidd, er mor uchel oedd safon y cynnwys. Cododd cylchgronau eraill, llai parchus i herio'r drefn, gan gynnwys y *College Critic* yn 1887, a oedd yn honni ei fod 'o'r myfyrwyr, i fyfyrwyr, gan fyfyrwyr'. Digwydd, darfu oedd ei hanes, fel nifer o bapurau eraill, yn eu plith *Hypercritic, Cap, Gown*, a'r cylchgrawn Cymraeg diweddarach *Y Wawr*.

Daeth tro ar fyd yn 1904 pan ail-lansiwyd y *Magazine* fel *The Dragon*. Gyda'r Cyngor Cynrychiolwyr y Myfyrwyr yng ngofal y cynnwys, roedd dipyn ysgafnach ac yn y rhifyn cyntaf cafwyd portread o ddraig ifanc fywiog wrth ochr gwraig oedrannus mewn gwisg Gymreig a oedd yn gofyn i aelod o'r Senedd, 'Professor *bach*! Why didn't you let him walk before?'

Wrth i nifer y myfyrwyr gynyddu, felly hefyd y galw am fwy o lais ym materion y Coleg. Yn 1948, ymddangosodd y *Courier* gyda'r nod o 'ddeffro ac ysgogi safbwynt y myfyrwyr'. Does fawr o syndod i lawer o'r myfyrwyr a gyfrannodd fynd ymlaen i ragori ym myd newyddiaduraeth a gwleidyddiaeth. Er weithiau'n ddraenen yn ystlys awdurdodau'r Coleg, mae'r cyfnodolion, cylchgronau a phapurau hyn wedi gwneud cyfraniad pwysig i ddatblygiad y trafod a'r dadlau a'r mynegi barn gan fyfyrwyr dros y degawdau.

Julie Archer

Byddai'r cylchlythyr ysgrifenedig hwn i fyfyrwyr wedi cael ei osod ar wal yr ystafell gyffredin yn islawr yr Hen Goleg.

■ The paper is yellowing and there are small tears in the fragile fabric of this painstakingly handwritten student newsletter. But it has survived – almost intact – since 1894, and is one of three such manuscripts stored in the University's archives, covering college news, gossip and comment, as well as the occasional hand-drawn portrait or sketch.

By the time this copy of *Student* appeared, the *College Magazine* had been in existence for more than fifteen years. The *Magazine* was very much a joint venture between staff and students, and the content – though of high calibre – was considered rather sedate and scholarly. Other unofficial, less reverential rivals sprung up to challenge the status quo, including the *College Critic* in 1887, which proclaimed itself to be 'of the students, for the students, by the students'. The *College Critic* was short-lived, as were other student papers such as *Hypercritic, Cap, Gown*, and the later Welsh-language magazine *Y Wawr*.

A change came about in 1904 with the *Magazine*'s relaunch as *The Dragon*, which was more light-hearted in tone and put editorial content firmly under the control of the Students' Representative Council. Its first edition featured a cartoon of a lively young dragon next to an elderly woman dressed in national costume, the woman asking a member of the Senate, 'Professor *bach*! Why didn't you let him walk before?'

As the student body grew, so too did demands for a greater voice in college affairs. The *Courier* appeared in 1948, aimed at 'the awakening and stimulation of student opinion'. Not surprisingly, perhaps, many of its student writers went on to follow careers in journalism and politics. Though sometimes a thorn in the side of the college authorities, these journals, magazines and papers have played an important part in the development of student comment and debate over the decades.

Julie Archer

This handwritten student newsletter would have been posted on the wall of the common room in the basement of the Old College.

Bathodyn pin arian gydag arwyddair y Brifysgol, 'Nid Byd Byd Heb Wybodaeth'. Ar y cefn, mae'r arysgrif 'Mabel, from Cis, Aber 1916'.

Silver pin badge bearing the University's motto 'Nid Byd Byd Heb Wybodaeth' with an inscription 'Mabel, from Cis, Aber 1916' on the back.

Cafodd 'Cân y Coleg' ei chanu'n gyhoeddus am y tro cyntaf ym mis Mawrth 1895, fel rhan o ddathliadau Dydd Gŵyl Dewi. Fe'i hysgrifennwyd gan yr Athro JR Ainsworth Davis, gyda'r geiriau Cymraeg gan yr Athro Edward Anwyl, ac mae'n cynnwys arwyddair y Coleg, a ddewiswyd gan y Llywodraethwyr yn 1875: 'Nid byd, byd heb wybodaeth'.

1   Yn hy i'r nefoedd wen
    Ein Coleg gŵyd ei ben,
    A'i ieuanc wedd heb arwydd henaint caeth;
    Nid mewn rhyw ddistaw fan,
    Ond draw ar greigiog lan,
    Lle rhua'r don dragwyddol ar y traeth.

Cytgan

    'Beth yw d'arwyddair di,
    O Goleg ger y lli?'
    'Nid byd byd heb wybodaeth', meddwn ni.
    Rhua, fôr! ei glod yn rhydd,
    Aberystwyth fu a fydd!

2   O lawer gwlad a thref,
    Ei feib a'i ferched ef
    Gaiff aros ennyd wrth dymhestlog fôr.
    Eu gwersi'n gyson wnânt,
    Ond llonder ni chasânt,
    Gan gasglu mwyn atgofion yn ystôr.

3   Ymhell i'r pedwar gwynt,
    Ei blant â ar eu hynt,
    A dysg wasgarant fel y bore wawr.
    O fynydd, rhos, a gwaun,
    A thros y môr ymlaen,
    Eu sanctaidd fflam oleua ddaear lawr.

Cytgan i'r trydedd pennill

    Boed llon dy oriau di,
    Ein Coleg ger y lli,
    Tra seinia'r stormus don ei chytgan hi.
    Rhua, fôr! ei glod yn rhydd,
    Aberystwyth fu a fydd.

JR Ainsworth Davis ac Edward Anwyl

The Aberystwyth College Song was sung in public for the first time in March 1895, as part of a St David's Day Celebration. It was written by Professor JR Ainsworth Davis, with Welsh words by Professor Edward Anwyl, and includes the College's motto chosen by the Governors in 1875: 'Nid byd, byd heb wybodaeth' (A world is not a world, without knowledge).

1   Some boast their classic stream
    Where nymphs and naiads dream,
    Their buildings touched by Time till old and grey;
    Our College towers in pride
    By the Western waters' side,
    Where wild waves vainly beat along the bay.

Chorus

    'What may your motto be,
    O College by the sea?'
    'Nid byd byd heb wybodaeth', answer we.
    Rage, ye gales! ye surges, seethe!
    Aberystwyth fu a fydd!

2   From near or distant home
    Her sons and daughters come,
    Awhile to tarry by the wind-swept shore.
    Dim midnight oil they burn,
    Nor sport and pleasure spurn,
    Those days shall dwell in mem'ry evermore.

3   To South, West, East and North,
    Her children travel forth,
    Bright kindle learning's torch like morning star,
    From mountain, moor, and plain,
    Across the purple main,
    The *flamma sacra* burns and shines afar.

Chorus for third verse

    Fair may your future be,
    Our College by the sea,
    Where wind and wave make merry minstrelsy.
    Rage, ye gales! ye surges, seethe!
    Aberystwyth fu a fydd!

JR Ainsworth Davis

UNIVERSITY COLLEGE OF WALES,

ABERYSTWYTH.

ALEXANDRA HALL,

OPENED BY

H.R.H. THE PRINCESS OF WALES.

JUNE 26TH 1896.

■ *Roedd dydd Gwener 26 Mehefin, 1896, yn ddiwrnod llawn rhwysg a rhodres yn Aberystwyth. Dyma'r diwrnod y sefydlwyd Albert, Tywysog Cymru, yn Ganghellor cyntaf Prifysgol Cymru ffederal, ac yr agorwyd Neuadd Alexandra gan y Dywysoges Alexandra. Dyfarnwyd Doethuriaethau Er Anrhydedd i'r ddau, ynghyd â'r Prif Weinidog ar y pryd, William Ewart Gladstone. Roedd Gladstone wedi dilyn datblygiadau yn y Coleg dros y blynyddoedd, ac mewn araith gynharach yn Nottingham ar 28 Medi, 1877, roedd wedi galw Aberystwyth yn enghraifft wych o lwyddiant ym maes addysg uwch.*

Gadewch i mi gyfeirio at achos arall yr wyf yn gyfarwydd ag ef yn bersonol, i ddangos i chwi, lle bynnag y caiff addysg gynradd ei hanwylo, fod yn rhaid i addysg uwch gael ei hanwylo a'i dysgu hefyd. Sôn yr wyf am Gymru, y wlad honno yr wyf yn ffodus i dreulio cyfran fawr o'm hamser ynddi; ac nid oes unrhyw ran o boblogaeth y wlad – ac rwy'n dweud hyn yn ddilyffethair ac ar goedd yn eich clyw – prin yw'r mannau sy'n gallu cystadlu â Chymru, ac nid oes unrhyw ran a all ragori arni, o un pen o'r ynys i'r llall, o ran ei chariad taer, eiddgar ac, os caf fi ddweud, angerddol tuag at addysg. Maent yn bobl grefyddol, yn bobl sydd â meddwl mawr o wybodaeth, ac mae'r hyn y maent wedi'i wneud wedi'i gyflawni heb fawr ddim cymorth. Heb gymorth o gwbl gan gronfa gyhoeddus o unrhyw fath, o fewn y pum neu chwe blynedd diwethaf maent wedi sefydlu Coleg mawr a phwysig yn Aberystwyth. A yw'n bosibl i chi gael prawf cryfach bod bodolaeth cariad at addysg gynradd yn arwain, ac yn gorfod arwain, at bob ymdrech fawr i sefydlu addysg uwch?

William Ewart Gladstone

■ *Friday 26 June, 1896, was a day of great pomp and ceremony in Aberystwyth. It saw the installation of Albert, Prince of Wales, as the first Chancellor of the federal University of Wales as well as the opening of Alexandra Hall by Princess Alexandra. Both were awarded Honorary Doctorates, alongside the Prime Minister of the day, William Ewart Gladstone. Gladstone had followed developments at the College over the years and, in an earlier speech at Nottingham on 28 September, 1877, had hailed Aberystwyth as a shining example of success in the field of higher education.*

Let me point to another case with which I am personally acquainted, to show you that wherever primary education is loved, higher education must be loved and taught also. I speak of the country of Wales, in which I have the happiness to spend a large portion of my time; and there is not part of the population of the country – and I say it freely and boldly in your hearing – there are few parts which can compete with Wales, and there is no part which can exceed it, from one end of the island to the other, in the earnest, ardent, and, I may say, passionate love for education. They are a religious people, and a people deeply enamoured of knowledge, and what they have done has been done with very little assistance. With no assistance at all from any public fund of any kind, they have, within the last five or six years, founded a large and important College at Aberystwyth. Is it possible for you to have a stronger proof that the existence of a love for primary education does lead on, and must lead on, to every great effort for the establishment of higher education?

William Ewart Gladstone

Llofnododd y Prif Weinidog William Ewart Gladstone a'i wraig Catherine y Llyfr Ymwelwyr hwn, a gyflwynwyd i gasglu enwau'r pwysigion a fynychodd agoriad Neuadd Alexandra a sefydlu Canghellor cyntaf Prifysgol Cymru yn 1896. Mae hefyd yn cynnwys llofnodion arweinwyr gwledydd a fynychodd gynhadledd Cynghrair y Cenhedloedd 1926 yn Aberystwyth.

Prime Minister William Ewart Gladstone and his wife Catherine signed this Visitors' Book which was started to gather the names of VIP attendees at the opening of Alexandra Hall and installation of the first Chancellor of the University of Wales in 1896. It also includes the signatures of world leaders attending the 1926 League of Nations conference in Aberystwyth.

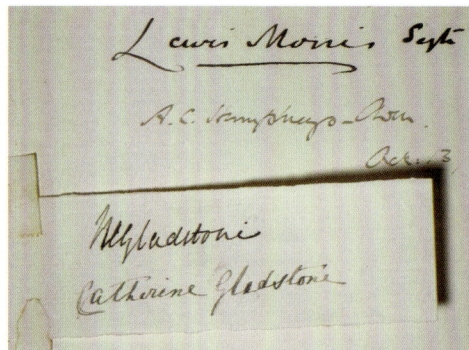

Nodir yma enwau wardeniaid Neuadd Alexandra a Llywyddion Cyngor Adrannol y Menywod, yn ogystal â digwyddiadau allweddol yn hanes y Coleg hyd at 1939. Mae'n cael ei gadw yn Neuadd Alexandra o hyd, ynghyd â'r gloch law efydd wreiddiol. Drwy garedigrwydd Homes for Students.

Wardens of Alexandra Hall and Presidents of its Women's Sectional Council inscribed here alongside key events in the College's history to 1939. It remains in Alexandra Hall along with the original brass hand bell. Courtesy of Homes for Students.

Roedd Olive Marsh yn fyfyrwraig yn Neuadd Alexandra rhwng 1898 a 1900.

Olive Marsh was a student living in Alexandra Hall between 1898 and 1900.

■ Annwyl Olive,

Rwy'n falch iawn eich bod yn ymuno â'n 'Cyfnewidfa Ffrindiau Gohebol Hanesyddol'. Fel y neuadd breswyl prifysgol gyntaf i gael ei hadeiladu ar gyfer menywod yn y DU, roeddwn i'n awyddus iawn i fyw yma, ac mae cael cipolwg ar ei gorffennol yn nogfennau'r archifdy wedi tanio fy chwilfrydedd. Edrychaf ymlaen at glywed eich atgofion am Alex ganrif yn ôl.

Mae eich neuadd fwyta chi o'r 1890au bellach yn ystordy ac yno daethpwyd o hyd i restr wedi'i fframio o gyn-brifathrawon benywaidd a oedd yn byw i mewn, gan ddechrau gyda Miss Carpenter o'ch cyfnod chi. Does dim neuadd fwyta bellach, ond yn hytrach ceginau hunanarlwyol. Mae'n anodd coelio bod ugain o bobl yn paratoi tri phryd y dydd i chi. Beth oedd eich hoff bryd?

Gallaf weld y môr trwy ffenestr fy nghegin ac mae'r tonnau'n dal i rowlio'n ddidrugaredd o un storm i'r llall. Daeth llifogydd Storm Barra i mewn i hen fflat Miss Carpenter y llynedd. Fy ffrind Hannah sy'n byw yno nawr, a chafodd ei symud allan. Rydw i dri llawr i fyny. Dydy dwndwr y môr ddim yn fy nghadw'n effro, fel yn eich hanes chi, dim ond miwsig o'r fflat uwchben a does dim rheolau bellach sy'n dweud tan pryd y gellir chwarae cerddoriaeth.

Yn hytrach na mannau astudio cyffredin, mae gan bob ystafell ei desg ei hun ac mae gwresogyddion trydan ar y wal wedi disodli'r llefydd tân a'r lwfans dyddiol o lo. Ble oedd eich ystafell chi? Sut oeddech chi'n ei haddurno? Ni chaniateir hoelion yn y wal o hyd, felly pin-fwrdd yn llawn lluniau sydd gen i.

Rwy'n hoffi ysgrifennu llythyrau, ond ychydig sy'n gwneud hynny bellach, heb sôn am wneud hynny'n ddyddiol fel yn eich hanes chi. Mae'n well ganddyn nhw WhatsApp neu FaceTime... fe'u hesboniaf yn fy llythyr nesaf. Mae croeso i chi ysgrifennu gydag unrhyw gwestiynau am Neuadd Alexandra heddiw. Edrychaf ymlaen at dderbyn eich llythyrau a chlywed am eich anturiaethau yn Aberystwyth!

Eich ffrind gohebol o'r dyfodol,
Martha.

Martha Faye Grubb

■ Dear Olive,

I am delighted you are joining our 'Historic Pen Pal Exchange'. Alexandra Hall's history as the UK's first university residence built for women was one reason I chose to live here, and glimpses of its past in archive documents have only increased my intrigue. So I am excited to hear your century-old memories of Alex.

Your 1890s dining hall is now a storage room. A framed list of past live-in lady principals was found there, starting with your Miss Carpenter. The hall is privately run by property managers Bob and Dave. And, with no dining hall, students share self-catered kitchens. I can't believe twenty servants served you three catered meals a day. What was your favourite meal on the menu?

I can see the sea from my kitchen window, the waves still rolling relentlessly from one storm to another. Storm Barra flooded Miss Carpenter's old basement apartment last year. My friend Hannah lives there now, and she was evacuated. Comfortably three floors up, though, I love living on the seafront. The ocean rumble doesn't keep me awake, as it did with you, but the music vibrating from the floor above does. There are no longer rules that specify times music can be played.

My room has double sash windows, which overlook the street behind. Each room has its own desk, instead of shared study-spaces, and wall-mounted electric heaters keep us warm, rather than fireplaces with a daily coal allowance. Where was your room? How did you decorate? We still cannot hammer nails into the walls to hang pictures, so I have a pinboard filled with photographs.

I love writing letters, but few people do so anymore, let alone daily, as you did. They prefer WhatsApp or FaceTime... which I will explain in my next letter. Please write with any questions you have about today's Alexandra Hall. I can't wait to receive your letters about your Aberystwyth adventures!

Your penfriend from the future,
Martha.

Martha Faye Grubb

Carthen

At hon ar ddechrau tymor
daeth hiraeth oedd mor drwm
â'r cês wrth erchwyn y gwely

ond yna mentrodd traed drwy'r drws,
tywalltwyd cwestiynau
o gil llygaid i gil llygaid,
ganwyd cynlluniau o'i chwmpas.

Ar hon plethodd neithiwr
ym maco bore wedyn,
cydiodd enwau ar wefusau,
rhedodd boreau colli darlith
yn rhegi hanner nos cyn arholiad,
clymodd hen gariadon a hen hen straeon,
yfodd breuddwydion baneidiau

nes daeth diwedd tymor i'w phlygu'n dwt
a gadael hiraeth mor drwm
â'r cês wrth erchwyn y gwely.

Marged Tudur

Testun ℗ Marged Tudur

Carthen

At the start of term
it was joined by a yearning as heavy
as the suitcase by the side of the bed

but then feet ventured through the door,
questions poured forth
from sidelong glance to sidelong glance,
plans came to life around it.

Upon it, last night entwined
with the tobacco of the morning after,
names adhered to lips,
mornings of missing lectures seeped
into midnight swearing before an exam,
old lovers and old, old stories clung tightly,
dreams drank mugs of tea

until the end of term folded it neatly
leaving a yearning as heavy
as the suitcase by the side of the bed.

Marged Tudur

Text © Marged Tudur
Translated by Arwel 'Pod' Roberts

Carthen Gymreig draddodiadol a ddefnyddid ar welyau neuaddau preswyl hyd ddyfodiad y duvet. Cadwyd yr un yma'n ddiogel gan Jane Morgan i'w hatgoffa o'i chyfnod fel glanhawraig yn y neuaddau.

A traditional Welsh wool blanket, a 'carthen', used as a bedcover in student halls of residence until the arrival of the duvet. This one was kept by Jane Morgan as a memento of her time working as a cleaner in the halls.

Model porslen bychan o'r Hen Goleg o ddechrau'r ugeinfed ganrif, a gynhyrchwyd yn ffatri Mosanic Pottery Max Emanuel & Co, ym Mafaria. Rhodd gan Eliza Ann Fewings.

An early twentieth-century porcelain miniature of 'The College, Aberystwyth', manufactured by the Mosanic Pottery Max Emanuel & Co factory in Bavaria. Gifted by Eliza Ann Fewings.

◼ Mae'n rhyfedd meddwl nad oedd yr adeilad ar lan y môr, y cyfeiriwn ato'n annwyl fel yr Hen Goleg, ar un adeg yn hen o gwbl. Ei enw yn syml oedd 'Y Coleg' neu 'The College' fel sydd i'w weld ar ochr y model bach hwn o un o adeiladau mwyaf eiconig Cymru. Cyflwynwyd y gofrodd i'r Brifysgol gan Eliza Ann Fewings, menyw hynod a wnaeth gyfraniad pwysig i Aberystwyth ac i achos addysg menywod.

Yn enedigol o Fryste, daeth Fewings i'r amlwg gyntaf fel Prifathrawes Ysgol Doctor Williams i Ferched yn Nolgellau, ac yna fel Pennaeth Ysgol Ramadeg y Merched yn Brisbane, Awstralia, cyn sefydlu Ysgol Uwchradd Merched Brisbane. O fewn tair blynedd, hon oedd yr ysgol uwchradd fwyaf i ferched yn nhalaith Queensland. Arweiniodd ei bri at wahoddiadau i arolygu ysgolion yn America a'r DU, ac – yn ystod ymweliad â Chymru – cafodd gynnig i ddod yn warden Neuadd Alexandra yn 1908.

Cyrhaeddodd yma ar adeg pan oedd mudiad y swffragetiaid yn dechrau ennill ei blwyf, ac yn fuan ar ôl 'gwrthryfel' Neuadd Alexandra yn 1907, pan fu myfyrwyr yn ymgyrchu yn erbyn rhai o amodau byw a chodau ymddygiad ceidwadol yr hostel. Hi sy'n cael y clod am dawelu'r dyfroedd, ond roedd hi hefyd yn cael ei hystyried yn fwy cydnaws ag ysbryd yr oes na'i rhagflaenydd. Yn ystod ei chwe blynedd wrth yr awenau, trefnodd ymweliadau gan siaradwyr adnabyddus o blaid sicrhau'r bleidlais i fenywod a phynciau ffeministaidd eraill.

Rhoddodd y model hwn yn anrheg ar ei hymddeoliad fel warden yn 1914, ond wnaeth hi ddim torri pob cysylltiad. Treuliodd flynyddoedd yn gwasanaethu fel aelod o'r Llys Llywodraethwyr a'r Cyngor, gan ddal ati i hyrwyddo addysg menywod ac, ar un achlysur, yn ôl pob tebyg, bu'n dadlau o blaid cyfleoedd cyfartal am bum awr hirfaith.

Anwen Jones

◼ It's strange to think that the seafront building we refer to so fondly as the Old College was once not old at all. It was simply 'The College', as noted on the side of this tiny model of what must be one of Wales' most iconic buildings. This souvenir was presented to the University by Eliza Ann Fewings, a remarkable woman who made an important contribution to Aberystwyth and the cause of women's education.

Born in Bristol, Fewings first made her mark as Head of Dr Williams' Endowed High School for Girls in Dolgellau, then as Head of Brisbane Girls' Grammar School in Australia, before setting up Brisbane High School for Girls. Within three years, it had become the largest secondary school for girls in Queensland. Her reputation led to invitations to inspect schools in America and the UK, and – during a visit to Wales – she was invited to become warden of Alexandra Hall in 1908.

Fewings arrived here at a time when the suffragettes' movement was gathering momentum and shortly after the Alexandra Hall 'revolt' of 1907, when students had campaigned against some of the hostel's living conditions and conservative codes of conduct. She is credited with restoring the peace but was also seen as being more in tune with the spirit of the age than her predecessor, organising visits by well-known speakers on women's suffrage and other feminist topics during her six years at the helm.

When she retired as warden in 1914, Fewings gave this model as a gift but she didn't sever her connections completely. She served for years as a member of our Court of Governors and Council, where she continued to champion women's education and where apparently she once argued in favour of equal opportunities for a gruelling five hours.

Anwen Jones

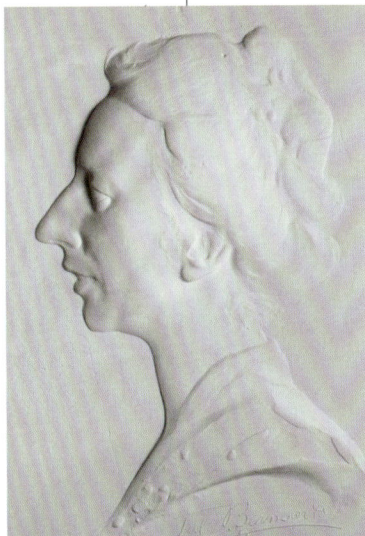

Portread basddelwad mewn plastr o EA Fewings (1915) gan Jules Bernaerts (1882–1957), cerflunydd a ffoadur o Wlad Belg.

A bas relief portrait in plaster of EA Fewings (1915) by Belgian refugee sculptor Jules Bernaerts (1882–1957).

Clarach.

Noon! deep, languid light, that quivers in the sky
And fires the gorse-clad hills to throbbing gold.
One pale distant spire. A seagull's cry
That wakes dim echoes — but to shop once more
A valley steals down to the bracken strewn shore
And dreams in cool content oftimes long told;
This is a place of dreams, of drowsey fields
Of moon-filled haunts, and level yellow sands
Where dwell those white horses, by enduring hands
Untied the knot of life; whose patience yields
To death alone; who walking 'neath a load
Of sacrifice and silent thoughtful years
Have found sweet peace for all their bitter tears
By shadowy ways sicks and bowed, aged hills
Who know the secret tench's night fulfills
The promise of the glowing fragrant noon.

Summer 1914 (written 1916?)

Dost thou remember Glycera, the light?
The pale clear morning light across the...
The fresh cascades of early dawn...
The tangled waters flashing swift...

Dost thou remember, Glycera
Dear laughing-loving Glycera

Dost thou remember...

Rwy'n syllu ar ffotograff. Rwy'n cael fy nharo ar unwaith gan yr unig wyneb yn y llun nad yw o dras Ewropeaidd, a'r dyddiad a briodolir iddo.

Daeth stori Dorothy, neu Dorf Bonarjee, i'm sylw yn 2020, diolch i ymchwil fanwl a wnaed gan newyddiadurwr y BBC ar y pryd, Andrew Whitehead. Datgelodd ei stori nid yn unig mewn erthyglau ond hefyd trwy raglen ddogfen ar y radio. Gallwn uniaethu ar unwaith.

A hithau'n hanu o deulu Bengalaidd uchel ei statws, cafodd ei haddysgu yn Lloegr ond dewisodd ddilyn astudiaethau pellach yng Nghymru. Wedi cyrraedd Aberystwyth yn 1912, dechreuodd ei hastudiaethau yn Ffrangeg gan ymroi hefyd i'w hangerdd am farddoniaeth. Yn 1914, cyflwynodd gerdd i Eisteddfod y Coleg o dan y ffugenw 'Shita' a thorrodd dir newydd trwy ennill Cadair yr Eisteddfod am gerdd Saesneg – y tro cyntaf gan fenyw. Cyfansoddodd hefyd sawl cerdd ar gyfer cylchgrawn y myfyrwyr, *The Dragon*.

Yn unol ag arfer yr oes, mynnodd teulu Dorf ei bod yn cael ei hebrwng gan ei brawd, Bertie, a aeth gyda hi i Aberystwyth i ddilyn ei astudiaethau ochr yn ochr â hi.

Ymwelais innau ag Aberystwyth am y tro cyntaf hefyd pan oedd fy mrawd yn astudio yma, yn 1992–93, a chefais fy swyno yn syth gan y dref. Cafodd fy mhenderfyniad i barhau â'm hastudiaethau yma ei gadarnhau yn y fan a'r lle. Nid wyf erioed wedi difaru ac mae Aberystwyth wedi dod yn gartref i mi. Ond ni wnaeth Dorf yr un peth. Aeth ymlaen i fod y fenyw Indiaidd gyntaf i raddio yn y Gyfraith o Goleg Prifysgol Llundain (UCL), priododd Ffrancwr, a threuliodd lawer o'i bywyd yn Ffrainc. Mae ei nodiadau personol yn awgrymu iddi syrthio mewn cariad â Chymro yn Aberystwyth, ond gwrthododd rhieni ei chariad roi eu cydsyniad oherwydd ei tharddiad ethnig. Serch hynny, cadwodd Dorf mewn cysylltiad â'i ffrindiau yn Aberystwyth ar hyd ei hoes ac roedd yn esiampl ddisglair i'r menywod o liw hynny a ddilynodd ôl ei throed.

Faaeza Jasdanwalla-Williams

I gaze at a photograph. I am immediately struck by the one non-European face in the picture and the date attributed to it.

The story of Dorothy, or Dorf Bonarjee, came to my attention in 2020, thanks to meticulous research undertaken by former BBC journalist Andrew Whitehead. He showcased her story not only in articles but also through a radio documentary. It resonated with me instantly.

Born into a high-ranking Bengali family, she was educated in England but chose to pursue further studies in Wales. Arriving in Aberystwyth in 1912, she began her studies in French while indulging a passion for poetry. In 1914, she entered a poem for the College Eisteddfod under the pseudonym of 'Shita' and became a trailblazer as the first woman to win the Eisteddfod Chair for an English-language poem. While a student, she also penned several verses for *The Dragon* student magazine.

In keeping with the custom of the time, Dorf's family insisted that she be chaperoned by her brother, Bertie, who accompanied her to Aberystwyth to pursue his studies alongside her.

I, too, visited Aberystwyth for the first time when my brother was studying here, in 1992–93, and was instantly enchanted with the town. My decision to continue my studies here was cemented there and then. I have never looked back and have made Aberystwyth my home. Dorf, however, did not. She went on to become the first female Indian graduate of Law at UCL, married a Frenchman, and spent much of her life in France. Her personal notes suggest she fell in love with a Welshman in Aberystwyth, but her suitor's parents refused consent on account of her ethnic origin. Nevertheless, Dorf kept in contact with her friends in Aberystwyth all her life and served as a role model for those women of colour who followed in her footsteps.

Faaeza Jasdanwalla-Williams

Llyfr nodiadau bach o gerddi gan Dorothy Bonarjee (1893–1983, yn eistedd yn y rhes flaen, y bedwaredd o'r chwith), myfyrwraig israddedig yn Aberystwyth. Drwy garedigrwydd ei nith Sheela Bonarjee, gyda diolch i Andrew Whitehead.

Small notebook of poems by Aberystwyth undergraduate Dorothy Bonarjee (1893–1983, seated in the front row, fourth from left). Courtesy of her niece Sheela Bonarjee, with thanks to Andrew Whitehead.

Y Gyfreithwraig Garibïaidd Gyntaf: Iris de Freitas

Achosodd y portread hwn, o fenyw ddu ifanc mewn gwisg academaidd, gryn dipyn o gynnwrf pan gafodd ei weld ar safle arwerthu ar y rhyngrwyd yn 2015. Tynnwyd ein sylw ato gan gynfyfyrwyr, staff ac Archifydd Ceredigion, a llwyddwyd i'w brynu ar gyfer ein harchifau.

Yr unig destun ar y cerdyn post oedd llawysgrifen ar y cefn: 'With love and in memory of an enjoyable session, Iris 1922–23'. Roedd angen gwaith ditectif pellach.

Awgrymodd cynfyfyrwyr fod ei chlogyn, gydag arwyddair CPC, yn arwydd ei bod yn llywydd cymdeithas. Gwelwyd yr un ffotograff yn rhifyn 1922 o *The Dragon*, gyda'r pennawd: 'Miss Iris de Freitas BA Vice-President SRC'. Ym mlwyddyn jiwbilî'r Coleg, roedd Iris yn Is-Lywydd y Cyngor Cynrychioli Myfyrwyr ac yn Llywydd Cyngor Adrannol y Merched.

Yn ferch i fasnachwr o Guyana, daeth i Aberystwyth ar ddechrau 1919, ar ôl llai na thymor ym Mhrifysgol Toronto. Ymdaflodd i fywyd y Coleg, gan ymgartrefu yn Neuadd Alexandra ac ennill gradd BA yn 1922, ac yna gradd Baglor y Gyfraith yn 1927, gydag adroddiad blynyddol Adran y Gyfraith yn nodi ei llwyddiant.

Yn ddiweddarach, hi oedd y fenyw gyntaf yn Guyana a'r Caribî i gymhwyso fel cyfreithwraig, y fenyw gyntaf i gael ei derbyn i'w llysoedd, y fenyw gyntaf i fod yn erlynydd y Goron, a'r fenyw gyntaf i ennill lle yn Siambr y Twrnai Cyffredinol. Nododd teyrnged gan Dwrnai Cyffredinol Guyana ar ôl ei marwolaeth yn 1989 fod y pedwar llwyddiant hynny yn ddigon i sicrhau bri oesol iddi, bri a ddeilliodd o ymrwymiad cydol oes i ddysgu.

Fel y dywedodd wrth berthynas iddi: 'Gall y byd fynd â'ch eiddo materol, hyd yn oed eich bywyd, ond byth eich addysg; mae hwnnw gennych chi byth bythoedd.'

Julie Archer

First Caribbean Woman Lawyer: Iris de Freitas

This photographic portrait, of a young black woman in academic dress, caused quite a stir when spotted on an internet auction site in 2015. Eagle-eyed alumni, staff and the Ceredigion County Archivist all drew our attention to it, and our archives snapped it up.

The postcard's only text was a handwritten note on the reverse: 'With love and in memory of an enjoyable session, Iris 1922–23'. It was time for some detective work.

Alumni suggested the woman's stole, with its UCW crest, marked her out as a society president. A 1922 edition of *The Dragon* revealed the same photograph with the caption: 'Miss Iris de Freitas BA Vice-President SRC'. In the College's jubilee year, Iris had been Vice-President of the Students' Representative Council and President of its Women's Sectional Council.

The daughter of a Guyanan merchant, Iris had arrived in Aber in early 1919, after less than a term at the University of Toronto. She embraced College life, settling in Alexandra Hall and obtaining her BA in 1922. She went on to achieve a Bachelor of Laws in 1927, with her academic success noted in that year's Law Department's annual report.

Iris later became the first woman in Guyana and the Caribbean to qualify as a lawyer, the first woman to be admitted to their courts, their first female Crown prosecutor, and first woman to enter the Chamber of the Attorney General. A tribute from Guyana's Attorney General after her death in 1989 notes that 'that quartet of firsts is sufficient by itself to win her enduring fame'.

That enduring fame stemmed from her lifelong commitment to learning. As she remarked to a family member: 'The world can take your material possessions, even your life, but never your education; it is with you endlessly.'

Julie Archer

Cerdyn post ffotograffig o'r gynfyfyrwraig Iris de Freitas (Brazao yn hwyrach; 1896–1989).

Photographic postcard of alumna Iris de Freitas (later Brazao; 1896–1989).

POST CARD.

INLAND
½d

FOREIGN
1d.

FOR COMMUNICATION.

FOR ADDRESS ONLY.

Grand mother
Phyllis Sh (Right)
Mabel   "(Left)

Dennis

Lyoff

The Sanatorium
Beverly   1908.

c/o
(GwenDavies)

Rwy'n dychwelyd o dŷ fy modryb gydag ychydig o glecs. Yn ffair Aberystwyth yng nghanol y 1890au y cwrddodd fy hen fam-gu, Catherine, â'i gŵr, John Spencer. Ei hwyliau blin chwedlonol ef oedd y rheswm swyddogol pam roedd fy modrybedd wedi rhoi'r gorau i geisio olrhain ei achau. Neu ai'r gwir reswm oedd bod cwrdd ag ef wedi rhoi terfyn ar ei hastudiaethau yma? Syrthiodd yn feichiog yn ei hail flwyddyn a bu'n rhaid iddi fynd nôl i'r Cymoedd.

Y ferch yn y llun, Mabel, oedd y canlyniad. Yma, mae Catherine yn weddw ifanc gyda phedwar o blant yn fyw. Cadwyd y sgandal yn gyfrinach. Mae Catherine nawr yn ddiogel yn y statws dosbarth canol yr oedd hi wedi'i sicrhau, diolch i'w deallusrwydd. Roedd ei brawd hynaf wedi gadael ysgubor yng Ngheredigion yn blentyn siawns yn y 1870au; gweithiwr ffarm oedd eu tad, colier wedi hynny. Camp Catherine oedd cyrraedd Aberystwyth yn y lle cyntaf ac atgoffodd fy modryb fi y byddai cwrs MA fy merch yn 2014 yn golygu mai hi fyddai'r bumed genhedlaeth o ferched o'n teulu ni i astudio yma.

Fi oedd cynrychiolwraig y bedwaredd genhedlaeth, gan raddio yn 1985. Mae gen i lun o'r cyfnod hwnnw. Mae stori'r llun hwnnw yn dristach nag un Catherine, a ddaeth i ben gyda hi'n rhedeg siop ddillad Lloyd ar ei phen ei hun.

Am na allwn ei atgynhyrchu, llun rhithiol sydd gen i. Llinell lydan o fyfyrwyr yn gwenu, dwy yn gwisgo siwmperi gwlân o Wlad yr Iâ, o dan un, baban yn tyfu. Roedd hi wedi bod yn cario'r cyd-deithiwr cudd ers iddi adael yr ysgol, heb i'r un ohonom fod ddim callach tan iddi ddechrau esgor yn ein fflat myfyrwyr. Yn falch o'n caredigrwydd, rhoddodd y fam ifanc enw Cymraeg i'w chyntaf-anedig. Yna rhoddodd ef i ffwrdd. Dychwelodd y tymor wedyn, wedi'i rhyddhau o'i chyfrinach, i fynd ymlaen â'i hastudiaethau. Ac, yn wahanol i'm hen fam-gu, wyth degawd ynghynt, medrodd hi gwblhau ei gradd.

Gwen Davies

Testun ℗ Gwen Davies

I return from my aunt's with a salacious story. It was at Aberystwyth fair in the mid 1890s that my great-grandmother Catherine met her husband, John Spencer. His legendary grumpiness was the official reason that my aunts stopped researching his ancestors. Or was it actually because Catherine meeting him put an end to her studies here? She became pregnant in her second year and went back to the Valleys.

The girl in the photo, Mabel, was the result. Here, Catherine is a young widow with four living children. The scandal was kept secret and you can see why, as Catherine has become secure in the middle-class status she gleaned by her own wits and education. Her older brother had left a Ceredigion barn as an illegitimate boy in the 1870s; their father was a farm labourer then miner. That Catherine made it to Aberystwyth in the first place was a mantra of my aunt, herself an alumna, and she reminded me that my daughter's MA course in 2014 would make her our family's fifth-generation female to study here.

I was the fourth-generation representative, graduating in 1985. In my album, I have a photograph from that period. This salacious story is sadder than that of Catherine, as hers ended in her single-handedly running Lloyd's draper's.

As we can't reproduce it, it's a ghost photo. A broad line of smiling students, an Aber prom cliché, two wearing Icelandic jumpers. Under one woolly, a growing baby. She had had a stowaway since schooldays, none of us the wiser until she went into labour in our student flat. The young mother, happy for our kindness, gave the newborn a Welsh name. Then gave it away. She returned next term, freed from her secret, to continue her studies. And, unlike my great-grandmother, eight decades earlier, she was able to graduate.

Gwen Davies

Text © Gwen Davies

Llun, tua 1910, o Catherine Mary Spencer Lloyd, née Williams (yn eistedd), Mabel (cefn chwith, mam-gu'r awdur), ei braich o gwmpas ei brawd Lyoff Tolstoi, gyda'i brawd Denis (yn eistedd) a'i chwaer Phyllis.

Photo, c.1910, Catherine Mary Spencer Lloyd, née Williams (seated), Mabel (back left, writer's grandmother), her arm around brother Lyoff Tolstoi, with brother Denis (seated) and sister Phyllis.

UNIVERSITY COLLEGE OF WALES
NID BYD BYD HEB WYBODAETH
ABERYSTWYTH
D E Price
Jack Edwards
W C Barrett
ABER.
1907-10.

36

Sgwario Amser

Y dernyn hwn o enwau cyn iddynt oll fynd ar chwâl
cyn i saith neu ddeg gael eu colli
i'r hyn sydd o'n blaen ond ychydig y tu allan i'r ffrâm,
cyn hynny'i gyd, y clwt hwn o amser,
atgofion wedi'u pwytho,
chwyrlïad o'n llofnodion o gylch arwyddlun.

Ond nodwydd pwy oedd y gyntaf i dyllu'r defnydd?
Hilda gyda'th H mor gywrain,
neu Blodwen ar yr ymyl ger y sêm? Neu
Gwladys fechan, mewn cornel ond heb ei chornelu,
yn gwylio'r gweddill
yn gwnïo'u geiriau gorfoleddus,

llythrennau'r wyddor,
llif o faes i faes nes cyrraedd 'z'
'zoology' gydag HJ Fleure, yn daclus drefnus
yn y sgwâr sydd dan ei sang? Ac yno,
y ddraig fugeiliol, a'i chrafangau'n ymestyn
rhag cysgod canrif fel pe bai'n
dweud: dyma Aber ac am byth; gadawed iddynt oll aros.

Matthew Jarvis

Testun ⑧ Matthew Jarvis
Cyfieithwyd gan Arwel 'Pod' Roberts

Time Squared

This scrap of names / before they all dis-
perse / before oh-seven to ten is lost
to what's ahead but still just out of
frame / before all that, this patch of
time, these memories all stitched up / a
whirl of signed-up selves around a crest.

So who was first to pitch a name, to gen-
esis the cloth? Hilda with your flourished
H, or Blodwen at the margin / at the seam? Or
even tiny Gwladys, corner-tucked / not stuck,
but watching all the rest build up their
boisterous scrawl / initialled calls from

discipline to discipline, until we reach a
z / zoology with HJ Fleure, quite neatly
tidied in this crowded square? And there /
the shepherding draig, whose claws reach out
against the century bearing down / as if to
say: this is Aber and ever; let them all stay.

Matthew Jarvis

Text © Matthew Jarvis

Lliain bwrdd bach cotwm,
sgwâr wedi'i frodio â llofnodion
myfyrwyr ac ambell aelod o
staff oedd yn Aberystwyth
rhwng 1907 a 1910.

A small square cotton tablecloth
embroidered with the signatures of
students and the occasional member
of staff who were at Aberystwyth
between 1907 and 1910.

C. C

1898

Symudedd Cymdeithasol, Cariad a Chriced

◼ Roedd y cap criced colegol hwn yn eiddo i fy hen dad-cu, Howell Thomas Evans. Cafodd ei eni yn 1877 yng Nghwmbwrla, Abertawe, yn ail fab i'r gweithiwr dur John Evans, ac un o'r ddau fachgen cyntaf yn y pentref i fynd i'r brifysgol. Ar ôl gadael Ysgol Ramadeg Abertawe, daeth Howell i Aberystwyth yn 1896, pan oedd 350 o fyfyrwyr ar gofrestr y Coleg. Yn ei flwyddyn gyntaf, astudiodd Saesneg, Ffrangeg, Lladin, Groeg, Hanes a Mathemateg, gan ychwanegu Rhesymeg at y rhestr yn ddiweddarach – tipyn o gyfuniad! Gan nad oedd Aber yn cyflwyno graddau ar y pryd, derbyniodd Howell raddau o Lundain a Chymru. Chwaraeodd griced a thenis i'r Coleg, a bu'n weithgar gyda'r Gymdeithas Ddadlau ac Eisteddfod Gŵyl Ddewi.

Prysurodd ei fywyd ymhellach pan ddechreuodd ganlyn Gwenllian Howells o Lansawel. Daeth hi i Aber flwyddyn yn ddiweddarach, i fyw yn Neuadd Alexandra, lle'r oedd y myfyrwyr benywaidd yn destun gwarchod gofalus. Dychwelodd am bedwaredd flwyddyn pan oedd Gwenllian ar ei blwyddyn olaf. Arweiniodd hyn at gwrs ôl-raddedig yng Ngholeg Sant Ioan, Caergrawnt, a phriodi Gwenllian.

Dechreuodd Howell ar ei yrfa fel athro Hanes yn Ysgol y Frenhines Elizabeth, Caerfyrddin, yna yn Ysgol Uwchradd Dinas Caerdydd ar gyfer Bechgyn, cyn symud i Ysgol Ramadeg Aberaeron yn 1917, lle daeth yn brifathro poblogaidd ac uchel ei barch. Roedd yn awdur toreithiog – ysgrifennodd ddeunaw llyfr ar hanes Cymru – côr-feistr, garddwr diwyd a physgotwr brwd. Ef a Gwenllian oedd y gyntaf o bedair cenhedlaeth a thros ddwsin o raddedigion Aber yn ein coeden deuluol, gyda llawer o'r rheiny hefyd wedi priodi cydfyfyriwr. Mae atyniad y lle yn gysylltiedig â hudoliaeth y môr. Mae rhywbeth reit arbennig a rhamantus am gerdded ar hyd y prom a chicio'r bar, beth bynnag fo'r tywydd.

Kim Bradick

Er bod myfyrwyr Aberystwyth yn chwarae criced ers 1872, ni ddaeth yn gamp tîm ffurfiol tan 1882. Byddai'r cap clwb criced hwn o 1898, eiddo'r cynfyfyriwr Howell Thomas Evans, wedi bod yn un o'r cynharaf o'i fath.

Social Mobility, Love and Cricket

◼ This College cricket cap belonged to my great-grandfather, Howell Thomas Evans. Born in 1877 in Cwmbwrla, Swansea, he was the second son of steelworker John Evans, and one of the first two boys in the village to go to university. Educated at Swansea Grammar School, he came to Aber in 1896. By then the College had grown to 350 students. In his first year, Howell studied English, French, Latin, Greek, History, and Mathematics, later adding Logic to the list – an eye-watering combination! Because Aber was not initially a degree-conferring institution, Howell graduated with degrees from London and Wales. He played cricket and tennis for the College, and was very involved in the Debating Society and the St David's Day Eisteddfod.

His life became even busier when he started courting Gwenllian Howells of Briton Ferry. She arrived in Aber a year later, and lived in Alexandra Hall, where the female students were much chaperoned. Howell returned for a fourth year when Gwenllian was in her final year. This led him to a postgraduate course in St John's College, Cambridge, and marriage to Gwenllian.

Howell first taught history at Queen Elizabeth School, Carmarthen, then at Cardiff High School for Boys, and in 1917 was appointed to Aberaeron Grammar School, where he became a highly respected and much loved headmaster. He was a prolific author – writing eighteen books on Welsh history – a choir master, a keen gardener and an enthusiastic angler. He and Gwenllian were the first of four generations and over a dozen Aber graduates in our family tree, many of whom also went on to marry a fellow student. The draw of the place is perhaps connected with the magic of the sea. There is something quite special and romantic about walking the prom and kicking the bar, whatever the weather.

Kim Bradick

Though cricket has been played by students at Aberystwyth since 1872, it was not an organised team sport until 1882. This 1898 cricket club cap, which belonged to former student Howell Thomas Evans, would have been one of the earliest of its kind.

Mae gwyddor llaeth, lle mae myfyrwyr yn dysgu am brosesau ymarferol a gwyddonol cynhyrchu llaeth o wartheg, yn rhan bwysig o'n cyrsiau Amaethyddiaeth hirsefydlog. Fodd bynnag, mae hanes o laethyddiaeth go iawn yma hefyd, gyda myfyrwyr yn dysgu sut i wneud caws, menyn a chynnyrch arall. Dechreuodd y cyrsiau hyn yn y 1890au fel estyniad o waith yr Adran Amaethyddol, wedi'u hanelu'n bennaf at ferched fferm. Sefydlwyd Ysgolion Llaethyddiaeth teithiol yn 1891, mewn canolfannau lleol ar draws Cymru. Y nod oedd gwella'r gwaith o gynhyrchu menyn a chaws, a sicrhau cynnyrch o ansawdd drwy ddysgu hylendid a gofal systematig. Rhwng 1892 ac 1894, enillodd dros fil o fyfyrwyr dystysgrif elfennol am wneud menyn neu gaws, er mwyn gallu cael lle ar gwrs llaethyddiaeth uwch chwe wythnos o hyd yn y Brifysgol. Yn ddiweddarach, sefydlwyd cwrs diploma llaethyddiaeth poblogaidd, ond nid oedd y cyfleusterau yn ddigon datblygedig i'w gynnal.

Roedd yr Adran Laethyddiaeth wreiddiol ar islawr y Coleg, ond pan ddechreuodd y gweithgarwch ym mis Ebrill, bu'n rhaid diffodd y gwres i'r adeilad cyfan er mwyn atal y caws rhag toddi. Wrth i'r galw dyfu, penderfynodd y Brifysgol agor Adran Laethyddiaeth bwrpasol yn Llangawsai, Ffordd Llanbadarn, yn 1937 (a ddaeth yn gartref i'r Adran Gelf yn ddiweddarach). Defnyddid yr offer yma – gan gynnwys stampiau a sgwpiau menyn o bren masarn a brwsys i glirio'r ceulion o'r cafnau caws – yn yr Adran. Fodd bynnag, barnwyd nad oedd y Diploma Llaethyddiaeth yn gwrs o safon Prifysgol, a chaewyd yr Adran yn 1967. Parhaodd cyrsiau Amaethyddiaeth eraill fel rhan o'r Adran Amaethyddol, ac maen nhw'n dal ar gael yn Adran y Gwyddorau Bywyd. Er na ddychwelodd laethyddiaeth i'r cwricwlwm erioed, mae cysylltiad y Brifysgol â Chanolfan Bwydydd y Dyfodol yn ArloesiAber yn braenaru'r tir ar gyfer ymchwil i gynnyrch llaeth newydd.

Ruth Wonfor

An important part of our long-standing Agriculture courses is dairy science, where students learn about the practical and scientific processes of producing milk from cattle. There is also, however, a history of actual dairying here, with students taught how to make cheese, butter and other produce. Dating back to the 1890s, these courses started as part of the Agricultural Department's extension work, and were largely advertised as a route for farmers' daughters. Travelling Dairy Schools were set up in 1891 and held in local centres across affiliated Welsh counties. The aim was to improve the national manufacture of butter and cheese, and produce 'first-class quality' products by teaching 'systematised cleanliness and carefulness'. Between 1892 and 1894, more than a thousand students gained an elementary certificate in butter or cheese making. They could then go on to Advanced Dairy Instruction, a six-week course at the University. A diploma in dairying was also established in later years and proved highly popular, but the facilities were not sufficiently well built to support them.

The original Dairy Department was in the basement area of the College, but when activity started in April, the heating for the whole building had to be turned off to prevent the cheeses from melting. As demand grew, the University decided to open a purpose-built Dairy Department at Llangawsai, Llanbadarn Road, in 1937 (later becoming the Art Department). The wooden implements displayed here – including sycamore butter prints and scoops, and brushes for clearing the curds in cheese vats – were all used in the Department. However, it was later deemed that the Diploma in Dairying was 'sub-University work' and the Department was closed in 1967. Other Agriculture courses continued as part of the Agricultural Department, and continue to this day in the Department of Life Sciences. Although dairying never returned to the curriculum, the University's involvement with the Future Foods Centre at AberInnovation paves the way for research into novel dairy food products.

Ruth Wonfor

Offer pren a ddefnyddiwyd gan yr hen Adran Laethyddiaeth mewn dosbarthiadau gwneud menyn a chaws.

Wooden dairy instruments used by the former Dairy Department in butter- and cheese-making classes.

UNIVERSITY COLLEGE OF WALES ABERYSTWYTH

NID BYD
BYD
HEB WYBODAETH

AGRICULTURAL DEPARTMENT

DAIRY TEACHERS' CERTIFICATE

This is to certify that _____ having previously obtained the Elementary Certificate in Butter making and the Advanced Certificate in the Practice of Dairying of the University College of Wales, Aberystwyth, has also attended at the said College a _____ course of Lectures on the Principles of Dairying and the elements of _____

in their relation to the same, that she was examined in these subjects and was found to have duly profited by the instruction and thereby become qualified to act as a teacher of dairying.

PRINCIPAL

EXAMINERS

REGISTRAR

DATE

Roedd tystysgrif debyg iawn i'r un hon gan fy mam. Roedd ganddi nodiadau gartref hefyd o gwrs llaethyddiaeth y Brifysgol wnaeth hi ei ddilyn ym Mhencoed yn y 1920au. Rwy'n siŵr mai ei diddordeb hi a arweiniodd fi i ddilyn llwybr tuag at yrfa yn y maes.

Er mai gwneud gradd mewn Llaethyddiaeth oedd fy nymuniad, nid oedd y cwrs yn cael ei gynnig yn Aberystwyth ar y pryd ond roedd yn bosib gwneud gradd mewn Amaeth. Yna, yn lle blwyddyn anrhydedd y cwrs gradd, dyma ddilyn Diploma Llaethyddiaeth a'i gwblhau mewn blwyddyn.

Yn sgil graddio, cefais sawl swydd yn y diwydiant cyn cael fy mhenodi yn 1959 yn Ddarlithydd Cynorthwyol yn Aberystwyth. Roeddwn i'n gweithio yn adeilad pwrpasol yr Adran Laethyddiaeth, a godwyd yn 1937. Wedi'r Pasg, roedd y lle'n gweithredu fel ffatri fach, gyda llaeth o fferm Penglais yn cyrraedd ffrynt yr adeilad a chael ei gludo i'r ystafelloedd gwneud caws a menyn.

Byddai'r myfyrwyr yn cael eu hyfforddi i wneud pob math o gaws, ond Caws Caerffili oedd ein harbenigedd. Ddydd Iau oedd y cynnyrch yn cael ei werthu, ac amryw o'r bobl leol hefyd yn mwynhau'r llaeth enwyn a'r hufen iâ. Roedd ystafell arbennig ar gyfer storio ac aeddfedu'r caws, a llawer ohono'n cael ei fwyta yn y neuaddau preswyl. Doedd cael gwared â'r cynnyrch byth yn broblem!

Byddai'r myfyrwyr yn cael darlithoedd mewn ystafell ddarlithio ar y llawr cyntaf, ac roedd labordai a llyfrgell ar eu cyfer hefyd. Ond roedd Llaethyddiaeth, ym marn y Pwyllgor Grantiau Prifysgol, yn gwrs rhy ymarferol ar gyfer prifysgol a bu'n rhaid cau'r Adran yn 1967.

Bu'r profiadau gefais yn Aberystwyth fraenaru'r ffordd ar gyfer gyrfa lwyddiannus iawn i mi yn y diwydiant: yn Marks & Spencer a Dairy Crest, ac wrth deithio'r byd fel ymgynghorydd a beirniad cynnyrch llaeth. Roedd yr hyfforddiant yn amhrisiadwy hefyd o ran addysgu amaethwyr llaeth y genedl a sicrhau bod ansawdd cynnyrch Cymru yn cael ei gydnabod yng Nghymru a thu hwnt.

Eurwen Richards

My mother had a very similar certificate to this one, as well as notes of the dairy course she took at Pencoed in the 1920s. Without a doubt, it was her interest that led me to pursue a career in the field.

Though my aim was to follow a degree in Dairying, the course wasn't offered at Aberystwyth at the time. It was possible however to do a degree in Agriculture and, instead of the Honours year, to switch to a year-long Dairy Diploma.

Having graduated, I held several jobs in the industry before being appointed Assistant Lecturer at Aberystwyth in 1959. I worked in the Dairy Department building, purpose-built in 1937. After Easter, the place acted as a small factory, with milk from Penglais farm delivered to the front of the building and ferried inside to make cheese and butter.

The students were trained to make a variety of cheeses, but Caerphilly Cheese was our speciality. Our products were sold on Thursdays, and many locals also enjoyed the buttermilk and ice cream. There was a special room set aside to store and mature the cheese, and much of it was eaten in the halls of residence. Shifting the product was never a problem!

The students would attend lectures on the first floor, and there were also laboratories and a library on hand. However, in the opinion of the University Grants Committee, the course was too practical, and the Department closed in 1967.

The experiences I gained at Aberystwyth paved the way for a very successful career in the industry: at Marks & Spencer and Dairy Crest, and travelling the world as a consultant and judge of dairy products. The training was also invaluable in educating the nation's dairy farmers and ensuring that the quality of Welsh produce was recognised in Wales and beyond.

Eurwen Richards

Byddai'r sawl a enillodd Dystysgrif Elfennol mewn Gwneud Menyn a Thystysgrif Uwch mewn Llaethyddiaeth Ymarferol yn gallu cwblhau cwrs ar Egwyddorion Llaethyddiaeth a chymhwyso i ddysgu llaethyddiaeth.

Those who qualified for an Elementary Certificate in Butter Making and Advanced Certificate in the Practice of Dairying could then complete a course on the Principles of Dairying to qualify as a teacher of dairying.

University College of Wales, Aberystwyth.

Syllabus

of the

Summer School.

August 3rd to August 29th, 1914.

Outside Sketching Class, 1913.

F. Culliford, Aberystwyth.

Mae'r ffotograff hwn yn dyst i hanes ymwneud y Brifysgol ag addysg oedolion, sy'n dyddio'n ôl i gyfres o ddarlithoedd cyhoeddus mewn Daearyddiaeth Ffisegol a gyflwynwyd gan y daearegwr o Aberystwyth, RD Roberts, yn 1876. Aeth ymlaen i wneud cyfraniad pwysig at ddatblygiad 'dosbarthiadau ymestyn prifysgolion' y tu hwnt i'w dref enedigol, ond cafodd ei weledigaeth – y dylai'r Brifysgol sicrhau na fyddai'n llaesu dwylo hyd nes y byddai addysg uwch o fewn cyrraedd pawb – ei gwireddu'n sylweddol yn ystod y ganrif i ddod.

Yn 1920, penodwyd cyfarwyddwr cyntaf Adran Efrydiau Allanol Aberystwyth, y sosialydd Cristnogol Herbert Morgan. O dan Morgan a'i olynwyr, tyfodd yr adran yn sylweddol. Roedd cyrsiau mewn Hanes, Llenyddiaeth, Gwleidyddiaeth, Economeg a Gwerthfawrogi Cerddoriaeth ar gael, ac roedd enwau amlwg ym mywyd diwylliannol Cymru ar ei rhestr o diwtoriaid. Roedd yn gwasanaethu ardal a oedd yn cwmpasu bron i hanner arwynebedd tir Cymru, a bu'n gyfrifol am feithrin traddodiad ymhlith y cryfaf ym Mhrydain. Yn 1970, roedd nifer y dosbarthiadau, fesul pen y boblogaeth, tua thair gwaith yn fwy na'r niferoedd a gynhaliwyd yn ardaloedd trefol de Cymru a Lloegr, gyda bron i'w hanner yn cael eu cynnal drwy gyfrwng y Gymraeg.

O blith yr holl ddosbarthiadau efrydiau allanol y bûm yn gysylltiedig â nhw ar ddechrau'r 1990au, mae un yn Nhregaron yn fyw yn fy nghof. Roedden ni'n archwilio cyfrifiad 1881 pan hoeliwyd ein sylw ar gofnod bachgen pedair oed, Morgan Morgans. Torrodd gŵr oedrannus yn y cefn ar draws: 'Esgusodwch fi, rwy'n cofio Mr Morgan Morgans yn arwain yr orymdaith fuddugoliaeth yn Nhregaron yn 1918.' Gwnaeth yr un ennyd honno fwy i bwysleisio uniongyrchedd hanes nag y gallai unrhyw gwrs gradd byth ei wneud. Mae'n braf meddwl y gallwn weld dosbarth o fyfyrwyr celf ar dir y castell heddiw, a chael achos i ddathlu'r un ymdeimlad o barhad.

Martin Wright

This photograph is testimony to the history of the University's involvement in adult education, which stretches back to a series of public lectures in Physical Geography delivered by the Aberystwyth-born geologist RD Roberts in 1876. Roberts went on to play a major role in the development of 'university extension classes' elsewhere, but his vision of 1876, that the University should 'stand forth as a witness... that [people] must not rest until the means of obtaining higher education is within the reach of all,' was well-served during the next century.

In 1920, Aberystwyth appointed its first director of Extra-Mural Studies, the Christian socialist, Herbert Morgan. Under Morgan and his successors, this department grew substantially. Its programme included courses in History, Literature, Politics, Economics and Music Appreciation, and its roster of tutors included some of the most prominent names in Welsh cultural life. The region it served extended to almost half the land area of Wales, and the tradition it nurtured was one of the strongest in Britain. In 1970, it hosted roughly three times as many classes per head of population than either urban south Wales or England, with almost half held in Welsh.

Among all the extra-mural classes which I taught in the early 1990s, one at Tregaron stands out. We were examining the 1881 census. Attention fell upon the entry for a four-year-old boy, Morgan Morgans. An elderly gentleman at the back of the class interjected: 'Excuse me, I remember Mr Morgan Morgans leading the Victory Parade in Tregaron in 1918.' That one moment did more to bring home to me the immediacy of history than any degree could ever do. I'm delighted that one might still happen across a class of art students in the castle grounds, and have cause to celebrate that same sense of continuity.

Martin Wright

Llun o ddosbarth darlunio awyr agored ar dir y castell gerllaw'r Hen Goleg yn 1913 a ddefnyddiwyd yn y llyfryn hyrwyddo, *Syllabus of the Summer School*, 3–29 Awst, 1914.

Photograph of an 'outside sketching class' held in the grounds of Aberystwyth Castle in 1913 and featured in *Syllabus of the Summer School*, 3–29 August, 1914.

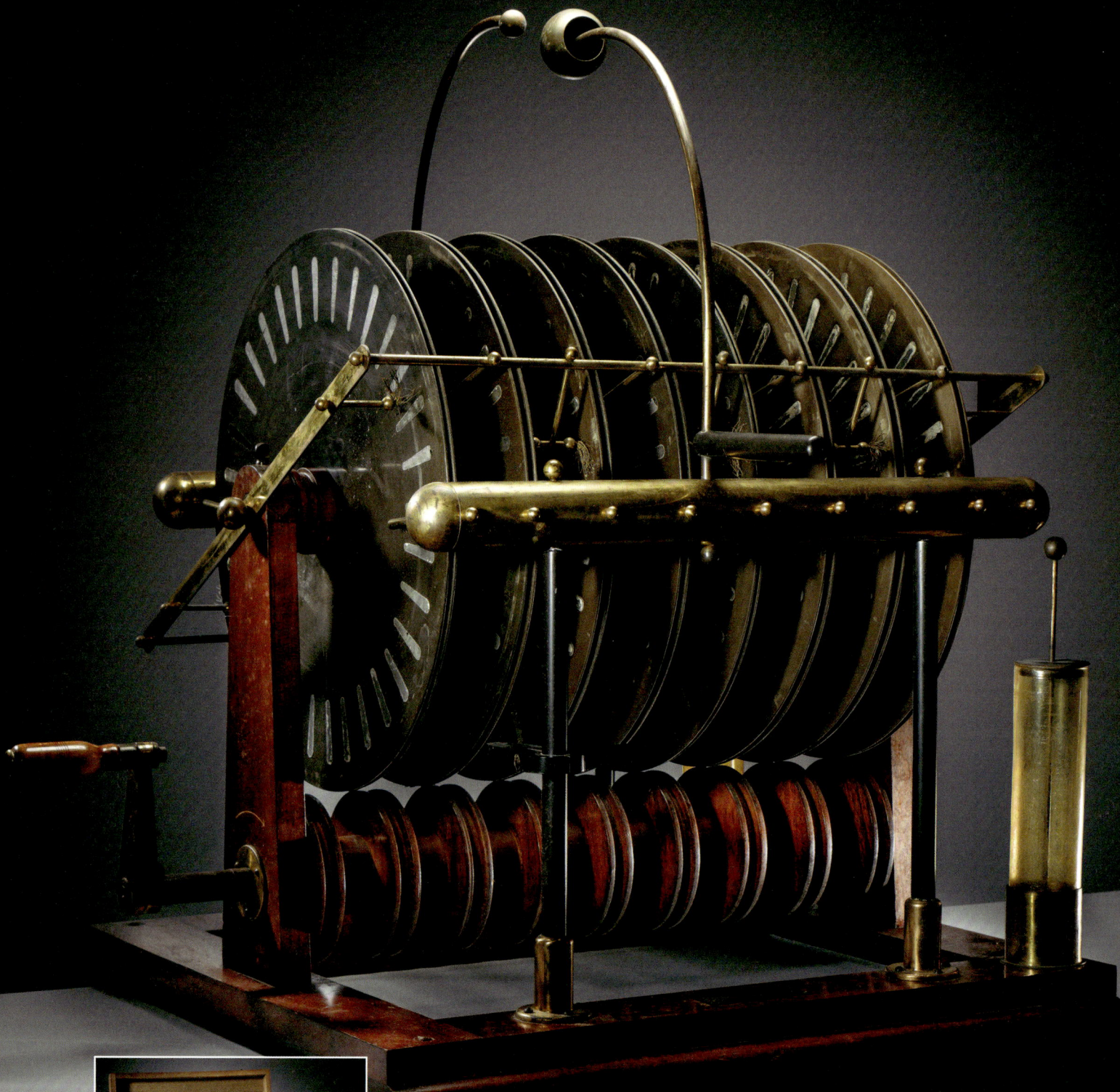

Cafodd y peiriant Wimshurst hwn, gydag wyth pâr o ddisgiau wedi'u cysylltu mewn cyfres, ei adeiladu ar gyfer yr Adran Ffiseg tua throad yr ugeinfed ganrif, er mwyn cynhyrchu pŵer ar gyfer tiwbiau pelydr-X cynnar.

This Wimshurst machine with eight pairs of discs connected in series, was constructed for the Department of Physics around the turn of the twentieth century to generate power for early X-ray tubes.

Yn fuan ar ôl i belydrau-X gael eu darganfod gan yr Athro Wilhelm Röntgen yn Würtzburg yn 1895, adeiladodd ffisegwyr yn Aberystwyth eu tiwb pelydr-X cyntaf yn yr Hen Goleg. Pwerwyd y tiwbiau gan eneraduron gyriant llaw fel y peiriant Wimshurst hwn, a arddangoswyd yn rheolaidd mewn darlithoedd, ymhell wedi iddo gael ei ddisodli gan ffynonellau trydan foltedd uchel. Mae'n parhau'n un o berlau casgliad cyfarpar yr Adran.

Ar droad yr ugeinfed ganrif, cyhoeddodd entrepreneuriaid cynnar ein Hadran daflenni yn cynnig tynnu llun pelydr-X o ddarn o'r corff o'ch dewis am un gini pe baech yn dod i'r Coleg (ond pum gini neu fwy os nad oeddech chi'n byw yn lleol). Yn y 1930au, fe wnaeth yr Athro Ffiseg ar y pryd, Gwilym Owen, gynnwys delweddau pelydr-X o ddwylo a thraed a dynnwyd yn y Coleg yn ei lyfr gwyddoniaeth poblogaidd, *Mawr a Bach*.

Mae mwyafrif y pelydrau-X a ddefnyddir mewn delweddu meddygol heddiw yn dal i gael eu cynhyrchu mewn ffordd debyg gan ddefnyddio folteddau uchel, ond yn y 1970au datblygwyd cenhedlaeth newydd o beiriannau i ddarparu pelydrau-X dwys gan ddefnyddio technoleg cyflymyddion gronynnau. Datblygwyd y ddamcaniaeth ymbelydredd syncrotron hon yn Aberystwyth yn 1912 gan yr Athro George A Schott, yn ei lyfr *Electromagnetic Radiation and the Mechanical Reactions Arising From It*. Byddai'r ffynhonnell gyntaf o ymbelydredd syncrontron yn y byd, a adeiladwyd yn Daresbury – ac a adolygwyd yn *Nature* yn 2008 gan gyn-bennaeth yr Adran, yr Athro Neville Greaves – yn mynd ymlaen i gynhyrchu dwy filiwn o oriau o olau.

Mae gwyddonwyr Aberystwyth wedi arloesi yn y defnydd o belydrau-X ac electronau i astudio deunyddiau, o'r 1890au, a thrwy gyfnodau'r Athro Evan J Williams yn y 1930au a'r Athro Syr John Meurig Thomas yn y 1970au, hyd heddiw. Defnyddir y dechnoleg ddelweddu ddiweddaraf yn Aberystwyth ac mewn ffynonellau ymbelydredd syncrotron ledled y byd i astudio deunyddiau newydd ar gyfer ynni, iechyd a'r amgylchedd.

Andrew Evans

Shortly after X-rays were discovered by Professor Wilhelm Röntgen in Würtzburg in 1895, physicists in Aberystwyth built their first X-ray tube at the Old College. These were powered by hand-driven generators such as this Wimshurst machine, which was regularly displayed in lectures, long after being replaced by electrical high-voltage sources. It remains a centrepiece of our Department's collection of instruments.

At the turn of the twentieth century, our Department's early entrepreneurs produced advertising flyers offering to take an X-ray photograph of your desired limb in exchange for one guinea if you came to the College (but five guineas or more if you lived further afield). In the 1930s, the then Professor of Physics, Gwilym Owen, included X-ray images of hands and feet taken at the College in his popular science book, *Mawr a Bach*.

Most of the X-rays used today in medical imaging are still produced in a similar way using high voltages, but in the 1970s, a new generation of machines was developed to provide intense X-rays using the technology of particle accelerators. The theory of this synchrotron radiation was developed by Professor George A Schott at Aberystwyth in his 1912 book, *Electromagnetic Radiation and the Mechanical Reactions Arising From It*. The world's first synchrotron radiation source at Daresbury, reviewed by former Head of Department, Professor Neville Greaves, in *Nature* in 2008, would produce two million hours of light.

Aberystwyth scientists have pioneered the use of X-rays and electrons to study materials, from the 1890s, and through the tenure of Professor Evan J Williams in the 1930s and Professor Sir John Meurig Thomas in the 1970s, to the present day. The latest imaging technology is used at Aberystwyth and at synchrotron radiation sources across the world to study new materials for energy, health and the environment.

Andrew Evans

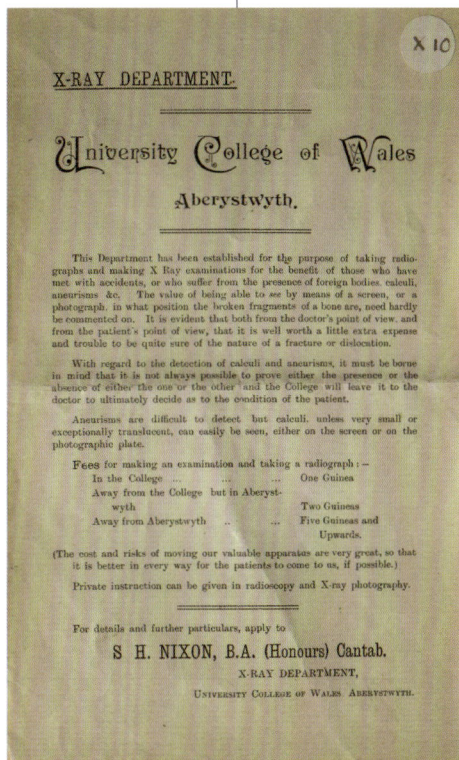

Yn llechu yng nghefn cwpwrdd yng nghasgliad Ffiseg y Brifysgol, mae gwrthrych rhyfedd iawn. Mae'n cynnwys jar wydr wedi'i selio â thwmffat gwydr, gyda'i ben cul yn ymwthio drwy'r sêl i'r jar. Y tu mewn i'r twmffat mae sylwedd du, gludiog. Dyma un o'r arbrofion diferu pyg hynod brin a ddechreuwyd yn ystod degawdau cynnar yr ugeinfed ganrif. Mae'r enghreifftiau eraill sydd wedi goroesi ym Mhrifysgol Queensland a Choleg y Drindod, Dulyn. Y nod oedd gweld faint o amser y byddai'n ei gymryd i'r pyg ffurfio diferyn ar waelod y twmffat, ymryddhau, a disgyn i'r jar.

Sefydlwyd arbrawf Aberystwyth ar 23 Ebrill, 1914, gan GTR Evans, a oedd newydd ei gyflogi fel arddangoswr labordy. Roedd wedi graddio'r flwyddyn flaenorol. Ychydig flynyddoedd yn ddiweddarach, byddai'n cael ei ddyrchafu'n ddarlithydd cynorthwyol i helpu i ddelio â'r don enfawr o fyfyrwyr a lifodd i Aberystwyth yn dilyn diwedd y Rhyfel Mawr. Yn arwyddocaol, Evans, ynghyd â'i bennaeth, Henry Howard Paine, oedd cyd-awduron un o'r papurau cyntaf i gael eu cyhoeddi o eiddo Adran Ffiseg Coleg Prifysgol Cymru, ar ddargludedd hydoddiannau asid ac alcali hynod wanedig, a gyhoeddwyd yn *Proceedings of the Cambridge Philosophical Society* ym mis Hydref 1914.

Roedd Ffiseg yn dal i fod yn ddisgyblaeth gymharol newydd ar y pryd. Roedd y pwnc wedi cael ei addysgu yn Aberystwyth ers sefydlu'r Coleg, ac roedd y ffaith bod ganddo le mor amlwg yn y cwricwlwm yn arwydd sicr o uchelgeisiau'r sefydliad ar gyfer y dyfodol. Roedd yr arbrawf diferu pyg yn arwydd o uchelgais a ffydd yn y dyfodol hefyd. Roedd yn arbrawf a oedd i bara degawdau, os nad canrifoedd. Mae'r arbrofion a sefydlwyd yn Queensland (1927) a Choleg y Drindod Dulyn (1944) ill dau wedi cynhyrchu diferion. Yn Aberystwyth, rydym ni'n dal i aros, ac mae'r amcangyfrifon presennol yn awgrymu na welwn ni ddiferyn am o leiaf 1,000 o flynyddoedd.

Iwan Rhys Morus

Hidden at the back of a cupboard in the University's Physics collection is a very peculiar object. It consists of a sealed glass jar and a glass funnel with its narrow end protruding through the seal into the jar. Inside the funnel is a black, viscous substance. It is one of very few pitch drop experiments that were started during the early decades of the twentieth century. There are other surviving examples at the University of Queensland and Trinity College Dublin. The aim was to see how long it took for the pitch to form a drop at the end of the funnel, detach, and fall into the jar.

The Aberystwyth experiment was set up on 23 April, 1914 by GTR Evans, newly employed as a laboratory demonstrator. He had graduated the previous year. A few years later he would be promoted to assistant lecturer to help deal with the deluge of students who flooded into Aberystwyth following the end of the Great War. Significantly, Evans, along with his superior, Henry Howard Paine, co-authored one of the first papers to come out of UCW's Physics Department, on the conductivity of extremely dilute acid and alkali solutions, published in the *Proceedings of the Cambridge Philosophical Society* in October 1914.

Physics was still a relatively young discipline at the time. The subject had been taught at Aberystwyth since the College's foundation and it was a sure sign of the institution's ambitions for the future that it had such a prominent place in the curriculum. The pitch drop experiment was a sign of ambition and faith in the future as well. It was an experiment designed to last decades, if not centuries. The experiments established in Queensland (1927) and Trinity College Dublin (1944) have both produced drops. In Aberystwyth, we are still waiting, and current estimates suggest that it will be at least 1,000 years before a drop is produced.

Iwan Rhys Morus

Nod yr arbrawf hwn, a sefydlwyd gan yr Adran Ffiseg yn 1914, oedd mesur gludedd pyg (sylwedd tebyg i dar) drwy fonitro pa mor hir y byddai'n ei gymryd i lifo drwy'r twmffat ac i mewn i'r jar wydr oddi tanodd.

Set up by the Department of Physics in 1914, the aim of this experiment was to measure the viscosity of pitch (a substance similar to tar) by monitoring how long it takes to flow through the funnel and into the glass jar below.

Cyflwynwyd y gadair hon, a enillwyd yn Eisteddfod y Coleg 1912, i Adran y Gymraeg ac Astudiaethau Celtaidd gan deulu'r bardd buddugol, Gwilym Williams.

This chair, presented at the 1912 College Eisteddfod, was gifted to the Department of Welsh and Celtic Studies by the family of the winning bard, Gwilym Williams.

Hyd yn oed cyn i Bobi Jones gyflwyno ysgrifennu creadigol i'r radd Gymraeg ar ddiwedd y 1960au, roedd olyniaeth o brifeirdd a llenorion arobryn ar staff yr Adran yn siapio tirlun llenyddol Cymru drwy feithrin doniau creadigol myfyrwyr. Hwyrach fod gan staff a chynfyfyrwyr yr Adran fwy na'u siâr o gadeiriau eisteddfodol, ond eto mae pob cadair yn unigryw, ac iddi ei stori ei hun.

Cadair Gwilym Williams yw hon ac mae ei stori yn mynd â ni i gyfnod tywyll yn hanes y Brifysgol, sef colli nifer o fyfyrwyr yn ystod y Rhyfel Mawr (1914–1918). Mab fferm o Sir Gaerfyrddin oedd Gwilym ac un o raddedigion 1913. Yn ôl traddodiad teuluol, ymunodd â'r Ffiwsilwyr Cymreig yn 1915 yn sgil siom garwriaethol. Ac yntau'n fardd, enillodd Gwilym Gadair Eisteddfod y Brifysgol yn 1912 am ei bryddest 'Gwanwyn Bywyd'. Yn nodedig am dlysni a manylder ei ddisgrifiadau o fyd natur, magodd thema ei gerdd haen ddwysiadol pan fu farw Gwilym o'i anafiadau ar 21 Mai, 1916, a'i gladdu yn Ffrainc.

Gan mlynedd ar ôl ei farw, cyflwynodd ei deulu gadair Gwilym, ynghyd â phortread ohono a nifer o'i lythyrau a'i lyfrau nodiadau, i'r Adran. Cynhaliwyd digwyddiad i ddathlu ei fywyd ac, i'w gloi, bu rhai o fyfyrwyr yr Adran yn darllen cerddi Gwilym, ynghyd â'u cerddi hwythau a ysbrydolwyd gan stori'r cynfyfyriwr.

Mae'r gadair bellach ynghadw yn un o ystafelloedd seminar Adeilad Parry-Williams, sef cartref yr Adran ar y campws, ac nid oes seminar, cyfarfod neu ddiwrnod agored yn pasio heb i rywun holi ynghylch ei hanes.

John, ar ôl Gwilym

Wylo ni fu ar lan ei fedd,
Na charreg oruwch ei orwedd.
        (o englyn gan frawd Gwilym Williams, John)

Er nad ydw i'n credu
y byddai'n haws galaru
pe bawn i wedi gweld y rhaw
a'r glaw ym mhridd ei gladdu

mae byw fel bod mewn hunllef
heb feddfaen yn y pentref
a phedair cadair yn y tŷ
yn taeru y daw adref.

Erthygl: Cathryn Charnell White
Cerdd: ℗ Iestyn Tyne

Even before Bobi Jones introduced creative writing to the Welsh degree scheme in the late 1960s, the Department already had an established lineage of prize-winning poets and writers shaping the Welsh literary landscape by nurturing students' creative talents. Staff and alumni have won numerous eisteddfodic chairs, but each chair is unique and tells its own story.

This particular one, awarded to Gwilym Williams, recalls a dark period in the University's history, namely the loss of many students during the Great War (1914–1918). Gwilym was a farmer's son from Carmarthenshire and a graduate of 1913. According to family tradition, he joined the Welsh Fusiliers in 1915 after suffering a broken heart. A poet, Gwilym won the University Eisteddfod Chair in 1912 for his pryddest (an extended free-metre form) 'Gwanwyn Bywyd' (The Springtime of Life). Noted for its beautiful and detailed descriptions of nature, the poem's theme took on a poignant turn when Gwilym died of his injuries on 21 May, 1916 and was buried in France.

A century after his death, his family presented Gwilym's chair to the Department, along with a portrait of him and some letters and notebooks. An event to celebrate his life was organised, concluding with readings by current students of his poems, as well as readings of their own poems inspired by Gwilym's story.

The chair is now kept in a seminar room in the Parry-Williams Building on campus, where the Department is based, and not a seminar, meeting or open day passes without someone asking about its story.

John, after Gwilym

There were no tears beside his grave,
no headstone where he lay.
        (from an englyn by Gwilym Williams' brother, John)

This pain would not be lessened
had I seen the rain that dampened
the pile of foreign burial soil,
or the spadesman's toil; but this burden,

the lack of gravestone for this grieving,
is nightmarish, deceiving,
when four oak chairs sit proud and straight
and wait for him returning.

Article: Cathryn Charnell White
Poem: © Iestyn Tyne

Copi cyntaf cylchgrawn
myfyrwyr Cymraeg
Y Wawr, a gyhoeddwyd
yn 1913.

First issue of the
Welsh-language
student magazine
Y Wawr, published
in 1913.

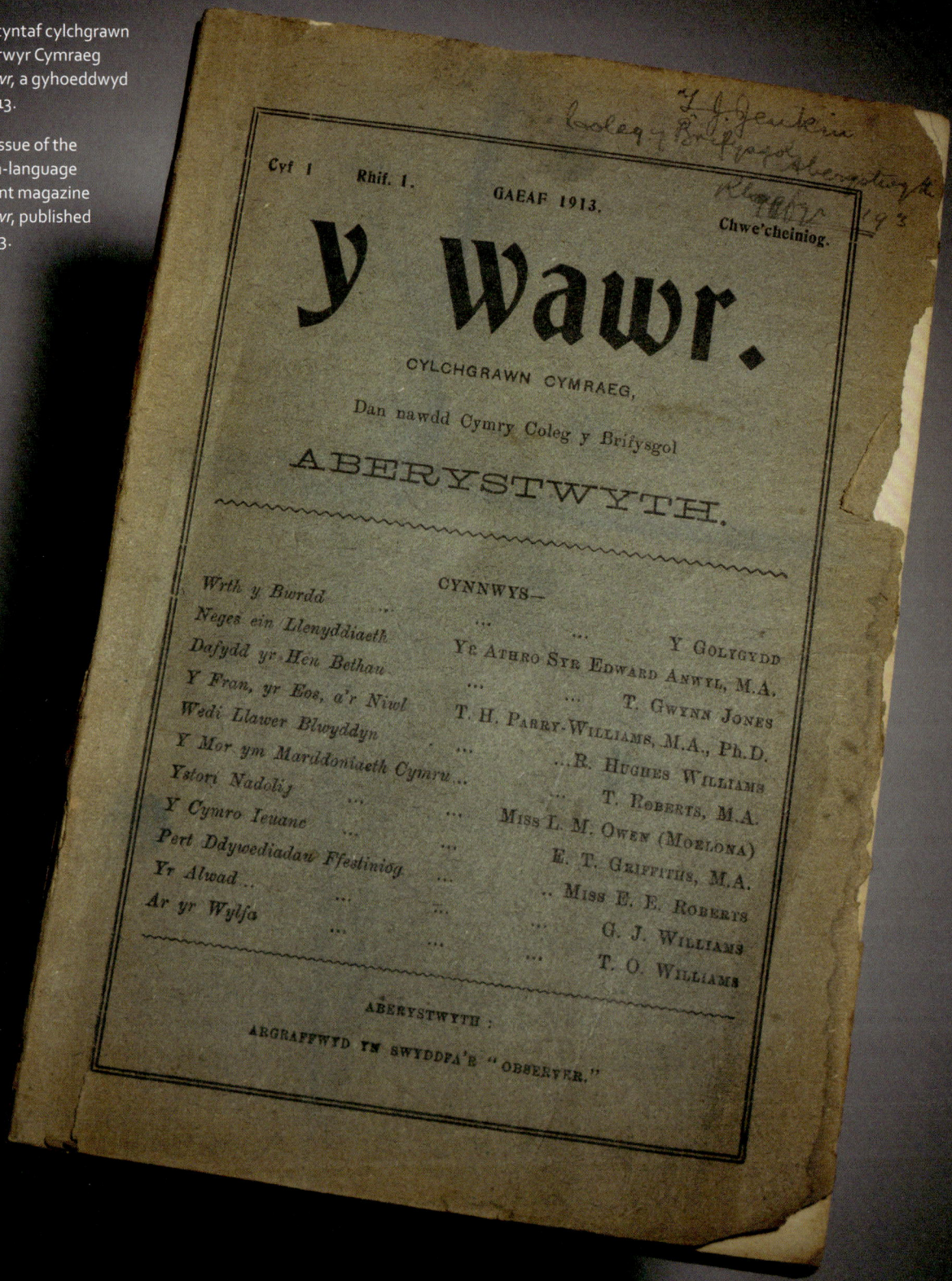

Cyf 1   Rhif. 1.   GAEAF 1913.   Chwe'cheiniog.

y wawr.

CYLCHGRAWN CYMRAEG,

Dan nawdd Cymry Coleg y Brifysgol

ABERYSTWYTH.

CYNNWYS—

Wrth y Bwrdd	...	Y Golygydd
Neges ein Llenyddiaeth	...	Yr Athro Syr Edward Anwyl, M.A.
Dafydd yr Hen Bethau	...	T. Gwynn Jones
Y Fran, yr Eos, a'r Niwl	...	T. H. Parry-Williams, M.A., Ph.D.
Wedi Llawer Blwyddyn	...	R. Hughes Williams
Y Mor ym Marddoniaeth Cymru	...	T. Roberts, M.A.
Ystori Nadolig	...	Miss L. M. Owen (Moelona)
Y Cymro Ieuanc	...	E. T. Griffiths, M.A.
Pert Ddywediadau Ffestiniog	...	Miss E. E. Roberts
Yr Alwad	...	G. J. Williams
Ar yr Wylfa	...	T. O. Williams

ABERYSTWYTH :
ARGRAFFWYD YN SWYDDFA'R "OBSERVER."

'Ai Tynged y Dewr yw Gadael y Cledd?' *Y Wawr*, Coleg Aberystwyth a'r Rhyfel Mawr

Erbyn 1913, roedd gan fyfyrwyr Coleg Prifysgol Cymru Aberystwyth ddewis rhwng dau gylchgrawn. Colegol hollol oedd ffocws *The Dragon*, a lansiwyd yn 1877. Llenwid ei dudalennau ag adroddiadau hwyliog ar chwaraeon a chymdeithasau, jôcs diniwed am ansawdd y llety a darlithwyr ecsentrig, ac anogaeth gyson am i'w ddarllenwyr fwynhau bywyd i'r eithaf. Nid felly cylchgrawn newydd Cymraeg *Y Wawr*. Tueddai ei gynnwys i fod yn feithach a mwy difrifol. Denai gyfraniadau gan aelodau'r staff a chynfyfyrwyr. Nid oedd yn syndod, efallai, y canolbwyntiai'r cylchgrawn ar bynciau tramgwyddus. Cefnogodd Sinn Féin; croesawodd y chwyldro yn Rwsia; a gyda dyfodiad y Rhyfel Mawr, pleidiodd achos gwrthwynebwyr cydwybodol.

Ond y cam tyngedfennol oedd penodi myfyriwr o Dregaron, Ambrose Bebb, yn olygydd gyda rhifyn gaeaf 1917. Nid amheuai neb allu na diffuantrwydd Bebb ond roedd lle, er hynny, i amau ei ddoethineb pan yrrodd gopi rhifyn gaeaf 1918 i wasg y *Montgomery County Times* i'w argraffu. Sylwodd y gweithwyr ar rywbeth a ystyrient yn annheyrngar yn amser rhyfel. Gwrthodasant ei gysodi.

Nid yw'n glir erbyn hyn beth oedd y 'seditious articles' y tynnodd Aelod Seneddol Dwyrain Nottingham, JD Rees, sylw atynt ar lawr Tŷ'r Cyffredin. Ateb yr Ysgrifennydd Cartref oedd na chyhoeddwyd dim o'r fath. Bu'r helynt, fodd bynnag, yn ddigon i ddychryn y Coleg, a dderbyniai grantiau o bwrs y wlad. Gwysiwyd Bebb a gofynnwyd iddo ymddiswyddo. Y canlyniad oedd i'r bwrdd golygyddol ymddiswyddo en masse.

Pan soniwyd am atgyfodi'r cylchgrawn yn 1919, yr oedd Aberystwyth yn lle gwahanol iawn. Gwelwyd twf yn nifer y myfyrwyr o 429 yn 1913 i 1,092, yr oedd y bwrdd golygyddol bellach wedi graddio, a Bebb ei hun yn ddarlithydd yn y Sorbonne.

Fel yr ysgrifennodd at gyfaill a chyfrannwr yn Rhagfyr y flwyddyn honno: 'Ym myd y llwch a'r lludw y mae mwyafrif ein cyd-Gymry, a phrin na ddywedaf bod hynny yn fwy gwir am y rhai sy'n y Coleg na'r rhai nad ydynt.'

T Robin Chapman

'Is it the Fate of the Brave to Set Aside the Sword?': *Y Wawr*, Aberystwyth and the Great War

By 1913, students could choose between two magazines. *The Dragon,* launched in 1877, entirely focused on college matters, was lively, innocent and sporty. The new Welsh-language magazine, *Y Wawr,* was more extensive and serious. It drew contributions from staff and alumni. Perhaps unsurprisingly, it focused on controversial topics. It supported Sinn Féin, welcomed the Russian revolution, and, with the advent of the Great War, it pleaded the case of conscientious objectors.

But the momentous step was the appointment as editor in 1917 of a student from Tregaron, Ambrose Bebb. No one doubted his ability or sincerity but there was reason to doubt his wisdom when he sent a copy of the winter 1918 edition to the *Montgomery County Times* press for printing. The workers noticed something they considered to be subversive in time of war. They refused to typeset the magazine.

Although it's now unclear what they were, Nottingham East MP JD Rees drew attention to the 'seditious articles' in the House of Commons chamber. The Home Secretary's response was that nothing of the sort had been published. The furore, however, was enough to set off alarm bells at the College, given that it was in receipt of public grants. Bebb was summoned by the authorities and asked to resign. The result was the en-masse resignation of the editorial board.

When there was talk of reviving the magazine in 1919, Aberystwyth was a very different place. Student numbers had grown from 429 in 1913 to 1,092, the editorial board members had all graduated, and Bebb himself was a lecturer at the Sorbonne.

As he wrote to a friend and former contributor: 'The majority of our Welsh compatriots are immersed in a world of ashes and dust, and I would almost surmise that it's truer of those who are in the College than those who are not.'

T Robin Chapman

Bathodyn carchar B421 a wisgwyd gan y bardd a'r cynfyfyriwr David James Jones (Gwenallt) adeg ei garcharu'n wrthwynebydd cydwybodol yn Dartmoor (a chyn hynny yn Wormwood Scrubs) yn ystod y Rhyfel Byd Cyntaf. Cyflwynwyd y bathodyn, ynghyd ag eitemau personol a llawysgrifau, yn rhodd gan deulu Gwenallt i Adran y Gymraeg ac Astudiaethau Celtaidd yn 2022.

The B421 prison badge worn by alumnus and bard David James Jones (Gwenallt) when imprisoned at Dartmoor (and earlier at Wormwood Scrubs) as a conscientious objector during World War One. Gwenallt's family gifted the badge along with other personal items and manuscripts to the University's Department of Welsh and Celtic Studies in 2022.

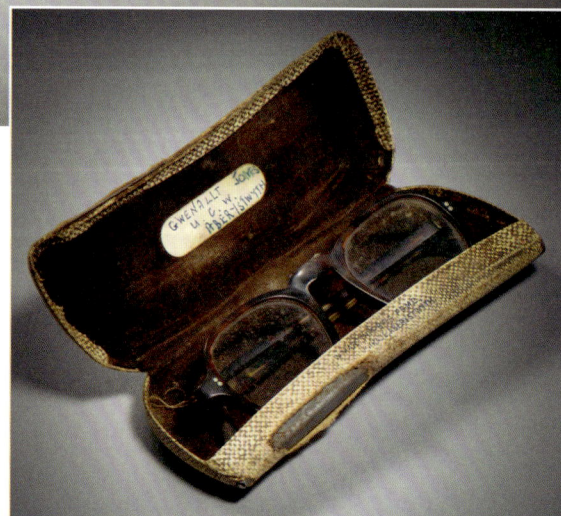

Bathodyn am byth ydyw,
bathodyn rhwng dyn a Duw,
a nod cydwybod y dyn.
Un na wêl werth mewn dilyn
gyrr y gwŷr i gaeau'r gad
yn nhywyllwch eu dillad
byddin, a mynd i'w baeddu
â gwaed oer bidogau du.

Y werin yno erys
dan gwlwm llawdrwm y llys,
un o nifer anufudd
i'w gwlad hwy a galwad dydd
y farn i weld cyfran hil
yn oeri o dan faril,
a hen gnul y magnelau'n
y gwynt a bedd heb ei gau.

Safodd lle dylai sefyll
fel dur, wynebu'r hen wyll
sy'n ymlid dyn i ymladd;
tyngu llw yw tyngu lladd.
Yn nhir neb lle oeda'r nos
yn hir, mae'r gell yn aros,
a dirmyg coed y wermod,
lle mae distryw'n byw a bod.
Un dyn ymhlith y dynion
na ŵyr ofn, a'r Gymru hon
yn byw annibyniaeth barn
ddaw o awydd o haearn
holl dir a phobol Allt-wen.
Croes arall yw croes oren,
bathodyn rhwng dyn a Duw;
bathodyn am byth ydyw.

Gwenallt Llwyd Ifan

A badge for all eternity,
a badge between man and God,
a mark of the man's conscience.
One who sees the futility of following
the herd of men to the battlefields
in their dark military uniforms,
taking them to be sullied
by the cold blood of black bayonets.

The people there await,
shackled by a condemning court,
one of a number who defied their country
and the call of judgement day,
to witness man
growing cold in the shadow of the barrel,
the death knell of the artillery
on the breeze, and an open tomb.

He stood where he should
like steel, in the face of the age-old gloom
that torments man to fight;
to swear an oath is to swear to kill.
In no man's land where night
lingers long, a cell awaits,
and the derision of Wormwood Scrubs,
where perdition lives and breathes.
One man amongst the men
who know no fear, and in this Wales
lives the independent mind
drawn from the iron will
of Allt-wen's soil and its people.
The orange cross is another cross,
a badge between man and God;
a badge for all eternity.

Gwenallt Llwyd Ifan

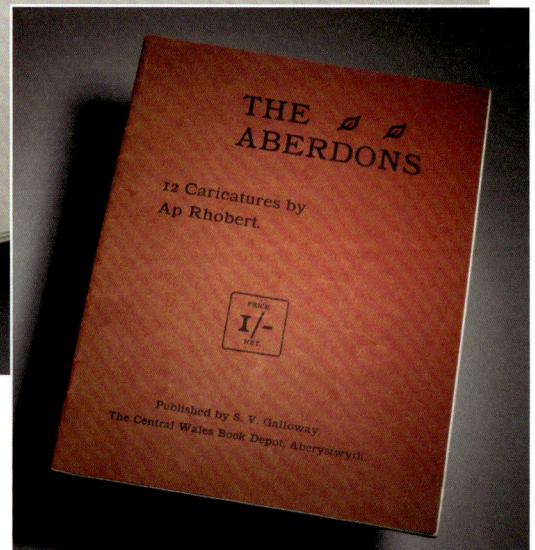

THE ABERDONS

12 Caricatures by
Ap Rhobert.

PRICE
1/-
NET.

Published by S. V. Galloway,
The Central Wales Book Depot, Aberystwyth.

Mae Aberystwyth a'r Brifysgol yn adnabyddus am eu hymagwedd ryngwladol, ond, ar adegau prin, mae senoffobia a rhagfarn hefyd yn magu eu pennau hyll. Mae stori Hermann Ethé a'i wraig Harriet yn brawf o hyn. Roedd Ethé yn ddinesydd o'r Almaen a ddaeth yn Athro Almaeneg ac Ieithoedd Dwyreiniol yn Aberystwyth yn 1875. Yn ystod y tri deg naw o flynyddoedd a ddilynodd, fe gâi ei gydnabod yn ysgolhaig o fri. Cyhoeddodd *The Times* erthygl ar ei fywyd a'i waith i nodi ei ben-blwydd yn 70 oed, ddechrau 1914.

Fodd bynnag, wedi dechrau'r Rhyfel Mawr, cafodd propaganda tywyll a sibrydion ddylanwad niweidiol ar lawer, gan gynnwys rhai o drigolion Aberystwyth. Roedd Hermann a Harriet yn Munich pan ddechreuodd y rhyfel, ac wedi mynd i drafferth fawr er mwyn gallu dychwelyd i'w cartref. Pan gyrhaeddon nhw ar y trên 17:25, roedd Cofrestrydd y Coleg a'r Prif Gwnstabl yno i'w cyfarfod, gyda rhybudd iddynt fod yn ofalus pan fyddent allan ymhlith y cyhoedd. Fore trannoeth, a Hermann wrth ei waith yn y Coleg, dosbarthwyd taflenni o gwmpas y dref, yn galw am weithredu yn erbyn Almaenwyr lleol. Cafodd criw eu darbwyllo gan ddau ddyn lleol i orymdeithio i gartref y teulu Ethé. Ymgasglodd torf yn yr ardd flaen a defnyddiwyd grym i agor ffenestr. Yn y pen draw, gwasgarwyd y giwed gan ddau Athro, ond aeth y criw ymlaen i frawychu ar Almaenwyr lleol eraill.

Gadawodd Hermann a Harriet Aberystwyth y diwrnod hwnnw, a ffoi at berthnasau yn Reading. Roedd y protestwyr yn mynnu bod Hermann yn cael ei ddiswyddo ar unwaith, ond gwrthod wnaeth y Coleg. Anfonwyd llythyr yn bygwth lladd at y Brifysgol hyd yn oed. Ni ddychwelodd Hermann Ethé erioed i Aberystwyth, a bu farw ddwy flynedd yn ddiweddarach – diwedd trist i yrfa ysgolheigaidd mor nodedig yn y Coleg a bywyd y pâr yn Aberystwyth. Dadorchuddiwyd plac er cof amdano yng nghanol y dref yn 2017.

Andrea Hammel

Both Aberystwyth and the University are known for their international outlook, but on rare occasions xenophobia and prejudice also reared their ugly heads. The story of Hermann Ethé and his wife Harriet is proof of this. Ethé was a German national who became Professor of German and Oriental Languages at Aberystwyth in 1875. During the following thirty-nine years, he was recognised as a scholar of distinction. *The Times* published an article on his life and work in honour of his seventieth birthday, early in 1914.

However, after the outbreak of the First World War, 'black propaganda' and rumours had a detrimental effect on many, including some Aberystwyth residents. Hermann and Harriet had been in Munich when the war broke out and had gone to great lengths to get back to their home. When they arrived on the 17:25 train, they were met by the College Registrar and the Chief Constable, who wanted to warn them to be careful in public. While Hermann went to work at the College the next morning, flyers were distributed in town, calling for action against local Germans. Two local men convinced people to march to the Ethé home. They crowded in the front garden and forced open a window. Eventually two professors dispersed the mob, only for it to move on to terrorise other German locals.

Hermann and Harriet left Aberystwyth that day and fled to relatives in Reading. The agitators demanded that Hermann be dismissed immediately, but the College refused. There was even a death threat sent to the University. Hermann Ethé never returned to Aberystwyth and died two years later, bringing a sad end to such a distinguished scholarly career at the College and the couple's life in Aberystwyth. A plaque in his memory was unveiled in the town centre in 2017.

Andrea Hammel

Cartŵn o Herman Ethé o *The Aberdons: Twelve Caricatures* gan Ap Rhobert (Harold Lloyd Roberts), a gyhoeddwyd gan SV Galloway yn 1910.

Caricature of Hermann Ethé from *The Aberdons: Twelve Caricatures* by Ap Rhobert (Harold Lloyd Roberts), published by SV Galloway in 1910.

Cafodd 'Ystwyth Valley under Snow' ei gyflwyno'n rhodd i'r Brifysgol yn 1918 gan yr artist Valerius de Saedeleer o Wlad Belg.

'Ystwyth Valley under Snow' was gifted to the University in 1918 by Belgian artist Valerius de Saedeleer.

47

Roedd yr arlunydd Valerius de Saedeleer yn un o 4,500 o ffoaduriaid o Wlad Belg a ddihangodd o gythrwfl meysydd y gad yn Fflandrys o fis Medi 1914 i ailgartrefu yng Nghymru. Roedd yn un o grŵp o artistiaid a cherddorion o Wlad Belg a wahoddwyd i ymgartrefu yng nghanolbarth Cymru gan y dyngarwyr David, Gwendoline a Margaret Davies, a oedd hefyd yn gefnogwyr mawr i'r Brifysgol. Yn ogystal â'r elfen ddyngarol, roedd dyhead wrth wraidd cymorth y teulu Davies i ffoaduriaid: eu gobaith oedd y byddai'r artistiaid a'r cerddorion yn eu plith yn cyfrannu at ddadeni diwylliannol yng Nghymru. Er bod yr arlunydd profiadol Valerius de Saedeleer yn sicr yn adnabyddus am ei gyfraniad i fywyd artistig Cymru, diolch i'w baentiadau o dirweddau gaeafol Cymru, roedd aelodau eraill o'i deulu hefyd yn cyfrannu'n sylweddol at fyd celfyddyd a chrefft. Cafwyd cynnig i benodi de Saedeleer yn bennaeth Adran Celfyddyd a Chrefft newydd Aberystwyth, lle byddai ei ferched hefyd yn gallu addysgu gwehyddu tapestrïau a sefydlu canolfan wehyddu yng Nghymru. Er na wireddwyd y cynlluniau hynny, ar ôl iddynt ddychwelyd i Wlad Belg ar ôl 1921, aethant ati i fanteisio ar eu profiad yng Nghymru i sefydlu stiwdio gwehyddu tapestrïau o dan arweiniad Elizabeth de Saedeleer, a ddaeth yn ffigwr blaenllaw ym myd Moderniaeth Gwlad Belg.

Mae profiadau ffoaduriaid yn bwnc sy'n agos at ein calon, ac at ein gwaith ysgolheigaidd. Rydym wedi gallu cyfuno'r ddwy agwedd mewn prosiect sy'n canolbwyntio ar ffoaduriaid ddaeth i Gymru i ffoi rhag y Natsïaid yn y 1930au, sydd hefyd yn cynnwys arddangosfa wedi'i churadu ar y cyd gan ffoaduriaid sydd wedi canfod noddfa yng nghanolbarth Cymru ers 2015. Mae profiadau'r ddau grŵp hyn o ffoaduriaid ac eraill, megis y ffoaduriaid o Wlad Belg yn ystod y Rhyfel Byd Cyntaf, yn rhan o hanes cyfoethog o ffoaduriaid yn canfod noddfa yng Nghymru, a cheiswyr lloches yn dod yn rhan o fywyd cymdeithasol, economaidd a diwylliannol ein gwlad.

Andrea Hammel a Moira Vincentelli

The painter Valerius de Saedeleer was one of 4,500 Belgian refugees who fled the turmoil of Flanders' battlefields from September 1914 and resettled in Wales. He was part of a group of Belgian artists and musicians invited to settle in mid Wales by the philanthropists David, Gwendoline and Margaret Davies, who were also major supporters of the University. The Davies family's interest in providing support for refugees was both humanitarian and aspirational: they hoped the refugee artists and musicians would contribute to a cultural renewal in Wales. While the established painter Valerius de Saedeleer is certainly known for his contribution to Welsh artistic life by way of his paintings of Welsh winter landscapes, other members of his family also had a significant involvement in the arts and crafts. There was a proposal to appoint de Saedeleer as Head of the new Arts and Crafts Department at Aberystwyth, where his daughters would also be able to teach tapestry weaving and establish a weaving centre in Wales. Although the plans fell through, on their return to Belgium after 1921, they built on their experience in Wales to establish a tapestry weaving studio headed by Elizabeth de Saedeleer, who became a leading figure in Belgian Modernism.

The experiences of refugees is a topic close to our scholarly work and to our heart. We have been able to combine both aspects in a project that focuses on refugees from National Socialism in Wales, which also includes an exhibition co-curated by refugees who have found sanctuary in mid Wales since 2015. The experiences of these two groups of refugees and of others, such as the Belgian refugees during the First World War, sit within a rich history of refugees finding sanctuary in Wales, and sanctuary seekers becoming part of our social, economic and cultural life.

Andrea Hammel and Moira Vincentelli

Social Stage
Kensington Road
Norbury [...]

31. 7. 15.

Billy, I thought you said that [...]
write letters! I really think I must [...]
for that one of yours was quite the [...]
had for a very long time. If I had [...]
to your suitability for my "select [...]
I had! that letter would have re[...]
now you know! I hope you wou[...]
prospect of horrible scratching[...]
always tell you that you let you[...]
Well the snaps are wash[...]
looking a worse freak than I really[...]
I don't know if you are prepared to rec[...]
Stock – if so. Let me know & I will print one
respectably & send it along. I'd give you an
alternative too. At home I have a negative we [...]
taken some long time since. It is a wild sort of fancy
dress – would be red Indian – but it's [...]
quite respec. If you'd like one I'll [...]
when I get home & let you have it. Let [...]

Last night [...] I never knew [...]
my bath. [...] I tried to drown [...]
I had to squash it! Really there [...]
a menagerie at times – what [...]
[...] are all our [...]
just now, & as it's the first t[...]
since I was born I think it's a [...]
quietude, don't you? It's queer [...]
think of it that this should [...]
twenty years without being at home alone – I [...]
[...] What say you? [...]
[...] & I expect you can man[...]
[...] letter you sent [...] [...]
not good to rest on one's laurels! Bother one [...]
creatures isn't she? Goodnight once again. I'm [...]

I fear you will see reflected
in the incoherence of this
letter.
Out at sea the sun has
set behind a screen of
fantastic clouds and the
mottled hills of the bay
are delicately silhouetted
against a dusky red.
Yes. it is very beautiful
I shall miss it.
Camp at Oswestry! About
other men! Wet clothes! [...]
bedding! Rotten food! [...]
ever way you turn, men, me[...]
MEN in all stages of miser[...]
Ye Gods! What a Paradise i[...]
Aberystwyth – even though it [...]
not in ten! Dot. Do you know
Dot. we miss you very much
and I really miss you.

Aberystwyth
15. VII. 15.

Dear Dot. You are a dear to
write me such a long letter
letter. It is the longest [...]
[...]
[...]
known that you had read most [...]
of it aloud with an OFFICER. [...]
these large letters are intended to
impress his honor please, otherwise [...]
I should have written it very
small). There is a certain type
of grown up who always looks
for the bad in everything and
then while they 'freeze on to it'
on the [...]
being [...]

48

■ 1915 oedd hi, ac Agnes Dorothy French (Dot) yn fyfyrwraig yn astudio Saesneg ac yn byw yn Neuadd Alexandra. Roedd Stanley Wilbrahim Burditt (Billy) yn gapten yng Nghatrawd Swydd Gaer ac yn mynychu gwersyll hyfforddi lleol. Cyfarfu'r ddau mewn digwyddiad cymdeithasol a drefnwyd ar gyfer swyddogion y fyddin a myfyrwragedd. Pan adawodd y gatrawd am Ffrainc ym mis Gorffennaf 1915, addawodd Dot ysgrifennu. Esgorodd eu cyfarfyddiad ar dros 170 o lythyrau, a ddaeth i'r fei yn 2018.

Mae llythyrau Dot yn sôn am fywyd yn ystod y rhyfel yn Aber (lle tawel iawn gyda chynifer o fyfyrwyr gwrywaidd wedi gadael, a dim bisgedi siocled yn y siopau), ei gyrfa fyrhoedlog fel nyrs wirfoddol (daliodd y dwymyn goch a'i gorfodi i adael ei rôl), a'i phrofiadau helbulus fel athrawes. Mae Billy yn disgrifio bywyd ger blaen y gad ac yn hel atgofion am de partis, teithiau cymdeithasol i Glarach a'r Twll Twrw, a'r machlud dros Fae Ceredigion. 'Dros y môr mae'r haul wedi machlud y tu ôl i len o gymylau rhyfeddol a bryniau'r gogledd yn silwét cain yn erbyn yr awyr rhuddgoch. Ydy, mae'n hynod brydferth ac fe fyddaf i'n gweld ei eisiau… Mawredd! Dyna baradwys yw Aberystwyth!' (Gan Billy at Dot, 15 Gorffennaf, 1915).

Maen nhw'n trafod llyfrau, ac mae Dot yn ceisio dysgu rhywfaint o Gymraeg i Billy. Ond a hithau'n hanu o Sussex, dydyn nhw ddim yn mynd yn llawer pellach nag 'ych a fi' ac 'annwyl'. Yn ystod haf 1917, maen nhw'n mynd ati'n betrus i gynllunio eu dyfodol gyda'i gilydd. Ond lladdwyd Billy gan fom Almaenaidd ar 30 Hydref 1917, tra bu Dot fyw yn 90 oed. Wnaeth hi byth briodi. Dychwelwyd ei llythyrau ati ar ôl marwolaeth Billy, a chadwodd ei lythyr olaf ati hi gyda hi bob amser.

Siân Nicholas

■ In 1915, Agnes Dorothy French (Dot) was an undergraduate, reading English and living in Alexandra Hall. Stanley Wilbrahim Burditt (Billy) was a captain in the Cheshire Regiment, attending a local training camp. They met at a series of social gatherings in town for visiting officers and female students. When the Cheshires left Aberystwyth for France in July 1915, Dot promised to write. Their correspondence of over 170 letters, rediscovered in 2018, brings to life two young people who were changed forever by this wartime meeting.

Dot's letters tell of wartime life in Aber (very quiet with so many male students gone, and no chocolate biscuits in the shops), her short-lived career as a VAD nurse (encouraged to volunteer by the matron at Alexandra Hall, she contracts scarlet fever and is invalided out), and her somewhat chaotic experiences as a schoolteacher. Billy describes life behind the lines and reminisces about tea parties, social excursions to Clarach and Monk's Cave, and sunsets over Cardigan Bay. 'Out at sea the sun has set behind a scene of fantastic clouds and the northern hills of the bay are delicately silhouetted against a dusky red. Yes, it is very beautiful, and I shall miss it…. Ye Gods! What a paradise is Aberystwyth!' (Billy to Dot, 15 July, 1915).

In these letters, Dot is open and impulsive, Billy, solicitous and romantic. They discuss books, and Dot tries to teach Billy some Welsh, though – being from Sussex herself – they don't get much beyond 'ych a fi' and 'annwyl'. They skirt around the horrors of war, though note with sadness the loss of mutual friends. Over the summer of 1917, they begin – tentatively – to plan their future together. Billy was killed by a German bomb on 30 October 1917. Dot lived to the age of 90. She would never marry. Her letters were returned to her after his death. She kept his last letter with her always.

Siân Nicholas

Llythyr dyddiedig 15 Gorffennaf, 1915, y cyntaf mewn cyfres o 178 o lythyrau caru o gyfnod y rhyfel wedi'u hysgrifennu â llaw rhwng Agnes Dorothy French (Dot) a Stanley Wilbrahim Burditt (Billy). Drwy garedigrwydd Tom James.

Dated 15 July, 1915, this is the first in a series of 178 handwritten wartime love letters between Agnes Dorothy French (Dot) and Stanley Wilbrahim Burditt (Billy). Courtesy of Tom James.

Mrs. R. Jagger
C.C.P.E.
Grand Hotel,
Both,

VIA

UNITED STATES POSTAGE
TRANS-ATLANTIC
30 CENTS

VIA AIR MAIL

Mrs. R. Jagger
Grand Hotel,

U.S. ARMY AIR CORPS
MAXWELL FIELD, ALA.

1418101 Lloyd A.T.
Class 42 F
I Squadron
R.A.I. Carlstrom Field
Arcadia
Florida.
Dec 31st 1941.

RAF

EXAMINER

Rosemary Darling,

It

been writing

my name

seemed to

one of your latest

Home when I was

was no date on it but it must have

written about the end of September

me I remember you asking me if I had received

when I was on leave, the one in which you told

for the hummus with the C.O. at Pe

also hated Hitlers

that I was

I have

Wrth durio drwy gwpwrdd dillad Mam ar ôl iddi farw, dyma ddod o hyd i lond blwch o lythyrau a broetsh, gan y dyn yn y ffrâm llun arian yn ei lofft: 'Fred yw hwn. Fi oedd ei hogan, medda fo.'

Cyfarfu'r ddau yn ystod yr Ail Ryfel Byd yn Aberystwyth, lle'r oedd Fred yn astudio Daearyddiaeth. Roedd Mam yn fyfyrwraig Addysg Gorfforol yng Ngholeg Merched Chelsea, ond wedi cael ei symud i'r Borth. Byddai myfyrwyr Chelsea yn defnyddio adnoddau a neuaddau lleol fel ystafelloedd dosbarth dros dro, yn dal bws i Aberystwyth ar gyfer dosbarthiadau dydd Sadwrn, ac yn aros yno am nosweithiau allan yn Neuadd y Brenin a'r pier. Roedden nhw'n cynnal gwersi achub bywyd yn y môr a phwll newydd y Brifysgol, yn chwarae lacrosse ar draeth y Borth, ac yn cyfarfod â bechgyn y Brifysgol yng Nghlarach – wrth gadw at y 'pellter diogel' a oedd yn ofynnol dan reolau'r Coleg. Syrthiodd y ddau mewn cariad, â'n tirwedd odidog ac â'i gilydd.

Roedd llythyrau Fred o'r Unol Daleithiau, lle'r oedd yn hyfforddi i fod yn beilot, yn hiraethu am y machlud haul, y neuaddau dawns a'r bywyd a oedd gan y ddau yma. Ond ni ddychwelodd y myfyriwr dawnus i orffen ei radd. Y diwrnod yr enillodd ei 'adenydd', digwyddodd damwain drasig, a boddodd Fred yn ystod seremoni answyddogol mewn pwll nofio i 'groesawu' peilotiaid newydd.

Yn 2022, llwyfannodd Anna Sherratt y ddrama *A Small Heaven* fel rhan o brosiect yr Adran Hanes a Hanes Cymru, 'Aberystwyth a Rhyfel'. Roedd ei ffynonellau'n cynnwys llythyrau Fred, recordiadau sain o Mam, a llythyr cydymdeimlad gan y darlithydd Emrys Bowen at deulu Fred yn Sir Faesyfed, lle nodwyd 'addewid mawr' y myfyriwr ifanc.

Mae'r ddrama'n ein hatgoffa nad oedd pobl y cyfnod yna yn wahanol iawn i ni, a'r broetsh a'r llythyrau yn fy atgoffa o gariad coll.

Alison Pierse

Rooting through her wardrobe after my mother passed, I find a box of letters and a brooch. They are from the man in the silver photo frame on Mum's dressing table: 'That's Fred, he called me his girl.'

They met in Aberystwyth during World War Two. Fred was reading Geography. Mum was an undergraduate studying PE at Chelsea Girls' College, evacuated to Borth. The Chelsea students used local facilities and halls as makeshift classrooms, boarded a charabanc to Aberystwyth for Saturday classes in the Edward Davies building, and stayed on in town for nights out at the King's Hall and the pier. Lifesaving qualifications were taken in the sea and the new university pool, Borth sands became their lacrosse pitches, and they met University boys at Clarach – at the 'safe distance' required by College rules. They fell in love with our beautiful landscape and and with each other.

'I do wish I could have been on the castle grounds with you, viewing Pen Dinas, Consti and Clarach cliff and, of course, Venus,' writes Fred from the USA, where he was training to be a pilot. His letters yearn for our sunsets, dance halls and the life they had. A gifted student, he did not return to finish his degree. The day he gained his wings, Fred tragically drowned in an initiation prank to dunk newbie pilots in the swimming pool.

In 2022, Anna Sherratt staged *A Small Heaven* as part of the Department of History and Welsh History's Aberystwyth at War project. The play's sources included Fred's letters, my audio recordings of Mum, and a condolence letter from lecturer Emrys Bowen to Fred's family in Radnorshire: 'We looked upon his absence while serving with the forces as a mere interlude, we eagerly awaited his return.... He showed great promise.'

The play serves as a reminder that people during WWII were not so different from now, while the brooch and letters remind me of a lost love.

Alison Pierse

Broetsh 'sweetheart' arian yr Awyrlu Brenhinol a llythyrau caru gan Alfred T Lloyd at Rosemary Jagger.

Silver RAF 'sweetheart brooch' and love letters from Alfred T Lloyd to Rosemary Jagger.

C. LAKIN
LONDON
1941-43

Fraser
U.C.N.W
Bangor

HM JERMAN
1935-33

PORT W.H. MORRIS
Feb 1935

TOM
STEE 24/5/2...

RT OWEN

L N H HOWELL
1924
WJ

Ben Phillips

LEWIS
GWMCARN
MON

Yn ystod hydref 1939, wrth i'r dref groesawu plant o Lerpwl a Birmingham fel faciwîs, roedd y Coleg yn derbyn grŵp cwbl wahanol: cannoedd o staff a myfyrwyr adrannau Dyniaethau, Economeg a Chemeg Coleg Prifysgol Llundain. Gadawodd y newydd-ddyfodiaid eu marc mewn sawl ffordd, gan gynnwys ar waliau tŵr grisiau uchaf yr Hen Goleg. Ynghanol y graffiti mae enw Cyril John Lakin, myfyriwr Coleg Prifysgol Llundain yn Aber o 1941 i 1943, yn astudio ar gyfer BSc mewn Cemeg, ac yn lletya yn 47 Stryd Cambria.

Rhannwyd adnoddau drwy gydol y rhyfel, gyda staff o'r ddau goleg yn aml yn cydweithio i gyflwyno rhaglenni addysgu. Roedd myfyrwyr Llundain (menywod yn bennaf, yn sgil consgripsiwn) yn lletya yn y dref, ac mewn gwestai ar ffordd Glan y Môr. Rhaid bod honno'n sefyllfa fywiog, o gofio bod hyfforddeion o'r Awyrlu Brenhinol ac, am gyfnod, milwyr a achubwyd o Dunkirk hefyd yn lletya ar y prom. Mae'n ymddangos bod drwgdybiaeth gychwynnol y naill a'r llall wedi diflannu'n ddigon sydyn. Cyn pen dim, roedd bywydau'r myfyrwyr yn gymysg oll i gyd, gyda'r rhan fwyaf o gymdeithasau myfyrwyr a thimau chwaraeon Coleg Prifysgol Llundain yn cyfuno â'u sefydliadau cyfatebol yng Ngholeg Prifysgol Cymru o dan y faner 'UCWL'.

Pan adawodd myfyrwyr Llundain yn 1944, diolchodd cylchgrawn *The Dragon* i fyfyrwyr Llundain am eu cydweithrediad ym mhob agwedd ar weithgareddau'r myfyrwyr, gan arwain at ymdeimlad bod y ddau goleg wedi dod ynghyd yn un uned. Ymatebodd Tony James, Llywydd Cyngor Cynrychioli Myfyrwyr y ddau sefydliad, yn yr un modd: 'Rwy'n siarad ar ran holl fyfyrwyr Coleg Prifysgol Llundain wrth ddiolch i Aber am yr holl garedigrwydd (ac amynedd weithiau!) a ddangoswyd dros y pedair blynedd diwethaf…. Gwn y bydd Aber yn dal ati fel y gwnaeth erioed, y Coleg gorau yng Nghymru. Peidiwch ag anghofio eich dyletswydd i chi eich hun ac i Gymru, a pheidiwch â'n hanghofio ni.'

Siân Nicholas

In the autumn of 1939, as our townspeople welcomed child evacuees from Liverpool and Birmingham, the College found itself hosting an entirely different group: several hundred staff and students of the Humanities, Economics and Chemistry departments of University College London. The newcomers left their mark in many ways, including on the walls of the Old College's tallest stair turret. Among the graffiti of names and penned drawings (some dating back to the 1890s), we find Cyril John Lakin, a UCL student in Aber from 1941 to 1943, studying for a BSc in Chemistry, and billeted at 47 Cambrian Street.

Throughout the war, resources were shared, and staff from both colleges often worked together to deliver teaching programmes. UCL students (mostly female, with so many male students being conscripted) were billeted in town, and in hotels on Marine Terrace. It must have been a lively time, considering the number of RAF trainees and – for a time – soldiers evacuated from Dunkirk, who were also billeted on the seafront. What was later politely referred to as 'the initial difficulty of mutual suspicion' appears to have worn off with reasonable rapidity, and student life was soon thoroughly mixed, with most UCL student societies and sports teams amalgamating with their UCW counterparts as 'UCWL'.

When UCL left Aber in 1944, *The Dragon* noted: 'During the years they have been with us we have come to regard UCWL as a single unit. We have to thank UCL for their magnificent co-operation in all spheres of student activity.' Tony James, outgoing President of the UCWL Students Representative Council, responded in kind: 'I speak for all UCL students when I say to Aber, thanks for all the kindness (and sometimes patience!) you have shown to us over these past four years…. I know that Aber will carry on as it has always carried on, the best College in Wales. Do not forget your duty to yourselves and Wales, and do not forget us.'

Siân Nicholas

Ymhlith y graffiti gan genedlaethau o fyfyrwyr ar y waliau ar ben tŵr yr Hen Goleg, mae llofnod myfyriwr a ddaeth yn faciwî i Aber o Goleg Prifysgol Llundain.

Amongst the graffiti scrawled by generations of students on the walls at the top of the Old College tower is the signature of a student evacuated from University College London.

Y sleid a ddefnyddiodd EJ Williams yn 1939 sy'n dangos, am y tro cyntaf erioed, ddelwedd o 'mesotron' (neu 'miwon') yn dadfeilio.

A 1939 slide by EJ Williams capturing, for the first time, a 'mesotron' (or muon) in the process of decaying.

Un o wyddonwyr enwocaf Cymru oedd Evan (EJ) Williams, a gyfrannodd gymaint mewn amser byr i nifer o feysydd ymchwil – o ddarganfod gronynnau newydd mewn pelydrau cosmig o'r gofod, i astudio adeiledd atomau mewn crisialau, i'w ran allweddol yn y frwydr yn erbyn llongau tanfor yn yr Ail Ryfel Byd.

Dychwelodd i fro ei enedigaeth yn 1938 fel Pennaeth yr Adran Ffiseg yn Aberystwyth ar ôl gweithio gyda chewri ei gyfnod ar adeg 'oes aur' Ffiseg: Ernest Rutherford yng Nghaergrawnt, James Chadwick yn Lerpwl, WL Bragg ym Manceinion, a Niels Bohr yn Copenhagen. Fe'i hetholwyd yn Gymrawd y Gymdeithas Frenhinol (FRS) yn 1939.

Yn ei labordy yn yr Hen Goleg, adeiladodd ef a'i gydweithwyr lestr niwl arloesol ac, ar ddiwedd wythnos brysur, daeth y darganfyddiad mawr wrth iddynt gipio llun o ddadfeiliad y 'mesotron' am y tro cyntaf erioed.

Yn 1940, wedi cyhoeddi'r gwaith yng nghylchgrawn Nature, ymunodd â'r Sefydliad Awyrennau Brenhinol, lle dyfeisiodd offer magnetig i ddarganfod llongau tanfor. Cafodd ei syniadau eu datblygu yn yr Unol Daleithiau a defnyddir dyfeisiau tebyg hyd heddiw mewn arolygon daearegol.

Yna, symudodd i weithio gyda Patrick Blackett yn adran ymchwil y Morlys, gan ddefnyddio ei ddawn fathemategol i wella strategaethau ar gyfer amddiffyn yn erbyn llongau tanfor, heb newid y bobl na'r offer. Yn ôl Blackett, ni fu erioed esiampl o gyfraniad mor werthfawr gyda newidiadau mor syml.

Yn sgil ei gyfraniad allweddol yn ystod y rhyfel, roedd yn edrych ymlaen at ddychwelyd i'r Gadair Ffiseg yn Aberystwyth a'i waith ar ronynnau is-atomig ond, erbyn hyn, roedd yn colli'r frwydr yn erbyn canser a bu farw ym mis Medi 1945, ac yntau ond yn bedwar deg a dwy oed.

Dair blynedd yn ddiweddarach, nodwyd pwysigrwydd ei gyfraniad i'r gwaith o astudio gronynnau atomig mewn papur gwyddonol ar wasgariad gronynnau is-atomig gan y ffisegydd enwog ac enillydd Gwobr Nobel, Niels Bohr.

Rhidian Lawrence ac Andrew Evans

Evan (EJ) Williams was one of Wales' most eminent scientists, who in a short space of time made major contributions to many fields of research – from the discovery of new particles in cosmic rays from space, to the study of atoms in crystals and playing a key role in submarine warfare in the Second World War.

He returned to his native Ceredigion in 1938 as the Head of Physics at Aberystwyth, having worked with the giants of his time during the 'golden age' of Physics: Ernest Rutherford in Cambridge, James Chadwick in Liverpool, WL Bragg in Manchester, and Niels Bohr in Copenhagen. He was elected a Fellow of the Royal Society (FRS) in 1939.

In his laboratory in the Old College, he and his co-workers built an innovative cloud chamber and, at the end of a busy week, they had their Eureka moment as they captured a picture of the decay of the 'mesotron' for the very first time.

After publishing this work in the journal Nature in 1940, he joined the Royal Aircraft Establishment, where he developed magnetic instruments to detect submarines. His ideas were developed in the USA and similar devices are still used today in geological surveying.

He then worked with Patrick Blackett at the Admiralty's research department, using his mathematical skills to improve strategies for defending against submarine attacks, without changing the equipment or the people. According to Blackett, there was never an example of such a valuable contribution from such simple changes.

Following his significant contribution to the war effort, he looked forward to returning to the Chair of Physics at Aberystwyth and his work on subatomic particles, but by then he was losing his battle against cancer and he died in September 1945, aged only forty-two.

Three years later, his important contribution to the study of atomic particles was noted in a scientific paper on the scattering of subatomic particles by the Nobel Prize-winning physicist, Niels Bohr.

Rhidian Lawrence and Andrew Evans

CARDIFF OFFICES:—
Telephone: 2535.
Telegrams: Mail, Cardiff.
LONDON OFFICES:—
176, Fleet-street, E.C. 4.
Telegrams: Western Mail, London.
Telephone: 1526, Holborn.

Western Mail.

SATURDAY, DECEMBER 7, 1918.

WELSH UNIVERSITY AND INTERNATIONAL POLITIC[S]

The deep and practical interest [which] Major David Davies, M.P., has ta[ken in] the series of problems which ha[ve been] disclosed by the League of Nat[ions dis-]cussion has led him, in conjunc[tion with] his sisters, to offer to th[e Univer-]sity of Wales the endow[ment,] [there]fore, to the Chair of International P[olitics] those who [is to] offer will no doubt be acc[epted,] [be-]cause, University, which will the[refore be] [and] that evil, [founded] on in the forefront of such in[stitutions.] [the demand of] the problems of world po[litics] [called] and all, and expounded. The[...] [including] the treatment of the subje[ct...] [welcome to the] become more appare[nt...] [the home needs] to the student of [...]

[...] of the men who [...] say painfully and h[...] [the Victory. No] —in the League of [...] [part can be too] are, of course, a[...] [specially] those who being made to [...] [limbless and sight,] but the widest [...] [...] best. Next we of opinions exi[st...] the children of the [...]ticability of th[...] enduring education, the [they...] [...]elopment where no usual in di[...] [in the way of achieve-] novelties, t[...]days'

production must be take accou[...]een [...]t of co-operation and [...]ister [...]ence set upon realising obtrude [...] the [...] of our Faith: that we political [...]y in [...]thers as we would that found [...] [to us.] two imperative claims to [...]me [...] Houses and Homes success[...] [...] [...]decent houses, those [...]ome [who...] [...] heating [...] [are...]

176, FLEET-STREET, E.C.
LONDON. FRIDAY [...]

[...] aging ships and other things during the war!

BIG GIFT TO WELSH UNIVERSITY.

NEW CHAIR OFFERED BY MAJOR D. DAVIES.

Major David Davies, M.P., has addressed a letter to Sir John Williams, K.C.V.O., president of the University College of Wales, offering on behalf of his sisters and himself to found a Chair of International Politics at Aberystwyth, in memory of fallen students, for the study of problems raised by the project of the League of Nations.

In his letter Major Davies says:—

"It has occurred to my sisters and myself that the University of Wales and the Council of the College may be willing to allow us to found a Chair of International Politics at Aberystwyth, in memory of the fallen students of our university, for the study of those related problems of law and politics, of ethics and economics, which are raised by the project of a League of Nations, and for the encouragement of a truer understanding of civilisation. other than our own.

"We are prepared to contribute for this object the sum of £20,000, and we would be glad, if our proposal is accepted, that the chair should be associated with the illustrious name of President Wilson."

The offer is significant of the new epoch on which the world is entering. With £20,000 at its disposal for concentrated study of the problems of the League of Nations the Welsh University can offer this new chair to the best international scholar the world possesses, and it can invite to co-operate with him whatever student intellect in the kingdom chooses to do so

It is one of the direct motives of Major Davies's endowment to cultivate international intelligence in the mind of the Welsh democracy—that will be Wales's contribution to the world's democratic future. The world is tending towards ultimate democratic control of foreign policy. It is hoped the example of the University of Wales will be followed b[...]

FR[...]

FIN[...]

Las[...]
German[...]
Expr[...]
nume[...]
impo[...]
Sir [...]
Wels[...]

The[...]
make[...]
Wels[...]
Sir [...]
gener[...]
Gree[...]
it is [...]

Th[...]
Roo[...]
follo[...]
peop[...]
sessi[...]
stri[...]
mus[...]
Lord[...]
form[...]
arri[...]

M[...]
acto[...]
fund[...]

"[...]
to t[...]
have[...]
expr[...]
our [...]
has [...]
we [...]
not [...]
the [...]
that [...]
fice[...]
aga[...]
feel[...]
suff[...]
live[...]

T[...]
of w[...]

Ar 7 Rhagfyr, 1918, cyhoeddodd y *Western Mail* fod Cadair mewn Gwleidyddiaeth Ryngwladol yn cael ei sefydlu yn Aberystwyth drwy waddol. Arwydd oedd hynny o sefydlu disgyblaeth academaidd newydd, ond roedd posibilrwydd astudio'r fath bwnc wedi cael ei wyntyllu ymhell cyn hynny. Fodd bynnag, Aberystwyth fyddai'r lle cyntaf yn y byd lle byddai hyn yn cael ei gyflawni mewn modd systematig, drwy greu disgyblaeth ar wahân.

Ariannwyd y Gadair gydag addewid cychwynnol o £20,000 gan deulu Davies Llandinam - cyfraniad a dyfodd maes o law – a chafodd ei henwi ar ôl Arlywydd yr Unol Daleithiau, Woodrow Wilson.

Tybiai'r cyhoeddiad mai dyn fyddai deiliad y Gadair, ac felly y bu, gan ddechrau gydag Alfred Zimmern yn 1919. Roedd y gwaddol hefyd yn cynnwys darpariaeth ar gyfer swydd darlithydd ac ysgoloriaethau ôl-raddedig prin. Yn 1923–24, dyfarnwyd un o'r ysgoloriaethau hynny i Lilian Friedländer (Vránek yn ddiweddarach) ar sail ei hanes academaidd gwych. Aeth y Brifysgol ymlaen i'w phenodi'n ddarlithydd Gwleidyddiaeth Ryngwladol – y fenyw gyntaf yn y byd i ddal swydd o'r fath, yn ôl pob tebyg. Ar ôl iddi gael sawl cymrodoriaeth o fri yn yr Unol Daleithiau, dychwelodd Friedlander-Vránek i Aberystwyth, gan barhau fel darlithydd nes dyfodiad deiliad amlycaf y Gadair, EH Carr, yn 1936. Roedd ei gwaith yn canolbwyntio ar agweddau cymdeithasol a llafur ar wleidyddiaeth ryngwladol, ac fe dorrodd gwys newydd o ran yr ymchwil a wnaed yn yr Adran, ochr yn ochr â meysydd traddodiadol cysylltiadau rhyngwladol.

Roedd y sylfaenwyr wedi rhagweld y byddai'r Gadair yn gofeb fyw i gynfyfyrwyr y Brifysgol a fu farw yn y Rhyfel Mawr. Y bwriad oedd helpu i gyflwyno realiti newydd mewn cysylltiadau rhyngwladol, lle gallai gwledydd bach fel Cymru wneud cyfraniadau unigryw i heddwch byd-eang. Amcan arweiniol y Gadair, annog 'gwell dealltwriaeth o wareiddiadau eraill', yw cenhadaeth graidd yr Adran hyd heddiw.

Jan Ruzicka

On 7 December, 1918, the *Western Mail* announced the endowment of a Chair in International Politics at Aberystwyth. This event heralded the birth of an academic discipline. People had been thinking about international politics long before then, of course. Aberystwyth, however, would be the first place in the world where this would be done in a systematic, disciplinary manner.

The University owes the Chair to the generosity of the Davies family of Llandinam. David, Gwendoline, and Margaret Davies pledged £20,000 initially, giving much more eventually. They named the Chair in honour of the American President Woodrow Wilson.

The announcement assumed the holder of the Chair would be a man. And so it proved, starting with Alfred Zimmern in 1919. The endowment also provided for a lectureship and rare postgraduate scholarships. In 1923–24, one of the latter was awarded to Lilian Friedländer (subsequently Vránek) on the grounds of her 'brilliant academic record'. The University then appointed her lecturer in International Politics, making her, by all accounts, the first woman in the world to hold such a post. Following prestigious fellowships in the United States, Friedländer-Vránek returned to Aberystwyth and continued as lecturer until the arrival of the most eminent occupant of the Chair, EH Carr, in 1936. Friedlander-Vránek's focus on the sociological and labour aspects of international politics makes her a pioneer for much of the research done in the Department of International Politics alongside the classical areas of international relations.

The founders had envisaged the Chair as a living monument to the students of the University fallen in the Great War. It was to help usher a new reality in international relations, where small nations like Wales could make unique contributions to world peace. The Chair's guiding objective, to encourage 'a truer understanding of civilisations other than our own', remains the core mission of the Department.

Jan Ruzicka

O dan y pennawd 'Big Gift to Welsh University', adroddodd y *Western Mail* (7 Rhagfyr, 1918) am y cynnig gan David, Gwendoline a Margaret Davies i ariannu Cadair Gwleidyddiaeth Ryngwladol gyntaf y byd yn Aberystwyth. Trwy ganiatâd Media Wales a Llyfrgell Genedlaethol Cymru.

Under the headline 'Big Gift to Welsh University', the *Western Mail* (7 December, 1918) reported the offer by David, Gwendoline and Margaret Davies to fund the world's first Chair of International Politics at Aberystwyth. By permission of Media Wales and The National Library of Wales.

Nid oes yr un teulu wedi gwneud mwy dros y Brifysgol na'r teulu Davies o Landinam. Mae eu cysylltiad cadarn a'u cyfraniadau hael wedi rhychwantu holl hanes y sefydliad, ac mae hynny'n parhau hyd heddiw. Mae cydnabod yr Arglwydd David Davies (1880–1944) yn ffordd o dalu teyrnged i gefnogaeth ddiflino'r teulu a gwerthfawrogi ei ymdrechion i ddyrchafu'r Brifysgol.

Penodwyd David Davies yn Llywydd y Brifysgol yn 1926. Roedd hyn yn ffurfioli perthynas a oedd wedi dechrau dros ugain mlynedd ynghynt ac a fyddai'n parhau hyd ei farwolaeth. Yn dair ar hugain oed, heb fod mor hir â hynny ers iddo raddio o Goleg y Brenin, Caergrawnt, derbyniodd Davies swydd y Trysorydd Anrhydeddus, gan olynu ei dad-cu, David Davies (Llandinam), a'i dad, Edward.

Cyflwynodd David a'i chwiorydd, Gwendoline a Margaret – y cyfeiriodd EL Ellis atyn nhw fel rhieni bedydd cymwynasgar y Brifysgol – eu rhodd fawr gyntaf er mwyn anrhydeddu eu diweddar dad. Agorodd labordai cemeg Edward Davies yn 1907, yr adeilad sy'n gartref i'r Ysgol Gelf heddiw. Yn ystod yr un flwyddyn, gwaddolwyd tir ychwanegol ar y Buarth, Caeau'r Ficerdy a'r Gadair mewn Hanes Trefedigaethol. Dilynwyd hynny yn 1919 – eto ar y cyd â'i chwiorydd – drwy waddoli Cadair Woodrow Wilson mewn Gwleidyddiaeth Ryngwladol, yn ogystal â chefnogaeth ddi-syfl i ddatblygu safle Penglais.

Yn anad dim, roedd yr Arglwydd Davies yn meddu ar weledigaeth o'r Brifysgol fel canolfan ysgolheictod nodedig yng Nghymru a thu hwnt. Arweiniodd ei ymdrechion styfnig i sicrhau hynny at wrthdaro gyda rhai unigolion, ac nid oedd y Llywydd yn llygad ei le bob tro. Ond mae ei weledigaeth mor wir heddiw ag yr oedd pan rannodd hi â'i gyfoeswyr: 'ni ellir mesur gwerth coleg yn ôl ei adeiladau a'i gyfarpar. Yr hyn sy'n wirioneddol bwysig yw ei fywyd mewnol a'i gymeriad, ei draddodiadau a'r ysbryd sy'n treiddio drwy ei weithgarwch.'

Jan Ruzicka

No family has done more for the University than the Davieses of Llandinam. Their deep involvement and generous contributions have spanned our entire history and continue to this day. To recognise Lord David Davies (1880-1944) means to pay tribute to the family's unceasing support and to appreciate his efforts to advance the University.

David Davies became the University's President in 1926. This formalised a relationship that began more than twenty years earlier and would continue until his death. Aged twenty-three and not long after graduating from King's College, Cambridge, Davies assumed the post of Honorary Treasurer, as successor to his grandfather, David Davies (Llandinam) and his father, Edward.

David and his sisters, Gwendoline and Margaret – the University's 'fairy godparents', as EL Ellis called them – made their first large donation in honour of their deceased father. The present School of Art opened in 1907 as the Edward Davies chemistry laboratories. The gift was accompanied by additional land at Buarth Hill, the endowment of the Chair in Colonial History, and Vicarage Fields, donations all made in the same year. To follow was the 1919 endowment – again with his sisters – of the Woodrow Wilson Chair in International Politics, as well as steadfast support for the development of the Penglais site.

Above all, Lord Davies had a vision of the University as a distinguished centre of learning in Wales and beyond. Its pursuit brought him into conflict with some individuals, and 'the obstinate College President', as a close friend called him, was not always right. But his vision rings as true today as it did when he expressed it to contemporaries: 'the worth of a college cannot be measured by its buildings and equipment. Its inner life and character, its traditions and the spirit pervading its atmosphere, are the things that really matter.'

Jan Ruzicka

Darlun o'r Arglwydd Davies o Landinam (1880–1944). Fe'i peintiwyd tua 1950 gan Murray McNeel Caird Urquhart (1880–1972). Trwy ganiatâd Llyfrgell Genedlaethol Cymru. ℗ Ystad yr artist.

'Lord Davies of Llandinam' (1880–1944) painted circa 1950 by Murray McNeel Caird Urquhart (1880–1972). By permission of The National Library of Wales. © The artist's estate.

Cyngres Cynghrair
y Cenhedloedd, 1926

Os oedd y Rhyfel Mawr yn rhyfel i ddod â phob rhyfel i ben, yna ar ôl 1918 yr ymgyrch dros heddwch fyddai'r bwysicaf o ymdrechion y ddynoliaeth. Un a gredai hynny'n angerddol oedd David Davies, Arglwydd Davies Llandinam yn ddiweddarach. Dechreuodd cysylltiad ei deulu â'r Coleg gyda'i dad-cu, a oedd yn gymwynaswr cynnar ac yn bresennol yn seremoni agoriadol y Coleg. Parhaodd y gefnogaeth honno, ac yn 1919 rhoddodd David a'i chwiorydd, Gwendoline a Margaret, £20,000 (tua £1 miliwn heddiw) yn waddol i sefydlu Adran Gwleidyddiaeth Ryngwladol 'er cof am fyfyrwyr ein prifysgol a syrthiodd'.

Rhoddodd hefyd gefnogaeth o ran amser ac arian i Gynghrair y Cenhedloedd ifanc. Roedd yn un o sefydlwyr Undeb Cynghrair y Cenhedloedd a chynrychiolodd Gymru mewn nifer o gynadleddau heddwch rhyngwladol, gan arwain at ffurfio Ffederasiwn Rhyngwladol Cymdeithasau Cynghrair y Cenhedloedd (IFLNS).

Yn 1926, bwriadai'r IFLNS gynnal ei gynhadledd flynyddol yn Dresden, yr Almaen, ond yn dilyn gwrthwynebiad i'r cynnig i adael i'r Almaen ymuno â Chynghrair y Cenhedloedd, roedd yna berygl na châi ei chynnal o gwbl. Ofnai David Davies pe bai hynny'n digwydd y byddai'n llesteirio lledaeniad delfrydau'r Gynghrair ac felly cynigiodd Aberystwyth fel lleoliad amgen.

Derbyniwyd ei gynnig, a gyda dim ond deufis i drefnu Degfed Gyngres Gyflawn yr IFLNS, aeth David Davies ac Aberystwyth i'r afael â'r trefniadau. Fel un o gyfarwyddwyr rheilffordd y Great Western, trefnodd David Davies drên arbennig i gludo dros 200 o gynrychiolwyr o 23 gwlad i Aberystwyth. Neilltuwyd gwestai'r dref ar eu cyfer, a chynigiwyd adeiladau'r Coleg ar gyfer y cyfarfodydd. Talwyd holl dreuliau'r Gyngres gan Davies ei hun.

Mynychwyr Cynhadledd Cynghrair y Cenhedloedd yn ymgynnull am lun grŵp ar safle Neuadd y Coleg rhwng Morfa Mawr a Ffordd y Gogledd, Aberystwyth. Llosgodd y neuadd yn ulw yn 1933.

Delegates to the League of Nations Conference assemble for a group photograph on the site of College Hall between Queen's Road and North Road, Aberystwyth. The hall burnt down in 1933.

Roedd y Gyngres yn llwyddiant, a chymerodd Aberystwyth ei lle ymhlith rhai o ddinasoedd mwyaf pwysig Ewrop fel lleoliad cynhadledd heddwch ryngwladol: 1919 Paris, Llundain a Brwsel; 1920 Milan a Genefa; 1922 Prâg; 1923 Fienna; 1924 Lyon; 1925 Warszawa (Warsaw); 1926 Aberystwyth; 1927 Berlin; 1928 Prâg; 1929 Madrid.

Elgan Philip Davies

1926 Conference of the League of Nations

If the Great War was to be the war to end all wars, then after 1918 the pursuit of peace would be the most important of human endeavours. One who passionately believed that was David Davies, later Lord Davies of Llandinam. His family's connections with the College had begun with his grandfather, who was an early benefactor and had been present at the opening ceremony. That support had continued, and in 1919 David and his sisters, Gwendoline and Margaret, donated £20,000 (c. £1M today) to endow a Department of International Politics 'in memory of the fallen students of our university'.

He also gave support in time and money to the fledgling League of Nations. He was a founder of the League of Nations Union and represented Wales in a number of international peace congresses, resulting in the formation of the International Federation of League of Nations Societies (IFLNS).

In 1926, the IFLNS intended to hold its annual meeting in Dresden, Germany, but following objections to Germany's proposed admission to the League of Nations, the meeting was in doubt. David Davies feared that if it was cancelled then the growth of the League's ideals would lose momentum, so he offered Aberystwyth as an alternative venue.

The offer was accepted, and with only two months to arrange the Tenth Plenary Congress of the IFLNS, David Davies and Aberystwyth swung into action. As a director of the Great Western Railway, Davies arranged a special train to bring over 200 delegates from twenty-three countries to Aberystwyth. Hotels were booked as accommodation, and College facilities were offered as meeting venues. All expenses of the Congress were paid for by Davies himself.

The Congress was a success, and Aberystwyth took its place alongside some of Europe's most important cities as host of an international peace conference: 1919 Paris, London and Brussels; 1920 Milan and Geneva; 1922 Prague; 1923 Vienna; 1924 Lyon; 1925 Warsaw; 1926 Aberystwyth; 1927 Berlin; 1928 Prague; 1929 Madrid.

Elgan Philip Davies

Sach hesian o hadau S.23 o gyfres
o fathau arloesol o rygwellt a gafodd
eu rhyddhau gan fridwyr glaswellt
Aberystwyth yn y 1930au cynnar.

Hessian sack of S.23 seeds from
a series of pioneering ryegrass varieties
released by Aberystwyth grass breeders
in the early 1930s.

WELSH PLANT BREEDING STATION
ABERYSTWYTH

S23 Perennial Rye Grass

TO

STATION

Mae'r sachaid hon o hadau yn cynrychioli'r cynnyrch arloesol cynnar a ddatblygwyd ym Mridfa Blanhigion Cymru, a sefydlwyd yn 1919 fel rhan o Adran Amaethyddiaeth y Brifysgol. Yn ystod y Rhyfel Mawr, neilltuwyd llawer o laswelltiroedd y DU i gynhyrchu grawnfwydydd, ac roedd angen eu hailsefydlu. Fodd bynnag, y pryd hynny, nid oedd yr hadau rhygwellt a oedd ar gael yn cynhyrchu digon o'r tyfiant deiliog maethlon sydd ei angen ar anifeiliaid pori.

Ynghyd â TJ Jenkin, aeth Syr George Stapledon – cyfarwyddwr cyntaf y Fridfa – ati i fridio rhygwellt deiliog. Casglwyd planhigion i'w croesi o borfeydd bras Canolbarth Lloegr, Swydd Lincoln a Chaint, ac o hen gaeau yng Nghymru a'r Iseldiroedd. Gan fod bridio planhigion pori yn broses newydd, bu'n rhaid iddynt astudio systemau bridio glaswellt a meillion a sefydlu dulliau o warchod purdeb genetig yn y rhywogaethau allfridio wrth gynhyrchu hadau.

Ymhlith y straeniau arloesol a gynhyrchwyd oedd rhygwellt Eidalaidd S.22, rhygwellt lluosflwydd cynnar S.24, a'r enwocaf oll, rhygwellt lluosflwydd hwyr S.23, sydd i'w weld yn y llun. Er nad yw ar gael ar y farchnad mwyach, mae bri i S.23 ymhlith ffermwyr hyd heddiw, gyda'i werthiant cyflym wedi sefydlu enw da'r Fridfa ledled y byd. Dyma oedd sail yr egwyddor fod rhywogaethau porthiant yn gnwd, yn hytrach na dim ond cynnyrch naturiol nad oedd angen ei hau na'i reoli.

Roedd Stapledon bob amser yn awyddus i recriwtio'n lleol, ac roedd llawer o'r staff cynnar o deuluoedd amaethyddol yr ardal. Er bod y mathau newydd yn cael eu gwerthu ledled y byd, roedd sail y gwaith datblygu yn ddi-os yn ardal Aberystwyth. Mae'r gwaith bridio planhigion a'r methodolegau a sefydlwyd ganddo yn parhau ar waith yn parhau ar waith heddiw yn Athrofa'r Gwyddorau Biolegol, Amgylcheddol a Gwledig (IBERS), gyda datbygiadau arloesol mwy diweddar, megis y gwaith arobryn ar fathau o laswellt uchel ei siwgr, yn atgyfnerthu ein statws rhyngwladol fel canolfan arbenigedd ym maes bridio porthiant.

Alan Lovatt

This sack of seeds represents some of the early pioneering products developed by scientists at the Welsh Plant Breeding Station (WPBS), which was founded as part of the University's Agriculture Department in 1919, following the First World War. Much of the UK's grasslands had been turned over to cereal production during this time and needed re-establishing. The only ryegrass seeds available back then were from grasses which flowered profusely, were very stemmy, and produced large amounts of seed but very little of the nutritious leafy growth required for grazing animals.

Sir George Stapledon – the first WPBS director – set out, along with TJ Jenkin, to breed leafy ryegrasses. They collected plant material, for use in their novel crossing programmes, from a wide range of locations, including the highly productive grazing pastures of the Midlands, Lincolnshire and Kent, as well as some old Welsh and Dutch fields. As breeding pasture plants was a new departure, they had to study the breeding systems of grasses and clovers and establish methods of preserving genetic purity in outbreeding species during seed production. Among the strains were ground-breaking varieties such as S.22 Italian ryegrass, S.24 early perennial ryegrass and, most famous of all, S.23 late flowering perennial ryegrass, pictured here. Although no longer marketed, S.23 is still highly regarded by farmers today and its rapid uptake firmly established the reputation of the WPBS worldwide. It founded the principle of forage species as a crop, rather than merely a natural product requiring no sowing or management.

Stapledon was always keen to recruit staff locally, and many early staff members were from local farming families, inspired by what they had observed growing up. While the new varieties were sold worldwide, the development work was very much grounded around Aberystwyth. The plant breeding work and methodologies begun by him continue to develop today in the Institute of Biological, Environmental and Rural Sciences (IBERS), with more recent innovations, such as the award-winning work on high-sugar grass varieties, consolidating our international standing as a centre of expertise in forage breeding.

Alan Lovatt

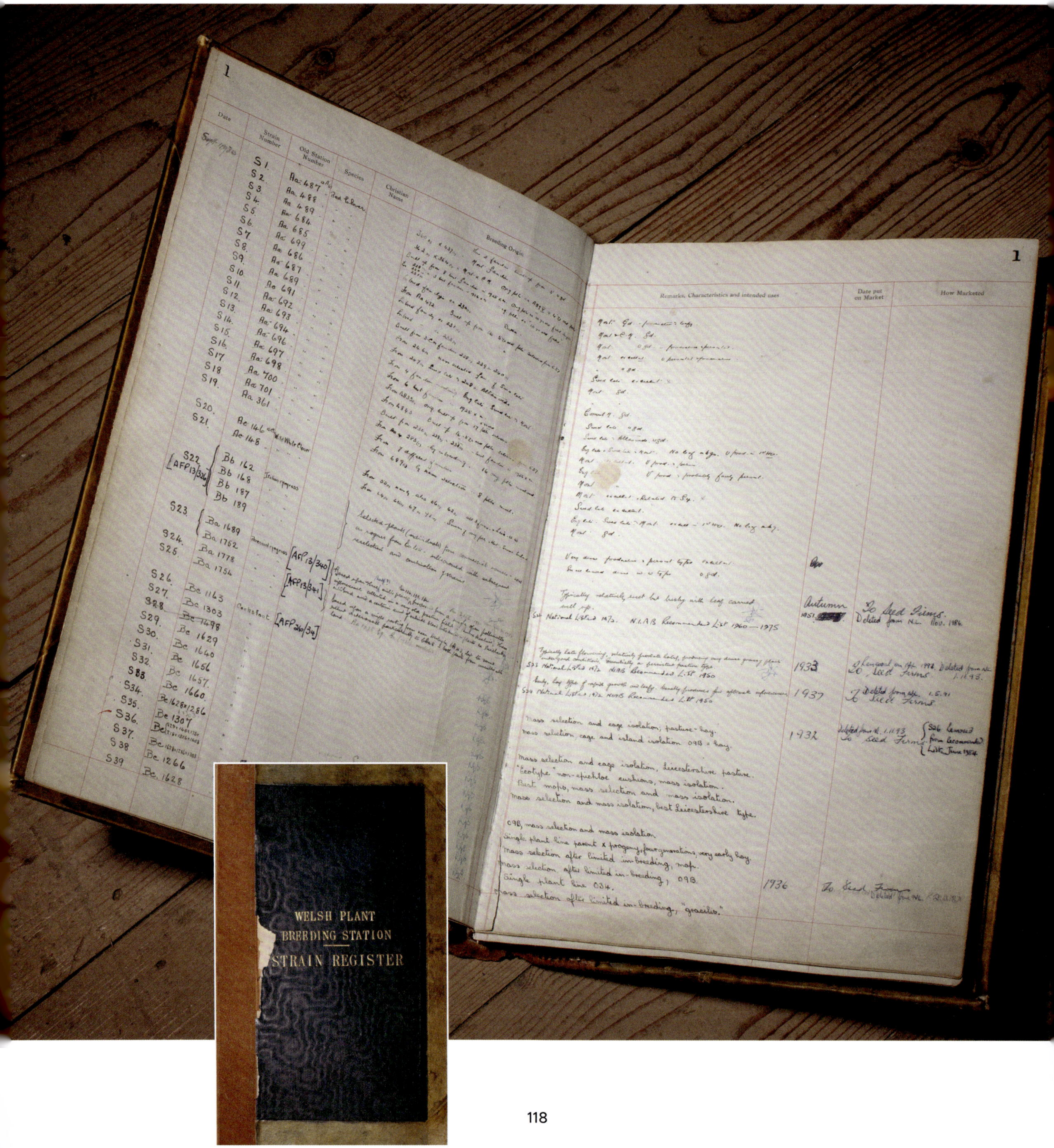

Date	Strain Number	Old Station Number	Species	Christian Name	Breeding Origin
Sept. 1930	S1	Aa 487			
	S2	Aa 488	Red Clover		
	S3				
	S4	Aa 684			
	S5	Aa 685			
	S6	Aa 699			
	S7	Aa 686			
	S8	Aa 687			
	S9	Aa 689			
	S10	Aa 691			
	S11	Aa 692			
	S12	Aa 693			
	S13	Aa 694			
	S14	Aa 696			
	S15	Aa 697			
	S16	Aa 698			
	S17	Aa 700			
	S18	Aa 701			
	S19	Aa 361			
	S20	Ac 146	White Clover		
	S21	Ac 148			
	S22 [AFP 13/336]	Bb 162 / Bb 168 / Bb 187 / Bb 189	Italian ryegrass		
	S23	Ba 1689			
	S24	Ba 1762	[AFP 13/340]		
	S25	Ba 1778 / Ba 1756			
	S26	Bc 1163	[AFP 13/341]		
	S27	Bc 1303			
	S28	Bc 1498	Cocksfoot [AFP 26/34]		
	S29	Bc 1629			
	S30	Bc 1640			
	S31	Bc 1656			
	S32	Bc 1657			
	S33	Bc 1660			
	S34	Bc 1628/1286			
	S35	Bc 1307			
	S36	Bc			
	S37	Bc			
	S38	Bc 1266			
	S39	Bc 1628			

Remarks, Characteristics and intended uses	Date put on Market	How Marketed
(handwritten notes, illegible)	Autumn 1951	To Seed Firms. Deleted from list Nov. 1986
Typically elastic[?], erect but bushy with leaf carried well up. See National List 1972. N.I.A.B. Recommended List 1960–1975		
(handwritten notes)	1933	To Seed Firms.
(handwritten notes)	1937	To Seed Firms
Mass selection and cage isolation, pasture-hay. Mass selection, cage and island isolation 09B + hay.	1932	To Seed Firms
Mass selection and cage isolation, Leicestershire pasture. "Ecotype" non-spelter[?] cushions, mass isolation. Part mops, mass selection and mass isolation. Mass selection and mass isolation, best Leicestershire type.		
09B, mass selection and mass isolation. Single plant line parent × progeny four generations, very early hay. Mass selection after limited in-breeding, mops. Mass selection after limited in-breeding, 09B. Single plant line 034.	1936	To Seed Firms
Mass selection after limited in-breeding, "gracilis."		

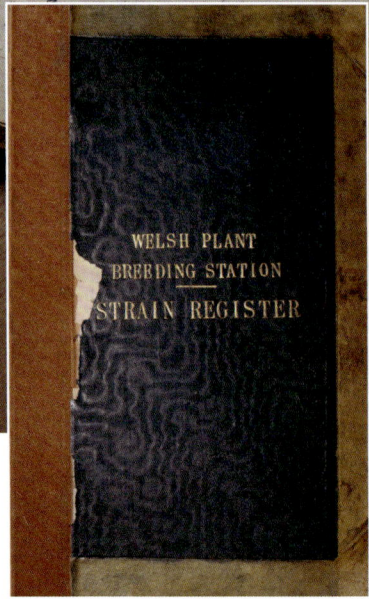

WELSH PLANT
BREEDING STATION
STRAIN REGISTER

Rydym ni'n sôn am sicrhau ansawdd fel pe bai'n rhywbeth newydd. Un o gyfraniadau niferus Syr George Stapledon i waith Bridfa Blanhigion Cymru – IBERS maes o law – oedd datblygu system sicrhau ansawdd gyflawn ar gyfer gwyddor newydd bridio porthiant. Mae'r 'cyfriflyfr glaswellt' yn y llun yn cofnodi 'derbyniadau' newydd, gyda rhagddodiad yn nodi eu rhywogaeth, gan adlewyrchu hierarchaeth Syr George. Er enghraifft, gan bennu meillion ar frig y gadwyn, roedd y system yn dechrau gydag 'A', gydag 'Aa' ar gyfer y feillionen goch ac 'Ac' ar gyfer y feillionen wen. Glaswellt oedd nesaf, yn dechrau gyda 'B' – rhygwellt lluosflwydd ar frig y rhestr ('Ba'), a rhygwellt Eidalaidd yn 'Bb'. Rhoddwyd rhif 'straen' i bob math, ac mae'r llun yn dangos y cofnod ar gyfer S23 neu 'Straen 23', gyda'r rhif derbyniad 'Ba 1689'.

Yn ogystal, datblygodd lawlyfr llawn o weithdrefnau sicrhau ansawdd, *Stapledon's Book of Words*. Wedi'i ysgrifennu yn 1922, roedd yn ymdrin â phob agwedd ar y rhaglenni bridio: sut i labelu potiau a phlanhigion, beth i'w gofnodi, sut i drefnu arbrofion, a hyd yn oed beth ddylid ei wneud pe bai llygod yn cael eu canfod. 'Rhowch wybod i Jones bob tro y bydd unrhyw ddeorydd neu ffwrn yn cael eu cynnau, a'i hysbysu pan fydd wedi eu diffodd. Dylai unrhyw un sy'n gweld olion llygod roi gwybod yn syth i Jones, ac i minnau hefyd.'

Mae'r gweithgareddau bridio yn dal i lynu, mwy na heb, at ganllawiau Stapledon, ond bod cyfrifiaduron wedi disodli'r cyfriflyfrau a systemau papur eraill. Erys geiriau Stapledon yn egwyddor arweiniol i'n gwaith hyd heddiw. 'Dibynna gwerth y gwaith... y gall y fridfa ei gyflawni... ar drylwyredd a chywirdeb yr holl staff awyr agored wrth gyflawni eu dyletswyddau. Gofynna'r Cyfarwyddwr i bob aelod felly... ymddiddori'n frwd yng ngwaith y fridfa, ac arddel balchder personol yn ei waith ei hun.'

Alan Lovatt

We talk of quality assurance (QA) as though it's new. One of Sir George Stapledon's many contributions to the work of the breeding station – and subsequently IBERS – was to develop a complete QA system for a new science of forage breeding. The 'grass ledger' pictured records new 'accessions'. All new selections and introductions were allocated a number with a prefix denoting their species, reflecting Sir George's hierarchy. For example, deeming clovers to be top of the chain, the system started with an 'A', with red clover becoming 'Aa' and white clover 'Ac'. Grasses were next, starting with 'B', with perennial ryegrass top of the list (becoming 'Ba'), while Italian ryegrass was 'Bb'. A variety was given a 'strain' number and the photo shows the entry for S23 or 'Strain 23', initialled by Stapledon himself, with the accession 'Ba 1689'.

He also developed a full manual of QA procedures, *Stapledon's Book of Words*. Written in 1922, it dealt with everything in the breeding programmes: how to label pots and plants, what to record, how to lay out experiments, and even pest control procedures. 'Always inform Jones when any incubator or oven is started, and advise him when its use is discontinued. Anybody who sees evidence of the presence of mice immediately to inform Jones, and also tell me.'

The breeding activities still largely adhere to Stapledon's guidance, but the ledgers and other paper systems have since been replaced by computers. Stapledon's words remain a guiding principle for our work to this day. 'The value of the work that the... station may be able to perform depends... upon the thoroughness and accuracy with which the whole outdoor staff perform their duties. The Director, therefore, asks every member... to take a keen interest in the station, and a personal pride in his own work.'

Alan Lovatt

Cyfriflyfr mewn llawysgrifen a gychwynnwyd yn 1930 gan Syr George Stapledon i gofnodi pob straen newydd a ddatblygwyd ym Mridfa Blanhigion Cymru (IBERS bellach).

Handwritten ledger begun in 1930 by Sir George Stapledon to record the details of new strains developed at the Welsh Plant Breeding Station (now IBERS).

Aradr tractor Junotrac dwygwys, a adeiladwyd gan Ransomes, Sims a Jefferies Ltd, Ipswich, ar gyfer Cynllun Gwella Tir Uchel Cahn ym Mhwllpeiran yng Nghwmystwyth. Trwy ganiatâd Amgueddfa Cymru.

Junotrac Tractor two-furrow plough made by Ransomes, Sims and Jefferies Ltd, Ipswich, for the Cahn Hill Improvement Scheme at Pwllpeiran, Cwmystwyth. By permission of Amgueddfa Cymru – National Museum Wales.

Diogelu Cyflenwadau Bwyd, Cynaliadwyedd ac Aradr Juno

Food Security, Sustainability and the Juno Plough

Roedd tractorau treiglo yn tynnu erydr Junotrac yn allweddol i weledigaeth Syr George Stapledon yn y 1930au o adfer tir pori ar hyd bryniau ac ucheldir y wlad gyda phorfeydd cynhyrchiol yn seiliedig ar y glaswelltau diweddaraf o sefydliad newydd Bridfa Blanhigion Cymru. Ei nod oedd adfywio tirwedd a oedd, yn ei dyb ef, yn anial a gwrthdroi problem gysylltiedig diboblogi gwledig.

Cynhaliwyd ei brosiect enwocaf, Cynllun Gwella Tir Uchel Cahn, ar dir ar brydles o ystad yr Hafod, a oedd wedi dod yn enwog ganrif a hanner ynghynt, yn rhannol oherwydd ymdrechion amaethyddol arloesol ei pherchennog ar y pryd, Thomas Johnes. Tra oedd Johnes wedi cynnig offer i'w tynnu gan geffyl i'w denantiaid, manteisiodd Stapledon a'i gydweithwyr ar y cyfleoedd a ddaeth yn sgil mecaneiddio. Defnyddiwyd y peiriant arbenigol yn y llun i dorri drwy'r tyweirch a'r brwyn a orchuddiai'r ucheldiroedd, gan baratoi'r tir ar gyfer llyfnu ac ailhadu â chymysgedd o rygwellt S.23, y feillionen wen a'r rhonwellt i greu glastiroedd newydd.

Gwelwyd cynnydd rhyfeddol yng nghynhyrchiant y porfeydd, yn y dwysedd stoc a oedd yn bosibl, ac yn ansawdd y cig oen. Dechreuodd y gwaith ymchwil hwn yn 1932, a daeth y technegau a ddatblygwyd yn hanfodol wrth gynyddu cynhyrchiant bwyd ar yr ucheldir a'r iseldir yn ystod yr Ail Ryfel Byd. Yn ddiweddarach, honnodd Syr Reginald Dorman-Smith, y Gweinidog Amaeth ar ddechrau'r rhyfel, y byddai Prydain wedi llwgu heb orchestion Stapledon ac felly na fyddai wedi gallu herio'r Almaen yn filwrol.

Cynllun Gwella Tir Uchel Cahn oedd y gwaith arbrofol cyntaf i'w gynnal ar safle a fyddai maes o law yn dod yn Ganolfan Ymchwil Ucheldir Pwllpeiran. Er bod y datblygiadau technolegol yn y ganolfan heddiw yn canolbwyntio ar ddefnyddio dronau a cherbydau di-griw, mae llawer o'r sbardunau sylfaenol ar gyfer ymchwil yn debyg i'r rhai a ysbrydolodd raglen wella Stapledon – yr angen i sicrhau cyflenwadau bwyd, cynyddu effeithlonrwydd, a gwella cynaliadwyedd gwledig.

Mariecia Fraser

Caterpillar tractors hauling Junotrac ploughs were key to Sir George Stapledon's 1930s vision of replacing derelict grazing across the Welsh hills and uplands with productive pastures based on the latest varieties from the recently established Welsh Plant Breeding Station. His goal was to revitalise what he perceived to be a landscape of desolation, thereby reversing related rural depopulation.

His most famous project, the Cahn Hill Improvement Scheme, was carried out on land leased from the Hafod Estate, which had become famous a century and a half earlier, in part due to the pioneering agricultural endeavours of its then owner, Thomas Johnes. While Johnes provided his tenants with the latest horse-drawn implements, Stapledon and his colleagues took advantage of the opportunities that mechanisation had brought. The specialist machinery shown here was used to tear through the matted turf and rushes that dominated the uplands, preparing the land for harrowing and reseeding with mixtures of S23 ryegrass, white clover and timothy grass as the foundation of new swards.

The result was a striking increase in the productivity of the pasture, in the stocking densities possible, and in the quality of the lamb produced. This research began in 1932, and the techniques developed were to become crucial in increasing home food production from both the uplands and lowlands when war broke out. Sir Reginald Dorman-Smith, Minister of Agriculture in 1939, would later claim that, without the achievements of Stapledon, Britain would have starved and thus would not have been capable of mounting any military challenge.

The Cahn Hill Improvement Scheme was the first experimental work undertaken on the site of what was to become the Pwllpeiran Upland Research Centre. While technological innovations at the centre today may focus on the use of drones and unmanned vehicles, many of the underlying drivers for research are similar to those that inspired Stapledon's programme of improvement, that is the need to safeguard food security, increase efficiency, and improve rural sustainability.

Mariecia Fraser

Un o werthoedd craidd Aberystwyth yw bod lleisiau myfyrwyr yn cael eu clywed. Wedi'i sefydlu fel y Cyngor Cynrychioli Myfyrwyr yn 1900, dyma un o undebau myfyrwyr hynaf y DU. Ymhlith yr israddedigion fu'n ymgyrchu dros ei sefydlu yr oedd JP Millington a HJ Fleure. Nod y corff newydd, yng ngeiriau HJ Fleure yn llawlyfr myfyrwyr 1903, oedd darparu awdurdod canolog a fyddai'n cynrychioli'r holl fyfyrwyr ac yn barod bob amser i weithredu ar eu rhan ac i gyflawni unrhyw fandad ganddynt.

Cartref cyntaf y Cyngor oedd ystafell gyffredin islawr yr Hen Goleg, ond symudodd i'r Ystafelloedd Cynnull yn 10 Maes Lowri yn 1923. Cafodd yr adeilad Sioraidd hwn ei godi gan y teulu Powell, Nanteos, a'i brynu gan Gymdeithas y Cynfyfyrwyr am £5,000, fel undeb myfyrwyr a chofeb i'r rhai a laddwyd yn y Rhyfel Byd Cyntaf. Bu'n gartref i ni am fwy na phedwar deg mlynedd cyn i ni symud, yn 1970, i'n canolfan bresennol (yn yr hyn a elwid gynt yn Adeilad Mandela) ar gampws Penglais.

Newidiodd enw'r corff yn 1972 i Urdd Myfyrwyr Prifysgol Aberystwyth, yna Undeb Myfyrwyr Prifysgol Aberystwyth yn 2012, gan ddatblygu o gasgliad bach o gynrychiolwyr myfyrwyr i ystod amrywiol o rolau etholedig. Bellach, mae'n cyflogi pum swyddog amser llawn, un ar ddeg swyddog gwirfoddol, a swyddogion ôl-raddedig ac israddedig ar draws pob maes astudio.

Y newid mwyaf dros yr hanner canrif ddiwethaf fu symud i gyflwyno a thrafod ar-lein ac, yn fwyaf arwyddocaol, bleidleisio ar-lein. Mae'r Undeb wedi cefnogi ymgyrchoedd myfyrwyr amrywiol, gan gynnwys heriau mawr ein hoes megis hawliau dynol, gwrth-hiliaeth, hawliau a phleidleisiau i fenywod, y frwydr dros addysg am ddim, a chefnogi a grymuso myfyrwyr o gefndiroedd llai traddodiadol, yn ogystal â brwydro yn erbyn dyddiau Sul sych y sir.

Mae'r materion sy'n ein hwynebu heddiw yn wahanol i'r rhai a wynebai ein rhagflaenwyr ar y Cyngor gwreiddiol, ond mae ein cefnogaeth i lais y myfyriwr mor gadarn ag erioed.

Trish McGrath

That students' voices be heard has long been a core value at Aberystwyth. Established as the Student Representative Council (SRC) in 1900, ours is one of the oldest students' unions in the UK. Among those who lobbied to set up the SRC were undergraduates JP Millington and HJ Fleure. The new body, wrote Fleure in the 1903 Students' Handbook, was aimed at 'providing a central authority, representing all the students, and always ready to act on their behalf and to carry out any mandate from them.'

The first SRC was based in the basement common room of the Old College before moving to the Assembly Rooms at 10 Laura Place in 1923. Built by the Powells of Nanteos, this Georgian building was bought by the Old Students' Association for £5,000 as a students' union and memorial to those killed in the First World War. It was our home for more than forty years before we moved, in 1970, to our current base (at one time known as the Mandela Building) on campus at Penglais.

The body's name changed in 1972 to the Aberystwyth Guild of Students, then Aberystwyth University Students' Union in 2012, developing from a small collective of student representatives to a diverse range of elected roles, with five students now paid as full-time officers, eleven volunteer officers, and postgraduate and undergraduate officers across every programme of study.

The biggest change over the last fifty years has been the move to online submission and debate and, most significantly, online voting. The SU has supported student campaigns on a range of issues, including the big challenges of our time such as human rights, anti-racism work, rights and votes for women, the battle for free education, and supporting and empowering students from less traditional backgrounds, as well as battling dry county Sundays.

The issues we face now may be different from those of our SRC forerunners, but our championing of the student voice remains unchanged.

Trish McGrath

Ystafelloedd Cynnull Aberystwyth ym Maes Lowri, a gynlluniwyd gan George Repton ac a agorwyd yn 1820. Prynwyd yr adeilad gan Gymdeithas y Cynfyfyrwyr fel cartref i Undeb y Myfyrwyr o 1923 i 1970.

Aberystwyth Assembly Rooms in Laura Place, designed by George Repton and opened in 1820, were bought by the Old Students' Association for use as a Students' Union from 1923 to 1970.

'Edward, Tywysog Cymru' (1922), Canghellor y Brifysgol, cerflun efydd maint llawn gan y cerflunydd Eidalaidd Mario Rutelli (1859–1941).

'Edward, Prince of Wales' (1922), Chancellor of the University, a life-size bronze statue by Italian sculptor Mario Rutelli (1859–1941).

Y tu allan i adeilad yr Hen Goleg, saif yr unig gerflun maint llawn o Edward Windsor, Tywysog Cymru, a ddaeth yn Edward VIII maes o law ac, ar ôl ildio'r orsedd, Edward, Dug Windsor. Hanes cythryblus a dadleuol oedd i Edward, gyda chwestiynau'n parhau ynghylch ei waddol a'i gysylltiadau honedig â'r Almaen yn ystod cyfnod Hitler; a hanes cyffelyb sy'n perthyn i'r cerflun hefyd.

Wedi'i wisgo yn rhwysg addurniadol Canghellor Prifysgol Cymru, cyflwynwyd y cerflun yn rhodd gan TD Jenkins, aelod o Lys Llywodraethol y Coleg, i nodi penodiad y Tywysog i'r rôl. Y cerflunydd oedd yr Eidalwr adnabyddus Mario Rutelli.

Ond trawyd y cerflun ag anffawd o'r cychwyn cyntaf. Er y bwriad i'w ddadorchuddio fel rhan o ddathliadau jiwbilî'r Coleg ar 9 Hydref, 1922, bu'n rhaid gohirio hynny tan 7 Rhagfyr oherwydd nad oedd wedi'i gwblhau mewn pryd.

Ymhellach, ar y diwrnod mawr, bu bron i garfan o fyfyrwyr radicalaidd, oedd wedi'u dadrithio gan y rhyfel diweddar, amharu ar y seremoni. Y noson gynt, penderfynodd y criw, gydag Idwal Jones yn eu plith, i fynd ati i 'wella' ar greadigaeth Rutelli, gan '[d]ynnu'r llen oddi arni a'i gwyngalchu; rhoi crafet goch am wddf y Tywysog, pib yn ei ben a doli rhwng ei freichiau; a gosod y llen yn ôl arni', yng ngeiriau cyfoeswr iddynt, D Gwenallt Jones.

Er mawr siom i'r radicaliaid, darganfuwyd yr hyn a wnaed a chafodd y cerflun ei ddad-wyngalchu gan borthorion y Coleg ar fore'r dadorchuddio.

Serch hyn, roedd eraill a fyddai'n aflonyddu ar y cerflun yn ystod ei hanes. Daeth yn darged amlwg i brotestiadau yn ystod cyfnod cynllunio arwisgo Charles III yn Dywysog Cymru yn 1969 ac, ym mis Mehefin 1969, llwyddodd protestwyr i'w orchuddio mewn paent. Cyn hynny, ym mis Medi 1968, bu ymgais aflwyddiannus i dorri pen y cerflun ymaith.

Er i'r ymdrech honno fethu, llwyddodd protestwyr i gyflawni'r nod hwn yn 1976 mewn protest yn erbyn penodi Charles, Tywysog Cymru ar y pryd, i'r un swydd â'i hen ewythr, sef Canghellor Prifysgol Cymru.

Rhodri Evans

Outside the Old College building stands the only full-size statue of Edward Windsor, Prince of Wales, who eventually became Edward VIII and, after his abdication, Edward, Duke of Windsor. Edward had a turbulent and controversial history, with debates about his legacy and his alleged links with Hitler's Germany continuing to this day; and the same can be said of his sculpture.

Dressed in the ornate splendour of the Chancellor of the University of Wales, the statue was donated by TD Jenkins, a member of the University's governing Court, to mark the Prince's appointment to the role. The sculptor was the well-known Italian, Mario Rutelli.

But misfortune befell it from the outset. Its planned unveiling as part of the College's jubilee celebrations on 9 October, 1922 had to be postponed until 7 December due to delays in its completion.

Furthermore, on the big day, a faction of radical students, disillusioned by the recent war, almost disrupted the ceremony. The previous night, the group, with Idwal Jones among them, decided to set about 'improving' on Rutelli's creation, by 'removing the covering sheet and whitewashing it; tying a red cravat around the Prince's neck, placing a pipe in his mouth and a doll in his arms; then replaced the sheet', in the words of one of their contemporaries, D Gwenallt Jones.

Much to the radicals' dismay, their efforts were discovered and the whitewash was removed by College porters on the morning of the unveiling.

However, there were others who would interfere with the statue during its history. It became an obvious target for protests during the planning phase of Charles III's investiture as Prince of Wales in 1969 and, in June 1969, protesters managed to cover it in paint. Prior to that, in September 1968, there had been a failed attempt to decapitate the statue.

Although that effort failed, protesters successfully managed to decapitate the statue in 1976 while protesting against the appointment of Charles, the then Prince of Wales, to the same post as his great-uncle, that of Chancellor of the University of Wales.

Rhodri Evans

Fersiwn plastr wedi'i beintio o gerflun efydd gwreiddiol gan William Goscombe John (1860–1952), sy'n sefyll ar Stryd Fawr, y Bala. Fe'i dadorchuddiwyd yng Nghwad yr Hen Goleg yn 1903, er cof am gynfyfyriwr a sefydlydd Cymdeithas y Cynfyfyrwyr, Thomas Edward Ellis (1859–1899).

This painted plaster version of the original bronze by William Goscombe John (1860–1952) (that stands on High Street, Bala) was unveiled in the Quad of the Old College in 1903, in memory of former student and founder of the Old Students' Association Thomas Edward Ellis (1859–1899).

O'r dechrau, bu Aberystwyth yn rhyfeddol o lwyddiannus... yn denu a chadw teyrngarwch ei chynfyfyrwyr a'u hoffter o Aber. Roedd maint bychan y Coleg, agosatrwydd y system breswyl, agosrwydd y llety mewn tref fach, y frwydr ramantus i oroesi, a harddwch lleoliad anghysbell rhwng môr a mynydd i gyd yn dwysáu'r teimladau tuag at y Coleg. O'r 1870au, byddai cynfyfyrwyr yn dychwelyd yn rheolaidd am ymweliadau byr... ac yn ymdoddi'n syth i fywyd cymdeithasol y Coleg. Y tu hwnt i Aberystwyth, byddai cynfyfyrwyr a fyddai'n cyfarfod yn ymddwyn... hyd yn oed yn fwy plwyfol; a theimlai'n gwbl naturiol... i sefydlu Clwb Coleg Aberystwyth yn Rhydychen ym mis Mai 1880. Roedden nhw'n cyfarfod yn rheolaidd yn ystafelloedd ei gilydd i roi'r byd yn ei le neu i fwynhau pa bynnag hwyl a direidi a ddeuai i'w rhan. Roedd cylchgrawn y Coleg yn cynnig cyswllt defnyddiol rhwng cynfyfyrwyr a myfyrwyr cyfredol, gan gynnal y 'tri arfer arbennig sy'n nodweddu pawb sy'n gysylltiedig â'r Coleg – *esprit de corps*, teyrngarwch, a chariad tuag at y sefydliad'.

Ym mis Mawrth 1892, trefnodd Tom Ellis gyfarfod o gynfyfyrwyr yn Aberystwyth. Cafwyd ymateb da a chytunwyd yn frwdfrydig i ffurfio Cymdeithas Cynfyfyrwyr Coleg Prifysgol Cymru, gyda'r nod datganedig o alluogi cynfyfyrwyr i gadw mewn cysylltiad â'i gilydd ac, yn fwy arbennig, 'i gyd-hyrwyddo buddiannau'r Coleg'. Sefydlwyd pwyllgor gyda'r awdurdod i ddrafftio cyfansoddiad.... Etholwyd Tom Ellis yn Llywydd, ac am nifer o flynyddoedd ef oedd y prif sbardun... er gwaethaf ei brysurdeb yn rhinwedd ei swydd fel Dirprwy Chwip, penodiad a ddaeth i'w ran wedi i Gladstone ddod i rym unwaith eto yn 1892. Yn y cyfarfod cyntaf, tynnodd TF Roberts [y Prifathro ar y pryd] sylw at faich y ddyled a oedd yn llesteirio'r Coleg, a derbyniodd y Gymdeithas fod codi arian at ddibenion cymwynasgar yn un o'i brif rwymedigaethau.

Cyfieithiad o lyfr EL Ellis,
The University College of Wales,
Aberystwyth 1872–1972
(Gwasg Prifysgol Cymru, 1972).
Trwy ganiatâd Gwasg Prifysgol Cymru.

EL Ellis

From the beginning, Aberystwyth had been remarkably... successful in attracting and retaining the loyalty and affection of its old students. The small size of the College, the intimacies of the residential system, the close proximities of lodgings in a small town, the romantic struggle for survival, and the scenic beauty of a remote location on the margin of sea and hills all intensified the feeling for the College. From the 1870s, old students regularly returned for flying visits... and immediately took their places... in the social life of the College. Away from Aberystwyth, old students who came together were... even more clannish; and it seemed the most natural thing... in May 1880, that the Aberystwyth College Club should be formed in Oxford. They met regularly in each other's rooms, put the world to rights, or simply enjoyed whatever high jinks developed. The College *Magazine* served as a useful link between old and current students, keeping alive the 'three habits which especially characterise all connected with the College – *esprit de corps,* loyalty, and love towards the institution'.

In March 1892, Tom Ellis called a meeting of old students at Aberystwyth. There was a good response and it was enthusiastically agreed to form a 'University College of Wales Old Students' Association', with the avowed aims of enabling old students to keep in touch with each other and, more especially, together to 'further the interests of the College'. A committee was formed and empowered to draft a constitution... Tom Ellis was elected President, and for several years he remained the chief driving force... despite the heavy demand on his energy made by the post of Deputy Whip, to which he was appointed when Gladstone took office again in... 1892. At the inaugural meeting... TF Roberts [the then Principal]... drew attention to the load of debt which encumbered the College, and... the Association accepted fundraising for... beneficent purpose[s]... as one of its chief obligations.

From EL Ellis' book
The University College of Wales,
Aberystwyth 1872–1972
(University of Wales Press, 1972).
By permission of University of Wales Press.

EL Ellis

This tablet is placed in memory of the late Thomas Edward Ellis, Esquire, M.P. an old student of the University College of Wales. The Old Students Association of the College contributed £110 to the reestablishment of this Institute for the working men of Aberystwyth in recognition of the interest taken by Mr. Ellis in Social Progress and of the close connection which has always existed between the Institute and the College.

LOVE

SERVE

Ffris teracota wedi'i beintio gan y dylunydd a chrochenydd Albanaidd, Mary Watts (1849–1938). Fe'i comisiynwyd er cof am sefydlydd Cymdeithas y Cynfyfyrwyr, Thomas Edward Ellis, a'r rhodd hael a wnaed gan y gymdeithas honno i Sefydliad Gweithwyr Aberystwyth.

A painted low-fired terracotta frieze by Scottish designer and potter Mary Watts (1849–1938) commissioned in memory of Old Students' Association founder Thomas Edward Ellis and the generous donation made by the OSA to Aberystwyth Working Men's Institute.

Mynd i'r Afael ag Angen: Ymgyrchoedd Codi Arian Cymdeithas y Cynfyfyrwyr

■ Mae Cymdeithas Cynfyfyrwyr Aberystwyth yn gyfaill diwyro i Brifysgol Aberystwyth ers 1892, gan ddangos hynny mewn sawl ffordd dros y blynyddoedd. Un o gyfraniadau mwyaf gweithgar y Gymdeithas yw harneisio grym ac angerdd yr aelodau. Mae wedi llwyddo i droi hynny yn ymgyrchoedd codi arian llwyddiannus ar gyfer prosiectau, adeiladau a chronfeydd allweddol y Brifysgol, gyda phob un ohonynt yn cefnogi'r corff myfyrwyr yn uniongyrchol.

Nid codi arian, wrth gwrs, yw'r unig weithgaredd sy'n cael ei hyrwyddo gan y Gymdeithas. Mae hefyd yn lobïo ac yn cynghori ar bob math o faterion sy'n bwysig i fyfyrwyr a chynfyfyrwyr. Ond mae effaith ymdrechion codi arian y corff hwn wedi bod yn drawsnewidiol ers ei sefydlu. Un o weithgareddau cyntaf y Gymdeithas oedd cynnal ymgyrch codi arian i helpu Coleg Prifysgol Cymru Aberystwyth, fel ag yr oedd ar y pryd, i fynd i'r afael â dyled a oedd wedi cronni. Cymaint oedd angerdd y Gymdeithas ynghylch llwyddiant a dyfodol ein sefydliad fel iddi fynd ati'n frwd i geisio rhoddion gan gynfyfyrwyr i helpu.

Mae'r cymhelliant ac ymroddiad hwn i'r Brifysgol, ei myfyrwyr a'i dyfodol llwyddiannus yn dal i ffynnu o fewn y Gymdeithas hyd heddiw. Mae wedi codi arian a chyfrannu at brosiectau sydd wedi chwarae, ac sy'n dal i chwarae, rôl bwysig ym mywyd y Brifysgol ac ym mywydau myfyrwyr.

Mae gan yr Hen Goleg le arbennig yn hanes a chalon y Gymdeithas, ac mae gwaith y blynyddoedd diwethaf wedi canolbwyntio ar godi arian a sicrhau rhoddion tuag at Apêl yr Hen Goleg i helpu trawsnewid yr adeilad annwyl hwn yn ganolfan ddiwylliannol a chreadigol genedlaethol flaenllaw, un sy'n cynnig adnoddau, gweithgareddau a chyfleusterau a rennir a fydd o fudd i'n cymunedau lleol ac academaidd. Dros y degawdau, mae'r Gymdeithas hefyd wedi codi arian i sicrhau llwyddiant Canolfan Chwaraeon y Brifysgol, yr Ystafelloedd Cynnull a phrosiectau cyfalaf eraill, yn ogystal â pharhau i gynnig bwrsarïau i fyfyrwyr mewn angen.

Lauren Marks

Addressing Need: OSA Fundraising Campaigns

■ The Aberystwyth Old Students' Association (OSA) has been an unwavering friend to Aberystwyth University since 1892, something which, over the years, it has demonstrated in a variety of ways. One of the more active contributions the OSA has made is the harnessing of alumni members' power and passion. This it has managed to transform into successful fundraising campaigns for key University projects, buildings and funds, all of which directly support the student body.

Fundraising, of course, is not the only activity that the OSA champions. It also lobbies and advises on all manner of issues important to students and alumni. But the impact of this body's fundraising efforts has been transformative since its inception. One of the first activities it undertook was a fundraising campaign to help what was then UCW Aberystwyth to address a debt which had accumulated. The OSA felt so passionately about the success and future of our institution that they were driven to actively seek donations from former students to help.

This targeted motivation and dedication to the University, its students and its successful future still thrives within the OSA today. It has fundraised and contributed to projects which have played, and are still playing, an important role in University and student life.

The Old College holds a special place in the history and heart of the OSA, and in recent years it has focused on fundraising and donating towards the Old College Appeal to help transform this much-loved building into a major national cultural and creative centre, offering shared facilities, resources and activities that will benefit our local and academic communities. Over the decades, the OSA has also raised funds to ensure the success of the University Sports Centre, Assembly Rooms and capital projects, as well as continuing to give bursaries to students in need.

Lauren Marks

PWYLLGOR ADDYSG MORGANNWG

CARDLUNIAU — FLASHCARDS

CYNLLUN CYMRAEG   WELSH SYLLABUS
I YSGOLION CYNRADD   FOR JUNIOR SCHOOLS

PRODUCED BY QUALITEX PRINTING LIMITED, CARDIFF

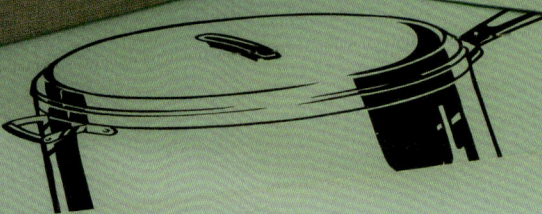

YR AIL FLWYDDYN

Y FLWYDDYN CYNTAF

Mae'r set hon o gardiau mynegai neu gardiau fflach o archifau'r Brifysgol yn adlewyrchu diddordeb hirsefydlog mewn ymchwil i sut mae dysgwyr yn dysgu iaith a'i datblygu yn yr Ysgol Addysg ers dechrau'r ugeinfed ganrif – diddordeb sy'n parhau hyd heddiw. Mae cardiau fflach yn arf cyfarwydd wrth addysgu iaith, a chânt eu defnyddio'n aml i ddatblygu ac atgyfnerthu cysylltiadau rhwng delweddau a geiriau, neu fel sbardun ar gyfer trafodaethau a straeon.

O'r 1960au ymlaen yn enwedig, dan arweiniad yr Athro Jac L Williams, ffynnodd diddordeb mewn caffael a datblygu iaith o fewn yr Ysgol. Yn ei gofnod o'i hanes, amlinellodd W Gareth Evans sut yr oedd sawl academydd nodedig yn astudio dwyieithrwydd Cymraeg–Saesneg, yn ogystal â chyflwyno trydedd iaith, gan ddefnyddio adnoddau o'r fath. Yn 1958, penodwyd RM (Bobi) Jones yn ddarlithydd Addysg cyfrwng Cymraeg – y cyntaf ym maes Addysg o fewn Prifysgol Cymru. Cyfeiriodd at ddefnyddio cardiau fflach ('cardluniau') ac adnoddau tebyg yn *Cyflwyno'r Gymraeg*, cyfrol a gyhoeddwyd yn 1964 yn benodol i fynd i'r afael â diffyg testunau addysgeg yn y Gymraeg.

Mae un o'i gyfoeswyr, CJ Dodson, hefyd yn adnabyddus am sawl astudiaeth arloesol ar sut mae pobl yn dysgu ail iaith, ac am gynhyrchu adnoddau pwrpasol ar gyfer dysgu iaith. Mae'n fwyaf enwog, efallai, am ddatblygu ei 'ddull dwyieithog' dylanwadol o addysgu iaith, sef cyfres o gamau a phrotocolau yn dadlau o blaid defnyddioldeb mamiaith y dysgwr fel ysgogiad cysyniadol wrth gaffael ail iaith. Mae'r themâu hyn wedi parhau yn ystod y blynyddoedd diwethaf, gan gynnwys gwaith yr Athro PAS Ghuman ar gaffael a datblygu iaith mewn cymdeithasau amlddiwylliannol. Mae'r Ysgol yn parhau i gynhyrchu gwaith ymchwil mewn meysydd fel caffael iaith gynnar, llythrennedd, ieithoedd tramor modern yn y cwricwlwm, addysg ddwyieithog ôl-orfodol, ac, yn fwy diweddar, effaith pandemig COVID-19 ar addysg cyfrwng Cymraeg a dwyieithog.

Andrew James Davies

This set of index cards or flashcards from the University's archives reflects a long-standing interest in research on language acquisition and development within the School of Education since the early twentieth century – which continues to this day. Flashcards are a familiar and commonly employed tool in language teaching, often used to develop and consolidate linkages between images and words, or to act as prompts for discussions and stories.

From the 1960s onwards especially, under the stewardship of Professor Jac L Williams, interest in language acquisition and development flourished within the School. In his history of the School, W Gareth Evans has outlined how several notable academics were engaged in studying Welsh–English bilingualism, as well as the introduction of third languages, using such resources. RM (Bobi) Jones, who was appointed in 1958 to the first dedicated Welsh-medium lectureship in Education within the University of Wales, wrote about the use of flashcards ('cardluniau') and similar resources in *Cyflwyno'r Gymraeg* (Introducing Welsh) in 1964, a volume which was published specifically to address the dearth of pedagogical texts in Welsh.

One of Jones' contemporaries, CJ Dodson, is also well known for several pioneering studies of second-language acquisition, and for producing dedicated resources for language teaching. He is perhaps most renowned for developing his highly influential 'bilingual method' of language teaching: a series of steps and protocols which argued the case for the usefulness of the learner's mother tongue as a conceptual stimulus in second-language acquisition. These themes of language acquisition, development and bilingualism in education have been sustained in recent years, and include the work of Professor PAS Ghuman on language acquisition and development in multicultural societies. The School continues to produce research in areas such as early language acquisition, literacy, modern foreign languages in the curriculum, post-compulsory bilingual education, and, more recently, the impact of the COVID-19 pandemic on Welsh-medium and bilingual education.

Andrew James Davies

Cardiau mynegai cynnar i blant, a ddefnyddiwyd at ddibenion dysgu iaith gan Ysgol Addysg y Brifysgol.

Early index cards for children, used by the University's School of Education for language teaching.

Profion perfformiad deallusrwydd a ddyfeisiwyd gan James Drever a Mary Collins yn 1928 ar gyfer plant â nam ar eu clyw. Fe'u defnyddid gynt gan yr Adran Addysg.

Performance intelligence tests devised by James Drever and Mary Collins in 1928 for children with impaired hearing, formerly used by the Department of Education.

■ Adnodd profi deallusrwydd yw hwn sydd wedi'i gynllunio i'w ddefnyddio gyda phlant sydd wedi colli eu clyw. Mae'r profion bellach yn llawer mwy manwl, gyda chyfresi llawn yn profi pob math o sgiliau, ond yn y 1920au, pan gafodd yr adnodd hwn ei gynllunio, roedd profion deallusrwydd yn bur elfennol, ac roedd hwn ar flaen y gad ar y pryd. Mae ei bresenoldeb yma yn Aberystwyth yn dangos bod seicoleg uwch yn rhan o'r gwaith yma ymhell cyn sefydlu'r Adran Seicoleg.

Yn 1891, daeth Beatrice Edgell yma i astudio Athroniaeth – a dyma gychwyn rhywbeth arwyddocaol ar gyfer seicoleg yn y DU, gyda'r cyfan yn dechrau ger y lli. Gadawodd i addysgu mewn gwahanol leoedd, ond dychwelodd i Aber yn 1897, gan dderbyn gradd mewn Athroniaeth yn 1898 a, flwyddyn yn ddiweddarach, MA mewn Athroniaeth Foesol. Wedi hynny, derbyniodd ysgoloriaeth gan y Brifysgol a'i galluogodd i astudio yn Würzburg. Yn y fan honno, hi oedd y fenyw gyntaf o'r DU i dderbyn doethuriaeth mewn Seicoleg yn ogystal â'r fenyw gyntaf i dderbyn PhD gan Würzburg.

Yn rhinwedd ei swydd fel Pennaeth Athroniaeth a Seicoleg yn Bedford (rhan o goleg Royal Holloway yn ddiweddarach), llwyddodd i sefydlu un o'r labordai seicoleg arbrofol cyntaf yn y DU. Yn 1927, tua'r adeg y lluniwyd y gyfres hon o brofion deallusrwydd, fe'i penodwyd yn Athro Seicoleg ym Mhrifysgol Llundain – y fenyw gyntaf i fod yn ddeiliad Cadair o'r fath. Yn 1930, hi oedd y fenyw gyntaf i gael ei phenodi'n Llywydd Cymdeithas Seicolegol Prydain. Bu'n gweithio ar addysgu nyrsys mewn agweddau perthnasol ar seicoleg tan ei hymddeoliad – yn union fel rydym ninnau yn Aber yn dechrau ei wneud wrth i ni groesawu ein carfan nyrsio gyntaf yn 2022. Sefydlwyd Adran Seicoleg Aberystwyth yn 2007, dan arweiniad y Pennaeth cyntaf, yr Athro Kate Bullen, a bu hithau hefyd yn Llywydd Cymdeithas Seicolegol Prydain. Dechreuodd rôl Prifysgol Aberystwyth ym maes seicoleg yn y DU gydag Edgell, ond mae'n parhau hyd heddiw.

Nigel Holt

■ This is an intelligence test kit designed for use with children with hearing loss. Testing now is much more detailed, with full batteries testing all kinds of skills, but in the 1920s, when this was designed, intelligence testing was not terribly advanced and this was cutting edge for the time. Its presence here in Aberystwyth shows that advanced psychology was carried out here long before the opening of the Psychology Department.

In 1891, Beatrice Edgell came up here to study Philosophy – this was to be the start of something significant for psychology in the UK and it began on our seafront. She left to teach in various places, but returned to Aber in 1897, receiving a degree in Philosophy in 1898 and, a year later, an MA in Moral Philosophy. Her alma mater then provided her with a scholarship allowing her to study in Würzburg. There she became the first woman in the UK to receive a doctorate in Psychology as well as the first to receive a PhD from Würzburg.

Her position as Head of Philosophy and Psychology at Bedford (later part of Royal Holloway) allowed her to set up one of the first experimental psychology labs in the UK. In 1927, at around the time this set of intelligence tests was being constructed, she was named Professor of Psychology at the University of London – the first woman to hold such a Chair. In 1930, she became the first female President of the British Psychological Society (BPS). She worked on educating nurses in relevant aspects of psychology until her retirement – just as we in Aber are beginning to do as we welcome our first nursing cohort in 2022. Aberystwyth's Department of Psychology was established in 2007, with Professor Kate Bullen as the first Head, and she too served as BPS President.

Aberystwyth University's role in psychology in the UK started with Edgell, but continues to this day.

Nigel Holt

Beatrice Edgell mewn cynhyrchiad llwyfan gan Glwb Drama'r Coleg.

Beatrice Edgell pictured in a College Dramatics Club production.

Tan ganol y bedwaredd ganrif ar bymtheg, roedd y barcud yn aderyn cyffredin yng Nghymru ond daeth tranc i'w fyd yn sgil cael ei erlid yn ddidostur. Erbyn 1900, roedd y niferoedd yn isel iawn a'r adar wedi eu cyfyngu i ganolbarth Cymru. Roedd statws ansicr yr aderyn yn destun pryder i John Henry Salter (1862–1942), Crynwr o Suffolk a oedd wedi ei benodi'n ddarlithydd cynorthwyol yn Aberystwyth yn 1891. Yn 1895, ef oedd y cyntaf i gael ei benodi'n Athro Botaneg, ond o 1903 ymlaen dechreuodd ddirwyn ei waith academaidd i ben cyn ymddeol yn llwyr yn 1908. Roedd yn arbenigwr ar y mwyafrif o grwpiau anifeiliaid a phlanhigion, ond ychydig o sylwedd a gyhoeddwyd ganddo ar wahân i *The Flowering Plants and Ferns of Cardiganshire*. Serch hynny, roedd yn naturiaethwr maes heb ei ail, fel y dengys ei ddyddiaduron, ac yn dipyn o arloeswr ym maes cadwraeth.

Ac yntau'n pryderu bod poblogaeth y barcud wedi ei chyfyngu i ddim ond rhyw dair nyth yn y canolbarth, ysgrifennodd at Glwb Adarydda Prydain yn 1903 yn gofyn iddynt weithredu. Yn unol â'i gyngor, sefydlwyd Pwyllgor y Barcud ynghyd â Chronfa Gwarchod y Barcud, a fyddai'n talu cymhorthdal i ffermwyr a thirfeddianwyr eraill am ganiatáu i'r barcud nythu'n llwyddiannus ar eu tir. Cynyddodd nifer y barcutiaid yn raddol, cyn y gwelwyd cynnydd anferth yn eu niferoedd ar ôl tua 1950. Mae'r barcud bellach yn magu'n llwyddiannus ledled Cymru ac mewn mannau eraill. Mae dyddiaduron Salter yn sôn am ei gyffro a'i bryder ynghylch llwyddiant neu aflwyddiant eu bridio, y bu'n ei fonitro tan ei farw. Yn ddiddorol, ailadroddodd y syniad o dalu cymhorthdal yn y 1930au, pan fyddai'n rhoi deg swllt y flwyddyn i weithiwr ffordd yn Llanbadarn Fawr am beidio â thorri tegeirian anghyffredin, y galdrist lydanddail, wrth docio ymylon y briffordd yng nghyffiniau Gelli Angharad. Mae'r tegeirian, fel y barcud, yn dal i ffynnu ac ar gynnydd yno.

Arthur Chater

Red kites were common in Britain until the middle of the nineteenth century, but were strongly persecuted and declined thereafter, until by 1900 they remained in very small numbers and were confined to mid Wales. Their precarious status was a source of concern to John Henry Salter (1862–1942), a Quaker from Suffolk who had been appointed assistant lecturer at UCW Aberystwyth in 1891. He became the first Professor of Botany in 1895, but wound down his academic career after 1903 and retired completely in 1908. He was expert on most groups of animals and plants, but published little of substance apart from *The Flowering Plants and Ferns of Cardiganshire*. However, he was a great field naturalist, as his diaries show, and was quite a pioneer in conservation.

Concerned that the British kite population had declined to only about three nests in mid Wales, he wrote to the British Ornithological Club in 1903 asking them to take action. On his advice, they set up a Kite Committee, along with the Kite Preservation Fund, which paid farmers and other landowners a bounty for letting kites nest successfully on their land. Kite numbers very gradually increased until about 1950, after which numbers began to increase greatly. The red kite is now a common breeder throughout much of Wales and elsewhere. Salter's diaries recount his excitement and concern at the success or otherwise of their breeding, which he monitored annually until his death. Interestingly, he repeated the idea of bounty-paying when, in the 1930s, he paid a roadman at Llanbadarn Fawr ten shillings a year not to cut an uncommon orchid, the broad-leaved helleborine, while trimming the verges along the main road at Lovesgrove. The orchid, like the kite, still thrives and is increasing there.

Arthur Chater

Rhoddwyd y barcud hwn i'r Brifysgol gan yr Arglwydd Lisburne o Drawsgoed, ynghyd â gweithiau eraill gan y teulu Hutchings, tacsidermyddion enwog yn Aberystwyth o'r 1860au i'r 1940au.

This red kite along with other works by the Hutchings family, renowned Aberystwyth taxidermists from the 1860s to the 1940s, was donated to the University by Lord Lisburne of Trawsgoed.

Enter Edgar, armed.

Alb. Ask him his purposes, why he appears
Upon this Call o'th' trumpet.

Her. What are you?
Your name, your quality, and why you answer
This present summons?

Edg. Know, my name is lost ; 'Tis *bit 6y*
By treason's tooth bare-gnawn, and canker-bit ;
Yet am I noble, as the Adversary
I come to cope.

Alb. Which is that Adversary?

Edg. What's he, that speaks for Edmund Earl of
Glo'ster ?

Edm. Himself ; what say'st thou to him?

Edg. Draw thy sword,
That if my speech offend a noble heart,
Thy arm may do thee justice ; here is mine : ——
Behold, it is the privilege of *mine Honours,*
My Oath, and my Profession. I protest,
Maugre thy strength, place, youth and eminence,
Despite of thy victor-sword, and fire-new fortune,
Thy valour, and thy heart, thou art a traitor ;
False to thy Gods, thy brother, and thy father ;
Conspirant 'gainst this high illustrious Prince,
And from th' extreamest upward of thy head,
To the descent and dust below thy foot,

> 9 *Behold, it is the privilege of mine Honours,*
> *My Oath, and my Profession.*—] The charge he is here going
> to bring against the Bastard, he calls *the privilege, &c.* To understand
> which phraseology, we must consider that the old Rites of Knight-
> hood are here alluded to ; whose oath and profession required him
> to discover all treasons, and whose privilege it was to have his chal-
> lenge accepted, or otherwise to have his charge taken *pro confesso*.
> For if one who was no Knight accused another who was, that other
> was under no obligation to accept the challenge.   On this account
> it was necessary for *Edgar* to tell the Bastard he
> was a Knight.

Foyson, fooling, flat-long, fowling:
tanlinellwyd gyda phensel blac-led.
Yn y ddrama, mae'r dymestl yn chwythu'i phlwc,

a'r 'ynys yn llawn synau':
'cenau bach castiog' Prospero ar grwydr
ymhlith teithwyr a drethwyd gan y tonnau.

'Rhyfedd, drud,
mil o offerynnau-tincial yn suo' yng ngeirfa Shakespeare:
bumbard, wezand, gabardine,

moon-calf: herciog, swrth ei wedd,
plentyn llywaeth golau'r lloer.
Cwyd llygaid Johnson o'i ddarllen,

gwêl y lleuad lawn drwy'r ffenestr,
cyn gwingo, a deall ei fod yno'i hun.

Diolch i Gwyn Thomas am y geiriau
mewn dyfynodau sy'n dod o'i gyfieithiad,
Y Dymestl *(Gwasg Gee, 1996).*

Matthew Francis

Testun ℗ Matthew Francis
Cyfieithwyd gan Arwel 'Pod' Roberts

Foyson, fooling, flat-long, fowling:
underlined in black lead pencil.
In the play the storm's huffed out,

and the isle is full of noises:
Prospero sets his tricksy spirit
loose among the wave-worn travellers.

Rich and strange, the thousand twangling
instruments of Shakespeare's language:
bumbard, wezand, gabardine,

moon-calf: lurching, heavy-featured
misbegotten child of moonlight.
Johnson looks up from his reading,

sees the full moon at the window,
starts, to find himself alone.

Matthew Francis

Text © Matthew Francis

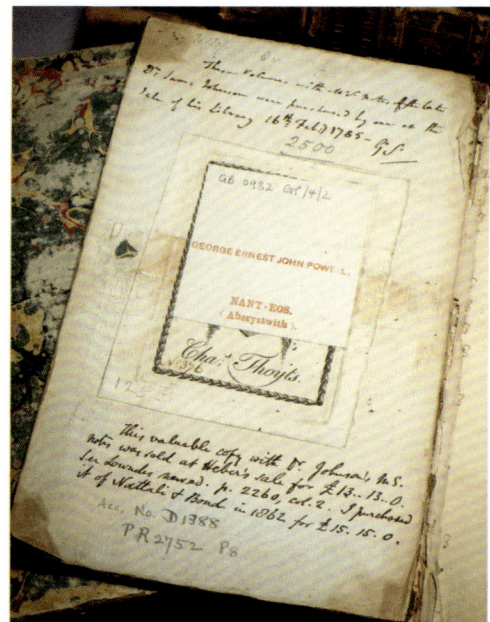

The Works of Shakespeare in Eight Volumes (1747) yr Esgob Warburton, gyda nodiadau sylweddol gan Samuel Johnson wrth iddo baratoi ei eiriadur. Prynwyd y casgliad hwn o lyfrau gan George Powell, Nanteos, am 15 gini yn 1862. Ugain mlynedd yn ddiweddarach, fe'u cyflwynodd yn gymynrodd i'r Brifysgol, lle maen nhw'n rhan o Gasgliad Llyfrau Prin Llyfrgell Hugh Owen.

Bishop William Warburton's *The Works of Shakespeare in Eight Volumes* (1747), heavily annotated by Dr Samuel Johnson in the preparation of his dictionary. George EJ Powell of Nanteos purchased this set of books for 15 guineas in 1862. Twenty years later, he bequeathed them to the University where they now form part of the Hugh Owen Library's Rare Books Collection.

Bequeathed by
LILIAN WINSTANLEY

57/ (A12.236)

UNIVERSITY COLLEGE OF WALES
ABERYSTWYTH

Bequeathed by
LILIAN WINSTANLEY
Assistant Lecturer in the Department of English, 1899–1916
Lecturer, 1916–1930
Senior Lecturer, 1930–1941

Deceased 29th September, 1960

L. Winstanley
Feb: 1901

"OTHELLO" AS THE
TRAGEDY OF ITALY
Showing that Shakespeare's Italian contemporaries
interpreted the story of the Moor and the Lady of
Venice as symbolizing the tragedy of their country in
the grip of Spain

BY LILIAN WINSTANLEY, M.A.
Lecturer in English in the University College of Wales,
Aberystwyth;
Author of "Hamlet and the Scottish Succession," etc.

UNIVERSITY COLLEGE OF WALES
4 OCT
1945
ABERYSTWYTH

T. FISHER UNWIN LTD.
LONDON: ADELPHI TERRACE

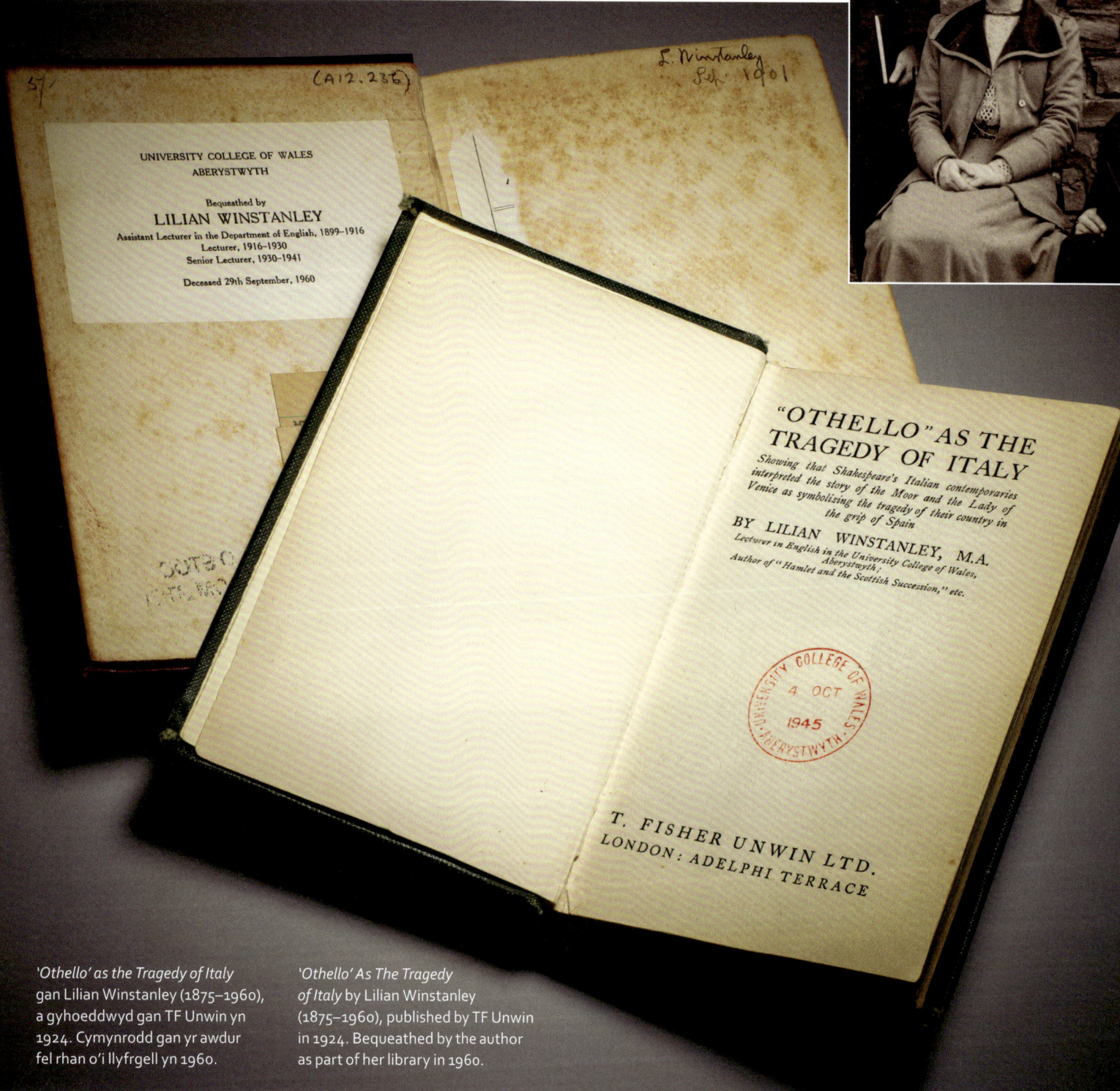

'Othello' as the Tragedy of Italy
gan Lilian Winstanley (1875–1960),
a gyhoeddwyd gan TF Unwin yn
1924. Cymynrodd gan yr awdur
fel rhan o'i llyfrgell yn 1960.

*'Othello' As The Tragedy
of Italy* by Lilian Winstanley
(1875–1960), published by TF Unwin
in 1924. Bequeathed by the author
as part of her library in 1960.

Darllen Shakespeare gyda Llygad Wleidyddol: Llyfrgell Lilian Winstanley

Ymunodd Lilian Winstanley (1875–1960) â'r Adran Iaith a Llenyddiaeth Saesneg yn 1898 fel darlithydd cynorthwyol, yn cydweithio â'i chyn-diwtor, yr Athro CH Herford. Yn swffragydd a seiclwraig frwd, symudodd yma o Fanceinion gyda'i chydymaith, Marion Benson. O'i phenodi, daeth arbenigedd Shakespeare yn gonglfaen i ddysgu llenyddiaeth Saesneg yn Aberystwyth. Ond nid oedd ei phersbectif ffres a'i dehongliadau gwleidyddol yn cael eu gwerthfawrogi bob amser, a chymysg oedd yr ymateb i'w hail fonograff. Fodd bynnag, daliodd ei thir, gan fynnu darllen Shakespeare yng nghyd-destun dogfennau hanesyddol a oedd yn aml yn anadnabyddus. Un enghraifft yn unig o'i 'dull newydd' yw'r llyfr yn y llun, o 1924, wrth iddi herio'r traddodiad o ganu clodydd cyffredinoliaeth Shakespeare yn hytrach na thynnu sylw at ei ymrafael ag ideolegau'r Dadeni. Tua diwedd y ganrif ddiwethaf, fodd bynnag, daeth twf hanesyddiaeth newydd i gyfiawnhau ei dull 'dadleuol'.

Daeth y 'dull' hwnnw'n destun cerdd gan Robert Graves, 'Antigonous: An Eclogue' (1924), lle mae hi'n ymddangos fel 'myfyrwraig ymchwil wybodus' (gyda diwygiadau'r bardd yn cyfeirio ati fel 'fy ffrind, Miss Winstanley'). Mae dadansoddiad tafod yn y boch Graves o'i dull yn dangos gwir fygythiad ei syniadau radical i'r sefydliad.

Yn arloeswraig o'r iawn ryw – 'Lady Lecturer', chwedl y *Western Mail* – roedd hefyd yn frwd dros sicrhau'r bleidlais i fenywod, gan annerch y cyhoedd ym Manceinion a mynychu cyfarfodydd yr achos yn Neuadd y Buarth. Yn hydref ei gyrfa, dechreuodd ysgrifennu nofelau, dramâu a cherddi. Pan fu farw yn 1960, gadawodd ei llyfrgell i'r Brifysgol ac mae ei chasgliad yn parhau'n rhan o'n cyfrolau prin a'n prif gatalog. Mae adlais llais a llyfrau Lilian Winstanley yn dal i'w glywed yn ein llyfrgell, i'r myfyrwyr a'r ysgolheigion hynny sy'n gwrando, ac yn ein hatgoffa sut gall syniadau newydd a lleisiau anghonfensiynol adfywio ein hymdrechion academaidd.

Louise Marshall

A Political Reading of Shakespeare: The Library of Lilian Winstanley

Lilian Winstanley (1875–1960) joined the Department of English Language and Literature in 1898 as an assistant lecturer, working alongside her former tutor, Prof CH Herford. A suffragist and keen cyclist, she moved here from Manchester with her companion, Marion Benson. Her appointment established expertise in Shakespeare as a cornerstone of Aberystwyth's teaching of English literature but her fresh perspective and political readings of the English bard were not always appreciated, her second monograph receiving mixed reviews. However, Winstanley pursued her work, insisting on reading Shakespeare in relation to often obscure historical documents. Her 1924 book, pictured, is but one example of her 'new method', pushing against traditionalists who preferred asserting Shakespeare's universalism rather than his wranglings with Renaissance ideologies. Towards the end of the last century, however, the rise of new historicism saw the vindication of her 'controversial' approach.

The critic's 'method' became the subject of Robert Graves' poem 'Antigonous: An Eclogue' (1924), in which she features as 'a knowledgeable student of research' who is revealed in the emendations as 'my friend Miss Winstanley'. Graves' tongue-in-cheek unpicking of Winstanley's approach reveals how keen was the threat her radical ideas posed to the establishment.

A genuine trailblazer, dubbed Lady Lecturer by the *Western Mail*, she was also a committed advocate for women's suffrage, speaking at public events in Manchester and attending suffrage meetings here in Buarth Hall. In her later career, she turned to writing novels, plays and poems. When she died in 1960, she left her library to the University and her collection remains part of our rare books and main catalogue. Lilian Winstanley's voice and her books still echo within our library, for those students and scholars who listen. They serve as a reminder of how new ideas and unconventional voices can regenerate our academic endeavour.

Louise Marshall

Yny lhyvyr
hwnn y traethir.

Gwydor kymraeg.
Kalandyr.
Y gredo, ney vynkeu pe
ffyd gatholig.
Y pader, ney wedi yr arglwyd.
Y deng air dedyf.
Saith kinwed yr egglwys.
Y kampey ar bexadwy
ar cswydieu gochlad=
wy ae keingeu.

M.D.XL VI.

Byddai'r rhan fwyaf o bobl yn disgwyl dod o hyd i gopi o'r llyfr cyntaf i'w argraffu yn yr iaith Gymraeg yng nghasgliadau Llyfrgell Genedlaethol Cymru. Wedi'i gyhoeddi yn 1546, nid oes teitl go iawn i'r llyfr, o waith Syr John Prys. Cyfeirir ato'n syml yn ôl ei eiriau agoriadol, *Yny lhyvyr hwnn*, a hyd y gŵyr neb, dim ond un copi sy'n dal i fodoli. I frwdfrydedd a haelioni un unigolyn, Syr John Williams, y mae'r diolch ei fod ar gof a chadw yn Aberystwyth. Ac yntau'n feddyg o ran proffesiwn (a chyn-feddyg i'r Frenhines Victoria), daeth yn gasglwr llyfrau a llawysgrifau brwd, wedi'i symbylu i raddau helaeth gan yr ymgyrch i sefydlu llyfrgell genedlaethol i Gymru yn Aberystwyth. Yn y pen draw, llwyddodd i gasglu oddeutu 26,300 o gyfrolau, ac fe'u cyflwynodd i'r llyfrgell newydd yn 1909 ar ôl clywed cadarnhad mai Aberystwyth – yn wyneb cystadleuaeth o du Caerdydd – fyddai cartref y sefydliad newydd. Roedd y rhodd hael hon yn cynnig sylfaen ar gyfer adeiladu casgliadau'r egin-lyfrgell yn y dyfodol, gan ei bod yn cynnwys llawer o gyhoeddiadau prin, nid yn unig *Yny lhyvyr hwn* ond llawysgrifau Hengwrt–Peniarth hefyd.

Roedd cysylltiadau cryf eraill rhwng y Brifysgol a sefydlu'r llyfrgell newydd. Yn 1873, roedd y Brifysgol wedi sefydlu pwyllgor i hyrwyddo llyfrgell genedlaethol i Gymru. Fel Syr John, trosglwyddodd hi lawer o'r llyfrau a'r llawysgrifau Cymraeg yr oedd wedi'u casglu dros y blynyddoedd i'r Llyfrgell Genedlaethol newydd. At hynny, roedd Syr John yn gymwynaswr hynod hael i'r Llyfrgell a'r Brifysgol, ac yn Llywydd ar y ddau sefydliad. Yn fwy annisgwyl, efallai, nododd siarter sefydlu'r Llyfrgell Genedlaethol y byddai casgliad Syr John yn cael ei drosglwyddo i'r Brifysgol pe bai'n cael ei symud o Aberystwyth, a hynny'n cynnwys yr unig gopi o'r llyfr Cymraeg cyntaf i'w gyhoeddi.

Paul O'Leary

Most people would expect to find, within the collections of the National Library of Wales, a copy of the first Welsh-language book ever printed. Published in 1546, this book by Sir John Prys has no proper title. It is known simply by its opening words, *Yny lhyvyr hwnn* (in this book), and there is only one known copy in existence. The fact that it can be found at Aberystwyth is entirely due to the enthusiasm and generosity of one person, Sir John Williams. Although a doctor by profession (and former physician to Queen Victoria), he developed an enthusiasm for collecting books and manuscripts on a large scale, motivated in no small measure by the campaign to set up a national library of Wales in Aberystwyth. He eventually accumulated around 26,300 volumes, which he presented to the new library in 1909 after Aberystwyth – in the face of competition from Cardiff – had been confirmed as the home of the new institution. This generous gift provided a base on which the fledgling library could build its future collections, and included many rare publications, not only *Yny lhyvyr hwnn* but also the Hengwrt–Peniarth manuscripts.

There were other strong links between the University and the foundation of the new library. The University had set up a committee in 1873 to promote a 'national Welsh library' and, like Sir John, transferred many of the Welsh books and manuscripts it had collected over the years to the National Library. Furthermore, Sir John was a generous benefactor (and President) of both the Library and the University. More surprisingly, perhaps, the National Library's founding charter stated that if it were moved from Aberystwyth, Sir John's collection would be transferred to the University, and along with it, the only copy of the first Welsh book published.

Paul O'Leary

Dyddiedig 1546, *Yny lhyvyr hwnn* oedd y llyfr cynharaf i gael ei argraffu yn yr iaith Gymraeg. Trwy ganiatâd Llyfrgell Genedlaethol Cymru.

Dated 1546, *Yny lhyvyr hwnn* is the earliest book to be printed in the Welsh language. By permission of The National Library of Wales.

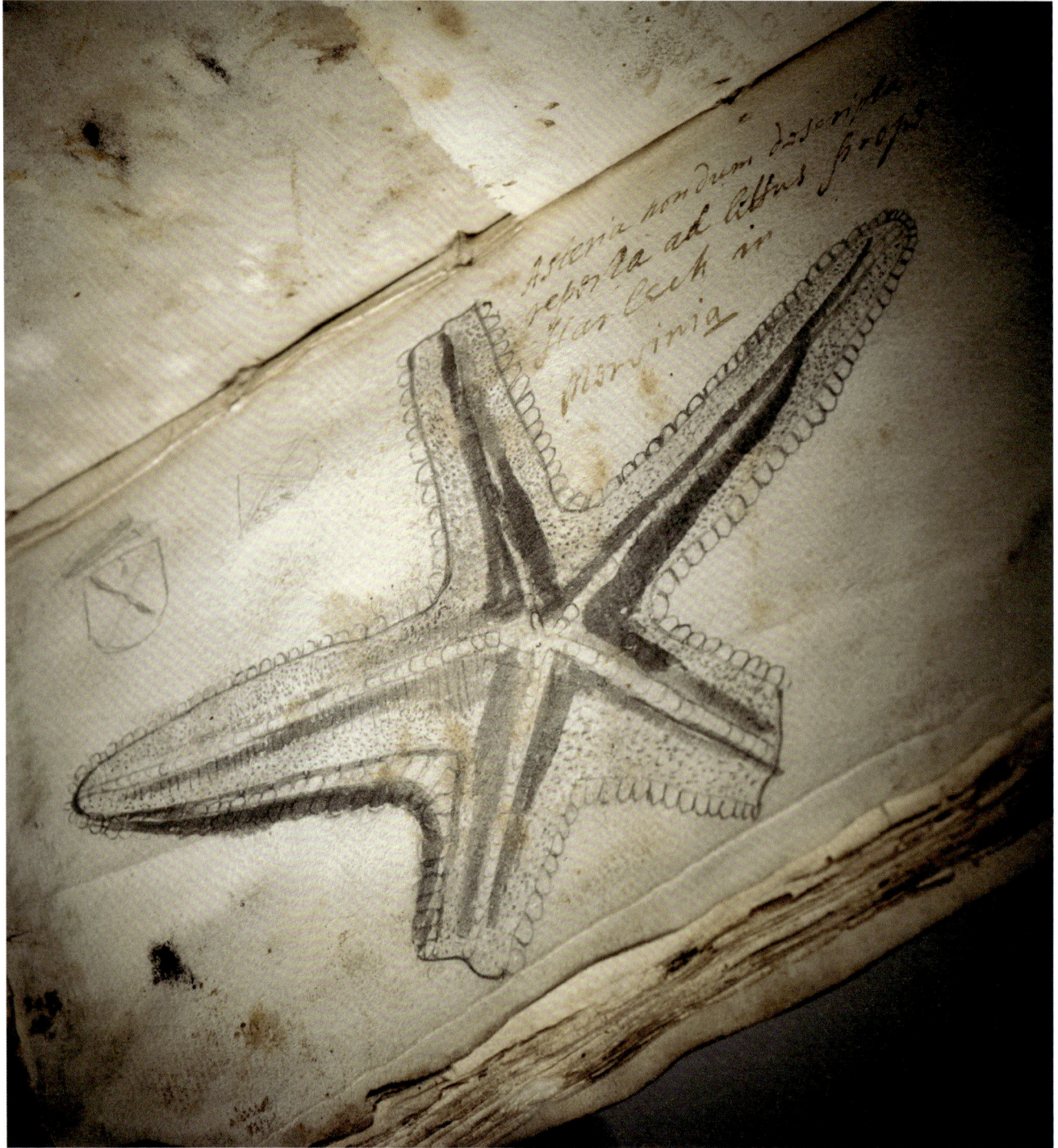

Braslun pensel o seren fôr ar draeth
Harlech gan y naturiaethwr Edward
Lhuyd (1660–1709). Trwy ganiatâd
Llyfrgell Genedlaethol Cymru.

Pencil sketch of a starfish on
Harlech beach by naturalist Edward
Lluyd (1660–1709). By permission
of The National Library of Wales.

Dinas a osodir ar fryn, ni ellir ei chuddio
Mathew 5:14

Dyna'r geiriau sy'n dod i fi, yn ddi-ffael, wrth nesáu at y Llyfrgell Genedlaethol. Byddaf yn meddwl weithiau am yr holl gymeriadau sy'n rhannu'r gofod yn y lle hwn. Y staff, yr ymwelwyr a'r ymchwilwyr sy'n mynd o gwmpas eu pethau o ddydd i ddydd, a'r miliynau o ysbrydion eraill sy'n llechu'n dawel ar hyd silffoedd ac yn y staciau... yn aros yn amyneddgar hyd nes y daw eu tro nhw i ddod allan a rhannu eu straeon.

I'r llyfrgell hon yr arferwn ddod i weithio pan o'n i'n fyfyrwraig israddedig. Anaml y gwelwn fyfyrwyr gwyddonol eraill yn defnyddio'r lle, ond wrth edrych drwy'r catalog a'r cyfrolau ar y silffoedd agored fe sylweddolais yn gyflym fod y Llyfrgell Genedlaethol yn drysorfa i bawb. A byth oddi ar hynny dwi wedi dychwelyd, dro ar ôl tro, i sbrotian trwy'r casgliadau amrywiol.

A finnau bellach nôl ym Mhrifysgol Aberystwyth, mae'n amhosib rhoi'r gorau i ymchwilio a chwilmanta. Anodd yw cyfleu mewn geiriau yr hwyl o ddilyn gwahanol drywyddau, y cynnwrf wrth agor ambell focs neu gyfrol am y tro cyntaf, a'r wefr y mae rhywun yn ei chael wrth weld a chyffwrdd ambell eitem o'r archif.

Heriol yw'r ymchwil ar brydiau. Pytiog a bylchog yw natur archifau, ar y cyfan. Ond pe na bawn i wedi treulio oriau yn y Llyfrgell Genedlaethol dros y tair blynedd diwethaf, fyddwn i ddim wedi cael y fraint o ddal llyfr nodiadau maes Edward Lhuyd yn fy llaw a gweld ei lun pensel o seren fôr ar draeth Harlech, na darllen rhestr Iolo Morganwg o bysgod Afon Ogwr yn ei lawysgrifen ei hun, na gwirioni ar y ffordd yr ychwanegodd Lewis Morris ei wybodaeth leol-ecolegol ei hun at gyfrol swmpus Francis Willoughby, *De Historia Piscium*.

Eiliadau o gyfaredd. Profiadau bach sy'n cyfoethogi bywyd. Ac mae'r lle yn llawn rhyfeddodau fel hyn.

Elinor Gwynn

Testun ® Elinor Gwynn

When I look at the National Library of Wales I sometimes imagine it as a house of cards. Riddled with cavities and corridors, held up by walls of papery things but encased in a pale grey exoskeleton that gives the place an air of solidity. Inside the building, I think of all the ghostly presences that share the space with staff, researchers and visitors. How they sit quietly along the stacks and shelves, like occupants in tenement blocks, waiting their turn to be called out to share their stories and the spectral traces of their DNA.

As an Aberystwyth undergraduate, it was my favourite place to work. I rarely saw other science students there but I quickly realised, through browsing the catalogue and the open shelves during break times, that the National Library is a treasure trove for everyone. Since then I have returned time and time again to rifle through its diverse collections.

Based once again at Aberystwyth University, the rummaging and research goes on. There's something addictive about it. It's almost impossible to describe in words the excitement of the chase, the anticipation of opening a rare book or manuscript for the first time, or the breathtaking thrill of seeing a beautifully detailed, hand-painted map emerging from the archive.

Researching can often be frustrating and challenging. Archives, by their nature, tend to be patchy and piecemeal. But had I not spent hours in the National Library over the past three years, I probably would never have held Edward Lhuyd's vellum-bound field notebook and seen his pencil sketch of the Harlech starfish. Nor is it likely that I would have read Iolo Morganwg's handwritten list of fish in the Ogmore river, or discovered the extent to which Lewis Morris annotated Francis Willoughby's *De Historia Piscium* with his own local ecological knowledge of the Welsh coast.

Moments of enchantment. Small experiences that enrich life. And the place is full of them, waiting to be unlocked.

Elinor Gwynn

Text © Elinor Gwynn

Graffiti ar ddesg
bren yn yr Hen Goleg.

Graffiti on a wooden
desktop in the Old College.

Graffiti'r Hen Goleg

69

Old College Graffiti

Oes gynhyrchiol ddilolian – yw hi fyth,
    A'i graddfeydd a'i harian
    Ddydd i ddydd yn ddiwahân
    Yn edliw inni ddwdlan.

Rho i fi awr i fwyara – am bob un
    Drom, bell mewn darlithfa;
    Am awr o ddysg am radd dda,
    Oes, mae awr i swmera.

A'i graen hoff fel sgrin iPhone – rhyw oes bell
    Mewn gwers bŵl, ailanfon
    DM inni fod manion
    Segura o les mae'r sgrôl hon.

Eurig Salisbury

Testun ℗ Eurig Salisbury

An age of endless producing – no dawdling,
    The talk is of money and grading
    Every day, never-ending,
    Reproaching us for doodling.

Give me an hour's blackberrying – for each
    Heavy hour of lecturing;
    For every hour spent learning,
    There's an hour for dilly-dallying.

Like an iPhone screen shining – in the dark
    From the past, this scrawling
    Is a DM resent, reminding
    Of the benefits of idling.

Eurig Salisbury

Text © Eurig Salisbury
Translated by Arwel 'Pod' Roberts

70

Cyffro Tinc y Metel: Cicio'r Bar

Diwrnod o haf ac mae hi'n cerdded i lawr y bryn i'r prom. Ar y dde mae eithin y môr yn felyn llachar; ar y chwith mae'r meinciau yn llawn twristiaid gyda'u cŵn, camerâu, pecynnau sgod-a-sglods. Mae'r gwylanod yma hefyd, wrth gwrs, yn gwylio. Mae hi wedi treulio'r bore yn pacio ei heiddo, oherwydd ei bod yn gadael Aberystwyth i astudio rhywle arall. Heddiw bydd hi'n cicio'r bar am y tro olaf. Yna bydd hi'n gadael i fynd i Lundain. Ac i wledydd eraill, ymhell i ffwrdd.

Nid yw fy mam yn gwybod y daw hi'n ôl gyda'i merch flynyddoedd yn ddiweddarach. Rydw i yn fy arddegau hwyr, gydag wyneb crwn a chôt siop elusen lliw leim nad yw'n ffitio'n iawn. Rydyn ni'n cerdded ar hyd y prom, y gwynt yn ein gwthio tuag at ymyl y palmant. 'Rhaid i ti gicio'r bar,' meddai. 'Fel *hyn*.' Mae'r arwydd yn rhoi gwybod mai cleifion TB gychwynnodd y traddodiad, wrth fynd am dro ar y prom yn y bedwaredd ganrif ar bymtheg. Neu ddynion ifanc oedd yn ceisio cael sylw myfyrwyr benywaidd yn y neuadd breswyl gerllaw, efallai. Rydyn ni'n cicio'r bar, â'i baent yn plisgo, derbyn cyffro tinc y metel, ac yn teimlo boddhad o gyflawni gweithred mor fach.

Aiff degawd arall heibio. Rwy'n dychwelyd gyda babi wedi'i glymu i'm brest, yn wynebu ymlaen, ei choesau bach yn chwyrlïo fel melin wynt. Mae fy ngŵr yn gwneud ei hen jôc ar ôl rhoi cic i'r bar: 'Oes unrhyw ferched yma i fi greu argraff arnyn nhw?' gofynna, gan droi ac agor ei lygaid led y pen mewn ffug syndod. 'Dyma nhw!' Mae'n cusanu'r un fach, a gyda'n gilydd rydym yn symud ei throed fach i gyffwrdd metel oer y bar ac edrych dros y cildraeth cudd, lle mae myfyrwyr yn yfed o amgylch eu tanau bach. Rydyn ni'n gwylio wrth i un o'u plith matryd a cherdded i'r môr yn ei dillad isaf, cyn plymio i ganol y tonnau rhynllyd.

Eluned Gramich

The Thrill of the Metal Ring: Kicking the Bar

It's summer and she's walking down the short length of hill to the promenade. The sea gorse on her right is bright yellow; the benches to her left are populated by tourists with dogs, cameras, fish-and-chip parcels. The seagulls are here too, of course, watching. She has spent the morning packing her belongings because she's leaving Aberystwyth to study elsewhere. Today she will kick the bar for the last time. Then she will leave for London. And to other countries, far away.

My mother doesn't know that, years later, she'll come back here with her daughter. I'm in my late teens, with a round face and a lime-green charity shop coat that doesn't do up. We walk the promenade, the wind buffeting us towards the edges of the pavement. 'You have to kick the bar,' she tells me. 'Like *this*.' The sign informs us that the tradition arose from TB patients, taking the air in the nineteenth century. Or from young men trying to get the attention of female students in the women's halls of residence nearby, perhaps. We kick the bar, the chipped paint, experience the thrill of the metal ring and swell of accomplishment for so small an act.

Another decade passes. I return with a baby strapped to my chest, facing forwards, her little legs windmilling the air. My husband makes his old joke after giving the bar a kick: 'Are there any ladies here to impress?' he asks, turning round and widening his eyes in faux surprise. 'There they are!' He kisses the little one, and together we touch her small stockinged foot against the cold metal and look over the coved end of the beach, where students drink around makeshift campfires. We watch as one of their number takes off her clothes and wades into the Irish Sea in nothing but her underwear, diving headfirst into the icy waves.

Eluned Gramich

Mae'r traddodiad o gicio'r bar ar ben draw'r prom y tu allan i Neuadd Alexandra yn dyddio'n ôl i ddiwedd y bedwaredd ganrif ar bymtheg, ac mae'n parhau hyd heddiw.

The tradition of kicking the bar at the end of the prom outside Alexandra Hall goes back to the late nineteenth century and continues to this day.

71

Ymwybyddiaeth Ofalgar Aber: Cicio'r Bar

■ Mae'r awyr yn fwyn a'r môr glas yn garped o geffylau gwynion. Rydw i yma o'r diwedd. Yn Aber – ac mae popeth yn bosibl. Rwy'n cerdded ar hyd y prom ac yn gweld ôl traed y myfyrwyr ar y bariau gwyn yng nghysgod Consti. Codaf fy nhroed a chicio a'm dychmygu fy hun yn rhan o'r rhes hirfaith o fyfyrwyr fu'n gwneud hyn dros y blynyddoedd. Oedden nhw fel finne wedi syrthio mewn cariad gyda blas yr halen ar y gwynt, a chyda'r haul yn machlud yn belen goch dros fryniau Eryri ar ddiwrnodau clir o aeaf?

Bûm yn byw yn Heol y Wig am ddwy flynedd a dydw i ddim yn meddwl i mi fynd un diwrnod heb gicio'r bar. 'Edrychwch ar y môr pan fydd angen ysbrydoliaeth,' oedd cyngor gwych y diweddar Emily Davies. Y daith i gicio'r bar felly yn creu gofod tangnefeddus, yn lle i enaid gael llonydd ac i fyfyrwraig ifanc roi trefn ar ei theimladau.

Yn Aber y cefais y cyfle cyntaf yn fy mywyd i fod yn fi. I fagu annibyniaeth, i feddwi ar ddadlau a chyfeddach yn ogystal â lager top. Ac roedd y wâc ddyddiol yn rhan elfennol o'r cyfnod yma – roedd 'ymwybyddiaeth ofalgar' (mindfulness) yn brofiad go iawn i ni fyfyrwyr drama Aber ymhell cyn i bobol sgrifennu llyfrau amdani.

Mae'n llonni fy nghalon fod yr arfer yn parhau. Erbyn hyn rwy'n ychwanegu rhyw ddyheuad ofergoelus wrth fyfyrio – y caf i ddychwelyd i Aber unwaith eto ac ymgolli yn y môr a'r olygfa lesmeiriol.

Sioned Wiliam

Aber Mindfulness: Kicking the Bar

■ The air is mild and the blue sea is a carpet of white horses. I'm finally here. In Aber – and everything is possible. I walk along the prom and see and see the scuffmarks on the white bars in the shadow of Consti. I raise my foot and kick, imagining myself as one in the long line of students who have done exactly the same over the years. Had they, like me, fallen in love with the salty tang of the air, and with the sun setting in a red fireball over the peaks of Snowdonia on a clear winter's day?

I lived on Pier Street for two years, and I don't think a day went by without me kicking the bar. 'When you need inspiration, look at the sea.' That was the splendid advice of the late Emily Davies. So it was that the journey to kick the bar created a tranquil space, solace for the soul, and time for a young student to sort out her feelings.

Living in Aber gave me my first opportunity to be myself. To become independent, to get drunk on debate and revelry as well as lager top. And the daily 'constitutional' was an integral part of this period – mindfulness was a real experience for us Aber drama students long before people wrote books about it.

It fills me with joy that the tradition continues. Nowadays, I throw in some sort of superstitious aspiration as I reminisce – that I can return to Aber once again and lose myself in the sea and the mesmerising scenery.

Sioned Wiliam

Y rheiliau ar ben draw'r prom gyferbyn â Neuadd Alexandra lle mae myfyrwyr, pobl leol ac ymwelwyr yn draddodiadol yn 'cicio'r bar'.

The railings at the end of the prom opposite Alexandra Hall where students, locals and visitors traditionally 'kick the bar'.

Drudwy yn heidio, cyn clwydo ar y pier yn Aberystwyth.

Murmuration of starlings about to roost on Aberystwyth pier.

Fin nos, â heddiw'n ceulo
o gylch godrau llechog Craig-glais,
Mae'r fwyalchen unig, ben-foreuol
yn canu'r gân olaf o'r llwyn,
a'r fagddu'n cilio.

Ei sŵn yn diferu'n nodau dulas
drwy'r awyr fain,
ac yn glynu'n sownd at ein cefnau
wrth gylchu gewin o draeth.

Uwch ein pennau
mae haid o ddrudwns diwedd-gaeaf yn gogri'r manlaw
drwy fil o dyllau hedegog yn y cymylau llwydion
a'i dywallt i'r düwch tu draw.

Ac mae fory'n ddiwrnod newydd.

A creeping dusk.
Fading daylight
gathering, whispering
among the slate-black folds
of Craig-glais.*

A solitary, break-of-dawn blackbird
pours its final cadence
into the thickening shadows:
a tumble of notes at our backs
as we follow a crescent beach
against a biting wind.

Above our heads
the cloud of late-winter starlings sift the day's drizzle
through a thousand perforations in a greying sky,
into the darkness that lies beyond.

And tomorrow is a new day.

Un o gyfres o gerddi, dan y teitl 'Llwybrau', a enillodd goron i Elinor Gwynn yn Eisteddfod Genedlaethol y Fenni yn 2016. Fel cyfanwaith mae'r cerddi'n ymdrin â'r profiad o fyw drwy gyfnod o alaru dwys. Mae pob cerdd yn tynnu ar ddylanwadau ac arwyddocâd lleoliadau gwahanol. Ac fel y mae'r cerddi'n symud o le i le, yn plethu llwybrau'r meddwl â thirweddau cyfarwydd, cofnodir siwrne bersonol y bardd a'i pherthynas â galar ei hun – sy'n gydymaith heriol ar hyd y daith, nes i'r cwlwm ddatod yn y gerdd olaf 'Gaeaf yn Ninas Mawddwy'. 'Crwydro'r Prom', gyda'i thinc ysgafnach a mwy gobeithiol, yw'r gerdd olaf ond un yn y gyfres.

Elinor Gwynn

An adaptation of one of a series of poems on the theme 'Llwybrau' (Paths) that won the crown for Elinor Gwynn at the 2016 Abergavenny National Eisteddfod. The series, as a whole, deals with the experience of living through a period of intense grieving. Each individual poem draws on the influence and significance of different locations. And as the poems move from place to place, interweaving paths through the mind and through familiar landscapes, the poet records her personal journey and her entangled relationship with grief – a challenging companion along the way until the knot loosens in the final poem 'Gaeaf yn Ninas Mawddwy' (Winter in Dinas Mawddwy). 'Crwydro'r Prom' (Walking the Prom) is the penultimate poem in the series.

Elinor Gwynn

◼ Roedd y wig hon yn perthyn i TA Levi, deiliad cyntaf swyddi Athro y Gyfraith a Phennaeth Adran y Gyfraith yn Aberystwyth. Roedd Levi, ac yntau yn ddim ond saith ar hugain oed, yn ddewis ysbrydoledig i arwain yr Adran newydd pan gafodd ei chreu yn 1901. Cyrhaeddodd gyda chefndir academaidd eithriadol, wedi derbyn ei addysg yn ysgol a phrifysgol y dref cyn astudio'r gyfraith yn Rhydychen a phasio arholiad terfynol y Bar. Roedd 'Tommy' yn athro carismatig ac yn siaradwr grymus, ac ymunwyd ag ef yn yr Adran newydd gan ysgolhaig rhagorol arall, W Jethro Brown. Croesawodd yr Adran ddeg myfyriwr yn ei blwyddyn gyntaf.

Mae'n hawdd anghofio am newydd-deb y cynllun hwn. Am ganrifoedd nid oedd cyfraith Cymru a Lloegr wedi ei hystyried fel pwnc ar gyfer astudiaeth academaidd. Roedd bargyfreithwyr yn astudio eu cyfraith yn Ysbytai'r Brawdlys, a chyfreithwyr trwy brofiad mewn practis wrth draed rhai mwy profiadol na hwy. Roedd Aberystwyth nid yn unig yn gartref i Ysgol Gyfraith gyntaf Cymru, ond roedd yn un o'r rhai cyntaf o fewn yr awdurdodaeth, gan ymuno â Rhydychen a Chaergrawnt a llond llaw o'r dinasoedd mwyaf.

Roedd y blynyddoedd cynnar yn anodd, gan i'r Adran wynebu problemau cyllido a staffio. Roedd tipyn o fwrw sen hefyd, ar ba mor 'ddiarffordd' oedd y sefydliad a hyd yn oed ar statws y gyfraith fel disgyblaeth academaidd o'r iawn ryw. Mae wig Levi, felly, yn symbol o'r undod lletchwith ar brydiau rhwng gofynion academaidd a phroffesiynol addysg gyfreithiol.

Bu Levi yn Bennaeth yr Adran tan 1940, pan olynwyd ef gan ei gynfyfyriwr DJ Llewelfryn Davies, a olynwyd yn ei dro, yn 1970, gan un arall a barhaodd yn ei swydd am gyfnod hir, JA Andrews. Cafodd yr ymdeimlad hwn o ddilyniant ei amlygu nid yn unig yn y personél ond yn yr ethos. Mae llawer wedi newid ers 1901, ond mae gweledigaeth Levi o addysg ysgolheigaidd ryddfrydol mewn awyrgylch braf yn parhau.

Richard Ireland

◼ This wig belonged to TA Levi, the first Professor of Law and Head of the Law Department at Aberystwyth. Levi, at the age of twenty-seven, was an inspired choice to lead the new Department on its creation in 1901. He came with an outstanding academic record, having been educated at both school and the university in the town before studying law at Oxford and passing his Bar Finals exam. 'Tommy' was a charismatic teacher and a powerful speaker, and he was joined in the new Department by another outstanding scholar, W Jethro Brown. The Department welcomed ten students in its first year.

The novelty of this project is easy to overlook. The law of England and Wales had for centuries not been considered a subject for academic study. Barristers learned their law at the Inns of Court, solicitors through experience in practice with their seniors. Aberystwyth was not only the home of the first Law School in Wales, but one of the first within the jurisdiction, joining Oxford, Cambridge and a handful of the larger cities.

The early years were difficult, as the Department faced funding and staffing problems. There was some sniping too, at the 'remoteness' of the institution and even at the status of law as a proper academic discipline. Levi's wig, then, symbolises the sometimes awkward union of the academic and professional demands of legal education.

Levi remained Head of Department until 1940, when he was succeeded by his former student DJ Llewelfryn Davies, who was in turn succeeded in 1970 by another long-term holder of that position, JA Andrews. This sense of continuity, as the Department developed into a position of national and international prominence over the century, was witnessed not simply in personnel but in ethos. Much has changed since 1901, but Levi's vision of a scholarly liberal education in a congenial atmosphere endured.

Richard Ireland

Wig blew ceffyl a bocs wig, gydag enw 'TA Levi Esqre' mewn llythrennau aur ar y caead crwm. Fe'u prynwyd yn 'Ede & Son, Robemakers to Her Majesty, 93 & 94 Chancery Lane, London', tua 1900.

Horse hair wig with wig box lettered in gold, 'TA Levi Esqre' on the domed lid. Purchased at Ede & Son, Robemakers to Her Majesty, 93 & 94 Chancery Lane, London, circa 1900.

Gynt yn rhan o gasgliad y
nofelydd William Beckford,
roedd 'Banditti ar Lan Afon'
gan Salvator Rosa (1615–1673)
yn rhan o gymynrodd Syr John
Williams yn 1926.

Formerly in the collection
of novelist William Beckford,
'Banditti on the Bank of a River'
by Salvator Rosa (1615–1673)
was part of Sir John Williams'
bequest in 1926.

74

Cyhoeddwyd sefydlu Cadair Hanes Cymru Syr John Williams yn *The Times* ym mis Hydref 1927. Roedd y Gadair wedi ei gwaddoli yn ewyllys Syr John, a'r cyntaf i'w dal oedd EA Lewis, a benodwyd yn 1931. Gwnaeth Lewis gyfraniadau pwysig i hanes dinesig ac economaidd yr Oesoedd Canol, gan ddadlau bod y Goresgyniad Normanaidd wedi bod yn economaidd fuddiol i Gymru.

Syndod, efallai, yw deall fod yna gyffelybrwydd rhwng testun y paentiad o'r ail ganrif ar bymtheg a roddwyd i'r Brifysgol gan Syr John Williams ac ymchwil ail ddeiliad Cadair Hanes Cymru. Mae 'Banditti ar Lan Afon' yn cael ei briodoli i'r arlunydd Eidalaidd Salvator Rosa (1615–1673). Er ei fod yn portreadu amser a lle gwahanol, mae adlais o'r paentiad yn nhestun llyfr arloesol David Williams ar Helyntion Beca, a gyhoeddwyd yn 1955. Torrodd yr astudiaeth honno dir newydd trwy ddod â grwpiau a oedd cyn hynny ar y cyrion – terfysgwyr, neu *banditti* fel y gelwid hwy weithiau – i mewn i brif ffrwd gorffennol y wlad. Dangosodd sut y gellid defnyddio gweithredoedd pobl i daflu goleuni ar nodweddion dyfnach a lletach y gymdeithas roeddent yn byw ynddi.

Mae deiliaid dilynol y Gadair wedi gwneud cyfraniadau arloesol mewn cyfnodau gwahanol ac i amrywiol agweddau ar hanes. Yn eu plith mae llyfr arobryn J Beverley Smith ar Llywelyn ap Gruffudd, ein llyw olaf; ymchwiliadau treiddgar Ieuan Gwynedd Jones i ddynameg gymdeithasol a diwylliannol Cymru oes Fictoria; a gwaith ymchwil dadlennol Aled Gruffydd Jones i newyddiaduraeth, ymerodraeth a chenhadon y bedwaredd ganrif ar bymtheg. Mae pob un wedi ehangu ein gwybodaeth am y gorffennol ond hefyd wedi newid y ffrâm yr edrychwn ar agweddau allweddol ar y gorffennol trwyddi. Maent wedi gwneud hyn mewn cyd-destun cefnogol lle mae cydweithwyr wedi gwneud cyfraniadau sy'n llawn mor wreiddiol. Yn y cyswllt hwn, mae Cadair Hanes Cymru Syr John Williams wedi rhoi ffocws i ymdrechion unigol yn ogystal ag ymdrechion cyfunol.

Paul O'Leary

The establishment of the Sir John Williams Chair of Welsh History at Aberystwyth was announced in *The Times* in October 1927. The Chair had been endowed in Sir John's will, and the first holder, EA Lewis, was appointed in 1931. Lewis made important contributions to medieval urban and economic history, arguing that the Norman Conquest had been beneficial to Wales in economic terms.

Surprisingly, perhaps, there is a parallel between the subject matter of a seventeenth-century painting donated to the University by Sir John Williams and the research of the second holder of the Chair in Welsh history. 'Banditti on the Bank of a River' is attributed to the Italian painter Salvator Rosa (1615–1673). Although it depicts a different time and place, there is an echo of the painting in the subject of David Williams' path-breaking book on the Rebecca Riots, published in 1955. This study broke new ground by bringing previously marginalised groups – rioters, or banditti as they were sometimes described – into the mainstream of the country's past. It showed how the actions of such people could be used to illuminate deeper and broader features of the society in which they lived.

Subsequent holders of the Chair have made seminal contributions in different periods and among a variety of facets of history. These have included J Beverley Smith's prize-winning book on Llywelyn ap Gruffudd, the last native Prince of Wales; Ieuan Gwynedd Jones' incisive explorations of the social and cultural dynamics of Victorian Wales; and Aled Gruffydd Jones' revealing research on nineteenth-century journalism, empire and missionaries. Each has expanded our knowledge of the past but has also changed the frame through which we view key aspects of it. They have done so in a supportive context where colleagues working in the field have made equally original contributions. In this respect, the Sir John Williams Chair in Welsh History has provided a focus for both individual and collective endeavours.

Paul O'Leary

Modelau Mathemateg

75

Mathematical Models

Mae gan yr Adran Fathemateg hanes hir o addysgu ac ymchwil ym maes Geometreg. Ers dechrau'r ugeinfed ganrif, mae modelau geometrig wedi chwarae rhan allweddol yn y gwaith o addysgu israddedigion, gan ddarparu arweiniad gweledol i'r hyn a allai swnio'n reit astrus fel arall. Mae'n debyg i'r rhain gael eu prynu oddi wrth y cwmni Almaenaidd Schilling oddeutu dechrau'r ganrif, ac mae'r labeli'n dal i fod yn yr Almaeneg wreiddiol; mae gennym gasgliad o bron ugain o fodelau plastr, o sfferau wedi'u harysgrifo â llinellau geodesig amrywiol i 'uniad o elipsoid a hyperboloidau cydffocal un a dwy ddalen'.

Un o'r geometryddion mwyaf blaenllaw i weithio yn yr Adran oedd Dorothy Meyler, a ddaeth i Aberystwyth gyntaf fel myfyrwraig yn 1925. Rhoddodd y gorau i'w hastudiaethau PhD yng Nghaergrawnt er mwyn dychwelyd i Aberystwyth fel darlithydd ac yma y bu. Roedd Meyler yn gweithio ym maes geometreg algebraidd, er enghraifft ar y 'Dwbl Chwech', ffurfweddiad o dri deg pwynt a deuddeg llinell mewn tri dimensiwn. Yn dilyn cyfnodau fel Pennaeth Dros Dro yr Adran Mathemateg Bur, mae'n bosibl ei bod yn fwy adnabyddus fel y fenyw gyntaf i'w phenodi'n Bennaeth Adran Mathemateg yn y DU. Gallwn dybio iddi ddefnyddio'r modelau yn ei haddysgu, ac mewn llith goffa iddi mae Alun Morris (un arall o gynbenaethiaid yr Adran) yn nodi bod myfyrwyr yn ei pharchu'n ddirfawr ac yn unfryd wrth ganmol ei gallu fel athrawes.

Nid yw'r modelau'n cael eu defnyddio mwyach, o bosibl yn sgil cyflwyno taflunyddion i ystafelloedd addysgu, ac mae'n wir hefyd fod llawer llai o geometreg yn y cwricwlwm bellach. Mae mwy o bwyslais ar ddisgyblaethau fel cyfrifiadura rhifiadol, y tybir eu bod yn llawer mwy buddiol o ran helpu myfyrwyr i gael gwaith. Ceir elfennau o feddwl geometrig o hyd mewn gwaith ymchwil a gynhelir gan aelodau'r Adran, er enghraifft mewn haenau sebon fel cynrychioliadau o arwynebau minimol ac wrth ddisgrifio'r dulliau gorau posibl o bacio sfferau.

Gyda diolch i'r Athro Vass Mavron a Dr Colin Fletcher.

Simon Cox

The Department of Mathematics has a long history of teaching and research in Geometry. Since the early twentieth century, geometric models have been key to the teaching of undergraduates, providing visual cues to what might otherwise sound quite abstruse. These were probably bought from the German company Schilling around the start of the century, and the labels are still in the original German; we have a collection of almost twenty plaster models, from spheres inscribed with various geodesics to the 'union of an ellipsoid with confocal hyperboloids of one and two sheets'.

One of the most celebrated geometers working in the Department was Dorothy Meyler, who first came to Aberystwyth as a student in 1925. She cut short her PhD studies at Cambridge to return as a lecturer, and never left. Meyler worked in algebriac geometry, for example on the 'Double Six', a configuration of thirty points and twelve lines in three dimensions. She is perhaps better known, following spells as acting Head of Department of Pure Mathematics, as the first female Head of a Mathematics Department in the UK. We can presume that she used the models in her teaching, and Alun Morris (another former Head of Department) writes in her obituary that 'students truly respected her [and] were uniform in their praise of her ability as a teacher'.

Perhaps following the advent of projectors in teaching rooms, the models are no longer used, and indeed there is much less geometry in the curriculum now. There is more emphasis on disciplines including numerical computing, deemed to be of much more use in helping students into gainful employment. Elements of geometric thinking remain in research carried out by members of the Department, for example in soap films as representations of minimal surfaces and in describing optimal sphere packings.

With thanks to Prof Vass Mavron and Dr Colin Fletcher.

Simon Cox

Defnyddid y modelau plastr geometrig hyn, a luniwyd yn yr Almaen ar ddechrau'r ugeinfed ganrif, ar gyfer addysgu yn yr Adran Fathemateg am ddegawdau lawer. Yma hefyd gwelir model 3D 'Dwbl Chwech' a gyflwynwyd gan fyfyrwyr i'r darlithydd Dorothy Meyler.

These German-made geometric plaster models dating from the early twentieth century were used for teaching in the Department of Mathematics for many decades. Also shown here is a 3D 'Double Six' model presented by students to lecturer Dorothy Meyler.

Ar ddiwrnod agoriad y Coleg, ym mis Hydref 1872, un o'r ddau athro a oedd yn cadw cwmni i'r Prifathro oedd Horatio Nelson Grimley, Athro Mathemateg, Athroniaeth Naturiol a Seryddiaeth. Mae Mathemateg yn dal i gael ei haddysgu yma yn Aberystwyth hyd heddiw.

Fel y nodir yn yr ysgrif am hanes y pwnc yn Aberystwyth, *Mathematics by the Sea*, ni fu Grimley yma'n hir. Gadawodd yn 1879, a llanwyd y bwlch gan un arall o Gaergrawnt, RW Genese, a fyddai'n aros am ddeugain mlynedd. Yn ystod blynyddoedd cynnar ei gyfnod yn Aberystwyth – tua throad y ganrif efallai – y prynwyd y teipiadur yn y llun. Hammond cynnar ydyw, nodedig o ran ei fecanwaith arloesol, ac yn werth dipyn erbyn hyn. Noder y llythrennau Groegaidd ar y bysellfwrdd, sy'n hanfodol ar gyfer ysgrifen fathemategol ddifrifol.

Gyda chymaint o'n hanes wedi'i golli, mae'n rhyfeddol bod y teipiadur yma o hyd, yng nghyntedd adeilad y Gwyddorau Ffisegol. Er na fu ar waith ers blynyddoedd lawer, tan yn ddiweddar roedd yn cael ei gadw yn ei gist bren arbennig yn swyddfa Pennaeth yr Adran Mathemateg Bur, yn gyfarwydd i staff a myfyrwyr, yn ogystal â bod yn destun sylw ymwelwyr academaidd. Pan symudwyd i gampws Penglais, Barry Pennington oedd wrth y llyw; mae Alun Morris, a fyddai wrth y llyw ei hun yn ddiweddarach, yn cofio Pennington yn dod â'r teipiadur – gyda rhywfaint o seremoni o bosib – o uchelfannau'r Hen Goleg i gartref newydd yr Adran.

Mae'r teipiadur wedi bod yn dyst i lawer o newidiadau dros y blynyddoedd. Mae Mathemateg wedi bod yn destun cryn ad-drefnu: weithiau – fel nawr – yn un adran, ond weithiau'n cwmpasu adrannau Mathemateg Bur, Mathemateg Gymhwysol, ac Ystadegaeth. Esgorodd yr Adran Gyfrifiadureg ar yr Uned Gyfrifiadurol yn 1966, yr Adran Gyfrifiadureg maes o law, gan o bosib nodi tranc y teipiadur dibynadwy.

Simon Cox

On the day the College opened, in October 1872, one of the two professors accompanying the Principal was Horatio Nelson Grimley, Professor of Mathematics, Natural Philosophy and Astronomy. Mathematics continues to be taught at Aberystwyth University to this day.

As the memoir of the subject at Aberystwyth, *Mathematics by the Sea*, relates, Grimley did not last long. He left in 1879, to be replaced by another Cambridge man, RW Genese, who was to stay for forty years. It was probably during the earlier years of his time in Aberystwyth – perhaps around the turn of the century – that the typewriter pictured was purchased. It is an early Hammond, noted for its innovative mechanism, and now of considerable value. Note the presence of Greek letters on the keyboard, a prerequisite for serious mathematical writing.

It is remarkable that the typewriter is still here, preserved in the foyer of the Physical Sciences building, when so much of our history has been lost. Although it cannot have been used for many years, until recently it sat, within its distinctive wooden case, in the office of the Head of the Department of Pure Mathematics, recognised by both staff and students, as well as being pointed out for the benefit of academic visitors. At the time of the move up to the Penglais campus, Barry Pennington was Head; Alun Morris, later Head of Department himself, remembers Pennington bringing the typewriter – perhaps with some ceremony – from high up in the Old College to the new home of the Department.

The typewriter will have seen many changes over the years. There has certainly been much reorganisation of Mathematics, with periods – such as now – of it being a single department but also others when there were separate departments of Pure Mathematics, Applied Mathematics, and Statistics. The Statistics Department gave rise to the Computer Unit in 1966, soon to become the Department of Computer Science, perhaps marking the demise of the once-trusted typewriter.

Simon Cox

Teipiadur Hammond cynnar gyda bysellfwrdd crwm a detholiad o symbolau mathemategol.

Early Hammond typewriter with a curved keyboard and a selection of mathematical symbols.

Modelau HJ Fleure o Gymru Amrywiol

HJ Fleure's Models of a Diverse Wales

Ers sefydlu Adran Daearyddiaeth ac Anthropoleg yn y Brifysgol yn 1917, mae daearyddwyr yn Aberystwyth wedi bod ar flaen y gad yn yr ymdrechion i ddeall Cymru a'r Cymry.

Un o'r ymdrechion cynharaf i wneud hynny oedd model tirwedd o Gymru, a gynhyrchwyd dan oruchwyliaeth Herbert John Fleure (a fyddai ymhen amser yn dod yn Athro Cadeiriog Daearyddiaeth Gregynog cyntaf Aberystwyth), ac a gwblhawyd yn 1915. Mae'r model yn cynrychioli topograffi Cymru – ei mynyddoedd, ei chymoedd, ei hafonydd a'i harfordir – ac fe'i cynhyrchwyd gan Wallace Whitehouse, gyda chymorth myfyrwyr israddedig y Coleg. Mae'n mesur rhyw dri metr wrth bedwar metr, wedi'i rannu'n dri darn ar wahân, ac mae'n rhoi ymdeimlad pendant o siâp ffisegol Cymru.

Roedd gwaith arall yn cael ei wneud ar y pryd a geisiai wneud synnwyr o gyfansoddiad diwylliannol Cymru. Fleure a oedd yn gyfrifol am Arolwg Anthropolegol Cymru, a gychwynnodd yn 1905. Dros y degawdau nesaf, teithiodd Fleure a'i gydweithwyr i bob cwr o Gymru i fesur nodweddion anthropometrig y Cymry: lliw eu gwallt, lliw eu llygaid, hyd yn oed siâp eu pennau. Hyd yn oed heddiw, mae pobl yng Nghymru yn cofio'r adeg y mesurodd athro o Goleg Prifysgol Cymru Aberystwyth ben eu taid neu nain!

Mae'n werth cofio mai nod Fleure oedd cwestiynu syniadau problemus am hil a oedd yn gyffredin ar y pryd. Yn gyntaf, roedd eisiau dangos bod gan drigolion Cymru gefndir diwylliannol amrywiol. Yn ail, defnyddiodd yr arolwg i ddangos sut y daeth y Gymru gynhanesyddol i fod ar sail masnach a symudiad pobl. Mae gwaith Fleure yn dal i fod yn anhygoel o berthnasol ac yn ysbrydoliaeth hyd heddiw, gan ei fod yn dangos bod Cymru yn wlad yn llawn amrywiaeth erioed, ac yn wlad sydd wedi'i chreu ar sail cysylltiadau a symudiadau pobl a phethau.

Rhys Jones

Ever since the formation of the Department of Geography and Anthropology at the University in 1917, geographers at Aberystwyth have been at the forefront of attempts to understand Wales and the Welsh people.

One of the earliest attempts to do so was the relief model of Wales, produced under the supervision of Herbert John Fleure (the future first Gregynog Chair of Geography at Aberystwyth), and finished in 1915. The model represents the topography of Wales – its mountains, valleys, rivers and coastline – and was made by Wallace Whitehouse, with the help of the College's undergraduate students. It measures some three metres by four metres, subdivided into three separate pieces, and gives a tangible sense of the physical shape of Wales.

Other work during the same period tried to make sense of the cultural make-up of Wales. Fleure was responsible for the Anthropological Survey of Wales, which began in 1905. For the next few decades, Fleure and his co-workers travelled the length and breadth of our country to measure the anthropometric characteristics of the Welsh people: the colour of their hair, the colour of their eyes, even the shape of their heads. Even today, people in Wales recall the time a professor from the University College of Wales, Aberystwyth, measured the head of their taid (grandfather) or nain (grandmother)!

It is worth remembering that Fleure's aim was to question problematic ideas about race prevalent at the time. First, he wanted to show that the inhabitants of Wales had a varied cultural background. Second, he used the survey to show how prehistoric Wales was forged on the basis of trade and the movement of people. Fleure's work is still incredibly pertinent and inspiring, in that it demonstrates that Wales has always been a diverse country, and one that has been created on the basis of connections and the flow of people and things.

Rhys Jones

Ymddangosodd y gwawdlun yma o Herbert John Fleure yn *The Aberdons: Twelve Caricatures* gan Ap Rhobert (Harold Lloyd Roberts) yn 1910.

This caricature of Herbert John Fleure appeared in *The Aberdons: Twelve Caricatures* by Ap Rhobert (Harold Lloyd Roberts) in 1910.

Kathleen Carpenter
(rhes flaen / front row).

Mae'r darn sgleiniog hwn o galena, mwyn sylffid plwm o fwyngloddiau cymoedd Rheidol ac Ystwyth, yn rhan o gasgliadau'r Adran Daearyddiaeth a Gwyddorau Daear.

This lustred fragment of galena, a lead sulfide mineral from the mines of the Rheidol and Ystwyth valleys, is held by the Department of Geography and Earth Sciences.

■ *Yng nghanol y bryniau hynafol eu hunain, mae'r nentydd byrlymus wedi'u difwyno gan wastraff mwynau, olew trin ac asid, a'u llif wedi'i dagu gan bentyrrau o gerrig a rwbel.*

Yr Athro Kathleen Carpenter (1928)

Ers tro byd, mae cyflwr amgylcheddol afonydd Cymru wedi mynd law yn llaw â gweithgareddau mwyngloddio. Datgelodd ymchwil arloesol Kathleen Carpenter i ddŵr croyw yn Aberystwyth yn y 1920au effaith dyfroedd asid o fwyngloddiau ar ecoleg afonydd lleol.

Un ddamcaniaeth oedd bod graean galena (mwyn plwm), mewn daliant yn y dŵr, yn achosi llid y tagellau a allai fod yn angheuol i bysgod. Sefydlodd Kathleen Carpenter gyfres o arbrofion gan ddefnyddio pilcod mewn tanciau labordy gyda haen o raean galena ar eu gwaelodion, a bachwyd cewyll yn llawn pysgod byw i wely Afon Rheidol. Byddai pysgod yn marw yn yr afon ar ôl llif, felly hefyd pan ychwanegwyd llifddwr wedi'i hidlo i danciau'r labordy. Datgelodd archwiliadau post-mortem fod y plwm a oedd wedi'i hydoddi yn y dŵr, wedi arwain at fetelau trymion yn ymgasglu ar ffurf gwaddod coloidaidd yn nhagell y pysgod, gan arwain at farw drwy fygu. Daethpwyd i'r casgliad hefyd nad oedd presenoldeb graean galena mewn afonydd yn anghydnaws â chymunedau creaduriaid amrywiol. Arweiniodd y gwaith ymchwil hwn at sefydlu Pwyllgor Llygredd Afonydd lleol gyda'r nod o geisio datblygu triniaethau cemegol i ymdrin â'r plwm a ddeilliai o'r mwyngloddiau.

Ar ôl cwblhau ei doethuriaeth yn Aberystwyth, ysgrifennodd Kathleen *Life in Inland Waters*, y gwerslyfr cyntaf yn Saesneg ar ecoleg dŵr croyw, a oedd yn cynnwys darluniau a chasgliadau helaeth o afonydd Cymru. Arweiniodd hyn at yrfa ymchwil ac addysgu nodedig yng Ngogledd America, gan gynnwys Coleg Radcliffe a Choleg Washington ym Mae Chesapeake. Cyn yr Ail Ryfel Byd, dychwelodd i Brifysgol Lerpwl, lle bu'n ymchwilio i ddeiet eogiaid ifainc yn Afon Dyfrdwy.

Yn fwy diweddar, datgelodd ymchwil Prifysgol Aberystwyth fod silwair wedi'i halogi o ddalgylch Afon Clarach yn 2012 wedi arwain at farwolaeth gwartheg, a bod aflonyddu ar waddodion metelig yn debygol o gynyddu yn ystod tywydd eithafol sy'n gysylltiedig â newid hinsawdd.

Catherine Duigan

■ *In the very heart of the ancient hills themselves, the rushing brooks run foul with mineral waste and treatment oils and acids, and their flow is choked with heaps of stones and rubble.*

Dr Kathleen Carpenter (1928)

The environmental condition of Welsh rivers has long been entwined with mining activities. Kathleen Carpenter's pioneering freshwater research at Aberystwyth in the 1920s revealed the impact of acid mine waters on the ecology of local rivers.

One theory was that galena (lead mineral) grit, suspended in the water, caused potentially fatal fish gill inflammation. Kathleen Carpenter set up a series of experiments using minnows in laboratory tanks with a bottom layer of galena grit, while cages with live fish were pinned to the Rheidol riverbed. Fish died in the river after a flood, as well as when filtered flood water was added to the laboratory tanks. Post-mortems revealed that the dissolved lead had induced the formation of a colloidal precipitate of heavy metals on the gills, causing death by suffocation. It was also concluded that the presence of galena grit in rivers was not incompatible with diverse faunal communities. This research led to the establishment of a local River Pollution Committee which sought to develop remedial chemical treatments of the lead mine effluents.

After completion of her PhD at Aberystwyth, Kathleen authored *Life in Inland Waters*, the first freshwater ecology textbook in English, which was liberally populated with illustrations and inferences made from Welsh rivers. This led to a distinguished research and teaching career in North America, including Radcliffe College and Washington College in Chesapeake Bay. Before World War Two, she returning to Liverpool University, where she researched the diet of salmon parr in the River Dee.

More recently, Aberystwyth University research revealed that, in 2012, contamination of silage from the Clarach catchment led to cattle mortality, and the remobilisation of metallic sediments is likely to increase during extreme weather events associated with climate change.

Catherine Duigan

Cerdyn post ffotograffig o Labordai Cemegol Edward Davies sydd bellach yn rhestredig Gradd II* (ac yn gartref i'r Ysgol Gelf ers 1994). 1907 yw dyddiad y stamp postio, drannoeth seremoni'r agoriad gan Ganghellor y Trysorlys HH Asquith.

A photographic postcard of the now Grade II* listed Edward Davies Memorial Chemical Laboratories (the School of Art since 1994) postmarked 1907, the day after the opening ceremony performed by Chancellor of the Exchequer HH Asquith.

Erbyn 1900, roedd y Brifysgol wedi tyfu'n rhy fawr i'r Hen Goleg ac yn ceisio ailgartrefu rhai o'i hadrannau. Roedd Cemeg yn ehangu'n gyflym fel pwnc, ac roedd angen llety pwrpasol ar ei chyfer, pan gynigiodd Gwendoline, Margaret a David Davies o Landinam yn 1903 – ynghyd â'u llysfam Elizabeth Davies – ariannu labordai newydd er cof am eu diweddar dad.

Prynwyd safle un ar ddeg erw ar y Buarth Mawr am £2,500 oddi ar aelod o Gyngor y Brifysgol, William Henry Colby. Wrth gynllunio'r adeilad newydd, teithiodd yr Athro Cemeg ar y pryd, John Joseph Sudborough, i weld labordai modern yn Lloegr, yr Alban, yr Almaen, Awstria a'r Swistir. Penodwyd Alfred William Stephens Cross o New Bond Street, Llundain, yn bensaer, a chontractiwyd Henry Willcock & Co o Wolverhampton i adeiladu a gosod offer yn y labordai. Fe'u hagorwyd gan Ganghellor y Trysorlys, HH Asquith, ar 1 Tachwedd, 1907.

Mae'r cerdyn post hwn yn dangos y labordai bron â'u cwblhau. Fe'i postiwyd gan Eveline Jenkins, pedair ar ddeg oed, ar ôl iddi fynychu'r derbyniad agoriadol a'r soirée yng nghwmni aelod o Gyngor y Brifysgol a chynfyfyrwraig yn Aberystwyth, Annie Mary Dobell, a oedd yn swffragét ac yn addysgwraig flaenllaw yng Nghymru. Byddai Eveline yn dychwelyd i Aberystwyth yn 1912 fel myfyrwraig gwyddoniaeth. Astudiodd ddosbarthiadau celf allgyrsiol, ac aeth ymlaen i ddilyn gyrfa fel artist botanegol.

Roedd angen gwaith sylweddol i'r sylfeini er mwyn tirlunio'r hen chwarel. Roedd trac cul yn cario'r gwastraff cloddio ar dram i'r orsaf reilffordd i'w gludo oddi yno ar drên. Wedi'i adeiladu o garreg dywyll leol gyda manylion mewn tywodfaen Grinshill golau, ar gost o £23,000, dyma oedd un o'r labordai cemeg cynharaf ym Mhrydain i gael ei adeiladu'n bwrpasol, a'r cyntaf yng Nghymru.

Yn ôl y *Welsh Gazette*, roedd y datblygiad hwn ym maes Cemeg yn arfogi'r 'Cymro bach ar y bryniau… ar gyfer teithi bywyd cyn drylwyred â mab y gŵr cyfoethog yn Rhydychen neu yng Nghaergrawnt.'

Robert Meyrick

By 1900, the University had outgrown Old College and sought to rehouse some of its departments. Chemistry was a rapidly expanding discipline in need of purpose-built accommodation when, in 1903, Gwendoline, Margaret and David Davies of Llandinam – with their stepmother Elizabeth Davies – offered to fund new laboratories in memory of their late father.

An eleven-acre site on Buarth Mawr was purchased for £2,500 from University Council member William Henry Colby. In planning the new building, then Professor of Chemistry John Joseph Sudborough toured modern laboratories in England, Scotland, Germany, Austria and Switzerland. Alfred William Stephens Cross of New Bond Street, London, was appointed architect, while Henry Willcock & Co of Wolverhampton was contracted to build and fit out the laboratories. They were opened by Chancellor of the Exchequer, HH Asquith, on 1 November, 1907.

This postcard shows the laboratories nearing completion. It was mailed by fourteen-year-old Eveline Jenkins after she attended the inauguration reception and soirée in the company of University Council member and Aberystwyth alumna Annie Mary Dobell, who was a suffragist and leading Welsh educationalist. Eveline would return to Aberystwyth in 1912 as a science student. She took extra-curricular classes in art and subsequently forged a career as a botanical artist.

Significant groundworks were necessary in landscaping the former quarry. Narrow gauge tracks carried excavation spoils by dram to the railway station for removal by train. Constructed of dark local stone with detailing in light Grinshill sandstone at a cost of £23,000, this was one of the earliest purpose-built chemical laboratories in Britain, and the first in Wales.

'Fifty years ago,' opined the *Welsh Gazette* 'how far away did the specialisation in [Chemistry] appear to the Welsh boy on the hills. Today, it is at his door! He can equip himself for his life's battle as thoroughly as the rich man's son at Oxford or Cambridge.'

Robert Meyrick

Crayfish (Astacus fluviatilis)

CEPHALO-THORAX

THORACIC Appendages

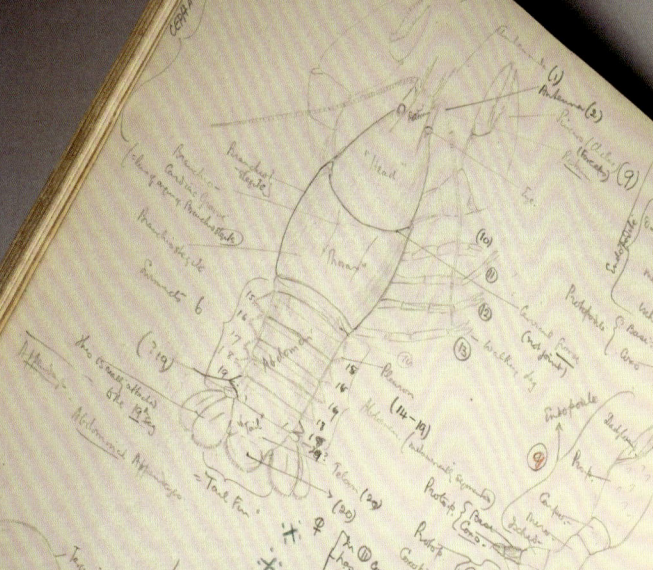

ABDOMINAL APPENDAGES

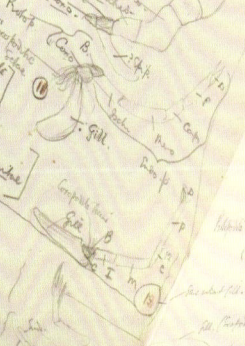

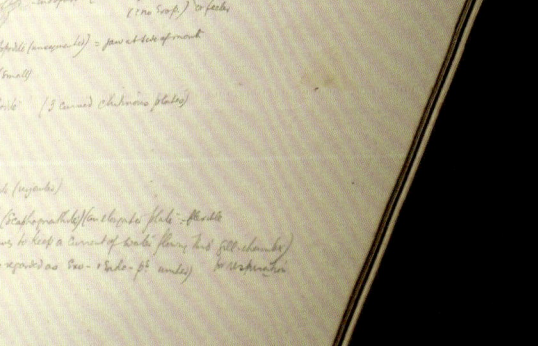

HEAD.
1. Antennule
2. Antenna
3. Mandibles
4 + 5. Maxillae

ABDOMEN. 14,15,16,17,18,19 (+20)

Mae'n bosibl mai un o'r penodiadau mwyaf helbulus yn hanes y Brifysgol oedd pan benodwyd TH Parry-Williams (1887–1975) yn Athro'r Gymraeg. Pan geisiwyd llenwi'r Gadair Gymraeg yn 1919, yr oedd cymaint o wrthwynebiad cyhoeddus i'w enwebiad ef am iddo fod yn wrthwynebydd cydwybodol yn ystod y Rhyfel Mawr fel y penderfynodd awdurdodau'r Coleg ohirio'r penodiad am flwyddyn. Er mai ef oedd y ffefryn amlwg a'r ymgeisydd mwyaf cymwys, yr oedd carfan o bobl o blaid ei gydweithiwr ar staff yr Adran Gymraeg, Timothy Lewis, a wasanaethodd yn y fyddin o'i wirfodd. Bu amryw ganghennau o Gymrodyr y Rhyfel Mawr a ffigurau amlwg fel y Cadfridog Owen Thomas, Aelod Seneddol Môn, a'r Gwir Barchedig John Owen, Esgob Tyddewi, yn lobïo Cyngor y Coleg i beidio â phenodi Parry-Williams, a chyflwynwyd deiseb yn ei erbyn gan rai o drigolion Aberystwyth yn ogystal.

Dyna pryd y penderfynodd Parry-Williams ymddiswyddo a chofrestru fel myfyriwr blwyddyn gyntaf yn y gyfadran wyddonol, er mwyn cael mynediad i un o golegau hyfforddi meddygaeth Prifysgol Llundain. Cefnodd ar iaith a llên am un sesiwn academaidd gyfan a chael modd i fyw yn astudio Bioleg, Cemeg, Ffiseg a Sŵoleg. Cyfeiriodd at y flwyddyn honno mewn ysgrif fel 'annus mirabilis'. Cedwir ei lyfrau nodiadau fel myfyriwr gwyddonol yn ei archif yn Llyfrgell Genedlaethol Cymru, ac mae modd gweld yn y rheini ôl ei law fanwl a'i ddawn i greu diagramau. Dyna dystiolaeth sicr o'i ymroddiad fel myfyriwr.

Ond yn haf 1920, penderfynodd gynnig am y Gadair Gymraeg pan gafodd ei hailhysbysebu. Ef ei hun a ddywedodd ei fod yn fyfyriwr israddedig yn y labordy ar fore'r cyfweliad ac, erbyn diwedd y prynhawn, yn Athro Cadeiriog (swydd y bu ynddi tan 1952). Dyna drawsffurfiad nodedig mewn un diwrnod. Ond y gwir amdani yw hyn: yr oedd yn ddigon galluog i fod wedi cael gyrfa ddisglair fel meddyg petai wedi dewis dal ati.

Bleddyn Owen Huws

Perhaps one of the most turbulent appointments in the University's history was that of TH Parry-Williams (1887–1975) as Professor of Welsh. Having been a conscientious objector during the Great War, his nomination for the vacant Chair of Welsh in 1919 led to so much public opposition that the College authorities decided to postpone the appointment for a year. Although he was the obvious favourite and the most qualified candidate, there was a group of people who favoured his colleague in the Welsh Department, Timothy Lewis, who had served in the army voluntarily. Various branches of the Comrades of the Great War and prominent figures such as General Owen Thomas, the Member of Parliament for Anglesey, and the Right Reverend John Owen, Bishop of St Davids, lobbied the Council not to appoint Parry-Williams, and a petition opposing him was also presented by some town residents.

Parry-Williams resigned and registered as a first-year student in the science faculty, in order to gain access to one of the University of London's medical training schools. He turned his back on language and literature for one whole academic session, and revelled in the opportunity to study Biology, Chemistry, Physics and Zoology. He referred to the year in an essay as an 'annus mirabilis'. His student science notebooks show his detailed hand and talent at drawing diagrams. Evidence indeed of his dedication as a student.

But in the summer of 1920, he decided to apply for the Chair of Welsh when the post was re-advertised. He himself said that on the morning of the interview he had been an undergraduate student in the laboratory, but by the end of the afternoon he was a Chaired Professor (a position he held until 1952). A day of remarkable transformation. But the truth of the matter is this: he was able enough to have had an illustrious career as a medic, had he chosen to continue on that path.

Bleddyn Owen Huws

Tudalen o lyfr nodiadau Syr TH Parry-Williams a ddefnyddiodd pan aeth yn ôl i fod yn fyfyriwr yn 1919–20 ac astudio Sŵoleg Ymarferol ymhlith pynciau gwyddonol eraill. Trwy ganiatâd Lynn Thomas, nith Syr TH Parry-Williams, a Llyfrgell Genedlaethol Cymru.

A page from Sir TH Parry-Williams' notebook when he returned as a student in 1919–20 and studied Practical Zoology, among other science subjects. By permission of Lynn Thomas, Sir TH Parry-Williams' niece, and The National Library of Wales.

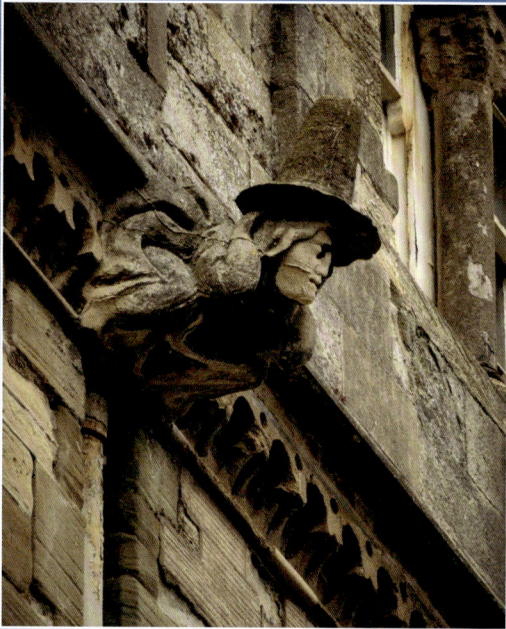

■ *Casgliad o draethodau sy'n croniclo bywyd yn y Brifysgol yn Aberystwyth yw* The College by the Sea (A Record and a Review), *a gyhoeddwyd yn 1928. Mae un o'r traethodau, 'Genius Loci', gan TH Parry-Williams (1887–1975), Athro'r Gymraeg ar y pryd, a chynfyfyriwr, ac mae'r teitl Lladin yn cyfeirio at ysbryd gwarchodol neu gymeriad a naws lle. Mae'n trafod un agwedd benodol ar 'ysbryd Aber', sef cyffro'r dyddiau fu y mae cynfyfyrwyr yn ei brofi wrth ddychwelyd i'r Hen Goleg (flynyddoedd lawer cyn adleoli trwch yr adrannau i gampws Penglais).*

Nid harddwch pensaernïol yn unig sy'n cyfrif, nid gargoeliau gwengar hardd o hyll, nid cerfluniau plastr a marmor o ddynion marw ond waliau a lloriau, gwaith haearn a gwaith coed.

Pwy, ar ôl rhuthro i fyny'r grisiau, sydd heb gofleidio'r piler cyfeillgar hwnnw ar y brig, y clustfeiniwr byddar hwnnw ar yr ochr orllewinol? Bydd y llaw a'r fraich yn cofio gwefr ei grynder llyfn am hir. Pwy na lawenhaodd wrth deimlo'r crwybrau gwydr dan draed mewn Coridor a Chwad, y golau'n hidlo drwyddynt o ryw wyll ymddangosiadol farbaraidd oddi tanynt? A'r byrddau hynny yn y Llyfrgell, gyda'u harwynebau garw-llyfn a'r troedfeinciau i'w croesawu oddi tanynt.

Mae'r gymrodoriaeth hon gyda chasgliad cyfun o wrthrychau materol yn debyg i gariad at gartref a mamwlad; mae yn hanfod y pridd a'r cerrig, y pren a'r haearn, y concrit a'r morter, ac yn y ffurfiau a'r nodweddion y mae'r rhain yn eu cymryd ym mhob achos penodol. Er mor baganaidd, cyntefig, cableddus y bo, mae'n werth ei feithrin a'i choleddu, serch hynny. Mae'n gyfoethogiad ac yn dreftadaeth; yn gyfamod am ei bod yn gysylltiad greddfol gydag ystyr mewnol y pethau mynwesol annwyl hynny sydd o'n cwmpas yma yn ein cymuned fechan ger y lli.

Detholiad yw'r testun, wedi ei olygu a'i gyfieithu o 'Genius Loci' gan TH Parry-Williams, a gyhoeddwyd gyntaf yn The College by the Sea *(1928).*

TH Parry-Williams

■ The College by the Sea (A Record and a Review), *published in 1928, is a collection of essays chronicling life at UCW Aberystwyth. One is by TH Parry-Williams (1887–1975), Professor of Welsh at the time, and an alumnus. The title, 'Genius Loci', is Latin, meaning a place's guardian spirit or its character and atmosphere. The essay discusses one particular aspect of the 'spirit of Aber', namely that which is experienced by alumni when they revisit the Old College building (long before most departments were relocated to the Penglais campus) and recapture the exhilarations of yesteryear.*

It is not mere architectural beauty that counts, not grinning gargoyles beautiful in their very ugliness, not plaster and marble statues in which the men are dead but walls and floors, iron and woodwork.

Who, at the end of a rush up the staircase, has not embraced that friendly pillar at the top, that deaf eavesdropper on the western side? The hand and arm will long retain the tingle produced by its smooth rotundity. Who has not joyed to feel underfoot the glazed honeycombs in Corridor and Quadrangle, with light filtering through as from some barbaric twilight underneath? Then there are those tables in the Library, with their rough-smooth surfaces and the welcome footholds underneath.

This comradeship with a unified collection of material things is akin to the love of home and homeland; it is of the essence of soil and stone, of wood and iron, of concrete and mortar, and of the forms and features which these, in any particular case, happen to assume. Pagan, primitive, profane though it be, it is, nevertheless, worth cultivating and cherishing. It is an enrichment and a heritage; a bond, for it is instinct with the inner meaning of those dear intimate things that surround us here in our little commune by the sea.

This quoted text is an abridged edited extract from 'Genius Loci' by TH Parry-Williams, first published in The College by the Sea *(1928).*

TH Parry-Williams

Gargoel o 'Hen Fenyw Gymreig' ar yr Hen Goleg.

The 'Welsh Lady' gargoyle on the Old College.

■ Yn ôl traddodiad, byddai Waldo Williams, myfyriwr yn yr Adran Saesneg rhwng 1923 ac 1927, yn aml yn aros ar waelod grisiau'r Hen Goleg er mwyn cael cip ar T Gwynn Jones, bardd 'Ymadawiad Arthur', Athro yn Adran y Gymraeg a heddychwr. Flynyddoedd yn ddiweddarach, pan ddaeth y bwmbeili i guro ar ddrws Waldo, ac yntau'n gwrthod talu'r dreth incwm fel protest yn erbyn rhyfel Korea, yr unig beth a adawsant ar ôl oedd ei ddarlun o T Gwynn.

Ond mae ail sbardun i'r soned isod hefyd: llythyr gan fyfyriwr arall o'r un cyfnod. Mae'n ysgrifennu at ei deulu un nos Sul yn Chwefror 1926, gan ddechrau, 'My dearest Everybody'. Gareth Jones yw'r llythyrwr, y newyddiadurwr disglair a dynnodd sylw'r byd at y newyn yn Wcráin, ac a dalodd am ei ddewrder â'i fywyd naw mlynedd wedi gadael Aberystwyth. Un o'r pethau hynod am y llythyr yw cyfeiriad mewn cromfachau at gydfyfyriwr iddo: 'Waldo Wms (Jack's cousin, fiery socialist, poet and idealist, long-hair, unkempt.)'.

Mae ychydig o ddirgelwch heddiw ynghylch pwy yn union sydd y tu ôl i'r enw 'Jack'. Nid felly enwau Gareth na Waldo. Fe'u cofiwn gydag edmygedd neu, efallai, fel yng ngeiriau clo'r llythyr, â'n 'cariad cynhesaf'.

> Â gair y ddarlith olaf wedi'i ddweud,
> morgruga'r myrdd myfyrwyr hyd y llawr,
> pob un â'i dasg yn gwybod beth i'w wneud,
> pob un am adael llwydni'r neuadd fawr.
> Bydd chwarae'n galw ambell un i'r cae,
> a llyfrau'n galw'r lleill, a'u sach yn drom,
> bydd eraill yn ymlwybro'n ddwy a dau
> i gicio'r bar a loetran hyd y prom.
> Ond wrth i'r dydd ymroi i donnau'r hwyr,
> bydd un ar ôl yn disgwyl, disgwyl cael,
> ym mrig yr awr, weld geni'r eiliad lwyr
> dros fro Afallon, cip yn llosg yr haul;
> yr un tu hwnt i amser trefn y trac,
> y bardd-ddelfrydwr blêr, a chefnder Jac.

Mererid Hopwood

■ Tradition has it that Waldo Williams, a student in the English Department, 1923–27, would often wait at the bottom of the Old College staircase hoping to catch a glimpse of T Gwynn Jones, the poet famous for his ode to Arthur and Afallon, Professor of Welsh and pacifist. Years later, when Waldo had refused to pay income tax in protest against the Korean war and the bailiffs came knocking on his door, the only thing they left behind was his portrait of T Gwynn.

But this sonnet has a second impetus: a letter written by another student from the same era. He writes home, one Sunday evening in February 1926, starting with the greeting: 'My dearest Everybody'. The correspondent is Gareth Jones, the brilliant journalist who drew the world's attention to the famine in Ukraine, and who paid with his life for his bravery nine years after his Aberystwyth days. One of the striking things about the letter is a reference in parenthesis to one of his fellow students: 'Waldo Wms (Jack's cousin, fiery socialist, poet and idealist, long-hair, unkempt.)'.

Today, it's not entirely clear who this Jack is. Not so Gareth and Waldo. We remember them both with admiration; perhaps even with the sentiment expressed in the words of the closing line of Gareth's letter: 'cariad cynhesaf' (warmest love).

> The blackboard's dust is settling on the air,
> And students, ant-like, criss-across the floor,
> Some burdened with their books, and some that care
> For nothing, but to make it to the door.
> The lectures' final words are lost at sea
> As day meets dusk and slips beyond the blue,
> And now the planning starts – a spending spree
> Of nightlong hours and minutes – much to do!
> But on the stairs there's one who's stayed behind,
> He's waiting, expectation rising fast.
> He wants to catch Afallon, wants to find
> The hope that bears the moment that will last:
> Jack's cousin, fiery socialist, unkempt,
> Idealist poet, somehow time-exempt.

Mererid Hopwood

Y grisiau yn yr Hen Goleg lle byddai Waldo yn aros i weld ei arwr mawr, T Gwynn Jones, Darllenydd (1913–19) a deiliad Cadair Gregynog mewn Llenyddiaeth Gymraeg (1919–37).

The staircase at the Old College where Waldo would wait to see his hero, T Gwynn Jones, Reader (1913–1919) and holder of the Gregynog Chair in Welsh Literature, 1919–1937.

Gareth Jones

In memory of Gareth Richard Vaughan Jones, born 1905, who graduated from the University of Wales, Aberystwyth and the University of Cambridge. One of the first journalists to report on the *Holodomor*, the Great Famine of 1932–1933 in Soviet Ukraine.

Er cof am Gareth Richard Vaughan Jones, ganed 1905, a raddiodd o Brifysgol Cymru, Aberystwyth a Phrifysgol Caergrawnt. Un o'r newyddiadurwyr cyntaf i adrodd ar y Newyn Mawr yn yr Wcrain, 1932–1933.

Пам'яті випускника Валійського університету в м. Аберствит і Кембриджського університету Герета Річарда Воена Джоунза (нар. 1905 р.) – одного з перших журналістів, які повідомили про Голодомор у радянській Україні 1932–1933 рр.

Placed in his honour by the Ukrainian Canadian Civil Liberties Foundation, with the assistance of the Ukrainian Autocephalous Orthodox Church in Great Britain, the Ukrainian Orthodox Church of Canada, the Ukrainian American Civil Liberties Association, and the Association of Ukrainians in Great Britain.

2 May 2006

83

Yn 2006, dadorchuddiwyd plac yn yr Hen Goleg sydd ag ysgrifen mewn tair iaith arno: Saesneg, Cymraeg ac Wcreineg. Mae'n anrhydeddu ymdrechion cynfyfyriwr o Brifysgol Aberystwyth, Gareth Jones, a oedd yn un o'r newyddiadurwyr Gorllewinol cyntaf i ddatgelu'r gwir i'r byd am newyn bwriadol ac erchyll yr Holodomor (lladd drwy newyn), a laddodd filynau o bobl Wcráin.

Ganwyd Gareth Jones yn y Barri yn 1905 ac enillodd radd Dosbarth Cyntaf mewn Ffrangeg yn Aberystwyth yn 1926. Nid ef oedd y cyntaf o'i deulu i astudio yma: roedd ei dad, ei fam a dwy o'i fodrybedd hefyd yn gynfyfyrwyr.

Ar ôl gadael y Brifysgol, aeth Jones ymlaen i ennill gradd Dosbarth Cyntaf arall mewn Ffrangeg, Almaeneg a Rwseg o Goleg y Drindod, Caergrawnt, yn 1929. Yn 1930, fe'i penodwyd yn gynghorydd materion tramor i gyn-Brif Weinidog Prydain, David Lloyd George, ac ar ddechrau'r 1930au gwnaeth sawl taith i'r Undeb Sofietaidd, gan gynnwys y daith dyngedfennol pan dreuliodd dair wythnos ym mis Mawrth 1933 yn cerdded drwy'r ardaloedd a ddioddefodd fwyaf yn sgil y newyn.

Cyhoeddwyd erthyglau Gareth Jones am y newyn yn Wcráin yn y *Western Mail*, y *Manchester Guardian* a'r *New York Times*. Roedd bron yn unigryw ymhlith newyddiadurwyr y Gorllewin, ac yntau wedi bod yn llygad-dyst i ddioddefaint dynol oherwydd y polisi cyfunoli ffermydd ac wedi bod yn ddigon dewr i wrth-ddweud y llywodraeth Sofietaidd, a oedd yn gwadu'n gryf pob si am newyn. Dywedir bod y straeon a gafodd eu ffeilio gan Jones wedi ysbrydoli George Orwell i ysgrifennu *Animal Farm*.

Hyd heddiw, mae Wcreiniaid yn dal i gofio Gareth Jones ac yn siarad yn barchus am y Cymro ifanc a dynnodd sylw'r byd at hyd a lled dioddefaint eu cydwladwyr o dan reolaeth Stalin. Yn 2017, ymwelodd dirprwyaeth o lysgenhadaeth Wcráin i'r DU ag Aberystwyth i osod torch o dan y plac sy'n ei goffáu, ac yn 2020 portreadwyd ef gan James Norton yn *Mr Jones*, ffilm nodwedd am ei fywyd.

Jennifer G Mathers

In 2006, a plaque was unveiled in the Old College that is written in three languages: English, Welsh and Ukrainian. It honours the efforts of a former Aberystwyth University student, Gareth Jones, who was one of the first Western journalists to reveal the truth to the world about the terrible man-made famine known as Holodomor (killing by starvation) that took the lives of millions of Ukrainians.

Gareth Jones was born in Barry in 1905 and gained a First-class degree in French from Aberystwyth in 1926. He was not the first in his family to study here: his father, mother and two of his aunts were also former students.

After leaving the University, Jones went on to gain a further First-class degree in French, German and Russian from Trinity College, Cambridge, in 1929. In 1930, he was appointed as a foreign affairs adviser to former British Prime Minister David Lloyd George, and in the early 1930s made several trips to the Soviet Union, most notably spending three weeks in March 1933 walking through the areas most devastated by the famine.

The articles Gareth Jones wrote about the starvation in Ukraine were published in the *Western Mail*, the *Manchester Guardian* and the *New York Times*. He was almost unique among Western journalists, both in having witnessed the human costs of collectivisation and in having the courage to contradict the Soviet government, which strongly denied the rumours of famine. The stories that Jones filed are reported to have inspired George Orwell to write *Animal Farm*.

To this day, Ukrainians remember Gareth Jones and speak with respect of the young Welshman who alerted the world to the extent of suffering inflicted on their countrymen by Stalin's regime. In 2017, a delegation from the Ukrainian embassy to the UK visited Aberystwyth to place a wreath beneath the plaque that honours his memory, and in 2020, James Norton starred as Mr Jones in a feature film about his life.

Jennifer G Mathers

Cafodd y plac tairieithog hwn er cof am y cynfyfyriwr a'r newyddiadurwr Gareth Jones ei ddadorchuddio mewn seremoni yng Nghwad yr Hen Goleg yn 2006, a fynychwyd gan aelodau o'i deulu a Llysgennad Wcráin i'r DU.

This trilingual plaque in memory of alumnus and journalist Gareth Jones was unveiled at a 2006 ceremony in the Quad of the Old College, attended by members of his family and Ukraine's Ambassador to the UK.

Gwaith Thomas Alan Stephenson, biolegydd morol amlwg ac arlunydd o fri, yw'r paentiad hwn o gwrel ar y Barriff Mawr, Awstralia. Fe'i ganwyd yn Burnham-on-Sea, a chofrestrodd fel myfyriwr israddedig yn Aberystwyth yn 1915. Dangosodd addewid cynnar yn y gwyddorau naturiol a chelf ond bu'n rhaid iddo adael y cwrs oherwydd salwch difrifol. Yn ffodus, sylwodd HJ Fleure FRS ar allu Stephenson, a chaniataodd iddo gyflwyno papurau ymchwil ar gyfer MSc er nad oedd ganddo radd Baglor. Wrth weithio gyda Fleure y sbardunwyd diddordeb oesol Stephenson mewn anemonïau môr, ac aeth ymlaen i gyhoeddi dwy gyfrol arbenigol ar gyfer Cymdeithas Ray. Mae gwerthfawrogiad o liw a dyluniad yn amlwg yn holl waith Stephenson, a datblygwyd ei ddiddordeb yn y berthynas rhwng harddwch mewn natur a harddwch mewn celf yn *Seashore Life and Pattern* (argraffiad King Penguin, Penguin, 1944).

Yn 1922, penodwyd Stephenson yn ddarlithydd Swoleg yng Ngholeg Prifysgol Llundain. Carreg filltir arall y flwyddyn honno oedd ei briodas ag Anne Wood. Penodwyd y ddau i fod yn rhan o daith ymchwil i'r Barriff Mawr 1928–29, dan arweiniad CM Yonge FRS, a gwnaed cyfraniadau pwysig i'r ddealltwriaeth o dwf cwrel a'i broses atgenhedlu. Erbyn hyn gallwn weld pa mor arloesol oedd y daith honno, o ystyried yr astudiaethau hirdymor ar newid yn yr hinsawdd a llygredd a wneir heddiw. Fel y dengys y paentiad hwn, roedd riffiau cwrel yn denu'r artist hefyd.

Maes o law, penodwyd Stephenson i Gadair Swoleg Prifysgol Cape Town (1930). Yno, ac ar ôl iddo ddychwelyd i Aberystwyth fel Athro Swoleg (1941–1961), gwelwyd datblygiadau pwysig mewn ecoleg rynglanwol. Roedd yn dod yn fwyfwy amlwg mai ffenomen fyd-eang yw'r gwahanol barthau, rhwng y llanw isel a'r penllanw, sy'n rhoi cynefin i wahanol rywogaethau o blanhigion ac anifeiliaid, gan osod sylfeini ar gyfer ymchwil gan ecolegwyr morol yn Aberystwyth a thu hwnt. Drwy ei ysgrifennu a'i arlunio, gadawodd waddol artistig a gwyddonol o arwyddocâd rhyngwladol.

John Fish

This painting of corals on Australia's Great Barrier Reef is the work of Thomas Alan Stephenson, eminent marine biologist and widely acclaimed artist. Born in Burnham-on-Sea, he enrolled as an undergraduate at Aberystwyth in 1915. Early promise was shown in the natural sciences and art but serious illness led him to withdraw from the course. Fortunately, Stephenson's ability was recognised by HJ Fleure FRS, who allowed him to submit research papers for an MSc despite his lacking a first degree. While working with Fleure, Stephenson laid the foundations of his lifelong interest in sea anemones, in which he excelled, going on to publish two definitive and beautifully illustrated Ray Society volumes. Appreciation of colour and design is evident throughout Stephenson's work and his fascination with 'the relationship between beauty in nature and beauty in art' is developed in *Seashore Life and Pattern* (King Penguin imprint, Penguin, 1944).

In 1922, Stephenson was appointed as a Zoology lecturer at University College, London. Another milestone that year was his marriage to Anne Wood. The couple's joint appointment to the Great Barrier Reef Expedition (1928–29), led by CM Yonge FRS, was a significant step, and important contributions were made to the understanding of coral growth and reproduction. The degree to which this was a pioneering expedition is recognised today in long-term climate change and pollution studies. As this painting shows, coral reefs were a rich canvas for the artist too.

Stephenson went on to be appointed Chair of Zoology at Cape Town University (1930). Here, and following his return to Aberystwyth as Professor of Zoology (1941–1961), important advances were made in intertidal ecology. The zonation of plants and animals from low water to high water on rocky shores was increasingly seen as a universal feature, and this laid the foundations for future research by marine ecologists at Aberystwyth and elsewhere. In his writings and paintings, he left an artistic and scientific legacy of international significance.

John Fish

'Corals on Yonge Reef, Outer Barrier, Queensland' gan Thomas Alan Stephenson FRS (1898–1961). Gyda diolch i deulu'r diweddar Anne ac Alan Stephenson.

'Corals on Yonge Reef, Outer Barrier, Queensland' by Thomas Alan Stephenson FRS (1898–1961). Courtesy of the family of the late Anne and Alan Stephenson.

Rhwydweithiau Masnachu Hirbell: Crochenwaith Oes Haearn Pen Dinas

Long-distance Trading Networks: Pen Dinas Iron Age Pottery Jar

Mae'r llestr hwn, sy'n dyddio'n ôl i'r ganrif gyntaf neu'r ail ganrif cyn Crist, ymhlith y dystiolaeth gynharaf o gysylltiadau rhwng Aberystwyth a'r byd ehangach. Fe'i darganfuwyd ar fryngaer Pen Dinas yn 1934 yn ystod gwaith cloddio dan arweiniad yr Athro C Daryll Forde, a benodwyd yn Bennaeth yr Adran Daearyddiaeth ac Anthropoleg yn 1930, yn ddim ond wyth ar hugain oed. Mae'r arddull 'stamp hwyaden' yn nodweddiadol o ardal Malvern, ac mae'n tanlinellu pwysigrwydd Pen Dinas mewn rhwydweithiau masnachu pellter hir yn ystod yr Oes Haearn hwyr.

Yn gefndir i fywyd y Brifysgol ers 150 o flynyddoedd, ysbrydolodd Pen Dinas ymchwiliad archaeolegol arloesol gan Forde a rychwantodd y cyfnod rhwng 1933 ac 1937. Cyflogwyd labrwyr lleol i gloddio'r safle bob haf, gan greu ffynhonnell incwm werthfawr ar anterth y dirwasgiad. Yn ei adroddiadau, nododd Forde fod nifer o fyfyrwyr a chynfyfyrwyr wedi cymryd rhan yn y gwaith. O'r diwedd, cyhoeddwyd crynodeb o ganlyniadau'r cloddio yn 1963, drwy gydweithio â Chomisiwn Brenhinol Henebion Cymru (CBHC). Mae'r bartneriaeth rhwng CBHC a'r Adran Daearyddiaeth a Gwyddorau Daear bresennol yn parhau hyd heddiw drwy'r prosiect CHERISH, dan nawdd yr UE, sy'n canolbwyntio ar effeithiau newid hinsawdd ar dreftadaeth arfordirol yng Nghymru ac Iwerddon.

Yn ystod haf 2021, gyda chyllid gan Cadw, arweiniodd Ymddiriedolaeth Archaeolegol Dyfed, mewn partneriaeth â Fforwm Cymunedol Penparcau, waith cloddio newydd ar y fryngaer, gan ddatgelu rhagor o dystiolaeth o fywyd cyn-Rufeinig ar Ben Dinas. Mae cynlluniau ar gyfer ymchwiliadau pellach ar waith a fydd yn rhoi gwedd newydd ar arwyddocâd archaeolegol ac amgylcheddol y safle. Yn ysbryd gwaith cloddio gwreiddiol Forde, mae'r bryn eiconig hwn yn amlycach nag erioed, ac un o'i brif rolau heddiw yw dod â'r gymuned ynghyd drwy ddealltwriaeth ddyfnach o'n gorffennol a'n presennol.

Sarah Davies a Toby Driver

This pottery jar represents some of the earliest evidence for connections between Aberystwyth and the wider world. It was discovered at the hill fort of Pen Dinas in 1934, during excavations led by Professor C Daryll Forde, Head of the Department of Geography and Anthropology at that time. The 'duck stamped' style is typical of the Malvern area. Dating to the first or second century BC, it highlights the importance of Pen Dinas in long-distance trading networks during the late Iron Age.

Pen Dinas has provided an imposing backdrop to University life for 150 years. To Daryll Forde, who had been appointed Professor four years prior to the dig, aged just twenty-eight, it was the inspiration for a pioneering four-year archaeological investigation between 1933 and 1937. Local labourers were employed to dig the site each summer, providing a valuable source of income at the height of the depression. Forde noted in his reports that a number of past and present students took an active part in the work. A synthesis of results from the excavations was finally published in 1963, through collaboration with the Royal Commission on the Ancient and Historical Monuments of Wales (RCAHMW). The partnership between RCAHMW and the current Department of Geography and Earth Sciences continues, through the EU-funded CHERISH project, which focuses on the impacts of climate change on coastal heritage in Wales and Ireland.

During late summer 2021, Dyfed Archaeological Trust, in partnership with Penparcau Community Forum and with funding from Cadw, led a new excavation at the south gate of the hill fort, revealing more evidence of pre-Roman life on Pen Dinas. Plans for further investigations at Pen Dinas are taking shape which will provide new insights into the archaeological and environmental significance of the site. In the spirit of Forde's original excavations, this iconic feature of the Aberystwyth skyline has a new prominence, its principle roles today being to bring the community together through a deeper understanding of our past and present.

Sarah Davies and Toby Driver

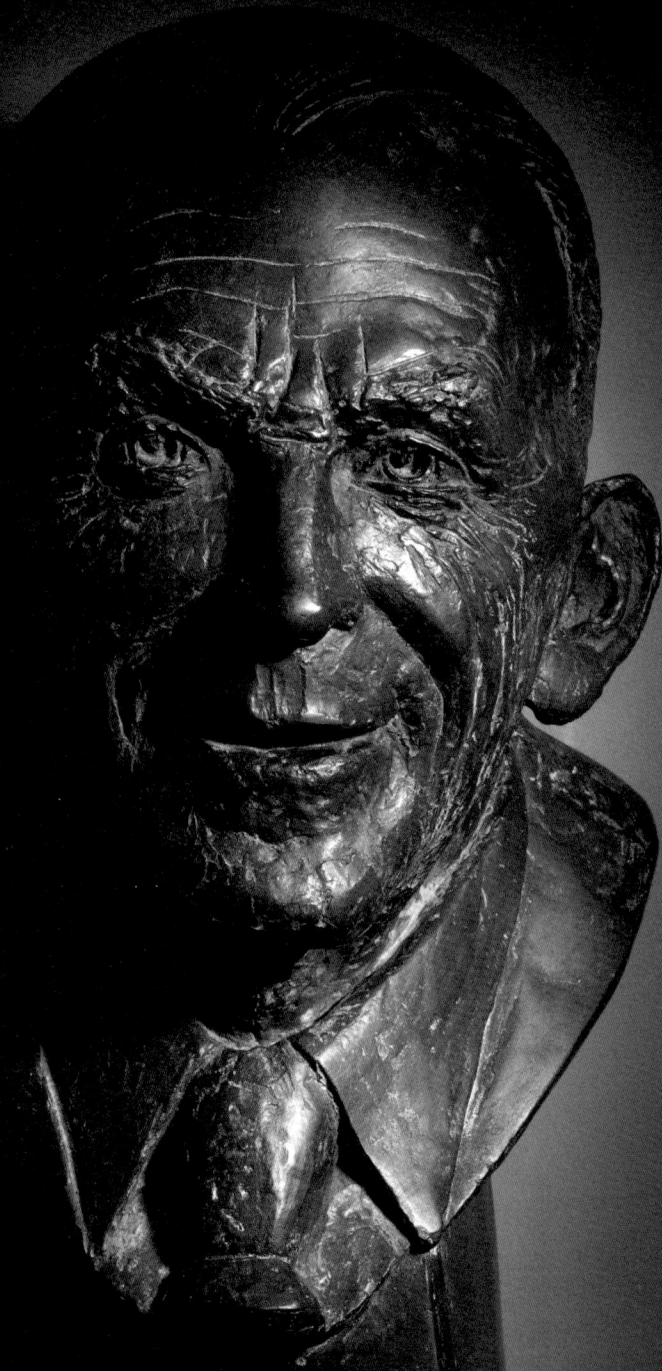

E.G. BOWEN
1900 – 1983
GREGYNOG
PROFESSOR
1946 – 1968

Cymdogion Celtaidd yn Oes Poblyddiaeth: Gwaddol Emrys G Bowen

Pan gyrhaeddais i Aberystwyth fel myfyriwr israddedig yn 1989, roeddwn yn rhy ddiweddar i fod wedi clywed yr anerchiad blynyddol 'chwedlonol' a fyddai'n cael ei draddodi gan EGB, neu Emrys Bowen, i'r glasfyfyrwyr yng Nghwad yr Hen Goleg. Ni welais ef chwaith yn gyrru ei Fini melyn enwog i fyny ac i lawr rhiw Penglais. Ond mae ei ddylanwad a'i waddol fel daearyddwr blaenllaw yn dal yn fyw yn Aberystwyth. Hyd y dydd hwn, mae ei benddelw yn sefyll yn falch yn Llyfrgell Mapiau EG Bowen yn yr Adran Daearyddiaeth a Gwyddorau Daear, ac yn ein hatgoffa o'r cyfraniad enfawr a wnaeth i Aberystwyth ac i Gymru.

Roedd Emrys Bowen yn frwd o blaid Daearyddiaeth, ac mae statws uchel y ddisgyblaeth yn ysgolion, colegau a phrifysgolion Cymru yn destament i'w waith. Roedd hefyd yn hyrwyddwr brwd o blaid Daearyddiaeth yn Aberystwyth. Yn ystod ei gyfnod fel Athro Cadeiriog Daearyddiaeth Gregynog a Phennaeth yr Adran, Aberystwyth yn ddiamau oedd *yr* adran Ddaearyddiaeth fwyaf blaenllaw yn y DU.

Roedd ei ddiddordebau ymchwil yn bellgyrhaeddol ond Cymru oedd wrth galon y cyfan bob amser. Yn gyntaf, roedd yn dadlau dros yr angen i hoelio sylw ar genedl a oedd yn hynod o ran ei phriodoleddau ffisegol a diwylliannol. Dyma'r 'Fro Gymraeg', a'r tirweddau unigryw a'r ffyrdd o fyw a fodolai yno. Yn ail, roedd yn frwd ynghylch Cymru yn y cyd-destun rhyngwladol. Roedd ei ymchwil yn archwilio'r cysylltiadau rhwng Cymru a'i chymdogion Celtaidd, yn arbennig felly yng nghyd-destun aneddiadau cynnar y saint Celtaidd. I Bowen, 'llyn Celtaidd' oedd Môr Iwerddon, yn cysylltu yn hytrach na gwahanu'r Celtiaid.

Mae ei syniadau yn dal i'n hysbrydoli hyd heddiw, boed yr angen i werthfawrogi a gwarchod popeth sy'n gwneud Cymru yn arbennig ac yn unigryw, neu bwysigrwydd cynnal ein cysylltiadau cryf â'n cymdogion Celtaidd yn ystod oes poblyddiaeth a waliau ffin. Yn sicr, maent yn fy ysbrydoli i yn fy addysgu a'm hymchwil i.

Rhys Jones

Celtic Neighbours in an Age of Populism: The Legacy of Emrys G Bowen

I arrived too late as an undergraduate at Aberystwyth in 1989 to have heard the 'legendary' Freshers' welcome talk delivered annually by EGB or Emrys Bowen in the Old College Quad. Nor did I witness him driving his famous yellow Mini up and down Penglais hill. But his influence and legacy as a leading geographer live on in Aberystwyth. To this day, his bust stands proudly in the EG Bowen Map Library of the Department of Geography and Earth Sciences, and reminds us of the immense contribution he made to Aberystwyth and Wales.

Emrys Bowen was an advocate of Geography, and its high status as a discipline in the schools, colleges and universities of Wales is a testament to his work. He was also an avid promoter of Geography at Aberystwyth. During his tenure as Gregynog Chair of Geography and Head of Department, Aberystwyth became arguably *the* leading Geography department in the UK.

His research interests were wide-ranging but were always centred on Wales. First, he argued for the need to focus attention on a nation that was distinct in terms of its physical and cultural endowments. This was the region of 'Y Fro Gymraeg' or the Welsh-speaking 'heartland', and the distinctive landscapes and ways of living that existed there. Second, he was concerned with Wales in the international context. His research examined the links between Wales and her Celtic neighbours, particularly in the context of the early settlements of the Celtic saints. For Bowen, the Irish Sea was a 'Celtic lake', joining rather than separating the Celtic people.

His ideas still inspire today, whether in relation to the need to value and protect all that makes Wales distinctive and different, or the importance of maintaining strong links with our Celtic neighbours during an age of populism and border walls. They certainly inspire me in my teaching and research.

Rhys Jones

Penddelw Emrys G Bowen (1900–1983) gan David Tinker (1924–2000), wedi ei fwrw mewn plastr â'i orffen ag efydd.

Bronzed plaster bust of Emrys G Bowen (1900–1983) by David Tinker (1924–2000).

87

Mae chwedloniaeth Gwlad yr Iâ yn ymddangos mewn dau gyd-destun gwahanol iawn yn hanes Prifysgol Aberystwyth. Yn gyntaf, ein darlun dyfrlliw o Fjallkona, Menyw'r Mynydd – personoliad benywaidd o'r wlad, yn gwisgo coron o iâ gyda fflamau'n saethu ohoni. Ar ei hysgwydd mae'r gigfran, aderyn mwyaf nodweddiadol Gwlad yr Iâ, cyfaill hynafol Óðinn a ffefryn i'r beirdd. Mae gwylan yn hedfan uwchben, a ffyn rwnig yn cael eu golchi i'r lan: gwybodaeth a diwylliant yn cyrraedd Gwlad yr Iâ ar noson serlog o aeaf.

Comisiynwyd y gwaith hwn gan George Powell, Nanteos, ar gyfer clawr ei gyfieithiad *Icelandic Legends,* a wnaed ar y cyd ag Erikur Magnusson, gydag ysgrithiadau gan Zwecker. Daeth yr ysgythriad yn enwog ac fe'i defnyddiwyd mewn darluniau niferus, ond roedd y gwreiddiol yn rhan o gymynrodd Powell i'r Brifysgol. Yn 2019, denodd sylw ysgolheigion Gwlad yr Iâ, a deithiodd i Aberystwyth i weld y llun dyfrlliw.

Mae'r cysylltiadau hyn â Gwlad yr Iâ yn cael eu hadlewyrchu yng ngwaith Desmond Slay (1927–2004), Athro Saesneg yma ac ysgolhaig a arbenigodd ar y wlad. Cafodd ei waith ar y sagâu mawr glod byd-eang, a derbyniodd anrhydedd Urdd yr Hebog gan Wlad yr Iâ. Diolch i'w waith ymchwil manwl, ailganfuwyd llawysgrif fawr y Codex Scardensis, a oedd wedi gadael Gwlad yr Iâ yn y bedwaredd ganrif ar bymtheg cyn diflannu o olwg y cyhoedd. Cafodd ei holrhain gan yr Athro Slay drwy gofnod o'i gwerthiant yn 1945, a llwyddodd i ddwyn perswâd ar y perchnogion i ganiatáu i gopi union gael ei wneud ohoni. Yn 1965, daeth ar werth eto ac fe'i prynwyd gan Wlad yr Iâ ar gyfer y genedl.

Dilynodd yr Athro Slay yn nhraddodiad ysgolhaig arall, Gwyn Jones – Athro Saesneg yn Aberystwyth (1940–1964) ac un arall a dderbyniodd anrhydedd Urdd yr Hebog am swmp ei waith, sy'n cynnwys *A History of the Vikings* (1968).

Joan Rowlands

The myths of Iceland appear in two very differing contexts in the history of Aberystwyth University. Firstly, our watercolour of Fjallkona, the Lady of the Mountain – a personification of the country – with a crown of ice on her head, from which fires erupt. On her shoulder is the raven, Iceland's most characteristic bird, Óðinn's ancient friend and the favourite of poets. A seagull flies in from the sea and from the surf are washed ashore the rune-staves which she takes up: knowledge and culture come to Iceland in a starlit winter night.

This work was commissioned by George Powell of Nanteos for the front cover of his translation *Icelandic Legends,* with Erikur Magnusson and engravings by Zwecker. The engraving became famous and was used in innumerable illustrations, but the original was held in our Powell bequest and, in 2019, attracted the attention of Icelandic scholars, who travelled to Aberystwyth to view the watercolour.

These links with Iceland are reflected in the work of Desmond Slay (1927–2004), Professor of English here and renowned Icelandic scholar. His work on the great sagas received worldwide recognition and the award of the Order of the Falcon from Iceland. His meticulous research enabled the rediscovery of the great Icelandic Codex Scardensis, which had left Iceland in the nineteenth century, then later vanished from public view. Professor Slay traced it through a record of sale in 1945 and persuaded the owners to allow a facsimile to be made. In 1965, it came up for sale again and was bought for the Icelandic nation.

Professor Slay followed in the tradition of Icelandic scholar Gwyn Jones, Professor of English at Aberystwyth (1940–1964), who was also awarded the prestigious Order of the Falcon for his impressive catalogue of work, including *A History of the Vikings* (1968).

Joan Rowlands

Yn 1863, comisiynodd George EJ Powell o Nanteos, Aberystwyth, yr artist Almaenaidd o Lundain, Johann Baptist Zwecker (1814–1876), i greu darluniau ar gyfer ei ail gyfrol o *Legends of Iceland,* a gyfieithwyd gan Powell ac Eirikur Magnusson. Defnyddiwyd engrafiad pren llai o'r dyfrlliw hwn, sy'n bersonoliad benywaidd o Wlad yr Iâ, fel wynebddarlun y llyfr pan gafodd ei gyhoeddi gan Richard Bentley yn 1866.

In 1863, George EJ Powell of Nanteos, Aberystwyth, commissioned German-born London-domiciled artist Johann Baptist Zwecker (1814–1876) to illustrate his forthcoming second volume of *Legends of Iceland,* translated by Powell and Eirikur Magnusson. A wood-engraved reduced copy of this watercolour, a female personification of Iceland, was used as the book's frontispiece when published by Richard Bentley in 1866.

Coleg ar y Bryn

Yn dilyn tân 1885, roedd awdurdodau'r Coleg wedi bwriadu symud i Benglais, i'r gogledd o Aberystwyth. Cynhaliwyd cystadleuaeth bensaernïol a chyhoeddwyd enillydd cyn iddynt sylweddoli na allent fforddio'r costau adeiladu. O ganlyniad, penderfynwyd aros yn yr unfan, gan ailadeiladu ac addasu Gwesty Tŷ'r Castell.

Ond wrth i'r Coleg lwyddo a thyfu, daeth diffyg lle i ehangu ar ei safle ger y lli yn broblem gynyddol. Ystyriwyd ychwanegu llawr arall at adain y de a hefyd ymestyn ymhellach allan i'r môr pan estynnwyd y prom yn 1903.

Yn 1897, prynodd yr Arglwydd Rendel, Llywydd y Coleg, 14 erw o ystad Grogythan ar Benglais a'u gosod ar les i'r

Coleg ar yr amod y byddai rhan o'r tir yn cael ei neilltuo ar gyfer Llyfrgell Genedlaethol Cymru. Erbyn y 1920au, roedd presenoldeb y Llyfrgell ar Benglais yn ychwanegu at atyniad y safle, ac yn 1929, pan roddodd y cynfyfyriwr Joseph Davies Bryan weddill y tir ar ochr ddeheuol Penglais i'r Coleg, penderfynodd y Cyngor y dylai holl ddatblygiadau'r dyfodol fod ar dir cyfagos i Lyfrgell Genedlaethol Cymru.

Efallai er mwyn cydweddu ag adeilad y Llyfrgell Genedlaethol, penodwyd yr un pensaer, Sidney Greenslade, i gynllunio adeiladau newydd y Coleg. Ond yn fuan ar ôl ei benodi, bu'n rhaid iddo ymddiswyddo ar sail iechyd. Yn 1929, penodwyd Henry Vaughan Lanchester yn ei le, a gofynnwyd

Golwg o'r awyr ar gynlluniau HV Lanchester a TA Lodge ar gyfer adeiladau newydd arfaethedig y Coleg ar Benglais, a beintiwyd yn 1931. Ni wireddwyd y dyluniad ffurfiol, gyda'i lwybrau cerdded wedi'u ffinio â choed poplys.

Messrs HV Lanchester and TA Lodge's bird's-eye vision of the proposed new College buildings on Penglais, painted in 1931. The formal layout, with its poplar-lined walkways, was not implemented.

Following the fire of 1885, the College authorities had intended to relocate to Penglais Hill, north of Aberystwyth. An architectural competition was held and a winner was announced before they realised they could not afford the construction costs. As a result, they decided to stay where they were, rebuilding and adapting the Castle House Hotel.

But as the College succeeded and grew, lack of space to expand along the seafront became a problem. They considered adding another floor to the south wing and also building out into the sea when the prom was extended in 1903.

In 1897, Lord Rendel, President of the College, had purchased 14 acres of the Grogythan estate on Penglais and had leased them to the College with the proviso that a portion of the land would be set aside for the National Library of Wales. By the 1920s, the presence of the Library on Penglais added to its attraction, and in 1929, when former student Joseph Davies Bryan gifted the remaining land on the south side of Penglais to the College, the Council decided that all future building developments should be on land adjacent to the National Library of Wales.

Possibly with an eye to unity of style, Sidney Greenslade, architect of the National Library, was commissioned to plan the new College buildings. But no sooner had he been appointed than he was forced to resign due to ill health. In 1929, Henry Vaughan Lanchester was appointed in his place and was asked to submit a general scheme for the layout of the land. Although based in London, Lanchester had already worked in Wales, as his firm had won the competition to build Cardiff City Hall and Crown Courts in 1897.

Lanchester's designs for Penglais echo the baroque style of his Cardiff buildings and would have complemented Greenslade's building. However, in March 1935, for reasons which are not entirely clear, Lanchester's commission was withdrawn and his designs were never realised.

Elgan Philip Davies

iddo gyflwyno cynllun cyffredinol ar gyfer datblygu'r safle. Er mai yn Llundain roedd ei fusnes, roedd Lanchester eisoes wedi gweithio yng Nghymru gan mai ei gwmni ef oedd wedi ennill y gystadleuaeth i adeiladu Neuadd y Ddinas a Llysoedd Barn Caerdydd yn 1897.

Mae cynlluniau Lanchester ar gyfer Penglais yn adleisio arddull baróc ei adeiladau yng Nghaerdydd a byddent wedi cydweddu ag adeilad Greenslade. Ond ym mis Mawrth 1935, am resymau nad ydynt yn gwbl glir, diddymwyd cytundeb Lanchester ac ni wireddwyd ei gynlluniau.

Elgan Philip Davies

Stamp Aber

Yng nghornel amlen denau
yn y sgwaryn melyn mae
graffiau, rhifau a phrofion,
nos a dydd a dawns y don;
mae ein holl sbectrwm yn hwn,
yr haul a'r sêr a welwn –
adeilad, crud o waliau
a gwydr nad yw byth ar gau.

Astudio, ffenest ydyw,
a ffrâm i'n holl gyffro yw.
Trwyddi hi treiddia o hyd
olau'r gorwel i'r gweryd,
heulwen mewn llyfrgell ddeulawr
drwy'r myrdd o ffenestri mawr
yn cronni'n haenau inni –
deall i'n anneall ni.

Fel y stamp, felly'r campws,
weithiau'n ddrych ac weithiau'n ddrws
yn agor ar ragor yw,
adwy i'r drafodaeth ydyw;
mae'n gromlin gyfrin ar goedd,
lliwiau'n cysylltu lleoedd
ym mhedwar ban y blaned,
sgwâr o liw ein dysg ar led.

Hywel Griffiths

Testun ℗ Hywel Griffiths

The Aber Stamp

In the corner of a thin envelope,
in the yellow square,
graphs, numbers and proofs,
night and day, the wave's dance;
our whole spectrum is here,
the sun and stars that we see –
a building, a crucible of walls
and glass, forever open.

Study is a window,
framing our passions,
and through it, horizon's light
gleams on the soil;
a sunlit library,
gathering layers for us;
the two floors
flooded through the glass –
illuminating our ignorance.

As the stamp, so the campus,
sometimes a mirror, sometimes a door
opening a wider world
of debate, a gateway;
a secret curve, plain to see,
colours that link locations
far and wide, to the four winds,
a square of colour, our knowledge shared.

Hywel Griffiths

Text © Hywel Griffiths
Translated by Arwel 'Pod' Roberts

Stamp 3c yn dangos adeilad y Gwyddorau Ffisegol, a gyhoeddwyd gan y Post Brenhinol yn 1971 fel rhan o gyfres yn dathlu adeiladau prifysgol modern.

3p stamp featuring the Physical Sciences building, published by the Royal Mail in 1971 as part of a series celebrating modern university buildings.

Daeth Plas Penglais, ffermdy yn wreiddiol yn dyddio o 1764, yn gartref i'r Prifathro yn ystod y 1950au ac mae rhywun wedi byw yno bron yn ddi-dor ers hynny. Wrth gyrraedd y lle, deuthum ar draws y ddesg hon, fy ffefryn o blith cymynroddion Syr John Williams yn ei ewyllys. Yn 1926, gadawodd nifer o ddarnau 'godidog' at ddefnydd y Prifathro – yr Is-Ganghellor bellach. Mae mor hardd fel na allaf feiddio ei defnyddio, ond rwy'n siŵr iddi fod yn ddesg weithio am flynyddoedd lawer. Pa brosiectau gafodd eu pentyrru arni? Roedd y cyntaf i fyw yma, Ifor L Evans, yn datrys problemau ariannol y Coleg. Byddai prifathrawon y Coleg yn gwasanaethau ar gynghorau'n ymwneud â materion cenedlaethol a materion y DU. Un enghraifft oedd Goronwy Rees, aelod o Gomisiwn Wolfenden a argymhellodd roi terfyn ar ystyried gweithredoedd cyfunrhywiol yn droseddau. Roedd Syr Goronwy Daniel yn Gadeirydd Awdurdod y Bedwaredd Sianel yng Nghymru, a sefydlodd S4C. Roedd Noel Lloyd yntau (a fu'n gweithio yn y Plas, yn hytrach na byw yno) yn aelod o Gomisiwn Silk ar Ddatganoli, ac fe hefyd arweiniodd ar y gwaith i ennill statws prifysgol annibynnol i'r Coleg. Bûm innau'n Gadeirydd gweithgor a argymhellodd sefydlu ysgol feddygol ym Mhrifysgol Bangor.

Ychydig o wybodaeth sydd wedi'i chofnodi am y lleill a fu'n byw yma. Ac eto mae rhai cynfyfyrwyr sy'n cofio partneriaid benywaidd y tŷ hwn (ac un dyn) yn adrodd straeon am adloniant, cyfeillgarwch a llafur sylweddol, na chafodd ei gydnabod, ar ran y Brifysgol – yn eu plith Valerie, wyres Lloyd George, a fu'n ddylanwadol yn natblygiad y gerddi. Clywaf gan eraill nad oedd gwahoddiad i'r tŷ, er yn anrhydedd, bob amser yn cael ei groesawu, oherwydd gallai cynulliad o'r fath fod braidd yn ffurfiol.

Mae'r tŷ yn parhau i fod yn gartref gweithio, sy'n croesawu gwesteion a chydweithwyr niferus. Ac nid yn unig hynny, ond mae ei leoliad, yng nghanol coedlan odidog o glychau'r gog, yn ei wneud yn rhan o adnodd hyfryd y gall pawb ei fwynhau.

Elizabeth Treasure

Originally a farmhouse dating from 1764, Plas Penglais became the Principal's residence during the 1950s and has been inhabited almost continuously since. On arrival, I came across this desk, which is my favourite from the Sir John Williams bequest. In 1926, he left several 'magnificent' pieces for the use of the Principal – now Vice-Chancellor. It is so beautiful that I dare not use it, but I am sure it has been a working desk for many years. What projects were stacked upon it? The first to live here, Ifor L Evans, resolved the College's financial problems. Principals served on committees relating to national and UK-wide matters. One example was Goronwy Rees, a member of the Wolfenden Commission which recommended the end of the criminalisation of homosexual acts. Sir Goronwy Daniel was Chair of the Welsh Fourth Channel Authority, which established S4C. While Noel Lloyd (working from, rather than living in the mansion) was a member of the Silk Commission on Devolution and led the establishment of the College as an independent university. For my own part, I chaired a group recommending the establishment of a medical school at Bangor University.

Of the others who lived here, the record is thinner. And yet some alumni recall the women partners (and one man) of this house and tell stories of entertaining, friendship and considerable unacknowledged work for the University, among them Valerie, the granddaughter of Lloyd George, who influenced the development of the gardens. Others tell me that while an invitation to the house was an honour, it was not always welcome, as such gatherings could be rather formal.

The house continues as a working home, with many invited guests and colleagues. Not only that, but its situation, in the magnificent bluebell woods, makes it part of an amenity which everyone can enjoy.

Elizabeth Treasure

Biwro o bren collen Ffrengig gydag argaenwaith, wedi'i llunio yn yr Iseldiroedd tua 1740, rhan o gymynrodd Syr John Williams, 1926.

Dutch burr walnut and marquetry bureau, made in the Netherlands around 1740, from the Sir John Williams Bequest, 1926.

91

Gwyrddni'r Gerddi: Ein Cawr Isdrofannol

Jurassic Park at the Botany Gardens: Our Subtropical Giant

Datblygwyd y ganolfan tai gwydr yn y Gerddi Botaneg, gyferbyn â mynedfa'r campws ar Ffordd Penglais, o ddechrau'r 1960au gan y curadur, Basil Fox. Mae'n cynnwys tai gwydr ar gyfer ymchwil ac addysgu, yn eu plith y Tŷ Trofannol, sydd ynghlwm wrth y sied potiau. Mae'n cynnwys planhigion niferus yn y pridd, ar is-haenau yn yr awyr, mewn pwll ac mewn potiau lu. Mae ei fflora trofannol ac isdrofannol wedi addysgu cenedlaethau o fyfyrwyr ers cyn dyddiau teithio rhyngwladol hawdd, heb sôn am y rhyngrwyd.

Wrth i'r tŷ gwydr gyrraedd ei seithfed degawd, mae rhai o'r planhigion gwreiddiol wedi goroesi fel cewri hybarch a thrawiadol, a'r frenhines yw'r sycad 'fenywaidd' enfawr, *Cycas revoluta*. Yn frodor o dde Japan, ei enw cyffredin yw'r balmwydden sego Japaneaidd. Camenwi yw hyn, gan fod palmwydd go iawn yn blodeuo, yn wahanol i sycadau, sy'n hanu o'r llinach fwyaf hynafol o blanhigion hadau sydd dal yn fyw. Mae ein planhigyn ni'n 'fenywaidd', gan ei fod yn cynhyrchu ffurfiau tebyg i ffa, sy'n cynnwys celloedd wyau a fyddai, yn eu cynefin, yn cael eu ffrwythloni gan baill o gonau ar sycad 'gwrywaidd' ar wahân. Mae tua 300 o rywogaethau sycad mewn rhanbarthau trofannol ac isdrofannol, eu hanner nhw'n destun pryder cadwraethol. Yn ystod cyfnod Mesosöig y deinosoriaid, fodd bynnag, mae'r cofnod ffosiliau yn dangos bod sycadau yn elfennau hynod amlwg o'r fflora byd-eang. Bydd darluniau o ddeinosoriaid yn aml yn cynnwys sycadau yn y llystyfiant.

Y planhigion gwreiddiol eraill sydd wedi goroesi yw'r ddwy redynen corn carw enfawr sy'n gorchuddio'r wal rhwng y tŷ gwydr a'r sied potiau, a banana Cavendish sy'n dal i flaguro o'r corm tanddaearol bob blwyddyn. Y gobaith yw y bydd y tŷ gwydr yn parhau i addysgu myfyrwyr a diddanu ymwelwyr am drigain mlynedd arall.

Ian Scott

The glasshouse complex within the Botany Gardens, across Penglais Road from the campus entrance, was developed from the early 1960s by the Curator Basil Fox. It contains glasshouses used for research and teaching and, among the latter, the most characterful is the Tropical Glasshouse, attached to the potting sheds. It contains a multitude of plants in the ground, on aerial substrates, in a pond and in many pots. Its tropical and subtropical flora has educated generations of students from before the days of easy international travel, to say nothing of the internet.

As this glasshouse enters its seventh decade, some of the original plantings survive as venerable and increasingly impressive giants, the queen of which is the huge 'female' cycad, *Cycas revoluta*. This is native to southern Japan, and a common name for it is the Japanese sago palm. This is a misnomer, as true palms are flowering plants, whereas cycads are not, and represent the most ancient lineage of living seed plants. Our plant is 'female', as it produces structures bearing bean-like 'ovules', which contain egg cells that, in the wild, might be fertilised by pollen produced by cones on a separate 'male' cycad. There are about 300 living cycad species in tropical and subtropical regions, and half are of conservation concern. During the Mesozoic era of the dinosaurs, however, the fossil record shows cycads were prominent components of the global flora. Popular illustrations of dinosaurs will often include cycads in the vegetation.

Other survivors of the original glasshouse plantings are a couple of enormous staghorn ferns dominating the wall that divides the greenhouse from the potting shed, and a Cavendish banana whose old underground corm sends up fast-growing new shoots each year. One hopes the glasshouse will continue to educate students and entertain visitors for another sixty years.

Ian Scott

Roedd y balmwydden sego Japaneaidd hon neu *Cycas revoluta* ymhlith planhigion gwreiddiol y Gerddi Botaneg yn y 1960au. Mae bellach ymhlith y rhwyogaethau fwyaf a hynaf sydd wedi goroesi yn y ganolfan tai gwydr.

This Japanese sago palm or *Cycas revoluta* was among the Botany Garden's original plantings in the 1960s. It is now one of the oldest and largest surviving species in the glasshouse complex.

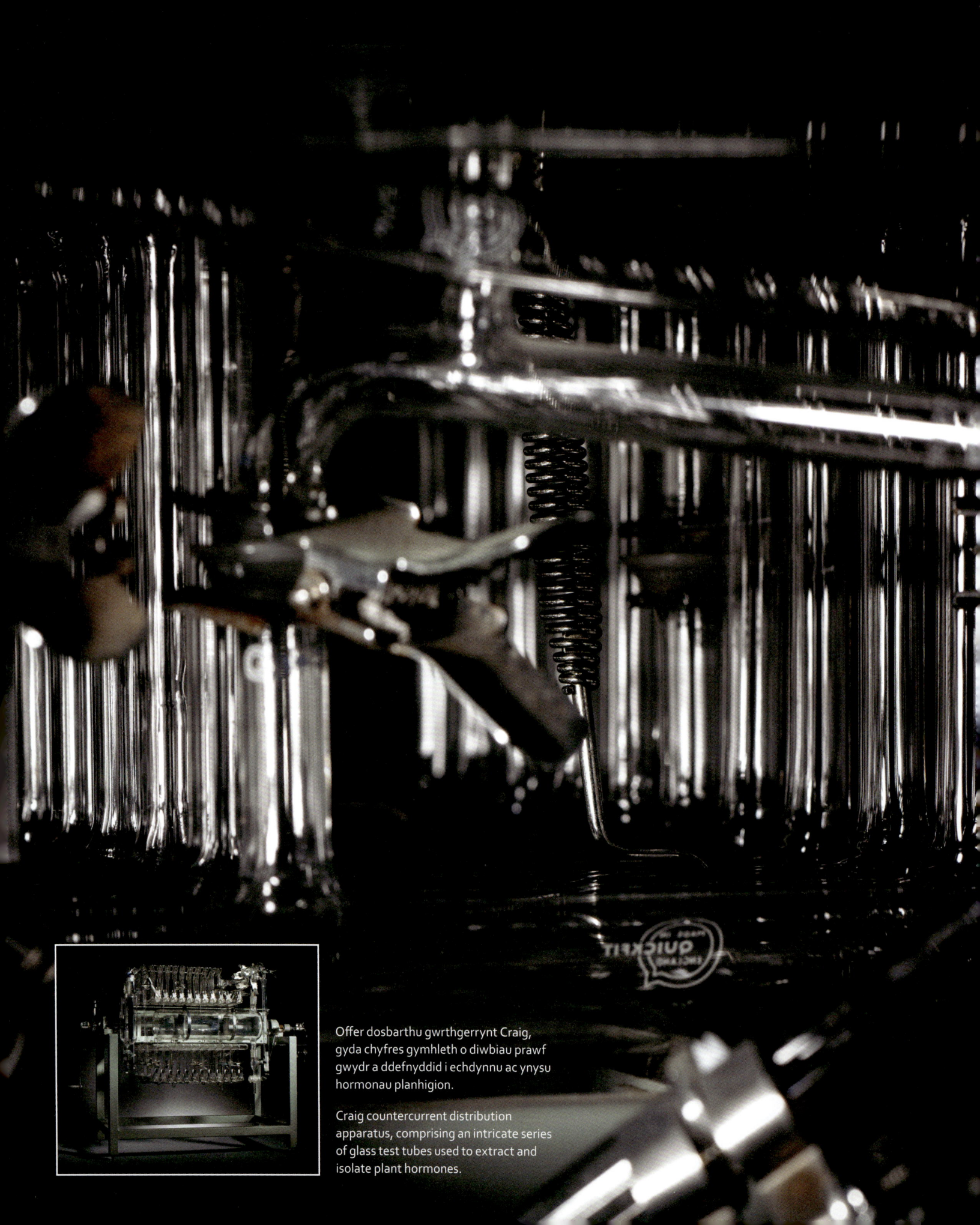

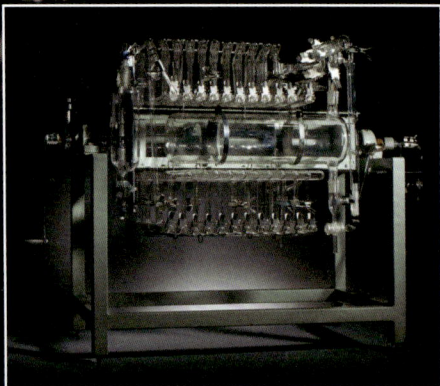

Offer dosbarthu gwrthgerrynt Craig, gyda chyfres gymhleth o diwbiau prawf gwydr a ddefnyddid i echdynnu ac ynysu hormonau planhigion.

Craig countercurrent distribution apparatus, comprising an intricate series of glass test tubes used to extract and isolate plant hormones.

Ymchwil Arloesol i Hormonau Planhigion a Chwythu Ein Gwydr Ein Hunain

Yn y 1960au, nid oedd llawer o'r offer sy'n cael eu defnyddio bellach ar gyfer mesur a phuro metabolion a hormonau planhigion wedi eu dyfeisio neu nad oeddent ar gael yn fasnachol. Byddai gwyddonwyr yn dylunio'r offer i'w defnyddio ac yna byddent yn cael eu creu naill ai ganddyn nhw eu hunain, gan grefftwyr medrus ar staff y Brifysgol (gan gynnwys chwythwyr gwydr), neu gan gyflenwyr arbenigol.

Crëwyd yr adnodd unigryw a chymhleth hwn gan QuickFit, cynhyrchwyr gwydr labordy, yn unol â rhagofynion gwyddonwyr ym Mridfa Blanhigion Cymru. Fe'i defnyddid i echdynnu hormonau a sylweddau sy'n gyfrifol am brosesau allweddol planhigion, gan gynnwys aeddfedu, bwrw dail a thwf newydd. Drwy ynysu hormonau nes eu bod bron ar eu ffurf buraf, llwyddodd ein gwyddonwyr i astudio eu heffeithiau penodol ar blanhigion.

Cyfarpar Craig yw'r enw arno, ac mae'n dibynnu ar echdynnu a chrynodi hylif. Er bod y cyfarpar wedi'i ddisodli bellach, roedd yn rhagflaenydd i'r systemau gwahanu hynod effeithlon sydd ar waith heddiw – systemau a ddefnyddiwyd yn IBERS i ddatblygu dulliau ar gyfer ynysu galanthamin o gennin Pedr. Cyffur alcaloid pwysig i atal gweithrediad asetylcolinesteras yn y system nerfol ganolog yw hwn sydd wedi'i drwyddedu i drin clefyd Alzheimer.

Yn ôl Pennaeth IBERS, yr Athro Iain Donnison, mae'r cyfarpar yn symbol o rôl bwysig Aberystwyth ym maes ymchwil hormonau planhigion a gwaith ymchwilwyr o'r radd flaenaf fel yr Athro Philip Wareing FRS, Pennaeth Botaneg (1958–1981). Mae o'r farn ei fod yn teilyngu lle yn yr Amgueddfa Wyddoniaeth Genedlaethol.

Ar hyn o bryd, mae cyfarpar Craig i'w weld yng Nghanolfan Bioburo BEACON – a hynny'n addas iawn, am ei fod yn brosiect IBERS sy'n rhyngweithio'n benodol â chwmnïau o Gymru. Mae BEACON yn datblygu technolegau ffracsiynu a phuro a ddefnyddir ar raddfa fasnachol yng Nghymru, gan ddarparu eiddo deallusol a swyddi a chefnogi economi sy'n seiliedig ar wybodaeth.

Gordon Allison a Mike Morris

Pioneering Plant Hormone Research and Our Own Glass Blowers

In the 1960s, much of the equipment now used for the measurement and purification of plant metabolites and hormones had not been invented or was not commercially available. Scientists designed the kit they used, which was then made specifically for their work by the scientists themselves, by skilled artisans employed by the University (including our very own glass-blowers), or by specialist suppliers.

This unique and highly complex piece of machinery was built to the specification of scientists at the Welsh Plant Breeding Station by the laboratory glassware manufacturer QuickFit in that era. It was used to extract from plants hormones and substances responsible for key processes, including ripening, leaf loss and new growth. By isolating hormones to nearly pure form, our scientists were able to study their specific effects on plants.

The machine is known as a Craig apparatus, and it relies on liquid: liquid extraction and concentration. Although now obsolete, this unit was a forerunner of today's highly efficient separation systems, such as high-performance countercurrent chromatography, which has been used at IBERS to develop methods for the efficient isolation of galanthamine from daffodils. This important alkaloid drug inhibits acetylcholinesterase activity in the central nervous system and is licensed for the treatment of Alzheimer's disease.

According to the current Head of IBERS, Professor Iain Donnison, this unit symbolises Aberystwyth's important role in plant hormone research and the work of world-leading researchers such as Professor Philip Wareing FRS, Head of Botany (1958–1981). It is worthy, he says, of a place in the National Science Museum.

The Craig apparatus is currently on display in the BEACON Biorefining Centre at Gogerddan. This is fitting as BEACON is an IBERS project dedicated to interaction with Welsh companies. BEACON develops fractionation and large-scale purification technologies that are used at a commercial scale within Wales, delivering intellectual property and jobs and supporting the Welsh knowledge-based economy.

Gordon Allison and Mike Morris

Samplwr aer saith diwrnod Burkard o'r 1970au a ddefnyddiwyd i fonitro sborau ffwngaidd a phaill a drosglwyddir drwy'r awyr.

Seven-day volumetric spore trap manufactured by Burkard in 1970 and used to monitor airborne fungal spores and pollen.

Esmwythâd o Glefyd y Gwair: Monitro Cyfrifiadau Paill

🟦 Prynwyd y samplwr aer saith diwrnod Burkard hwn am £30 yn 1970 gan Dr John Hedger, darlithydd yn adran newydd Botaneg a Microbioleg (sydd bellach yn rhan o Adran y Gwyddorau Bywyd). Mae'n trapio sborau ffwngaidd a phaill a drosglwyddir drwy'r awyr ar rwymyn symudol o dâp gludiog, gan ddangos nid yn unig pa ronynnau biolegol sy'n bresennol ond pryd y cawsant eu dal. Yn ogystal â'i ddefnyddio yng ngwaith ymchwil Dr Hedger, câi ei ddefnyddio yn arholiadau ymarferol cwrs Anrhydedd Mycoleg ar gae Pantycelyn. Mae fersiynau modern yn cael eu defnyddio'n helaeth ym mhedwar ban byd i ddarparu cyfrifiadau paill er budd dioddefwyr clefyd y gwair, yn ogystal ag addysgu myfyrwyr sut i archwilio paill a sborau ffwngaidd.

Gall microsgopeg adnabod sawl math o baill yn drachywir. Fodd bynnag, ni ellir adnabod gronynnau paill gweiriau (problem bennaf dioddefwyr clefyd y gwair) i lefel rhywogaethau. Mae gwahanol weiriau yn blodeuo ar adegau gwahanol yn yr haf a'r gred yw bod amlder eu paill a pha mor alergenig yw eu gronynnau yn amrywio. Trwy ddefnyddio DNA wedi'i echdynnu o samplau aer wedi'u trapio, mae biolegwyr Adran y Gwyddorau Bywyd wedi datblygu dulliau o wahaniaethu mathau o baill. Mae eu data wedi esgor ar galendr paill gweiriau sy'n dangos sut mae mathau o baill yn cydberthyn â difrifoldeb symptomau clefyd y gwair ledled y DU.

Mae cysylltiad biolegwyr Aberystwyth â rhagfynegi paill yn mynd yn ôl i ddechreuadau disgyblaeth aerobioleg. Cafodd rhagflaenydd llawer symlach na thrap Burkard ei leoli ar do twr yr Hen Goleg gan Hugh Chater yn ystod y 1940au – trapiau elfennol oeddent gyda sleid microsgop gludiog a gorchudd rhag y glaw. Roedd trap Aberystwyth yn rhan o rwydwaith gwreiddiol o wyth safle yn y DU a oedd yn cael ei gydgysylltu gan Dr Harold Hyde yn Amgueddfa Genedlaethol Cymru. Dyma'r rhwydwaith cyntaf yn y byd i astudio amrywiadau dyddiol a blynyddol yn lefelau paill, a dyma ragflaenydd y rhwydweithiau paill presennol sy'n darparu rhybuddion i ddioddefwyr clefyd y gwair.

Gareth Griffith

Relief from Hayfever: Monitoring Pollen Counts

🟨 This Burkard seven-day air sampler was purchased for £30 in 1970 by Dr John Hedger, a lecturer in the newly formed Botany and Microbiology Department (now part of the Department of Life Sciences). It traps airborne fungal spores and pollen on a moving band of sticky tape, showing not only what biological particles are present but when they were trapped. In addition to Dr Hedger's research, the device was deployed in Honours Mycology practicals on Pantycelyn field. Modern versions are widely used across the world to provide pollen counts for the benefit of hayfever sufferers, as well as teaching today's students how to examine pollen and fungal spores.

Many types of pollen can be accurately identified by microscopy. However, the grains of grass pollen (by far the most problematic for hayfever sufferers) cannot be identified to species level. Different grasses flower at different times during the summer and it is suspected that different grasses vary not only in the prevalence of their pollen but also the allergenicity of their grains. Using DNA extracted from trapped air samples, biologists in the Department of Life Sciences have developed methods of distinguishing types of grass pollen. Their data have yielded a grass pollen calendar, allowing the correlation of types of grass pollen with the severity of hayfever symptoms across the UK.

The involvement of Aberystwyth biologists in pollen forecasting goes back to the origins of the discipline of aerobiology. A much simpler predecessor of the Burkard trap was located on the roof of the Old College tower by Hugh Chater during the 1940s. These early traps were rudimentary, consisting of a sticky microscope slide protected from rain by a cover. The Aberystwyth trap was part of an original network of eight UK sites coordinated by Dr Harold Hyde at the National Museum of Wales. This network was the first in the world to study daily and annual variations in pollen levels, and was a forerunner of the current pollen networks that provide warnings for hayfever sufferers.

Gareth Griffith

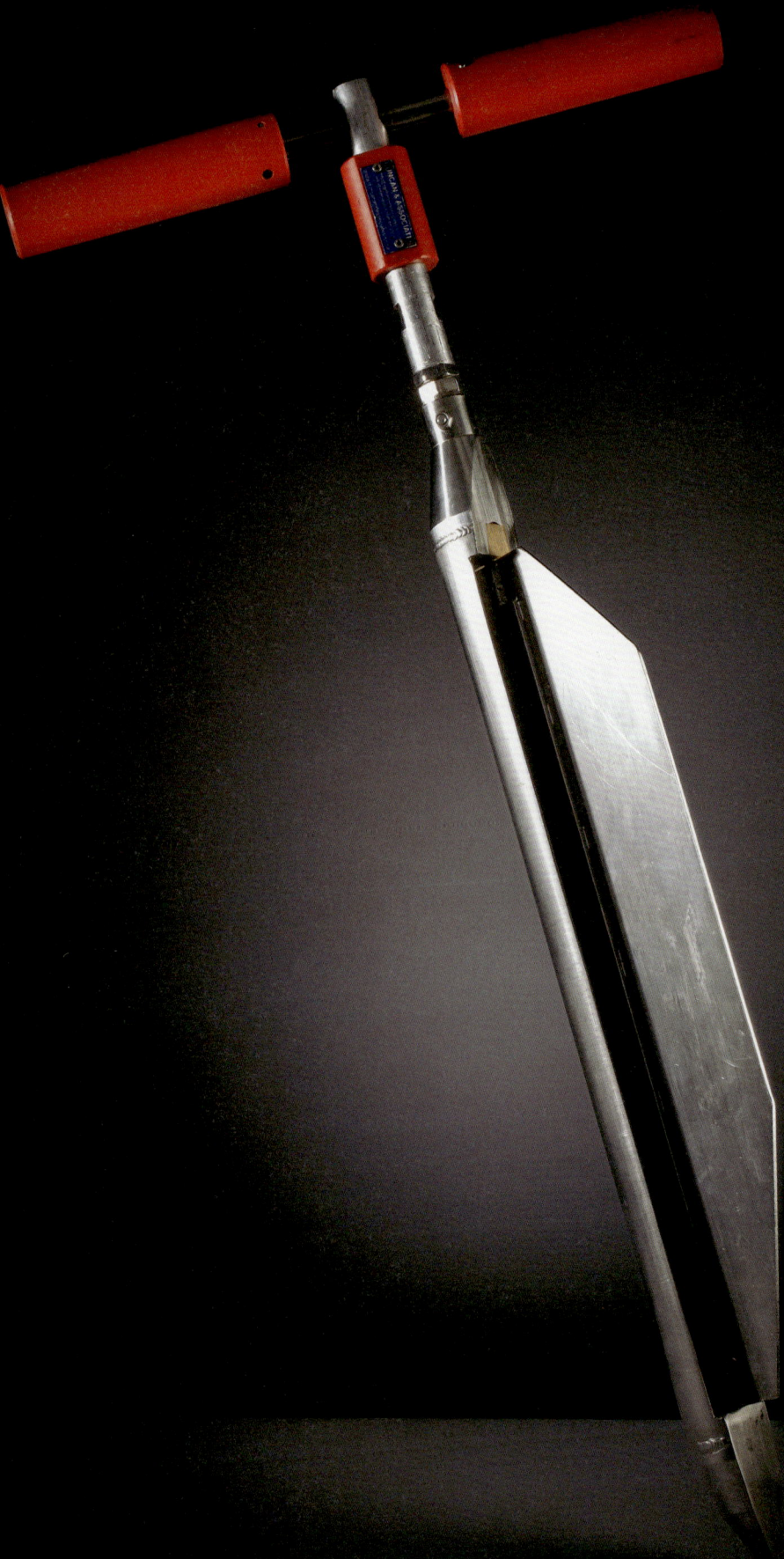

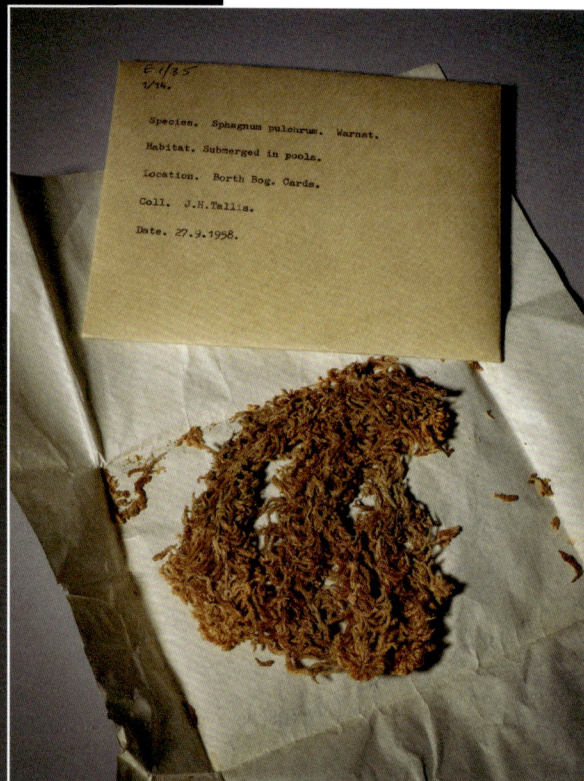

Species. Sphagnum pulchrum. Warnst.
Habitat. Submerged in pools.
Location. Borth Bog. Cards.
Coll. J.H.Tallis.
Date. 27.9.1958.

Digreiddiwr mawn o ddur di-staen a ddefnyddir gan wyddonwyr y Brifysgol i gasglu samplau o waddodion.

Sampl o fwsogl migwyn o Gors Fochno, a gasglwyd gan yr ecolegydd Dr John H Tallis yn 1958 pan oedd yn aelod o'r Adran Fotaneg.

Stainless steel peat corer used by the University's scientists to retrieve samples of sediment.

Sample of sphagnum moss from Borth Bog, collected by ecologist Dr John H Tallis in 1958 when he was a member of the Botany Department.

Cors Fochno yw'r gyforgors fawn gyflawn fwyaf ei maint yn iseldir Prydain. Mae'n denu ymchwilwyr botanegol Aberystwyth ers amser maith, ond mae heddiw'n gartref i leiniau arbrofol a rhaglenni monitro sy'n olrhain effeithiau ecolegol a hydrolegol y newid yn yr hinsawdd. Mae haenau o olion planhigion, migwyn yn bennaf, wedi cronni yma dros sawl mileniwm, gyda'r amodau dyfrlawn wedi'u cadw mewn cyflwr da.

Florence Nellie Campbell-James (née Vobes) oedd y cyntaf i ymchwilio, gan ddadansoddi gronynnau paill microsgopig i gael gweld llystyfiant y gorffennol. Yn anffodus, bu farw cyn cwblhau ei thraethawd ymchwil. Cyhoeddwyd ei gwaith ymchwil yn 1938, gan fraenaru'r tir ar gyfer ymchwil palaeoamgylcheddol ar Gors Fochno yn y dyfodol.

Ers y 1850au, bu'r digreiddiwr mawn yn declyn perffaith ar gyfer casglu samplau o fawn, gyda phob darn hanner-silindrog 50 centimetr yn cynrychioli cyfnod o rai cannoedd o flynyddoedd. Mae samplau yn dangos bod hyd at saith metr o fawn wedi ffurfio dros y 6,000 o flynyddoedd diwethaf. Yng ngwaelodion y gors, mae darnau o bren yn datgelu tystiolaeth o goedwig helaeth, sydd hefyd yn dod i'r amlwg ar lanw isel yn y Borth.

Mae taith i Gors Fochno yn un gofiadwy i'n myfyrwyr, rhwng baeddu wrth gasglu samplau, neidio i fyny ac i lawr i beri i'r wyneb symud, a'r cyffro wrth ganfod rhywogaethau prin. Gallwn werthfawrogi ei rhyfeddodau diolch i ymdrech arwrol cadwraethwyr dros sawl degawd, gan gynnwys ymdrech i drechu cynlluniau i ddraenio'r safle ar gyfer tyfu tatws. Wedi tri deg mlynedd o drafod, nodwyd ffiniau'r Warchodfa Natur Genedlaethol bresennol, sydd hefyd yn Safle Ramsar (gwlyptir o bwysigrwydd rhyngwladol) sy'n rhan ganolog o Warchodfa Biosffer UNESCO Dyfi. Mae ymdrechion cadwraethwyr a cheidwaid (Cyfoeth Naturiol Cymru ar hyn o bryd) yn golygu bod cenedlaethau o ymchwilwyr a myfyrwyr Aberystwyth yn gallu elwa ar y 'labordy byw' hwn ar garreg ein drws.

Sarah Davies a Gareth Griffith

Cors Fochno (Borth Bog) is the largest area of primary raised peat bog in lowland Britain. It has long drawn the attention of botanical researchers at Aberystwyth, but today is home to experimental plots and monitoring programmes that track the ecological and hydrological impacts of climate change. Here, layers of plant remains, largely sphagnum mosses, have built up over millennia, preserved in the waterlogged conditions.

Florence Nellie Campbell-James (née Vobes) was the first to investigate, analysing microscopic pollen grains to reconstruct past vegetation. Sadly, she died before completing her thesis. Her research was published in 1938 and led the way for future palaeoenvironmental research at Cors Fochno.

Since the 1850s, the peat corer has been the perfect tool for retrieving semi-cylindrical samples of peat, each fifty-centimetre section representing a time slice of perhaps hundreds of years. Cores from the bog reveal that up to seven metres of peat have formed over the last 6,000 years. In the lower depths, fragments of wood reveal evidence of a once extensive forest, the remnants of which are also revealed at low tide at Borth.

Cors Fochno makes a memorable trip for our students, from getting muddy pulling up cores, jumping up and down to make the bog wobble, to the excitement of finding rare species. We can appreciate its wonders thanks to the activity of heroic conservationists over several decades, at one point fending off plans to drain the site for potato cultivation. Thirty years of negotiation secured the boundaries of the current National Nature Reserve, which is also a Ramsar Site (a wetland of international importance) forming the heart of the Dyfi UNESCO Biosphere Reserve. The efforts of conservationists and custodians (currently Natural Resources Wales) mean that generations of Aberystwyth researchers and students benefit from this 'living laboratory' on our doorstep.

Sarah Davies and Gareth Griffith

Camera chwarter–plât gwydr gan AJ Lancaster & Son (Birmingham) gyda chaead Thornton Pickard a lens Optimus Perken & Son, a oedd yn rhan o'r offer a ddefnyddid yn gyson gan dechnegwyr labordai.

A glass quarter-plate camera by AJ Lancaster & Son of Birmingham, fitted with a Thornton Pickard shutter and Perken & Son Optimus lens, which was part of the kit regularly used by laboratory technicians.

Roedd y camera tinbren mahogani Lancaster & Son yn ddarn hanfodol o'r offer pan ymunais â'r Brifysgol fel technegydd iau ym mis Hydref 1959. Yn y blynyddoedd cynnar, byddai fy nghydweithiwr David Chamberlain a minnau'n defnyddio camerâu fel hyn bron bob dydd i gynhyrchu sleidiau taflunio ar gyfer darlithoedd.

Dechreuais yn y swydd pan oedd yr Adran Fotaneg yn symud o'r Hen Goleg i Benglais. Yn fy nghôt labordy newydd, dechreuais ymgyfarwyddo â'r adeilad newydd ('Edward Llwyd'), gyda'i wyneb o garreg Fforest y Ddena, a'r tu mewn o dderw Japan a phren iroco o Dde America.

Daeth teithiau maes yn rhan o'r dyletswyddau, gan gynnwys gyrru myfyrwyr a'u goruchwylwyr mewn fan Morris deuddeg sedd i safleoedd botanegol. Ar un achlysur, fe wnaethom ni arwain tîm newyddion teledu BBC Llundain, a'u gohebydd, Fyfe Robertson, allan i ganol Cors Fochno. Bustachwyd drwy blu'r gweunydd er mwyn ein ffilmio ni'n tynnu samplau o fawn o'r dyfnderoedd o dan y migwyn gwlyb. Wrth i ni adael, llithrodd un aelod o'r criw ffilmio – a'r bocs mawr roedd yn ei gario – i ganol un o'r pyllau dwfn. Dechreuodd suddo i'r mwsogl gwlyb dan bwysau ei lwyth. Dyma ni'n llamu i'w achub, ond yna bloeddiodd y cyfarwyddwr 'Get back! Cameras! Action!' wrth i ninnau wylio'r truan hwn yn diflannu'n araf i'r llaid. Daeth oddi yno'n fyw, diolch byth!

Roeddwn yn un o grŵp eithaf mawr o dechnegwyr ar y pryd yn cynnig cymorth mewn amryw o feysydd, o ddarparu deunydd garddwriaethol ar gyfer addysgu israddedigion, i ffotograffiaeth, microsgopeg, chwythu gwydr a darparu cyfarpar arbennig wedi'i lunio'n fewnol. Roedden ni i gyd yn cymryd ein tro i osod y deunydd angenrheidiol ar gyfer y dosbarthiadau ymarferol mawr ddwywaith yr wythnos. Treuliais bedwar deg a thair o flynyddoedd yn yr adeilad, ond anaml iawn roedd dau ddiwrnod yr un fath.

Peter Henley

The Lancaster & Son mahogany tailboard camera was an essential piece of equipment when I joined the University as a junior technician in October 1959. In the early years, my colleague David Chamberlain and I would use cameras like this almost daily to produce glass-mounted projection slides for student lectures.

I started in post just as the Botany Department moved from the Old College to Penglais. Clad in my new lab coat, I familiarised myself with the new building ('Edward Llwyd'), dressed with its Forest of Dean stone façade and interior of Japanese oak and South American iroko.

I became involved in field trips, driving students and their supervisors in a twelve-seater Morris van to botanical sites. On one occasion, we led a London-based BBC television news team, and their wellington-clad Scottish reporter Fyfe Robertson, onto the expanse of Borth Bog, wading through the cotton grass to a central site where they filmed us extracting peat core samples from the depths below the wet sphagnum. As we were about to leave, a member of their crew carrying a large box slipped backwards into one of the deep pools and began sinking into the wet moss, weighed down by his load. We leapt to his rescue but the director shouted 'Get back! Cameras! Action!' while we watched this poor chap slowly disappearing into the mire. He thankfully survived!

I was one of quite a large group of technicians then offering assistance in many fields, from the provision of horticultural material for undergraduate teaching to photography, microscopy, glassblowing and the provision of in-house built special apparatus equipment. We all took turns in helping to lay out the necessary material for the large twice-weekly undergraduate practical classes. There were rarely two days the same throughout the forty-three years I spent under that roof.

Peter Henley

CANER AM Y PORTHOR
RING FOR PORTER

PRIFYSGOL
ERYSTWYTH
UNIVERSITY

ymorth ar frys?
Gymorth 24/7
70 62 2900

nt Assistance?
Helpline
01970 62 2900

■ 'O, na! Yr hen gloch 'na eto. Pwy sy' 'na nawr?'

Nid oedd dau ddiwrnod yr un peth i borthorion yr Hen Goleg a'r wyth adeilad cyfagos oedd yn perthyn i'r Brifysgol. Roedd hyn yn gwneud bywyd yn ddiddorol ac yn ein cadw ar flaenau ein traed. Pan ddechreuais yn 1989, roedd y rhan fwyaf o'r swyddfeydd gweinyddol yn yr ardal hon, yn ogystal â'r Ganolfan Adnoddau Addysg a nifer o adrannau (Addysg, y Gymraeg, Cerddoriaeth, Theatr a Ffilm), heb sôn am yr Adran Argraffu, y Swyddfa Ystadau, Dysgu Gydol Oes a Chymraeg i Oedolion. Yma cynhelid cyfarfodydd di-ri'r Coleg, gan gynnwys y Cyngor a'r Senedd, yn ogystal â digwyddiadau cyhoeddus yn yr Hen Neuadd ac Ystafell Seddon. Roedd y lle yn fwrlwm o wyth y bore nes deg yr hwyr.

Efallai y byddai'r llygotwr am gael mynediad i ystafelloedd yn y seler. Byddai un o staff y Swyddfa Ystadau yn achwyn bod car yn rhwystro'r fynedfa o flaen y Coleg. Byddai un o'r staff cynnal a chadw am gael cymorth gyda'i dasg nesaf.

Ac wedyn myfyriwr yn achwyn bod y peiriant diodydd wedi torri. Diwedd y byd! Cadwyd y peiriant i fynd am flynyddoedd gennyn ni'r porthorion.

Rhywun yn achwyn bod un o'r goleuadau yn ei swyddfa'n fflachio. 'Fedri di wneud rhywbeth? Mae'n hela fi'n wallgo!'

Unwaith y flwyddyn, roedd y prosbectws israddedig yn cyrraedd: oddeutu pymtheg palet ar y tro. Rhaid oedd eu storio yn y Cwad nes byddai amser a staff ar gael i'w symud i'r stordy drws nesaf i'r Hen Goleg.

Ar un adeg, roedd yn bosibl clywed y gloch ymron bobman trwy'r adeilad ond gosodwyd drysau tân a chollwyd ei heffeithlonrwydd. Symudodd y byd ymlaen. Rhoddwyd ffôn ger y gloch a ffôn symudol i'r gofalwr. Adeiladwyd derbynfa 'crand' gyferbyn â swyddfa'r gofalwr. O, ie, ac erbyn i mi ymddeol yn 2014, roedd pawb bron wedi symud lan y rhiw i gampws Penglais.

Geraint Gravell

■ 'Oh, no! That old bell again. Who's there now?'

No two days were the same for the porters looking after the Old College and the eight nearby buildings belonging to the University. It made for an interesting life and kept us on our toes. When I started in 1989, most of the administrative offices were based here, along with the Centre for Education Resources and several departments (Education, Welsh, Music, Theatre and Film). There was also the Printing Department, the Estates Office, Lifelong Learning and Welsh for Adults. Numerous College meetings were held here, including the Council and Senate, as well as public events in the Old Hall and the Seddon Room. The place would be buzzing from eight in the morning until ten at night.

Perhaps the rat-catcher would want access to the rooms in the cellar. One of the Estates Office staff would complain about a car blocking the entrance in front of the College. One of the maintenance team might need a hand.

Or maybe a student moaning the drinks machine was broken. End of the world! That machine was kept going for years by us porters.

Someone complaining of a flickering light in their office. 'Can you do something? It's driving me crazy!'

Once a year, the undergraduate prospectus would arrive: about fifteen palettes at a time. They had to be stored in the Quad until we had the time and staff to move them to the storeroom next door to the Old College.

At one time, it was possible to hear the bell almost anywhere in the building, but fire doors were installed, impairing its effectiveness. The world moved on. A telephone was placed next to the bell and the caretaker was given a mobile phone. A smart reception area was built opposite the caretaker's office. Oh, yes, and by the time I retired in 2014, almost everyone had moved up the hill to Penglais campus.

Geraint Gravell

Arwydd 'Caner am y Porthor' ar y wal y tu allan i swyddfa'r gofalwr, ger y brif fynedfa i'r Hen Goleg.

'Ring for Porter' sign outside the caretaker's office near the main entrance to the Old College.

ER MWYN OSGOI AMHARU AR WASANAETH LIFFT, GWNEWCH YN SIŴR BOD Y DRWS MEWNOL A'R DRWS ALLANOL WEDI EI CAU YN DYNN, CYN AC AR ÔL EI DDEFNYDDIO.

Adran Ystadau.

TO AVOID LIFT SERVICE DISRUPTION, PLEASE ENSURE THAT BOTH INNER & OUTER LIFT DOORS ARE SECURELY CLOSED, BOTH PRIOR TO, AND AFTER LIFT USE.

Estates Department.

ABERYSTWYTH

Angen Cymorth ar frys?
Llinell Gymorth 24/7
☎ 01970 62 2900

Need Urgent Assistance?
24/7 Helpline
☎ 01970 62 2900

PLEASE CLOSE BOTH DOORS

Lifft ar lawr gwaelod yr Hen Goleg a oedd, yn ôl y sôn, yn aros dim ond ar y lloriau hynny a oedd o ddiddordeb i'r Athro Lily Newton.

The lift in the Old College is said to have stopped only at the floors which were of interest to Professor Lily Newton.

Yr Athro Lily Newton oedd un o'r unigolion blaenllaw yn hanes Prifysgol Aberystwyth. Hyfforddodd fel gwymonegydd, ac roedd yn arbenigwraig flaenllaw ym maes bioleg gwymon. Hi hefyd oedd y fenyw gyntaf un i arwain y Coleg. Eisoes yn Is-Brifathro, daeth yr Athro Newton yn Brifathro Gweithredol yn dilyn marwolaeth sydyn Ifor L Evans ym mis Mai 1952, a bu'n gwneud y gwaith am fwy na blwyddyn cyn penodi Goronwy Rees ym mis Mehefin 1953.

Yn ystod y cyfnod hwn, dywedwyd iddi fynnu lleoli'r lifft gyferbyn â swyddfa'r Prifathro fel bod modd iddi gyrraedd y labordai gwyddoniaeth, a oedd, yn ystod y 1950au, yn dal i fod ar loriau uchaf yr Hen Goleg. Mae'n debyg mai dim ond ar y lloriau a ddefnyddiai'r Athro Newton y byddai'n stopio! Gallai'r lifft fod yn oriog, a chafodd un o'i chydweithwyr, Mr Hugh Chater, darlithydd Botaneg am ddegawdau lawer, ei gaethiwo ynddo am beth amser.

Yn wreiddiol, penodwyd yr Athro Newton yn ddarlithydd Botaneg yn 1928, gan symud i Aberystwyth o Sefydliad Garddwriaethol John Innes yn fuan wedi marwolaeth annhymig ei gŵr. Cafodd ei dyrchafu'n Athro Botaneg ddwy flynedd yn ddiweddarach, a datblygodd enw da'r adran o ran ymchwil ac addysgu yn sylweddol o dan ei harweinyddiaeth.

Ei chyhoeddiad mwyaf adnabyddus yw *A Handbook of the British Seaweeds* (1931) ac fe hyfforddodd hi lawer o wymonegwyr iau, yn eu plith Máirin de Valéra (merch Éamon). Yn ystod y 1940au, astudiodd botensial diwydiannol gwahanol fathau o wymon ar gyfer cynhyrchu agar, asid alginig a charaginan ar raddfa fawr yn y DU, a oedd yn arfer cael eu mewnforio.

Gwnaeth gyfraniad pwysig mewn trydydd maes hefyd, gan ddal ati wedi iddi ymddeol, drwy astudio effeithiau adeiladu argaeau a mwyngloddio ar fioamrywiaeth afonydd, gan barhau â gwaith ymchwil arloesol yn y maes gan Kathleen Carpenter.

Gareth Griffith

Professor Lily Newton was one of the major figures in the history of Aberystwyth University, a phycologist by training and a leading expert in seaweed biology. She was also the very first woman to lead the College. Already Vice-Principal, Professor Newton became Acting Principal following the sudden death of Ifor L Evans in May 1952, and was in post for more than a year before the appointment of Goronwy Rees in June 1953.

It's said that during this time she had this lift installed opposite the Principal's office so that she could easily reach the science laboratories, which, during the 1950s, were still on the upper floors of the Old College. Apparently, it only stopped at those floors used by Professor Newton! It could be unreliable, and one of her colleagues, Mr Hugh Chater, lecturer in Botany for many decades, was once stuck in it for some time.

Professor Newton was originally appointed as lecturer in Botany in 1928, moving to Aberystwyth from the John Innes Horticultural Institute shortly after the untimely death of her husband. She was promoted to Professor of Botany two years later and the department's reputation in both research and teaching grew significantly under her guidance.

Her best known publication is *A Handbook of the British Seaweeds* (1931) and she trained many younger phycologists, notably Máirin de Valéra (daughter of Éamon). During the 1940s, she studied the industrial potential of different seaweeds for large-scale UK production of agar, alginic acid and carrageenan which were previously sourced from abroad.

A third area in which she made an important contribution, and which she continued in retirement, was to the effects of dam construction and mining activities on the biodiversity of rivers, continuing the work of pioneering freshwater researcher Kathleen Carpenter.

Gareth Griffith

Yr Athro Lily Newtown (canol) yn 1957.
Professor Lily Newton (centre) in 1957.

Daearegydd a Phaleontolegydd o Fri: Nancy Kirk

The Renowned Geologist and Palaeontologist: Nancy Kirk

■ Roedd Dr Nancy Kirk (1916–2005) yn ddaearegydd a phaleontolegydd o fri. Dechreuodd ei haddysg uwch ym Mhrifysgol Caergrawnt, lle bu'n astudio'r gwyddorau naturiol, a gyffrôdd ei diddordeb gydol oes mewn daeareg. Enillodd Wobr Bathurst ar ôl iddi ragori yn ei harholiadau daeareg terfynol, ond chafodd hi mo'i gradd, gan nad oedd Caergrawnt yn dyfarnu graddau i fenywod ar y pryd. Ar ôl cyfnod byr yn y Ffatri Ordnans Frenhinol yn ystod y rhyfel, dychwelodd Nancy i Gaergrawnt i ennill ei doethuriaeth dan oruchwyliaeth OT Jones, ac yntau'n un o gynfyfyrwyr Aberystwyth. Wedi cyfnod o ychydig flynyddoedd ym Mhrifysgol Birmingham, dechreuodd Nancy ddarlithio yn yr Adran Ddaeareg yma yn 1953, a dyma lle y bu am weddill ei gyrfa ddisglair.

Arbenigedd Nancy oedd astudio creaduriaid morol ychydig yn anarferol, graptolitau (o'r Groeg 'graptos', ysgrifenedig, a 'lithos', craig). I'r anhyddysg yn ein plith, dydy'r ffosiliau hyn ddim yn taro rhywun fel y sbesimenau mwyaf cyffrous. Maent yn ymdebygu i linellau tenau, syth neu grwm, gyda phigynnau byr yn ymestyn o un ochr, neu o'r ddwy, ac wedi'u henwi oherwydd eu bod yn edrych yn debyg i hieroglyffau. Fodd bynnag, maent nid yn unig yn hanfodol wrth ddyddio creigiau cannoedd ar filiynau o flynyddoedd oed, yn Aberystwyth a ledled y byd, ond mae gwaith arloesol Nancy gyda microsgopau electron sganio pwerus hefyd yn dangos eu hadeiladwaith cywrain, cymhleth a hynod amrywiol wrth edrych arnynt ar y raddfa gywir. Mewn cydweithrediad agos â'i chydweithiwr Dr Denis Bates, adeiladodd Dr Kirk fodelau 3D hynod fanwl a drawsnewidiodd ein dealltwriaeth o'r organebau hyn a'u ffordd o fyw.

Y gair rwy'n ei glywed amlaf i ddisgrifio Nancy yw lliwgar, a hynny'n cyfeirio at ei hiaith ac at ei hagwedd tuag at awdurdod. Mae ei gwaddol yn ddiogel, boed fel paleontolegydd a dorrodd dir newydd, fel daearegydd benywaidd arloesol, neu fel darlithydd a oedd yn dangos yr un ymroddiad i'w gwaith ymchwil ag i'w myfyrwyr.

Marie Busfield

■ Dr Nancy Kirk (1916–2005) was a renowned geologist and palaeontologist. Her higher education began at Cambridge University, where she read natural sciences, piquing her lifelong interest in geology. She was awarded the Bathurst Prize after excelling in her final geology exams, but no degree, since Cambridge did not award these to women at the time. After a brief stint at the Royal Ordnance Factory during the war, Nancy returned to Cambridge to earn her PhD under the supervision of Aberystwyth alumnus OT Jones. Following a couple of years at Birmingham University, Nancy began her lectureship in the Geology Department here in 1953, where she remained for the rest of her prestigious career.

Nancy specialised in the study of the somewhat unusual marine animals known as graptolites (from the Greek 'graptos' for written and 'lithos' for rock). To the uninitiated, these fossils don't appear to be the most exciting specimens. They resemble thin, straight or curved lines with short spikes extending from one or both sides, and were so named after their resemblance to hieroglyphics. However, they are not only integral to dating rocks several hundred million years old in Aberystwyth and the world over, but Nancy's ground-breaking work using high-powered scanning electron microscopes (SEMs) also demonstrates their beautifully intricate, complex and highly varied structures when viewed at the correct scale. In close collaboration with her colleague Dr Denis Bates, Dr Kirk built incredibly detailed 3D models which fundamentally changed our understanding of these organisms and how they lived.

The word I most often hear to describe Nancy is colourful, used in reference to both her language and attitude to authority. Her legacy as a pioneering palaeontologist, a trail-blazing female geologist, and a lecturer equally devoted to her research and to her students, is assured.

Marie Busfield

Un o'r modelau 3D prin sydd wedi goroesi o waith Dr Nancy Kirk, a grëwyd fel rhan o'i hastudiaeth gydol oes o ffosiliau graptolit. Trwy ganiatâd Amgueddfa Cymru.

A rare surviving 3D model by Dr Nancy Kirk, created as part of her lifelong study of graptolite fossils. By permission of Amgueddfa Cymru – National Museum Wales.

17.

Casglodd yr Athro Gwendolen Rees lawer o'i samplau o barasitiaid yn ne Cymru. Cadwai gofnodion manwl o'r sleidiau a gynhyrchodd, i ddangos presenoldeb y parasit trematod mewn malwod.

Professor Gwendolen Rees collected many of her parasite samples in south Wales. She kept meticulous records of the slides she produced, showing the presence of the trematode parasite in snails.

Llun o Gwendolen Rees a ddefnyddiwyd yn *Vogue* yn 1975. O gasgliadau'r Gymdeithas Frenhinol, ℗ Godfrey Argent Studio.

The photo of Gwendolen Rees which appeared in *Vogue* in 1975. From the collections of the Royal Society, © Godfrey Argent Studio.

T.S. LYMNAEA TRUNCATULA.
[FASCIOLA HEPATICA]
PENDERYN - 1928.
'MALLORY'S STAIN'
G.R.

7.

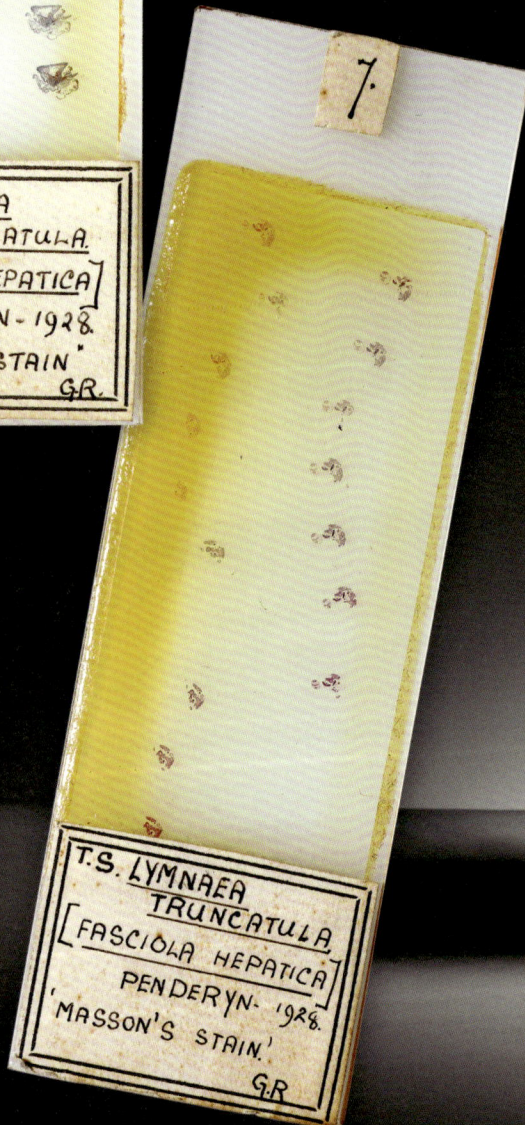

T.S. LYMNAEA TRUNCATULA.
[FASCIOLA HEPATICA]
PENDERYN - 1928.
'MASSON'S STAIN.'
G.R.

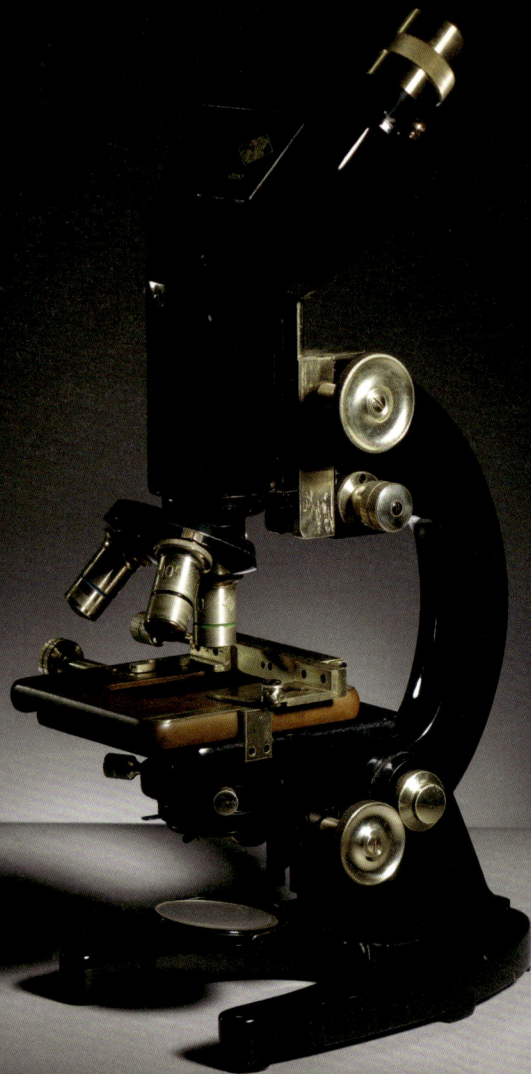

Arloesi mewn Parasiteleg: Florence Gwendolen Rees

Roedd Gwen Rees (1906–1994) yn sŵolegydd ac arloeswr ym maes parasiteleg yn ein Prifysgol. Byddem heddiw yn galw Gwen yn ddylanwadwraig, nid oherwydd ei henwogrwydd, na'r ffaith iddi gael ei chynnwys ar restr o fenywod nodedig cymdeithas gan gylchgrawn *Vogue* Prydain yn 1975, ond oherwydd y dylanwad aruthrol a gafodd Gwennie, fel y byddent yn ei galw, ar ei myfyrwyr.

Yn enedigol o Abercynon, graddiodd Gwen o Goleg Prifysgol Cymru Caerdydd yn 1927, gan ddechrau ei hymchwil ddoethurol y flwyddyn ganlynol. Canolbwyntiodd hon ar lyngyr yr iau, clefyd milheintiol sy'n effeithio ar ddefaid ac sy'n cael ei achosi gan lyngyr parasitig. Wedi'i swyno gan gylch bywyd y parasit a'i ryngweithio â'r falwoden ddi-asgwrn-cefn letyol, arweiniodd ymchwil fanwl Gwen at ddarluniau cain a daeth i nodweddu ei gwaith.

Yn dilyn ei phenodiad yn Ddarlithydd Cynorthwyol mewn Sŵoleg yn Aberystwyth yn 1930, dechreuodd Rees ar yrfa hynod gynhyrchiol, gan ymuno â charfan leiafrifol o academyddion benywaidd. Yn 1971, hi oedd y Gymraes gyntaf i'w hethol yn Gymrawd i'r Gymdeithas Frenhinol, fe'i hetholwyd yn Gymrawd y Sefydliad Bioleg, a dyfarnwyd Cadair bersonol iddi. Am fwy na degawd, bu'n cadeirio Bwrdd Golygyddol y cyfnodolyn *Parasitology*. Yn un o sylfaenwyr Cymdeithas Parasiteleg Prydain, fe'i hetholwyd yn Is-lywydd a Llywydd (1972–1976), a dyfarnwyd Cymrodoriaeth er Anrhydedd Cymdeithas Parasitolegwyr America iddi yn 1976.

Gan ymddeol yn ffurfiol yn 1973, daliodd Rees ati i gynnal gwaith ymchwil a chefnogi myfyrwyr fel Athro Emeritws, gan gyhoeddi ei phapur olaf pan oedd hi yn ei hwythdegau cynnar. Yn 1990, anrhydeddwyd ei chyfraniad oes i sŵoleg gyda'r Fedal Linneaidd uchel ei bri.

Diolch i waith arloesol Gwen, mae parasiteleg – gyda ffocws ar lyngyreg – yn parhau i fod yn gryfder ymchwil craidd yn Aberystwyth, ac mae gan ein harbenigwyr rolau blaenllaw mewn cymdeithasau parasiteleg rhyngwladol. Efallai nad yw Gwen gyda ni mwyach, ond yn sicr nid yw'n angof. Mae rhai o'i sleidiau cywrain o barasitiaid yn dal i gael eu rhannu â myfyrwyr, gan sicrhau hirhoedledd ei gwaddol.

Joanne Hamilton

Parasitology Pioneer: Florence Gwendolen Rees

Gwen Rees (1906–1994) was a zoologist and a pioneer of parasitology at our University. In modern parlance, we would call Gwen an influencer, not because of fame, notoriety, or even her appearance in British *Vogue*'s 1975 celebration of notable women in society, but because of the profound impact she had on her students, to whom she was known as Gwennie.

Born in Abercynon, Gwen graduated from UCW Cardiff in 1927 and began her doctoral research in September 1928. Her research focused on liver fluke, a zoonotic disease of sheep that is caused by a parasitic (helminth) worm. Fascinated by the life cycle of the parasite and its interactions with the invertebrate snail host, her meticulous research resulted in exquisite illustrations that became her hallmark.

Appointed Assistant Lecturer in Zoology at UCW Aberystwyth in 1930, Gwen began her highly productive career, joining a minority of female academics. In 1971, she became the first Welsh woman elected Fellow of the Royal Society, was elected Fellow of the Institute of Biology, and was awarded a personal Chair. For more than a decade, she chaired the Editorial Board of the journal *Parasitology*. A founder member of the British Society for Parasitology, she was elected Vice-President and President (1972–1976) and awarded an Honorary Fellowship of the American Society of Parasitologists in 1976.

Formally retiring in 1973, Gwen continued with research and supporting students as Professor Emeritus, publishing her last paper in her eighty-second year. In 1990, her lifetime contribution to zoology was honoured with the prestigious Linnean Medal.

Pioneered by Gwen, parasitology – with a focus on helminthology – remains a core research strength at Aberystwyth, and our specialists hold leadership roles in international parasitology societies. Gwen may no longer be with us, but she is certainly not forgotten. Some of her meticulously produced parasite slides are still shared with students, bringing her legacy to life.

Joanne Hamilton

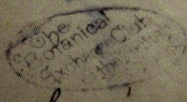

Mae'r sampl hon o edafeddog y môr, *Achillea maritima* (*Otanthus maritimus* gynt), yn un o fwy na 16,000 sbesimen o samplau planhigion sych sy'n cael eu storio yn Llysieufa Aberystwyth yn Adeilad Edward Llwyd. Maent wedi'u trefnu yn ôl rhywogaeth (wedi eu catalogio yn herbariaunited.org/atHome) ynghyd â channoedd o enghreifftiau o ffyngau, felly mae hefyd yn ffwngariwm. Credir i'r llysieufa gael ei sefydlu gan John Henry Salter yn dilyn ei benodiad i'r Adran Bioleg a Daeareg yn 1891.

Mae edafeddog y môr (*Achillea maritima*) wedi diflannu o Brydain, gyda dim ond deuddeg planhigyn yn parhau ar un safle yn Wexford yn Iwerddon yn 2021. Yn ôl cofnodion John Ray ac eraill o Wynedd ac Ynys Môn yn yr ail ganrif ar bymtheg, roedd yn 'doreithog' mewn 'cynefinoedd blaendon', ond gwelwyd hi ddiwethaf gan JE Griffith yn 1894. Mae'r rhesymau am ei thranc yn aneglur ac mae ei phoblogaethau ym Mhortiwgal a gogledd Môr y Canoldir yn parhau'n iachach.

Mae gennym bum sampl o edafeddog y môr yn dyddio'n ôl i 1876 ac yn cynnwys sbesimenau o'r Eidal a Phortiwgal a gasglwyd yn ystod taith faes y Brifysgol. Ynghyd â'r sbesimenau Cymreig hŷn (bellach yn yr Amgueddfa Astudiaethau Natur), rydym yn asesu lefelau amrywogaethau genynnol o fewn poblogaethau trwy echdynnu DNA o is-samplau bach o'r sbesiminau. Hefyd, drwy astudio gwreiddiau planhigion byw a sbesimenau sydd ar gadw, a'r DNA o ffyngau a microbau eraill, efallai y bydd modd gweld a yw dirywiad y rhywogaeth yn gysylltiedig â cholli symbiont allweddol neu â phathogen posibl. Mae dyfodiad technoleg dilyniannu seiliedig ar DNA wedi rhoi bywyd ac ystyr newydd i lysieufeydd.

Mae'r llysieufa yn fio-ystorfa swyddogol (cod ABS) ac yn cynnwys nifer o deipsbesimenau (cynrychiolwyr unigryw o rywogaeth), ffyngau yn bennaf, wedi eu henwi gan staff Prifysgol Aberystwyth. Mae ein hymchwil heddiw yn adeiladu ar waith hanesyddol y llysieufa. Diolch i'n rhagflaenwyr, mae gennym ar gampws gofnodion pwysig o fioamrywiaeth planhigion sy'n llywio ein hastudiaethau o'r newid yn yr hinsawdd a materion byd-eang eraill.

Gemma Beatty a Gareth Griffith

This sample of cottonweed, *Achillea maritima* (formerly *Otanthus maritimus*), is one of more than 16,000 specimens of dried plant vouchers stored in the Aberystwyth Herbarium in the Edward Llwyd Building. Each is arranged by species (catalogued at herbariaunited.org/atHome) alongside several hundred fungal vouchers, so it is also a fungarium. The herbarium is believed to have been established by John Henry Salter following his appointment to the Department of Biology and Geology in 1891.

Achillea maritima is now extinct in Britain, with only twelve plants remaining on a single site at Wexford in Ireland in 2021. Records from Gwynedd and Anglesey made by John Ray and others in the seventeenth century show that it was 'abundant' in 'foredune habitats', but was last observed by JE Griffith in 1894. The reasons for its demise are unclear; its populations in Portugal and the northern Mediterranean remain much healthier.

We have five cottonweed vouchers, dating back to 1876 and including specimens from Italy and Portugal collected during a University field trip. Alongside the older Welsh specimens (now at the Natural History Museum), we are assessing levels of genetic variation within populations by extracting DNA from small subsamples of the vouchers. Additionally, examination of root tissues from living and preserved specimens of the DNA of fungi and other microbes may identify whether the loss of a key symbiont or the presence of a potential pathogen may be linked to the decline of this species. The advent of DNA-based sequencing technology has given new life and meaning to herbaria.

The herbarium is an official biorepository (code ABS) and contains many type specimens (a unique representative of a species), mainly fungi, named by University staff. Our research today builds on the historic work of the herbarium. Thanks to our predecessors, we have on campus important records of the biodiversity of plants to inform our study of climate change and other global issues.

Gemma Beatty and Gareth Griffith

Sbesimen sych o *Achillea maritima* (*Otanthus maritimus* gynt), sy'n cael ei gadw yn y llysieufa, a gasglwyd gan fyfyrwyr Botaneg Aberystwyth yn ystod taith faes i Bortiwgal yn 1977.

Preserved in the University's herbarium, a dried specimen of *Achillea maritima* (formerly *Otanthus maritimus*) collected by Aberystwyth Botany students during a field trip to Portugal in 1977.

Reply by Prof. Bowen who in fewer words
toast the Health of the Society. The Student
President would reply to this toast.

③. Annual Trip.

It was decided to hold this on Saturday
May 15th, 1948 and it was to be to Tintern
Abbey. The Secretary was authorised the
two Company and make arrangements
for it.

... of effort.

... proposed to appointed a S...
... ... with this. Beside...
... ... and the Se...

Ymunodd RF Treharne â'r Adran Hanes fel Athro Hanes yr Oesoedd Canol a Phennaeth yr Adran yn 1930. Yma fe'i gwelir (chwith pellaf) gyda'i wraig, Ellen Treharne (yr ail ar y chwith), a chydweithwyr eraill ar daith i Abaty Tyndyrn. Mawr yw ei barch o hyd ar sail ffrwyth ei lafur fel hanesydd canoloesol ac fel arweinydd academaidd heb ei ail.

Roedd Treharne a'i wraig yn meithrin yr adran, yn academaidd ac yn gymdeithasol. Mae teyrnged dwymgalon gan Glanmor Williams wedi marwolaeth Treharne yn 1967 yn cyfeirio at haelioni'r pâr yn croesawu myfyrwyr i'w cartref yn Llanbadarn, 'hyd yn oed yn ystod dyddiau du dogni llym yr Ail Ryfel Byd'. I Williams, roedd y digwyddiadau cymdeithasol hyn yn estyniad o addysg brifysgol y myfyriwr ifanc ac yn datgelu byd lle nad oedd dysgu'n gorffen wrth ddrws y ddarlithfa. Gwelir y terfyn hyblyg hwn rhwng y byd academaidd a'r byd y tu hwnt i'r campws hefyd yn ymrwymiad Treharne i ddysgu hanes mewn ysgolion – fel Llywydd y Gymdeithas Hanesyddol a golygydd cylchgrawn y gymdeithas am ddegawd – a'i argyhoeddiad fod swydd academaidd uwch yn llwyfan ar gyfer trafod pynciau llosg y dydd.

Roedd Treharne yn ddyn o'i gyfnod ac fel y gwelir yma, roedd ei Adran hefyd, gyda'i staff gwyn a gwrywaidd (gwragedd y staff yw'r ddwy fenyw). Er bod y cydbwysedd o safbwynt rhywedd ac ethnigrwydd wedi gwella yn y blynyddoedd diwethaf, nid yw'r Adran wedi gweld Pennaeth Adran benywaidd a/neu Ddu, Asiaidd ac Ethnig Leiafrifol eto. Dyma sefyllfa sy'n sicr o newid, a datblygiad i'w ddathlu yn y casgliad pen-blwydd nesaf.

Phillipp Schofield

RF Treharne joined the Department of History as Professor of Medieval History and Head of Department in 1930. This image shows him (first left) with his wife, Ellen Treharne (second left) and other colleagues of the Department on a trip to Tintern Abbey. Treharne remains a famous name, not only because of his output as a medieval historian but because he epitomised a quality of academic leadership.

Treharne and his wife nurtured a department, academically and socially. In a fulsome appreciation, written by Glanmor Williams after Treharne's death in 1967, he noted the generosity of the couple in welcoming students into their home in Llanbadarn, 'even during the dark days of stringent rationing during the Second World War'. These social gatherings, which Williams identified as an extension of the university education of the young undergraduate, reveal a world where learning did not end at the lecture-theatre door. This porous boundary between academic life and the world beyond the campus is also revealed in Treharne's commitment to history teaching in schools – as President of the Historical Association and editor of the association's journal for a decade – and his conviction that a senior academic post was a platform from which to speak on matters of the day.

Treharne, then, was very much of his time and, as this photo shows, his Department was too, with its exclusively white and male teaching staff (the two women in the photograph were spouses of staff members). While staff gender and ethnicity balance has started to improve in more recent years, the Department has yet to see a female and/or Black, Asian and Minority Ethnic Head of Department. This is a situation that will certainly change, and the authors of the next anniversary collection will be able to celebrate that future pioneer.

Phillipp Schofield

Llun o wibdaith flynyddol yr Adran Hanes i Abaty Tyndyrn yn 1948 a llyfr cofnodion y Gymdeithas Hanes, yn cynnwys manylion cynllunio'r union wibdaith, yn ôl pob tebyg.

Photograph of the History Department's trip to Tintern Abbey in 1948 and the History Society's minute book, with details of what is likely to have been planning for the same trip.

Llun ar gyfer Eich Ystafell mewn Neuadd Breswyl: Cynllun Benthyg Lluniau Gulbenkian

■ Mae 'Tête Bleu' yn un o dros 140 o weithiau celf sy'n rhan o fenter anhygoel i ennyn diddordeb myfyrwyr Aberystwyth mewn celfyddyd gyfoes. Yn 1960, rhoddodd Sefydliad Calouste Gulbenkian £500 tuag at ffurfio casgliad benthyg fel y gallai myfyrwyr fwynhau darluniau yn eu preswylfeydd. Y gŵr wrth wraidd y cynllun oedd yr arlunydd a'r Darlithydd Efrydiau Allanol mewn Hanes Celf, Arthur Giardelli, a gredai fod bywydau myfyrwyr yn cael eu cyfoethogi drwy fyw gyda gweithiau celf gwreiddiol.

'Roedd gen i syniad i ddod â'r hyn gallwn i o waith gwreiddiol i Gymru o'r cyfandir,' esboniodd Giardelli yn 1978, gan edrych y tu hwnt i Lundain ac arddangos gwaith gan artistiaid fel Kyffin Williams a Ceri Richards 'mewn perthynas ag Ewrop yn hytrach na Lloegr'. Ochr yn ochr â'r gweithiau gan Georges Braque, Raoul Dufy a Pablo Picasso a brynodd, yn enghreifftiau o artistiaid Ysgol Paris yr oedd yn eu hedmygu, roedd gweithiau celf gan Henry Moore, John Piper a Graham Sutherland yn cynrychioli'r gorau o artistiaid graffig Prydain. Llwyddodd i ddarbwyllo ceidwad orielau ac artistiaid cefnogol i'r cynllun i gynnig gostyngiadau hael.

Roedd yr arddangosfa *A Picture for your Room in Hall*, a lwyfannwyd yn flynyddol yn yr Hen Goleg, yn gwahodd myfyrwyr i logi llun am hanner coron y flwyddyn. Yng nghanol y 1970au, cafodd y cynllun ei ymestyn i gynnwys ystafelloedd staff ac ystafelloedd cyffredin yn ogystal ag ardaloedd cyhoeddus. Yn y pen draw, arweiniodd y baich gweinyddol, cynnydd yng ngwerth darluniau, diogelwch a rheolaethau amgylcheddol at drosglwyddo'r gweithiau celf i Amgueddfa'r Ysgol Gelf. Roedd cymeriad mynegiannol, arbrofol printiau Gulbenkian yn wrthbwynt i grefftwaith tawel yr ysgythriadau unlliw a ddaeth i'r Brifysgol rhwng y ddau ryfel byd.

Y gobaith oedd y byddai'r cynllun yn dylanwadu'n gadarnhaol ar gelfyddyd yng Nghymru a bywoliaethau artistiaid. Rhagwelodd Giardelli y byddai myfyrwyr yn canfod maes o law 'bod angen darluniau a cherfluniau yn eu cartrefi, eu busnesau, eu ffatrïoedd a'u canolfannau adloniant.'

Robert Meyrick

A Picture for Your Room in Hall: The Gulbenkian Picture Loan Scheme

■ 'Tête Bleu' is one of over 140 artworks that constitute an extraordinary initiative to interest Aberystwyth students in contemporary art. In 1960, the Calouste Gulbenkian Foundation gave £500 to help form a loan collection for students to enjoy pictures in their residences. The scheme was the enterprise of artist and Extra Mural Lecturer in Art History, Arthur Giardelli, who believed that students' lives are enriched by living with original works of art.

'I had in mind to bring to Wales what original works I could get from the continent,' Giardelli explained in 1978, to look beyond London and display works by artists such as Kyffin Williams and Ceri Richards 'in relation to Europe rather than England'. While the prints he purchased by Georges Braque, Raoul Dufy and Pablo Picasso represented the School of Paris artists he admired, artworks by Henry Moore, John Piper and Graham Sutherland stood for the best of British graphic artists. Gallerists and artists sympathetic to the scheme were persuaded to offer generous discounts.

The exhibition *A Picture for your Room in Hall*, staged annually in Old College, invited students to hire a picture for half a crown a year. In the mid 1970s, the scheme was extended to include staff and common rooms as well as public areas. The burden of administration, increased values, security and environmental control eventually led to artworks being accessioned into the School of Art Museum. The expressive, experimental character of the Gulbenkian prints were an antidote to the sober craftsmanship of the monochrome etchings acquired by the University during the interwar years.

It was hoped that the scheme would positively influence art in Wales and the livelihood of artists. When 'students have become influential members of the society,' Giardelli anticipated, 'they will find that pictures and sculpture are needed in their homes, businesses, factories and places of entertainment.'

Robert Meyrick

Cafodd 'Tête Bleu', troslun gan Fernand Léger (1881–1955), ei brynu gan Arthur Giardelli o oriel ym Mharis ar ddechrau'r 1960au gydag incwm gan Sefydliad Calouste Gulbenkian. ℗ ADAGP, Paris a DACS, Llundain 2022.

'Tête Bleu', a 1950 screenprint by Fernand Léger (1881–1955), was purchased by Arthur Giardelli from a Paris gallery in the early 1960s with income from the Calouste Gulbenkian Foundation. © ADAGP, Paris and DACS, London 2022.

■ **Dyfyniadau o *Rag Aber Rag* 1947–1977**

Mae Rag Aber Rag (Raise and Give) yn un o'r ymgyrchoedd codi arian mwyaf llwyddiannus o'i math, gan gyfrannu cannoedd ar filoedd i elusennau dros y blynyddoedd. Lluniwyd llyfryn i gofnodi ei hanes yn 1977, a dyma rai pigion, gan ddechrau gyda'r Wythnos Rag gyntaf yn 1947.

Argraffwyd a gwerthwyd 1,000 o gopïau o'r cylchgrawn Rag, *Keezle-Wacka* (mae'r enw'n deillio o 'Floedd y Coleg' cyn y rhyfel) a, gyda chaniatâd yr heddlu, codwyd rhwystrau ar waelod rhiw Penglais ac ar Bont Trefechan, gyda modurwyr yn talu toll i fynd i mewn ac allan o'r dref yn gyfnewid am fathodyn 'imiwnedd'.

Ar Rodfa'r Gogledd, rhoddwyd pwysigion, aelodau o'r cyhoedd a phlismyn ar brawf a'u dirwyo mewn achosion llys anffurfiol. Herwgipiwyd Maer Aberystwyth, yr Henadur HG Pickford, gan fyfyriwr (Gwyn Martin) mewn gwisg swyddog hedfan, a mynnwyd pridwerth o £50 am ei ryddhau. Uchafbwynt yr wythnos oedd gorymdaith y carnifal ar y prynhawn Sadwrn; roedd yr orymdaith yn filltir o'i dechrau i'w diwedd, gyda hyd at 60 o gerbydau ac ymdeithwyr lu.

Yn 1966, ymddangosodd yr 'Oatsman' am y tro cyntaf. Daeth 'Oats' yn deitl y cylchgrawn Rag a'r gŵr bach gyda'r bicwarch yn symbol o'r ymgyrch. Roedd dychymyg pwyllgor y flwyddyn honno'n ddi-ball: gallai myfyrwyr gymryd rhan yn yr handicap 'Oats' (sydd heddiw'n cynnwys chwaraeon ar y prom, ras rafftiau a ras wallgof o ben twr Llandinam ar gampws Penglais i ben twr yr Hen Goleg).

Ac nid aelodau pwyllgor 1966 oedd yr unig rai â'u dychymyg yn drên. Peintiodd un myfyriwr ddarlun ffug, gwneud iddo edrych yn hen drwy ei socian yn y bath a'i bobi mewn popty, ac yna ei smyglo i'r Oriel Genedlaethol yn Llundain, lle bu'n hongian am rai dyddiau yn ddiarwybod i'r awdurdodau. Llofnod yr arlunydd oedd 'Givetto Aberragi' (Give[t] to Aber rag[i]).

■ **Extracts from *Rag Aber Rag* 1947–1977**

Rag Aber Rag (Raise and Give) has been recognised as one of the most successful student appeals of its kind, raising hundreds of thousands of pounds over the years for charities. A souvenir history booklet was compiled in 1977 and here are some edited highlights, starting with the first Rag Week in 1947.

1,000 copies of the Rag mag, *Keezle-Wacka* (the name is derived from the pre-war 'College Yell') were printed and sold and, with police permission, 'Mr Keezle' road blocks were set up at the bottom of Penglais hill and on Trefechan Bridge. Motorists had to pay a toll to enter or leave the town and were given an 'immunity' badge.

In North Parade, local dignitaries, passers-by and policemen were tried and fined at the 'Hindquarter Sessions'. The Mayor of Aberystwyth, Alderman HG Pickford, was kidnapped by a student (Gwyn Martin) dressed as 'Flying Officer Kite' and ransomed for £50. The highlight of the week was the Carnival Procession on Saturday afternoon; the procession was a mile long and included 60 vehicles, as well as several marching contingents.

In 1966, the Oatsman arrived on the scene. 'Oats' became the title of the Rag magazine and the Oatsman the symbol of Rag. The imagination of that year's committee went even further: students could enter the 'Oats' handicap (today consisting of prom sports, a raft race and a wacky race from the top of the Llandinam tower on the Penglais campus to the top of the tower of Old College).

The 1966 Committee apparently had no monopoly of imagination. One student painted a fake 'old master', gave it an antique appearance by soaking it in the bath and baking it in an oven, and then smuggled it into the National Gallery, where it hung undetected by officials for several days. The painter signed the painting 'Givetto Aberragi' (Give[t] to Aber rag[i]).

Wedi'i ddarganfod yn atig yr Hen Goleg yn 2020, cafodd y pwmp petrol cardfwrdd addurnedig hwn ei lunio ar gyfer car carnifal symudol un o orymdeithiau Rag Aber. Cafodd y gorymdeithiau hyn drwy'r dref eu cynnal yn flynyddol rhwng 1947 ac 1976.

Discovered in the attic of the Old College in 2020, this decorated cardboard petrol pump was made for a float which participated in one of Aber Rag's carnival processions. These processions through town were held annually between 1947 and 1976.

RAG AFTER RAG
The Oatsman Award

■ *Y targed ar gyfer y Rag gyntaf yn 1947 oedd £1,000. Codwyd mwy na hynny, a chynyddodd yr arian a godwyd ar gyfer elusennau bob blwyddyn. Dyma atgofion tri aelod o bwyllgor Rag yn y 1980au am y gwaith o godi dros £100,000.*

Owen Burt, Casglwr Pennaf 1981 ac 1982, Trysorydd Rag 1982 ac 1983: Roedd cryn gystadleuaeth rhwng neuaddau ac unigolion. Yn 1981, diolch i naw ar hugain o deithiau casglu arian ledled Cymru a Lloegr, welais i ddim llawer o ddarlithoedd y tymor hwnnw! Byddai Rag yn prynu tri bws mini ar gyfer y tripiau hyn ac yn eu rhoi i grwpiau lleol wedi hynny. Ar ôl penwythnos o gasglu, byddai'r arian yn cael ei gyfrif yn Ystafell Rag Maes Lowri, a byddai gweithwyr y banc yn cael y pleser o wirio tua £25,000 o newid mân ar y dydd Llun.

Paul Revell, Cadeirydd Pwyllgor Rag, 1983: Roedd rhedeg Rag yn swydd amser llawn. Byddai'r pwyllgor yn dechrau'r gwaith paratoi a chynllunio yn yr hydref, ar gyfer tymor Rag ym misoedd Ionawr a Chwefror. Roedd dwy ochr i'r ymgyrch Rag – yr ochr codi arian a'r digwyddiadau cymdeithasol. Trefnwyd Ras Tŵr i'r Tŵr, er enghraifft, a'r Ras Rafftiau, lle byddai myfyrwyr yn creu rafft o ba bynnag ddeunyddiau oedd ar gael, gan geisio peidio â suddo yn harbwr Aberystwyth!

Catherine Addis, Ysgrifennydd Rag, 1983: Roedd Wythnos Rag yn ddigwyddiad mawr pan oeddwn i yn Aber, fel yr oedd i fy rhieni ar ddiwedd y 1940au a dechrau'r 1950au. Mae gen i lun hyfryd o'u ffrindiau mewn gwisgoedd môr-ladron, ac un arall o Mam ar gerbyd carnifal. Fy atgof pennaf yw dringo i gefn faniau yn yr oriau mân, gyrru milltiroedd gyda'n tuniau casglu, a dychwelyd wedi llwyr ymlâdd – a mynd i'r dafarn. Gwaith caled ond sôn am hwyl!

Catherine Addis, Owen Burt a Paul Revell

■ *The target for the first Rag in 1947 was £1,000. Students exceeded that figure, and funds raised for charity increased every year. Three Rag committee members from the 1980s recall how they set about raising over £100,000.*

Owen Burt, Top Collector 1981 and 1982, Rag Treasurer 1982 and 1983: There was intense competition between halls and individuals. In 1981, I went on twenty-nine collecting trips across Wales and England and consequently didn't attend many lectures that term! Rag would buy three minibuses for these trips and donate them afterwards to local groups needing transport. After a weekend collecting, the money was counted in the Rag Room in Laura Place and around £25k of loose change taken to the bank on Monday, much to the delight of the cashiers who had to check it all.

Paul Revell, Rag Committee Chair, 1983: Running Rag was a full-time job. The committee would start the prep and planning in the autumn, and Rag season would be January–February. There were two sides to Rag. One was pure fundraising, the other was social events. We'd organise the Tower to Tower Race, for example, and the Raft Race, where students would build a raft out of whatever material they could get their hands on and try to stay afloat in Aberystwyth harbour!

Catherine Addis, Rag Secretary, 1983: Rag Week was quite a big deal when I was in Aber, as it was for my parents in the late 1940s to early 1950s. I have a lovely photo of a group of their friends dressed as pirates, and another of my mother looking very elegant on the back of a float. My main memories are of piling into vans very early in the morning, driving miles with our collection tins before coming back exhausted – and going to the pub. Hard work but a lot of fun.

Catherine Addis, Owen Burt and Paul Revell

Yn fasgot Rag Aber ers 1966, byddai Tlws yr 'Oatsman' yn cael ei gyflwyno'n flynyddol i'r neuadd breswyl gyda'r cynnydd canrannol uchaf o ran codi arian. Dyfarnwyd y tlws hwn i Neuadd Carpenter yn 1989 ac mae bellach yn cael ei gadw yn archifau'r Brifysgol.

Adopted as Aber Rag's mascot in 1966, the 'Oatsman' Award was presented each year to the hall of residence with the highest percentage fundraising increase. The trophy pictured here was awarded to Carpenter Hall in 1989 and is now held by the University's archives.

■ Yn 1966, roedd ffonau symudol a systemau llywio â lloeren heb eu dyfeisio eto. Ac eto, yn y flwyddyn honno, llwyddodd wyth myfyriwr ifanc o Aberystwyth, heb gymorth y naill ddyfais neu'r llall, i groesi'r Sahara yn ôl ac ymlaen ac ymweld â dinas anialwch enwog Timbuktu. Wedi'u noddi gan Goleg Prifysgol Cymru a sawl sefydliad arall, cychwynnodd yr aelodau hyn o Gymdeithas Fforio CPC ar y daith drostir fwyaf anturus yn ei hanes.

Roedd ein grŵp yn cynnwys ffisegwyr, daearyddwyr, daearegwyr a sŵolegwyr, pawb â'i brosiect penodol ei hun i'w gwblhau yn yr anialwch. Cysylltwyd â thros 200 o gwmnïau am gymorth ac roedd yr eitemau a roddwyd yn cynnwys tuniau o bwdin reis Ambrosia, casgenni o olew, setiau radio cyrhaeddiad byr, a mesurydd lleithder microdon i fesur cynnwys dŵr yn nhywod yr anialwch.

Ar ôl inni gyrraedd ymyl y Sahara, fe'n cynghorwyd nad oedd ein cerbydau'n addas ar gyfer croesi yn ystod yr haf. Anwybyddwyd hyn, ac ymlaen â ni, gan wynebu tymheredd eithafol – ambell ddiwrnod, roedd hi'n ddigon poeth i ffrio wyau ar fetel agored i'r haul neu i anweddu tanwydd cyn iddo gyrraedd y carbwraduron. Cafodd sawl un ohonom ein taro gan y gwres neu gan ddysentri. Byddai'r tensiwn a achoswyd gan stormydd tywod, gwallau llywio a cherbydau'n gwrthod symud yn y gwres yn cael ei leddfu gan y llawenydd o gyrraedd gwerddon.

Roedd y prosiectau ymchwil academaidd a drefnwyd ar gyfer y daith yn cynnwys defnyddio distyllbeiriau solar i gynhyrchu dŵr yfed ac astudio creaduriaid a phlanhigion, ond cafodd y rhain eu gwthio o'r neilltu i raddau helaeth, oherwydd heriau ac anawsterau lu'r daith.

Mawr fu dylanwad y misoedd hynny yn yr anialwch ar fywydau'r saith aelod o'r criw sy'n dal yn fyw, ac yn ein cyfarfodydd mynych rydym ni'n dal i drysori'r atgofion a gafodd eu rhoi ar gof a chadw yn y llyfr a ysgrifennwyd ac a gynhyrchwyd gan yr arweinydd, Bob Gardner.

Barrie Dennett

■ In 1966, neither the mobile phone nor sat nav had been invented. And yet, in that year, eight young students from Aberystwyth, managing without the aid of either, completed a double traverse of the Sahara and visited the legendary desert city of Timbuktu. Sponsored by the University College of Wales and numerous other institutions, these members of the UCW Exploration Society embarked on the most adventurous overland expedition in its history.

Our group included physicists, geographers, geologists and zoologists, each with specific projects to complete in the desert. We contacted over 200 companies for support and they generously contributed money and items, including tins of Ambrosia creamed rice, barrels of oil, short-range radios, and a microwave moisture meter to measure water content in desert sand.

On reaching the edge of the Sahara, we were advised that our vehicles were ill-equipped for a summer crossing. Ignoring this, we drove on and soon met extreme temperatures – on some days, high enough to fry eggs on exposed metal or evaporate fuel before it reached the carburettors. Many of us had heat stroke or contracted dysentery. The tension caused by sandstorms, navigational errors and vehicles refusing to move in the heat was relieved by the delight of reaching an oasis.

The academic research projects designed for the expedition included the use of solar stills to produce potable water and studies of the flora and fauna, but they were largely overshadowed by the sheer magnitude and difficulty of the journey.

The lives of the seven surviving members of the trip have been profoundly influenced by those months in the desert, and in our frequent meetings we still treasure memories captured in the book written and produced by expedition leader Bob Gardner.

Barrie Dennett

Ffoto o *Tuareg Summer*, llyfr hunan-gyhoeddedig gan Bob Gardner yn cofnodi taith drwy anialwch Sahara gan grŵp o fyfyrwyr Aberystwyth.

A photo from *Tuareg Summer*, a self-published book by Bob Gardner recording an expedition through the Sahara desert by a group of Aberystwyth students.

Cafodd y poster hwn ei ludio i wal Neuadd y Dref yn Aberystwyth ar ddiwrnod protest iaith Pont Trefechan ar 2 Chwefror, 1963. Drwy garedigrwydd Gareth Lewis.

This poster was pasted on Town Hall in Aberystwyth on the day of the Trefechan Bridge language protest, 2 February, 1963. Courtesy of Gareth Lewis.

Cyrhaeddodd cyffro gwleidyddol y 1960au Aberystwyth ar ffurf un digwyddiad arwyddocaol – protest Pont Trefechan. Ar y bont honno, ar 2 Chwefror, 1963, cynhaliwyd y brotest herfeiddiol gyntaf gan aelodau cymdeithas newydd a sefydlwyd i weithredu dros statws swyddogol i'r Gymraeg – Cymdeithas yr Iaith Gymraeg.

Er honiadau poblogaidd mai dyma oedd lleoliad 'protest gyntaf' Cymdeithas yr Iaith, mwy cymhleth yw'r hanes a bu bron i ddigwyddiadau amddifadu'r bont o'i lle mewn hanes. Heb ymroddiad criw o fyfyrwyr, mae'n anhebygol y byddai'r bont wedi dod yn lleoliad eiconig i'r chwyldro Cymreig!

Swyddfa'r Post yng nghanol y dref oedd y targed gwreiddiol, a'r bwriad oedd plastro arwyddion o blaid y Gymraeg ar hyd blaen yr adeilad. Ond, yn groes i'w dymuniad, nid arestiwyd yr un o'r saith deg o brotestwyr – myfyrwyr Coleg Aberystwyth a Choleg Bangor yn bennaf. Er gwaethaf ymbil taer gan un o benseiri'r protest a darlithydd Cymraeg yn Aberystwyth, Tedi Millward, gwrthododd yr heddlu eu harestio.

Ar sail yr ymateb llugoer i'r brotest, ymgiliodd y radicaliaid rhwystredig i lofft yr Home Cafe – cartref answyddogol Cymdeithas y Geltaidd. Yno cafwyd dadl daer rhwng arweinwyr 'parchus' y mudiad – yr hanesydd John Davies a Tedi Millward – a'r myfyrwyr tanbaid, ynghylch beth i'w wneud. Rhaid oedd parhau a gwneud 'rhywbeth', tybiodd yr elfen radical. Y 'rhywbeth' fyddai rhwystro'r fan bost rhag cyrraedd y dref.

Aed â'r brotest i Bont Trefechan. Gorymdeithiodd tua deugain o brotestwyr i lawr Stryd y Bont at eu targed newydd, ac wedi cyrraedd penderfynwyd eistedd a gorwedd o flaen y cerbydau. Am oddeutu ugain munud fe rwystrwyd y traffig gan y protestwyr parchus eu gwedd mewn gweithred nodedig o herfeiddiol. Unwaith eto, nid arestiwyd neb, ond sicrhaodd y weithred waddol nodedig. Adroddwyd am yr hanes gan bapurau newydd ledled Prydain a gwnaeth gweithredoedd y myfyrwyr fraenaru'r tir ar gyfer twf y traddodiad uniongyrchol, radical a ddaeth yn rhan annatod o wleidyddiaeth ieithyddol Cymru.

Rhodri Evans

The political fervour of the 1960s reached Aberystwyth in the form of one significant event – the Trefechan Bridge protest. Here, on 2 February, 1963, the audacious first protest was held by members of a new society established to campaign for official status for the Welsh language – Cymdeithas yr Iaith Gymraeg.

Despite popular claims that this was where Cymdeithas yr Iaith's 'first protest' occurred, the truth is more complex, and events almost deprived the bridge of its place in history. Without the dedication of a group of students, it's unlikely that the bridge would have become an iconic venue for the Welsh revolution!

The original target was the Post Office in the town centre, and the plan was to plaster it with pro-Welsh signs along the building's facade. However, contrary to their wishes, none of the seventy protesters – mainly students from Aberystwyth and Bangor – were arrested. Despite the pleas of one of the organisers, Aberystwyth Welsh lecturer Tedi Millward, the police refused to arrest them.

In the wake of lukewarm response to the protest, the frustrated radicals withdrew to the unofficial home of 'Y Geltaidd' (society for Welsh-speaking students), above the Home Cafe. There followed an earnest debate about their next move between the movement's 'respectable' leaders – the historian John Davies and Tedi Millward – and the zealous students. The radical element insisted that they had to carry on and do 'something'. That 'something' would be to prevent the post van from reaching town.

The protest was taken to Trefechan Bridge. Around forty protesters marched towards their new target and, once there, they decided to sit and lie down in the road. For around twenty minutes, the respectable-looking protesters blocked the traffic. Again, no one was arrested, but their actions secured a remarkable legacy. The story was reported by newspapers across Britain and the students' actions paved the way for the growth of the tradition for direct action that became an integral part of Welsh-language politics.

Rhodri Evans

Yr arwydd llechfaen
wrth fynedfa Neuadd
Pantycelyn ar riw Penglais.

The slate sign at the
entrance to Pantycelyn
Hall on Penglais hill.

PANTYCELYN

107

Dros y blynyddoedd, mae miloedd o fyfyrwyr wedi cerdded heibio i'r arwydd llechfaen hwn wrth y brif fynedfa i Neuadd Pantycelyn ar riw Penglais.

Sefydlwyd y neuaddau Cymraeg cyntaf yn Aberystwyth ddiwedd y 1960au – Neuadd Ceredigion ar y ffrynt i'r bechgyn a Davies Bryan ar gampws Penglais i'r merched. Ond roedd galw mawr am lety Cymraeg a thipyn o ymgyrchu o blaid troi Neuadd Pantycelyn, a oedd wedi agor yn wreiddiol fel neuadd breswyl i ddynion yn unig yn 1951, yn neuadd Gymraeg.

Fi oedd pennaeth cyntaf y neuadd ar ei newydd wedd yn 1973–74. Bechgyn yn unig oedd yno i ddechrau, tua hanner ohonynt yn Gymry Cymraeg a'r gweddill yn Gymry di-Gymraeg neu o bant. Cadw'r ddesgl yn wastad oedd fy mhrif rôl a braenaru'r tir ar gyfer newid neuadd breswyl i ddynion yn neuadd gymysg Gymraeg.

Nid brwydr ieithyddol yn unig oedd hon. Roedd rhai'n poeni hefyd am fyfyrwyr gwrywaidd a benywaidd yn byw o dan yr un to, peth cymharol newydd bryd hynny. Dyma'r cyfnod hefyd pan ddaeth yr arfer o wisgo gynau academaidd i ben.

Erbyn heddiw, mae nifer o fandiau Cymraeg wedi eu ffurfio ym Mhantycelyn ond ro'n i'n aelod o'r band cyntaf. Daethon ni at ein gilydd, yn chwech o fyfyrwyr, fel Mynediad am Ddim ar gyfer Eisteddfod Ryng-golegol 1974. 'Mae rhywbeth gyda chi,' meddai'r beirniad Elfed Lewys ac roedd hynny'n ddigon o ysgogiad. Bydden ni'n ymarfer yn ein hystafelloedd ac yn y bar oedd yn selar Pantycelyn yn y dyddiau cynnar.

Roedd croestoriad eang o bobl yno. Roedd e'n sefydliad blaengar, yn anfon cynnyrch Pantycelyn i'r byd fel petai – yn brifeirdd, yn arweinwyr ym myd addysg a'r gyfraith, yn Aelodau Seneddol, ac yn gerddorion ac actorion ac ati. Geraint Jenkins oedd warden y myfyrwyr Cymraeg yn 1973 cyn i'r warden y mae pawb yn ei gysylltu ag enw Pantycelyn, sef y diweddar hanesydd John Davies, gael ei benodi yn 1974.

Emyr Wyn

Over the years, thousands of students will have walked past this slate sign at the main entrance to Pantycelyn Hall on Penglais Hill.

The first Welsh halls were established in Aberystwyth in the late 1960s – Ceredigion Hall on the prom for the men and Davies Bryan on Penglais campus for the women. But there was a big demand for Welsh-medium accommodation, and a campaign began to convert Pantycelyn, which had originally opened as an all-male hall of residence in 1951, into a Welsh hall.

I was the first head of the new-look hall in 1973–74. Initially, it was an all-male establishment, with around half of them Welsh speakers, the others non-Welsh speakers or from further afield. My main role was maintaining the status quo and paving the way for changing an all-male hall of residence into a mixed sex Welsh-language hall.

This wasn't just a linguistic battle. Some were perturbed by the notion of male and female students living under one roof, a relatively new departure at the time. It was also the time when the practice of wearing academic gowns ceased.

Countless Welsh bands have formed at Pantycelyn since then, but I was a member of the first. Six students joined to form Mynediad am Ddim for the 1974 Intercollegiate Eisteddfod. 'You have something,' said the adjudicator Elfed Lewys, and that was all the motivation we needed. In the early days, we rehearsed in our rooms and in the cellar bar.

Pantycelyn attracted a wide cross-section of students. It was a progressive establishment, fostering poets, leaders in the fields of education and law, MPs, musicians, actors and so on. Geraint Jenkins was the Welsh students' warden in 1973 before the man who is inextricably linked with Pantycelyn, the late historian John Davies, was appointed warden in 1974.

Emyr Wyn

Golygfa o'r awyr o Neuadd Panycelyn.

Aerial view of Pantycelyn Hall.

ADDYSG - CA
... GYMDEITH...
...UCATION -
...ART OF SO...

...YNKWN
...DDYSG
...WRAEG!
...EMANDING
...ELSH
...UCATION

C'MON
MIDFIELD

SENWCH EICH
CORN!

COFIWCH
ACHUB Y ...CELYN ♥ PANTY AC ACHUB
GYMUNED PAI PANTYCELYN Dwli ♥ Panty

108

■ Cafodd Undeb Myfyrwyr Cymraeg Aberystwyth (UMCA) ei sefydlu yn 1973–74 i roi llais a chreu cymuned i fyfyrwyr Aber oedd am fyw, astudio a chymdeithasu trwy gyfrwng y Gymraeg.

Mae'r Undeb wedi gweithio'n galed ar hyd y blynyddoedd i warchod a hyrwyddo'r iaith a chefnogi bandiau ac artistiaid Cymraeg drwy fod yn ganolbwynt i'r sîn roc Gymraeg, y ddawns ryng-golegol, gigs Cymdeithas yr Iaith a digwyddiadau eraill. Fel mae'r baneri yma o'r gorffennol yn dangos, mae UMCA hefyd wedi trefnu neu wedi bod yn rhan o sawl ymgyrch dros hawliau'r iaith. Mae'n elfen bwysig o hanes yr Undeb, ac roedd ymwneud â gwella a chynnal darpariaeth y Gymraeg mewn modiwlau ac ati yn rhan fawr o'm swydd i fel Llywydd yn 2021–22.

Mae Aelwyd Pantycelyn a chymdeithas chwaraeon Y Geltaidd yn is-gymunedau allweddol o fewn yr Undeb hefyd, gan gynnig cyfleoedd amhrisiadwy i'n myfyrwyr gymryd rhan mewn eisteddfodau neu dwrnameintiau rygbi, pêl-droed a phêl-rwyd. Ymunodd UCCA (Undeb Cristnogol Cymraeg Aberystwyth) hefyd ag UMCA yn ddiweddar.

Yn 2020, cafodd swyddfa UMCA ei symud yn ôl i Neuadd Pantycelyn pan ailagorwyd yr adeilad ar ôl bod ynghau ers 2015. Bu'n frwydr hir i gyrraedd y pwynt yma ac un a gaiff ei chofio am flynyddoedd i ddod drwy'r archif eang o arwyddion a phosteri sy'n dal i fod yn y swyddfa. Mae Pantycelyn bellach wedi'i hailsefydlu ei hun wrth galon UMCA a chymdeithas y myfyrwyr Cymraeg, ac wrth i gyfyngiadau COVID-19 godi, bu'n bleser cael cynnal ymarferion Aelwyd, gweithgareddau'r Geltaidd a chyfarfodydd pwyllgor UMCA yma unwaith eto.

Mae'n wych bod gan gymaint o'n myfyrwyr ddiddordeb mewn barddoniaeth ac ysgrifennu creadigol. Braint ym mis Mawrth 2022 oedd gweld aelodau UMCA'n dychwelyd o'r Eisteddfod Ryng-golegol ym Mangor gyda'r Goron, y Gadair, y Fedal Gelf a'r Fedal Gwyddoniaeth a Thechnoleg, yn ogystal â llwyth o wobrau eraill. Edrychwn ymlaen nawr at ddathlu pen-blwydd hanner cant UMCA yn 2023–24.

Mared Edwards

■ The Aberystwyth Welsh Students' Union (UMCA) was established in 1973–74 to provide a voice and community for students wishing to live, study and socialise in Welsh.

The Union has worked hard over the years to protect and promote the language, and to support Welsh bands and artists by providing a focus for the Welsh-language rock scene, the annual intercollegiate dance, Cymdeithas yr Iaith gigs and other events. As these historic banners demonstrate, UMCA has also organised or been involved in many campaigns for language rights. It is an important element of the Union's history and improving and maintaining Welsh-language provision in modules and so on was a big part of my role as President in 2021–22.

Aelwyd Pantycelyn and Y Geltaidd sports society have also been key sub-communities within the Union, providing invaluable opportunities for our students to take part in eisteddfodau or rugby, football and netball tournaments. UCCA (the Aberystwyth Welsh Christian Union) also recently joined UMCA.

In 2020, the UMCA office moved back into Pantycelyn Hall when the building reopened after being closed since 2015. It has been a long fight to reach this point and one that will be remembered for years to come through the large archive of signs and posters still in the office. Pantycelyn has now re-established itself at the heart of UMCA and the Welsh-speaking student community, and as COVID-19 restrictions eased, it was a pleasure to see it return as a hub for projects such as rehearsals for the cultural group Aelwyd, Y Geltaidd activities and UMCA committee meetings.

It is great that so many of our students are interested in poetry and creative writing. In March 2022, it was a privilege to see UMCA members return from the Intercollegiate Eisteddfod in Bangor with the Crown, the Chair, the Art Medal and the Science and Technology Medal, as well as a host of other awards. We look forward now to celebrating UMCA's fiftieth anniversary in 2023–24.

Mared Edwards

Baneri protest a ddefnyddiwyd mewn ymgyrchoedd gan aelodau UMCA, er enghraifft i sefydlu Coleg Cymraeg Cenedlaethol yn y 2000au ac ailagor Neuadd Pantycelyn yn y 2010au.

Protest banners used by members of UMCA, for example during campaigns to establish the Welsh-medium higher education partnership Coleg Cymraeg Cenedlaethol in the 2000s and to reopen Pantycelyn Hall in the 2010s.

Y tro cyntaf i mi daro ar y penddelw trawiadol hwn o Alwyn D Rees gan John Meirion Morris oedd yn lolfa fach Neuadd Pantycelyn yn 2015. Yr achlysur oedd cyfarfod o Fwrdd Prosiect Pantycelyn, a gafodd y dasg o geisio ailagor y neuadd ar gyfer cenhedlaeth newydd o fyfyrwyr Cymraeg. Nid ar chwarae bach y llwyddwyd i wneud hynny: roedd angen penderfyniad a chryn ddyfalbarhad. Ond i mi y diwrnod hwnnw, roedd yn arwyddocaol ein bod yng nghwmni un o gewri'r Brifysgol a weithiodd yn ddiarbed dros yr iaith a'r diwylliant Cymraeg hanner canrif ynghynt. Dagrau pethau oedd fod ei gyfraniad arloesol yn gwbl angof i genhedlaeth iau.

Daeth cyfle i unioni'r cam i ryw raddau drwy sefydlu Darlith Pantycelyn, ac amheuthun oedd gweld neuadd yr Hen Goleg dan ei sang ar 6 Tachwedd, 2019, i wrando ar yr Athro M Wynn Thomas, nai Alwyn Rees, yn dadansoddi'n feistraidd gyfraniad 'Yr Heriwr Anhepgor'.

Roedd Alwyn D Rees yn academydd disglair a dreuliodd ei yrfa gyfan yn y Brifysgol yn Aberystwyth: yn yr Adran Daearyddiaeth ac Anthropoleg ac yna fel Cyfarwyddwr yr Adran Efrydiau Allanol. Ymhlith ei gyhoeddiadau oedd *Life in a Welsh Countryside* a *Celtic Heritage*, y gyfrol a luniodd ar y cyd â'i frawd, Brinley Rees.

Ar ôl croesi'r hanner cant, bu trobwynt yn ei hanes wrth iddo ymroi â'i holl egni i ymgyrchu dros yr iaith, ar bapur ac ar goedd. Roedd yn ddadleuwr penigamp ac, er ei fod yn gynhenid swil, meddai ar gadernid eofn i herio cyfreithwyr a gwleidyddion amlwg fel ei gilydd. Daeth cylchgrawn *Barn*, dan ei olygyddiaeth, yn llwyfan i ddadlau a dylanwadu ac, yn bennaf oll, i ysgogi gweithredu dros yr iaith. Pynciau agos at ei galon oedd darlledu, y Brifysgol ffederal, ac ymgyrchoedd cynnar Cymdeithas yr Iaith. A, do, mi ymgyrchodd yn ddiflino dros sefydlu Neuadd Pantycelyn.

Mae'r 'heriwr anhepgor' hwn yn llwyr haeddu ei le yn oriel anfarwolion y Brifysgol.

Gwerfyl Pierce Jones

The first time I saw John Meirion Morris' impressive bust of Alwyn D Rees was at Pantycelyn Hall in 2015. The occasion was a meeting of the Pantycelyn Project Board, which had been tasked with reopening the hall for a new generation of Welsh students. This was no mean feat: it required determination and considerable perseverance. But on that day, it struck me as significant that we were in the presence of a giant, who had worked relentlessly for the Welsh language and culture half a century earlier. Sadly, the younger generation were unaware of his pioneering contribution.

An opportunity to remedy that lack, to some extent, came with the establishment of the Pantycelyn Lecture. It was wonderful to see the Old College hall full to capacity on 6 November, 2019, as Professor M Wynn Thomas, Alwyn Rees' nephew, masterfully analysed his contribution.

Alwyn D Rees was a distinguished academic who spent his entire career at Aberystwyth: in the Department of Geography and Anthropology and then as Director of the Department of Extra-Mural Studies. Among his publications were *Life in a Welsh Countryside* and *Celtic Heritage*, the volume he produced in conjunction with his brother, Brinley Rees.

Turning fifty proved a turning point for him, as he decided to devote all his energies to campaigning for the language, on paper and in public. He was an excellent debater and, although inherently mild, he would fearlessly challenge prominent lawyers and politicans alike. Under his editorship, the magazine *Barn* became a platform for voicing opinion, influencing the agenda and, most of all, encouraging language activisim. Broadcasting, the federal University and the early campaigns of Cymdeithas yr Iaith were all close to his heart, and he campaigned tirelessly for the establishment of Pantycelyn Hall.

This 'necessary person' fully deserves his place in the University's hall of fame.

Gwerfyl Pierce Jones

Penddelw efydd o Alwyn D Rees (1911–1974) gan John Meirion Morris (1936–2020).

A bronze portrait bust of Alwyn D Rees (1911–1974) by John Meirion Morris (1936–2020).

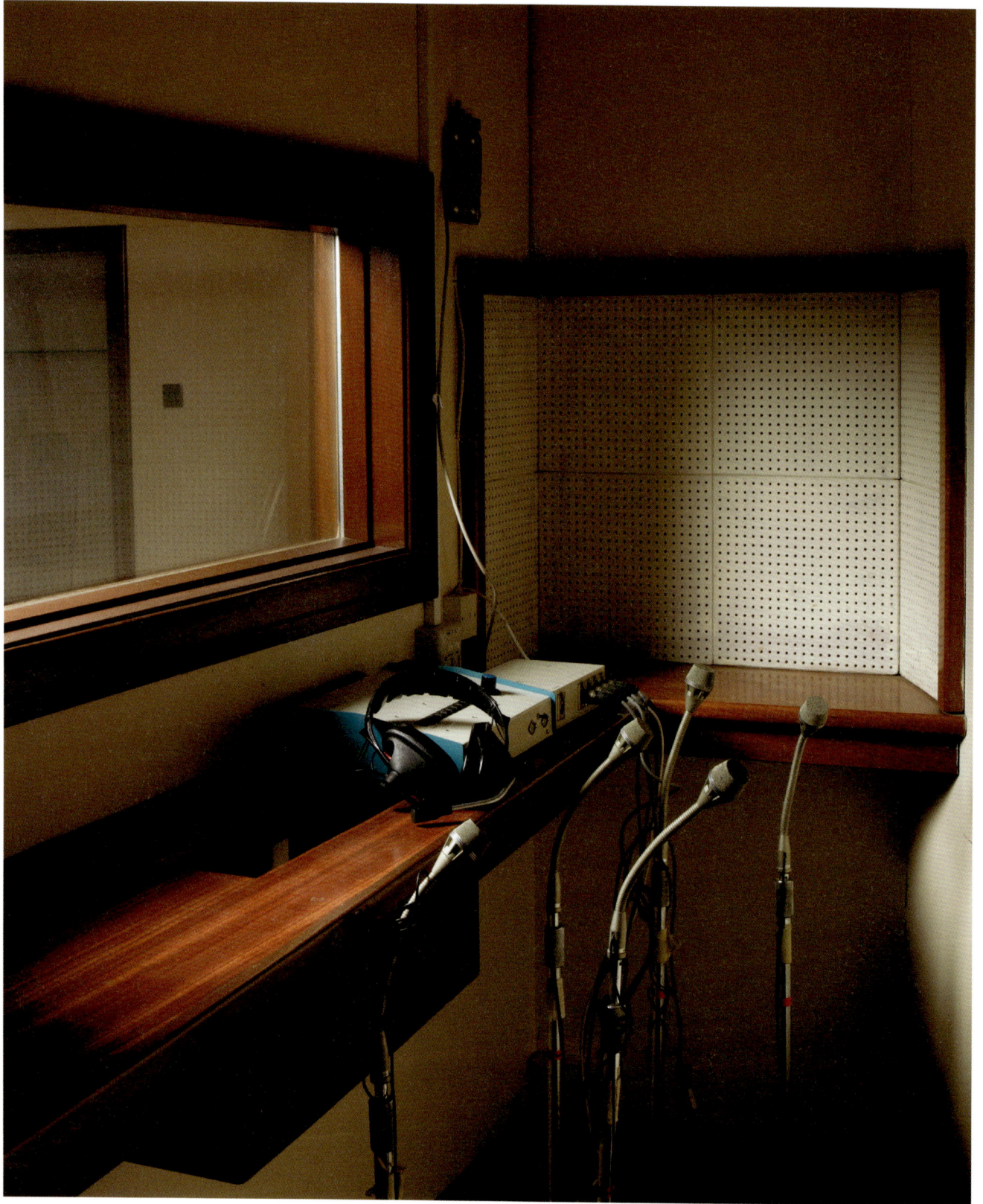

Mae Aberystwyth a'r Coleg wedi chwarae rhan fawr yn y frwydr dros y Gymraeg. Yn Aberystwyth y sefydlwyd Cymdeithas yr Iaith Gymraeg, a gafodd sylw yn y wasg ar ddechrau tymor 1962 pan wrthododd ugain o fyfyrwyr gwblhau eu ffurflenni ymrestru uniaith Saesneg hyd nes y darparwyd ffurflenni Cymraeg iddynt. Cynhaliwyd hefyd wrthdystiad adnabyddus cyntaf y Gymdeithas ar Bont Trefechan yn 1963, fel y gwelir mewn erthygl arall.

Wedi elwch nid tawelwch fu, ond gweithredu. Roedd pobl Cymru yn deffro i ddiffyg statws swyddogol eu hiaith yn eu gwlad eu hunain. Fe ymatebodd y Coleg i'r myfyrwyr drwy ddarparu ffurflenni Cymraeg ond fe werthfawrogwyd hefyd yr angen am ystyriaeth ehangach. Yn haf 1964, cyflwynwyd adroddiad yn cynnig mabwysiadu polisi dwyieithog go gynhwysfawr ac, yn fuan wedyn, dechreuwyd cyflwyno arwyddion dwyieithog ar draws adeiladau'r Coleg ynghyd â darparu ffurflenni a gwybodaeth swyddogol yn Gymraeg.

Penderfynwyd rhoi'r hawl i unigolion gyfrannu at gyfarfodydd yn eu dewis iaith a dechreuwyd yr arfer o ddarparu cyfieithu ar y pryd yng nghyfarfodydd Llys y Llywodraethwyr yn 1967. Datblygiad newydd oedd hyn yng Nghymru. Y cyfieithydd ar y dechrau oedd Hywel Wyn Jones ac, yn y blynyddoedd nesaf, adeiladwyd bwth cyfieithu yn Siambr y Cyngor ac un arall yn yr Hen Neuadd yn yr Hen Goleg.

Er mwyn cyflawni tasgau ymarferol y polisi, sefydlwyd tîm bach o gyfieithwyr proffesiynol ac arbenigol. Mae gwaith y tîm hwn yn rhychwantu anghenion eang, o arwyddion cyhoeddus, adroddiadau, ffurflenni a bwydlenni, i draethodau doethur academaidd. Mae hefyd yn cynnig gwasanaeth cyfieithu ar y pryd i ystod o gyfarfodydd a digwyddiadau. Erbyn hyn, mae'r tîm yn rhan o Ganolfan Gwasanaethau'r Gymraeg, sy'n ganolbwynt cynllunio ieithyddol i'r sefydliad.

Rydym yn arddel y Gymraeg a'i diwylliant hyd heddiw. Weithiau fe welir ffrwyth hynny ym mhenawdau'r newyddion ond, y tu ôl i'r penawdau, ceir llafurio tawelach y cynllunio a'r cynghori, yr annog a'r cyfieithu.

Rhodri Llwyd Morgan

Aberystwyth and the College have played a major role in the battle for the Welsh language. Cymdeithas yr Iaith Gymraeg – the Welsh Language Society – was established in Aberystwyth, and attracted press coverage at the beginning of the 1962 term when twenty students refused to complete their English-only enrolment forms until they were provided with Welsh ones. The Society's first well-known demonstration was also held on Trefechan Bridge in 1963, as chronicled elsewhere in this book.

The initial sit-down protest preceded a wave of activism. The people of Wales were becoming aware of their language's lack of official status in their own country. Students were provided with Welsh forms, but the wider policy context was not ignored. In the summer of 1964, a report was submitted proposing the adoption of a comprehensive bilingual policy and that bilingual signs be introduced across our buildings, along with the provision of Welsh-language communications.

Individuals were given the right to contribute to meetings in the language of their choice and simultaneous translation was provided at meetings of the Court of Governors from 1967. This was breaking new ground. During the next few years, a translation booth was built in the Council Chamber and another in the Old Hall in the Old College.

In order to implement this policy, a small team of professional and specialist translators was established, the very first being Hywel Wyn Jones. Their work encompasses a wide range of needs, from public signage, reports, forms and menus, to academic PhD theses. It also offers a simultaneous translation service for meetings and events. The team is now part of the Centre for Welsh Language Services, which is central to the institution's language planning.

We support the Welsh language and its culture to this day. On occasion this makes the news headlines but, behind the scenes, the essential work of planning and advising, encouraging and translating, continues unabated.

Rhodri Llwyd Morgan

Y bwth pwrpasol yn Siambr y Cyngor ar lawr cyntaf yr Hen Goleg a ddefnyddid ar gyfer cyfieithu ar y pryd.

Simultaneous translation booth in the Council Chamber on the first floor of the Old College.

111

Roeddwn i yn Aber o 1964 hyd at 1968. Yn y blynyddoedd hynny, roedd y Coleg yn eitha bywiog. Roedd protestiadau Cymdeithas yr Iaith yn tyfu, yn bennaf yn erbyn y Swyddfa Bost. Roedd ymgyrchu hefyd yn Nhryweryn ac yn erbyn y rhyfel yn Fietnam.

Agwedd arall o bwys i fyfyrwyr oedd twf canu pop, ac roedd y rhan fwya o grwpiau mawr Lloegr yn dod yma o dro i dro. Dyma'r cyfnod pan oedd grwpiau fel The Rolling Stones, The Who, The Kinks, Small Faces ac yn y blaen yn dominyddu'r siartiau. Dyna'r awyrgylch pan ddechreuwyd Y Blew ym mis Ionawr 1967.

Ar y dechrau, grŵp ar gyfer y Coleg yn unig oedd Y Blew. Robat Gruffudd o'r Lolfa oedd y dyn a berswadiodd y grŵp i chwarae y tu hwnt, ac fe drefnwyd y perfformiad cyntaf yn Nhal-y-bont.

Llwyddodd y digwyddiad hwn mor dda nes i ni ystyried taith trwy Gymru. Roedd trefnu manylion y daith gyntaf, a threfnu prynu offer a hysbysebu ac yn y blaen, yn llawer haws gan i mi dynnu allan o waith academaidd am flwyddyn. Cawson ni fenthyciad o ddwy fil o bunnoedd gan fanc Barclays. Trefnwyd tair taith trwy Gymru yn ystod yr haf, gyda pherfformiadau mewn tua hanner cant o ddawnsfeydd. Roeddent yn amrywio o Gaerdydd yn y de-ddwyrain i Benrhyndeudraeth yn y gogledd-orllewin.

Wedi dod nôl i'r Coleg ym mis Hydref 1967, nid oedd modd perfformio mor aml gan ein bod ar ein blwyddyn olaf ac yn gweithio tuag at y prif arholiadau. Serch hynny, buom mewn tua phump o ddawnsfeydd yn y Coleg cyn y Nadolig, a hefyd buom ar y teledu weithiau.

Roedd tri ohonom yn astudio'r Gyfraith, ac mewn un o'r dawnsfeydd ymddangosdd Pennaeth Adran y Gyfraith, sef yr Athro Llewelfryn Davies, o'n blaenau, gan ddangos gwerthfawrogiad brwd!

Dafydd Evans

I was in Aber from 1964 until 1968. During those years, there was a lively atmosphere at the College. Cymdeithas yr Iaith's protests were gathering pace, mainly against the Post Office. Campaigns were also underway at Tryweryn and against the war in Vietnam.

The burgeoning growth of pop music was another important aspect for students at this time, and most of England's big groups came to Aber to play occasionally. This was a period when the likes of the Rolling Stones, The Who, The Kinks and Small Faces dominated the charts. That was the backdrop to the formation of Y Blew in January 1967.

At first, we were a college-only group. It was Robat Gruffudd from Y Lolfa publishing company who persuaded us to play further afield, and the first gig was organised in Tal-y-bont.

Its success led to a Wales-wide tour. The work of organising the details of that first tour, buying the necessary equipment, advertising and so on, was made considerably easier by my decision to take a year out from my academic studies. We were given a £2,000 loan by Barclays Bank. Three Wales-wide tours were organised during the summer, with performances at around fifty dances, ranging from Cardiff in the south-east to Penrhyndeudraeth in the north-west.

Having returned to college in October 1967, it wasn't feasible to perform as often, given that we were in our third year and working towards our finals. However, we played at five College dances before Christmas, and also made a few TV appearances.

Three of us were studying Law, and the Head of the Law Department, Professor Llewelfryn Davies, turned up at one dance, demonstrating enthusiastic appreciation!

Dafydd Evans

Poster yn hyrwyddo record 'Maes 'B' Y Blew a ddyluniwyd gan Dafydd Evans a'i gadw yn llyfr lloffion Martin R Williams pan oedd yn fyfyriwr yn y 1960au.

Promotional poster for Y Blew's 'Maes B' record, designed by band member Dafydd Evans and preserved by Martin R Williams in his 1960s student scrapbook.

Dros y degawdau, mae miloedd wedi dysgu Cymraeg drwy gyrsiau'r Brifysgol. Bydd rhai wedi manteisio ar recordiau dysgu Cymraeg fel y rhai yma ond roedd oes y 78 wedi mynd heibio erbyn i mi gael fy mhenodi yn 1980 yn diwtor rhan-amser i ddysgu Cymraeg i ddechreuwyr.

Wedi dod yn diwtor amser llawn yn Adran y Gymraeg ac Astudiaethau Celtaidd, a Bobi Jones yn Bennaeth erbyn hynny, yn 1982 fe'm penodwyd yn ddarlithydd â chyfrifoldeb am gyflwyno cwrs newydd sbon – Crefft Adfer Iaith. I mi, dyma ran bwysicaf fy ngyrfa. Credai Bobi Jones yn angerddol fod yn rhaid i oedolion arwain y ffordd gyda dysgu Cymraeg, er mor rhyfeddol oedd ffrwydriad llwyddiant yr ysgolion Cymraeg. Yn nwylo oedolion mae'r cyfrifoldeb am lywodraethu gwlad, am ddefnyddio'r Gymraeg ym myd gwaith a dewis cyfrwng addysg eu plant, heb sôn am iaith yr aelwyd. Roedd tair gwedd i'r Cwrs Adfer Iaith, sef y tair D – Denu, Dysgu a Defnyddio. Mae nifer o gynfyfyrwyr y cwrs wedi mynd yn eu blaenau i swyddi blaenllaw – fel Helen Prosser, er enghraifft, sydd bellach yn Gyfarwyddwr Dysgu ac Addysgu'r Ganolfan Dysgu Cymraeg Genedlaethol.

Bûm yn dysgu Cymraeg i staff y Brifysgol hefyd drwy'r Adran Efrydiau Allanol dan gyfarwyddyd Walford Davies. Agorwyd y dosbarthiadau i aelodau o'r cyhoedd yn ogystal, a thyfodd nifer y dosbarthiadau fel madarch.

Yn 2007, fe'm penodwyd yn Diwtor Drefnydd yn yr hyn a elwir bellach yn Adran Dysgu Cymraeg y Brifysgol gyda Siôn Meredith yn Bennaeth. Mae'r Adran yn darparu dosbarthiadau ar bob lefel, gan ddenu yn agos i ddwy fil o ddysgwyr y flwyddyn.

Gyda'r pandemig COVID-19 yn taro'r byd, fe fu'n rhaid newid ein ffordd o weithio'n drastig, a dysgu darparu gwersi drwy Zoom. Yn y modd hwn, gallwn daflu'r rhwyd yn ehangach, ac mae gennym bobl o bell ac agos yn ymuno â'n dosbarthiadau. Er gwaethaf pawb a phopeth felly, mae dysgu Cymraeg yn Aberystwyth yn mynd o nerth i nerth.

Felicity Roberts

Over the decades, thousands have learnt Welsh through the University's courses. Some will have used records such as these, but the age of the 78 had passed by the time I was appointed a part-time Welsh tutor for beginners in 1980.

Having become a full-time tutor in the Department of Welsh and Celtic Studies, then led by Bobi Jones, in 1982 I was appointed lecturer responsible for delivering a brand-new course dedicated to the art of revitalising the language. For me, this was the zenith of my career. Bobi Jones believed passionately that adults had to lead the way in learning Welsh, despite the remarkable success of Welsh-medium schools. Adults are responsible for governing the country, for using Welsh in the world of work and for choosing the language of their children's education, not to mention establishing the language of the household. The course focussed on promoting, learning and using Welsh. A number of former students of the course have gone on to great heights – such as Helen Prosser, who is now Director of Learning and Teaching at the National Centre for Learning Welsh.

I also taught Welsh to University staff through the Department of Extra-Mural Studies, under Walford Davies. The classes were opened to the public too, and sprouted like mushrooms.

In 2007, I was appointed Tutor Organiser in what is now known as the University's Learn Welsh Department, under Siôn Meredith. It provides classes at all levels, attracting nearly two thousand learners a year.

As the COVID-19 pandemic struck, the way we worked changed drastically, and we had to learn to deliver lessons via Zoom. This allows us to cast the net more widely, and people from near and far join our classes. Despite all these challenges, learning Welsh in Aberystwyth is going from strength to strength.

Felicity Roberts

Llyfryn *Listen and Learn the Welsh Language* a chasgliad o recordiau gramoffon 78rpm a arferai gael eu defnyddio gan Adran y Gymraeg ac Astudiaethau Celtaidd.

Listen and Learn the Welsh Language booklet and 78rpm vinyl gramophone records formerly used by the Department of Welsh and Celtic Studies.

A mixed reception for Prince

From TREVOR FISHLOCK—Aberystwyth, Jan. 27

A welcome awaits the Prince of Wales when he comes to the university here in the spring to plunge into a seven-week course in Welsh language and culture. But offsetting this will be the scores of Welsh students for whom the whole Prince of Wales issue is a political bone...

Aberystwyth is a seaside town, with small shops and countryside near. You hear Welsh spoken in the shop, public house... prince will be studying... tural centre of Wales...

He may see, too, the opposition to his visit by students wearing badges inscribed "Dim Croeso i Dywysog Cymru"...

A man for Prince... satirical poster of the... tioned "C Carlo"... nickname for him... investiture Welshmen... bars of a lighthearted record, called "Carlo"... the pop singer Dafydd Iwan... these can be seen in Aberystwyth now...

...the investiture has... miniature industry in... book of Welsh publications in which the investiture is... ribald roasting is also... cakes here and elsewhere...

But the students... against the prince's visit, although their voices are echoed in many parts of Wales, are a minority. Of the 2,300 at the University College of Wales, Aberystwyth, about 1,000 are Welsh and of these about 300 have moderate or strong feelings against the investiture and the prince's stay at the university. Of the 300 there is a hard-core of 100 who have extremely strong feelings.

Most Aberystwyth students are indifferent to the prince's visit, which is expected to start soon after summer term begins on April 26. "We do not care whether he comes here or not", was a common reaction of the students I questioned.

The students' union's non-Welsh president, Mr. Nick Partos, said... "Certainly most students are unconcerned, but I can understand feelings of those who have been protesting. The investiture is a cheap, shoddy political gesture and if I were Welsh I would feel incensed."

A demonstration on the day the prince arrives here looks certain but the demonstrators will be at pains to emphasize that they are not against the Prince of Wales personally. One of the hunger strikers told me: "Charlie is a nice young man. He is a student like us and we have nothing against him. But we are protesting against the political machine which is using him as a pawn."

Anger is not confined to the...

...students, Gwilym Tudor, aged 28, is doing well in a shop he opened in the centre of Aberystwyth two months ago, specializing in Welsh language books, records and magazines.

—For any patriotic Welshman also being a leading light in Plaid Cymru, the Welsh nationalist party, and the party's prospective parliamentary candidate for Montgomeryshire.

"I think that any worthwhile course would include discussion on...

Mr. Ceredig Jones, Mayor of Aberystwyth, is a Welshman who looks forward to the Prince's stay. "Nearly all the 10,000 people in Aber feel the same way", he said confidently.

"Certainly some people in business hope to do a little better out of it, but most of the people want and welcome the prince here because they are loyal subjects.

"I know the majority of the students could not care less, but all the noise is being made by a small minority. All I can say to them is that as a Welsh-speaking Welshman I am more interested in the future than in the past. I do not see the prince coming here or the investiture as a political manoeuvre. It is a genuine effort to give him an insight into Wales and the Welsh."

Much of that insight will be given by the professors and lecturers who will guide the prince through his seven-week stint. For the royal pupil it looks like being hard work. Welsh is no easy language for a non-native and there are great bites of culture to be digested.

Professor Thomas Jones, head of the Welsh Department, is drafting a schedule for the prince's course. One of his tutors will be Mr. Edward Millward, aged 38, a lecturer in Welsh. He should discover a certain piquancy in being the Prince of Wales's teacher while...

...seven weeks' hard labour at Aberystwyth will pass fairly quietly without more than a few hours of protests and shouting. But there remains the possibility that this could be the place where a group of Welshmen vent an angry frustration that is deepseated, confused, not easy to understand, but real.

Coleg Prifysgol Cymru
UNIVERSITY COLLEGE OF WALES
ABERYSTWYTH
Cymdeithas y Ffilatelwyr
PHILATELIC SOCIETY

Wythnos Rag/Rag Week
Chwefror 1—7 February
No. 71

ABERYSTWYTH   ABER   70p   A/G

Miss Lowri Mary Morgan
25. Cambrian St
Aberystwyth
Cards

U.C.W. RAG

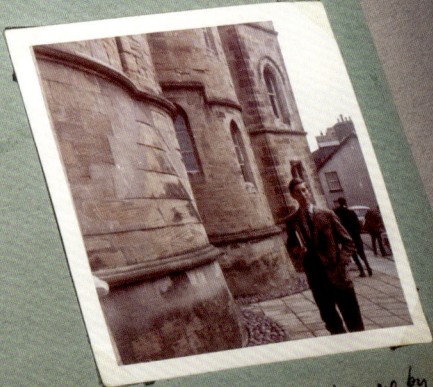

Photo of Prince Charles given me by Miss Morgan. Taken by her friend when they were walking through town.

■ Polisi Adran y Gyfraith, drwy gydol fy ngradd, oedd osgoi darlithoedd am naw o'r gloch: deg o'r gloch oedd yr amser cychwyn arferol. Yn gyffredinol, roedd y prynhawniau'n rhydd, ac eithrio i ysgrifennu nodiadau'r bore yn llawn, a pharatoi traethodau a thiwtorialau. O ganlyniad, roedd gen i beth amser rhydd, felly dyma gysylltu â golygydd y *Courier*, Clive Betts. Roedd Clive yn newyddiadurwr lleyg brwd, a byddai'n astudio'r wasg dabloid, gan fodelu papur myfyrwyr y Coleg arni. Dysgais lawer ganddo am ddylunio tudalennau a dewis ffotograffau ar gyfer eu cyhoeddi. Ar ddiwedd fy mlwyddyn gyntaf i, gadawodd Clive ac ymunodd â'r *Western Mail*, ond mae'r sgiliau technegol a ddysgais ganddo wedi bod o fudd drwy gydol fy mywyd.

Yn ystod fy ail flwyddyn, roeddwn yn olygydd cynorthwyol y *Courier*, ac yn olygydd yn ystod fy mlwyddyn olaf. Ein huchelgais oedd cyhoeddi un stori bob pythefnos a oedd yn ddigon pwysig i'w chrybwyll yn y *Western Mail* neu wasg y DU. Llwyddwyd yn hynny o beth yn weddol aml, a daeth toriadau papur newydd yn rhan o'm llyfrau lloffion. Yn 1966, ffrwydrwyd bom ger Llyn Clywedog, fel rhan o'r brotest yn erbyn boddi Tryweryn. Gyrrais yno yn fy hen Ford Popular lliw gwyrdd unigryw, gyda dreigiau coch ar yr ochrau, i dynnu llun o'r difrod. Yn ddiweddarach, cysylltodd yr heddlu â'm rhieni, ond er i my fy mharatoi fy hun, ni ddaeth yr un cnoc ar y drws.

Un arall o straeon mawr y cyfnod oedd dyfodiad y Tywysog Charles, fel ag yr oedd ar y pryd, i ddysgu Cymraeg cyn yr Arwisgo yn 1969 (gyda Tedi Millward yn diwtor iddo). Er fy mod i newydd adael, gwyddai fy hen landledi, Miss Morgan, am fy niddordeb mewn materion Cymreig ac anfonodd y llun hwn ohono y tu allan i'r Coleg ar gyfer fy llyfr lloffion.

Martin R Williams

■ The policy of the Law Department throughout my degree was to avoid nine o'clock lectures: 10am was our usual start time. Afternoons were generally free of studies, other than writing up the morning's notes and the preparation of essays and tutorials. That meant I had some spare time, so I contacted the editor of *The Courier*, Clive Betts. Clive was a keen amateur journalist, who would study the tabloid press and model the College paper on them. He passed on many of the skills he had learnt about page design and choosing photographs for publication. Clive left after my first year and joined the *Western Mail*, but those technical skills he taught me have come in handy throughout my life.

I became assistant editor of *The Courier* in my second year, and editor in my final year. Our ambition was to come up with a story each fortnight that was big enough to make the *Western Mail* or the UK press. We managed this quite often and I added some of the news cuttings to the scrapbooks I kept while a student. In 1966, a bomb was detonated at a pylon near Clywedog Reservoir in protest against the Tryweryn reservoir plans. I drove out in my old Ford Popular, painted a distinctive green with red dragons on the side, to photograph the damage. My parents were later contacted by police, and though I prepared myself for a visit, they never called.

One of the other big stories of the time was the arrival of the then Prince Charles to learn Welsh ahead of his investiture in 1969 (he was taught by Tedi Millward). Though I had recently left, my landlady, Miss Morgan, knew of my interest in Welsh affairs and sent me this photo of him outside the College to add to my scrapbook.

Martin R Williams

Llun o'r Tywysog Charles, fel ag yr oedd ar y pryd, yn cerdded tuag at yr Hen Goleg yn 1969, o dudalen yn un o lyfrau lloffion Martin R Williams pan oedd yn fyfyriwr.

Photograph of the then Prince Charles walking towards the Old College in 1969, from a page in one of Martin R Williams' student scrapbooks.

Canolfan y Celfyddydau, Aberystwyth a ddyluniwyd gan Dale Owen (1924–1997) o gwmni penseiri Partneriaeth Syr Percy Thomas yng Nghaerdydd; enillodd wobrau aur am bensaernïaeth gan Sefydliad Brenhinol Penseiri Prydain (RIBA) a'r Eisteddfod Genedlaethol.

Aberystwyth Arts Centre, designed by Dale Owen (1924–1997) of the Cardiff-based practice Sir Percy Thomas and Partners, won gold medals for architecture from both the Royal Institute of British Architects (RIBA) and the National Eisteddfod.

114 An Iconic Building of the Baby Boomers: Aberystwyth Arts Centre

Adeilad Eiconig y 'Baby Boomers': Canolfan y Celfyddydau

Yn blentyn y 1960au, ganwyd Canolfan y Celfyddydau yng nghanol cynnwrf diwylliannol a thwf sefydliadol. Roedd angen lle i ehangu ar y Coleg, o'r prom i Benglais. Cysyniad y 'Baby Boomers' ydoedd, cenhedlaeth â'i gwelidigaeth unigryw ar gyfer y dref a'r myfyrwyr.

Dylai'r Ganolfan fod yn 'guriad calon' i'r campws newydd – croesffordd ddiwylliannol ar sgwâr tref – yn ôl Dale Owen, y pensaer a'r uwch-gynllunydd yn 1965. Roedd wedi astudio yn Sefydliad Technoleg Massachusetts (MIT) ac wedi gweithio gyda sefydlydd Bauhaus, Walter Gropius, yn ogystal â'r pensaer Prydeinig William Holford. Gwta flwyddyn yr oedd wedi bod gyda phractis Sir Percy Thomas & Son ond roedd wedi datblygu'n bractis modernaidd ac mae'r adeilad hwn yn tystio i'w werthoedd cosmopolitaidd digyfaddawd.

Fel cynrychiolydd Undeb y Myfyrwyr ar bwyllgorau niferus, taniwyd fy mrwdfrydedd gan Thomas Arfon Owen, Cofrestrydd y Coleg ar y pryd, Stuart G John, Deon Cyfadran y Celfyddydau, a David Tinker, y Cyfarwyddwr Celfyddydau Gweledol wedi hynny, gyda'u gwelidigaeth chwyldroadol o gyfleuster a fyddai'n torri tir newydd ac yn creu naws arbennig.

A ragwelwyd o gwbl, yng nghofnodion diflas y pwyllgorau, sut y byddai enw da'r sefydliad yn mynd o nerth i nerth yn y dyfodol, yma ac yn rhyngwladol? Roedd y bwriad yno'n sicr y byddai'n ddigon eang fel y gellid datblygu ei ddefnydd yn y dyfodol. Er enghraifft, pan adeiladwyd y Neuadd Fawr yn 1970, doedd dim bar nac ardal arlwyo, ond roedd modd eu hychwanegu, diolch i'r cynllun.

Cwblhawyd y cam cyntaf pan agorwyd Theatr y Werin yn 1972. A minnau ar y pryd yn gweithio gyda'r RSC yn Stratford, fe'm gwahoddwyd i redeg yr hyn oedd, ac sy'n parhau i fod, yn un o'r canolfannau celfyddydol mwyaf yn y DU, sydd bellach yn croesawu dros 750,000 o ymwelwyr y flwyddyn. Yn ei adroddiad ar yr agoriad, sylw gohebydd y *Guardian*, Robin Thornber, oedd iddo newydd ymweld â Phrydain ôl-chwydroadol.

Roger Tomlinson

A child of the 1960s, the Arts Centre was born amid cultural turmoil as well as institutional growth. The College needed room to expand, from prom to Penglais. It was the concept of Baby Boomers, a generation with its own vision for town and gown.

The 'Canolfan' should be 'the beating heart' of the new campus – a cultural crossroads on a town square – according to Dale Owen, the master-planning architect in 1965. He had studied at Massachusetts Institute of Technology (MIT) and worked with Bauhaus founder Walter Gropius as well as the British architect William Holford. He had only joined his practice, Sir Percy Thomas & Son, the previous year. Yet it had become a modernist practice whose uncompromising cosmopolitan values clearly translated into this building.

As Students' Union representative on numerous committees, my enthusiasm was bolstered by Thomas Arfon Owen, then College Registrar, Stuart G John, Dean of the Faculty of Arts, and David Tinker, later Director of Visual Arts, who all shared an almost subversive foresight of a mould-breaking and place-making facility.

Was any prophesy contained, in the dry words of various committee minutes, of just how this institution's reputation would grow, at home and internationally? The intention was certainly there that it should enable spaces where future development of use was possible. For example, when the Great Hall was completed in 1970, neither bars nor catering were provided, but its design enabled the addition of spaces for them.

The first phase of development was completed when Theatr y Werin opened in 1972. Working at the RSC in Stratford at the time, I was invited to return to run what was then, and remains, one of the largest arts centres in the UK, now welcoming over 750,000 visitors a year. *The Guardian*'s Robin Thornber reported from its opening that he had 'just visited post-revolutionary Britain'.

Roger Tomlinson

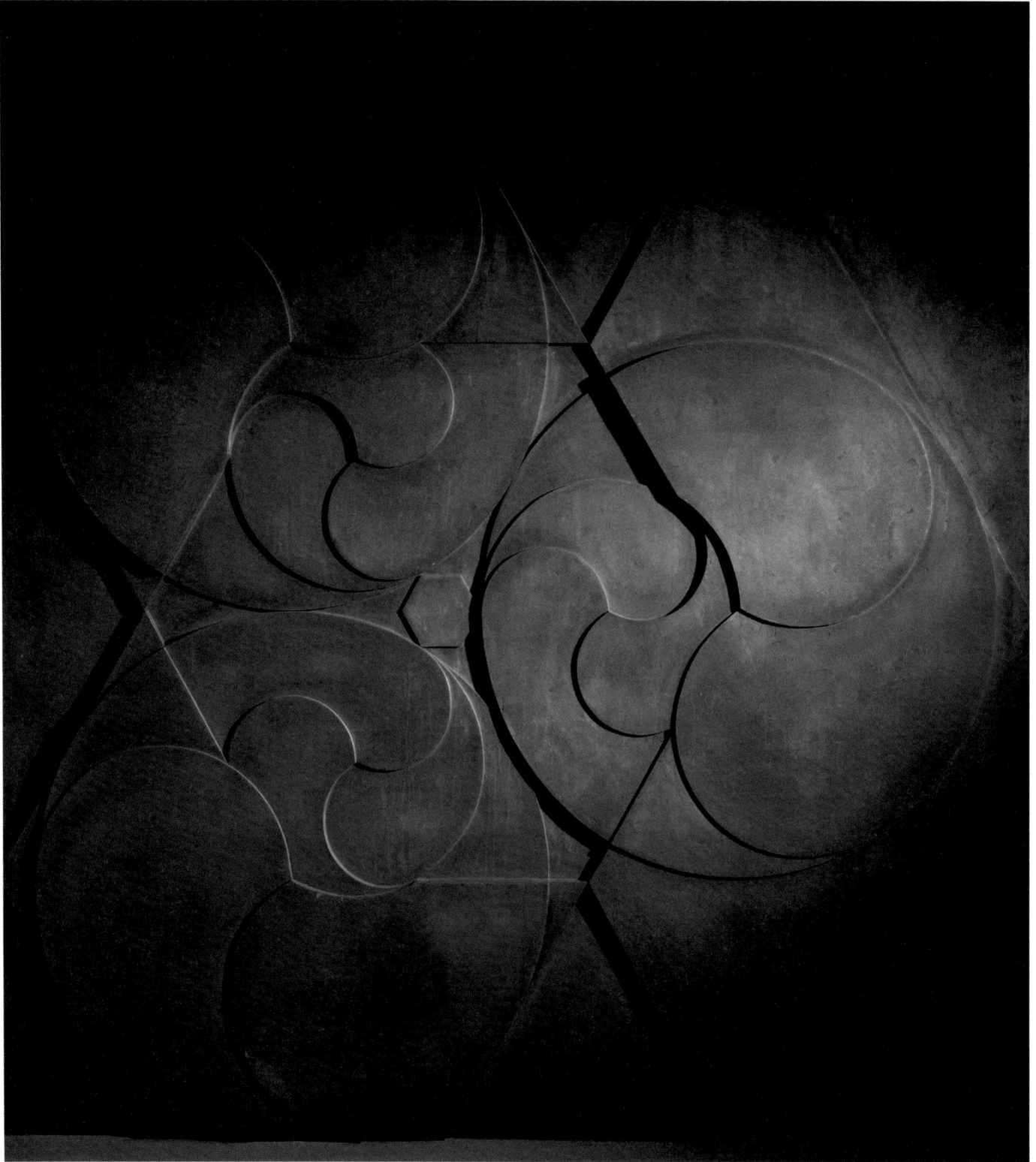

Rhan o furlun alwminiwm bwrw yng nghyntedd Canolfan y Celfyddydau, a gynlluniwyd gan David Tinker (1924–2000), arlunydd, cerflunydd, dylunydd llwyfan a Chyfarwyddwr yr Adran Celf Weledol (yr Ysgol Gelf erbyn hyn) 1973–1986.

Part of the cast aluminium mural in the foyer of Aberystwyth Arts Centre, designed by David Tinker (1924–2000), painter, sculptor, stage designer and Director of the Visual Art Department (now the School of Art) 1973–1986.

MEWN BYD A WNAED NEU
IN A WORLD MADE OR

NA WNAED O RIFAU

NOT MADE OF NUMBERS

cyfarwydd â'r onglau hyn   bob blwyddyn aeth heibio'n erydu'r ystrydebau

intimate with these angles   treigla ymaith i'r môr

yn dynn o agos at donnau ewyn   with each successive year eroding the clichés

a triskele   rolling ever out to sea

technoleg y trisgel

too close to the crested waves of

saith-tri   seven-three
un ar ddeg-saith   eleven-seven
tri-un ar ddeg   three-eleven

geometreg hŷn, rhywbeth heb fod yn rhy annhebyg i gafn-nod gyferbyn

an older geometry something akin to a triangular cupmark opposed

yma'n ymwthio allan o'r béton brut crai
ei geometreg ei hun yn cyfrifiannu'r gêl-neges

here protruding out from the raw béton brut
where its own geometry computes the cryptogram

camu ymlaen
mae amser yn gyson yn
ailadrodd cymylau cant a hanner o
ddyddiau Ionawr   time measures steadily
onwards repeating the clouds of a hundred and fifty January
days   petryalau alwminiwm yn rhaniadau crynion chwarter
drysfa garreg   aluminium blocks in the circular division of a
quarter stone maze

agored   open   caeedig   closed
disgwylgar   watchful
nid nepell o'r ailadrodd   adjacent to the repetition
y rhif i nodi defod   the number of a ritual   saith-tri-un ar
ddeg saith-tri-un ar ddeg   seven-three-eleven   seven-three-eleven
yn ymledu o hyd   ever radiating   yn hunan-ddyblygu mewn
un ffris disymud o symud parhaus   self-duplicating in a static
frieze of perpetual motion   rhynglinellog   interlinear
ac annibynnol, yn llais cyfanwaith cytbwys
independent the voice of a
balanced whole

heb raddnod i'w rhannu

not divided by degree

John Morgan

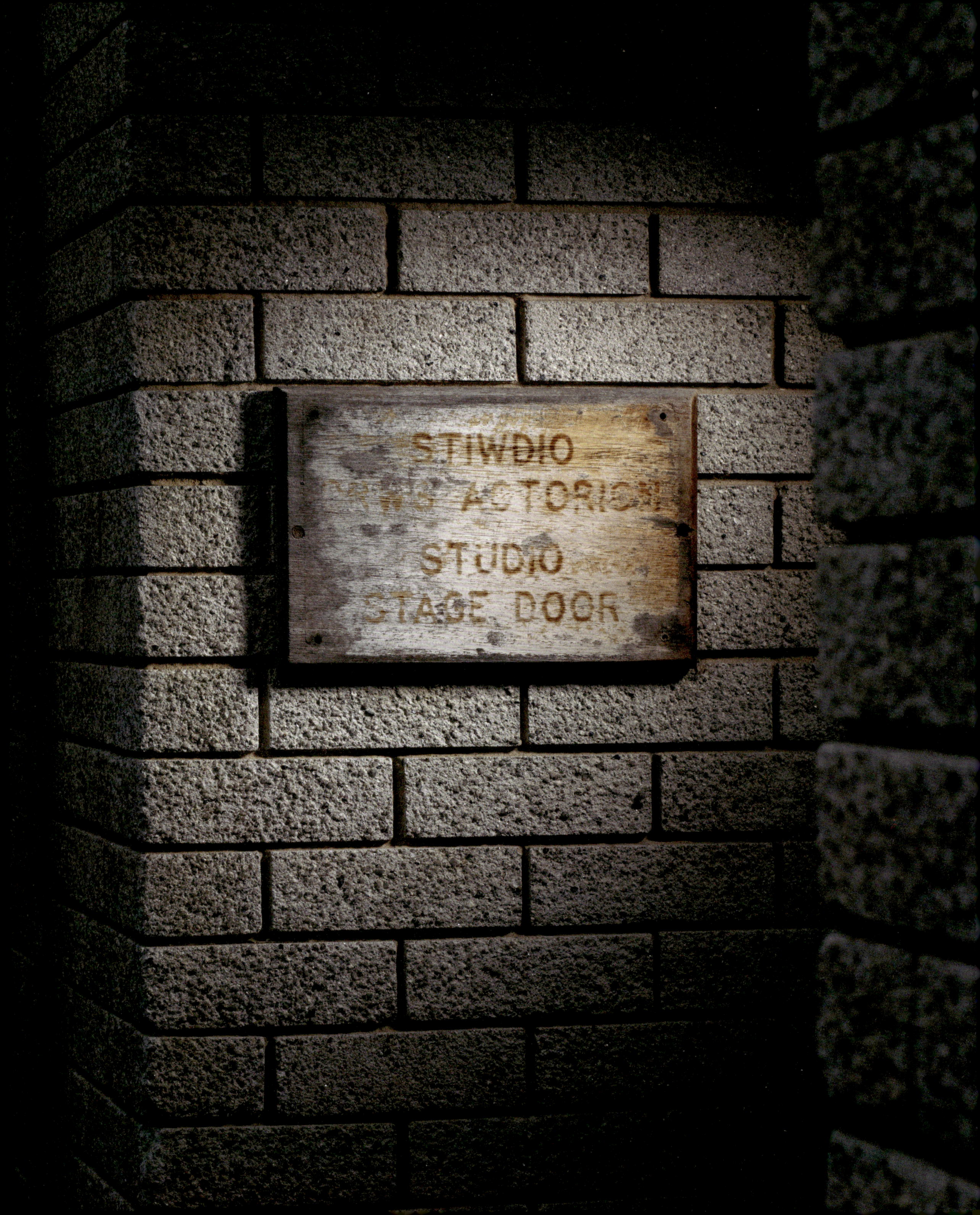
STIWDIO
STUDIO
STAGE DOOR

Agorodd Theatr y Werin yn 1972, gyda grant sylweddol a chymorth refeniw gan Gyngor Celfyddydau Cymru, ac adnoddau refeniw ychwanegol gan gynghorau lleol. Hon oedd y gyntaf mewn cyfres o theatrau newydd ledled Cymru, er mwyn agor y drysau'n ehangach i'r celfyddydau.

Yn y 1960au (a chyn hynny), roedd gan y Coleg gymuned ddrama amatur weithgar iawn yn y ddwy iaith, ond prin oedd cyfleusterau'r Hen Goleg a Neuadd y Brenin yn gallu ymdopi â'r galw. Gweithiais ar y briff dylunio manwl gyda David Tinker, cynllunydd llwyfan enwog yn ogystal ag arlunydd a cherflunydd. Roedd y llwyfan llydan agored, gyda llawr modiwlaidd hyblyg a gofod sylweddol uwchben, yn cynnig opsiynau llwyfannu niferus ac yn diwallu anghenion cwmnïau teithiol a chynyrchiadau lleol fel ei gilydd. Roedd y swyddfa docynnau yn Heol y Wig, i adlewyrchu bod yr awditoriwm 327 sedd ar gyfer y dref a'r sir gymaint â'r Brifysgol.

Buan iawn y tyfodd cynyrchiadau Cwmni Theatr Cymru i fanteisio ar y lle ychwanegol, a chafwyd ymweliadau gan Ballet Rambert, Phoenix Opera, London Contemporary Dance, Cwmni Theatr Caergrawnt, Opera Cenedlaethol Cymru, Oxford Playhouse, yr RSC, Theatr Genedlaethol Llundain a Northern Dance, yn ogystal â theatr 'amgen' fel Foco Novo, People Show a Moving Being. Llwyfannwyd cynyrchiadau lleol yn y Gymraeg a'r Saesneg, sioeau haf, a phantomeim blynyddol. Roedd gwaith addysg mewn ysgolion yn fenter allweddol arall, gyda phrosiect theatr mewn addysg cynnar dan arweiniad Iola Gregory, mewn partneriaeth â Chyngor Sir Aberteifi.

Gyda thros naw deg o berfformiadau yn yr ugain wythnos gyntaf yn unig, bydd actorion di-ri – proffesiynol ac amatur – wedi cerdded heibio'r arwydd treuliedig hwn. Mae ansawdd, safon ac ehangder y cynyrchiadau wedi parhau dros y blynyddoedd, gyda chynulleidfaoedd yn teithio o bell ac agos i fanteisio ar y datblygiadau cyson sydd gan Theatr y Werin a Chanolfan y Celfyddydau i'w cynnig.

Roger Tomlinson

Theatr y Werin, the 'theatre of the people', opened in 1972. With a large grant and revenue support from the Arts Council of Wales, and additional revenue resources from local councils, this was the first in a national circuit of new theatres aimed at opening access to the arts across the country.

In the 1960s (and earlier), the College had a very active amateur drama community in both languages and pushed the Old College and King's Hall facilities to their limits. I worked on the detailed design brief with David Tinker, a renowned stage designer as well as painter and sculptor. The concept of a wide open-ended stage, with a flexible modular floor and a full fly tower, offered a huge range of staging options and met the needs of most touring companies as well as local productions. The box office was in Pier Street in town, to reflect that this 327-seater auditorium was for the town and county as much as gown.

Cwmni Theatr Cymru quickly scaled up their shows to fit, alongside visits from Ballet Rambert, Phoenix Opera, London Contemporary Dance, the Cambridge Theatre Company, Welsh National Opera, Oxford Playhouse, the RSC, London's National Theatre and Northern Dance, as well as 'alternative' theatre such as Foco Novo, People Show and Moving Being. There were local productions in Welsh and English, a summer season, and an annual pantomime. Education work in schools was another key initiative, with an early Welsh theatre in education project, led by Iola Gregory in partnership with Cardiganshire Council.

With over ninety performances in the first twenty weeks alone, countless actors – both professional and amateur – will have walked past this now weathered stage door sign. The quality, standard and breadth of productions has continued over the years, with audiences travelling from near and far to make the most of what this ever-evolving people's theatre and arts centre have to offer.

Roger Tomlinson

Yr arwydd pren gwreiddiol ar gyfer drws llwyfan y stiwdio, ar y wal yn arwain at ystafelloedd gwisgo cefn llwyfan Theatr y Werin.

Original wooden studio stage door sign, on the wall leading to the backstage dressing rooms at Theatr y Werin.

1872   **1972**

CENTENNIAL
CANMLWYDDIANT

A Night to mark One Hundred Years
Noson i nodi Canmlynedd

Roedd rhai eisiau achlysur mawreddog, eraill gormodedd dawnsfeydd Rhydychen a Chaergrawnt, gyda llawer o'r myfyrwyr a'r staff eisiau parti mawr drwy'r nos. Aeth grŵp ohonom ati i gynllunio: fi, Thomas Arfon Owen, Cofrestrydd y Coleg, a Neil Caldwell, Ysgrifennydd Materion Cymdeithasol Undeb y Myfyrwyr.

Y canlyniad oedd gŵyl gelfyddydol ddeuddeg awr yng nghwmni dinasyddion Cantre'r Gwaelod, a ddaeth i fyny drwy'r dref, wedi'u gorchuddio gan wymon ac yn cario ffaglau tanllyd, i fyny'r rhiw i Ganolfan y Celfyddydau i ddathlu'r hyn a wireddwyd gan 'geiniogau'r werin' ganrif ynghynt. Wrth iddynt gyrraedd am 9.30pm, roedd ffrwydradau'n taranu a thân gwyllt yn saethu i'r awyr o gopa Pen Dinas.

Wrth i artistiaid o Gwmni Theatr y Wladwriaeth Les ddod i mewn, sgrialodd eu harweinydd, a oedd yn gwisgo nesaf peth at ddim ac eithrio gwymon, i fyny'r grisiau ar sgidiau rolio, gan chwythu tân dros swyddogion syfrdan.

Roedd mwyafrif y mynychwyr mewn gwisgoedd ffurfiol, er bod eithriadau ecsentrig yn destun boddhad. Cafwyd gwledd am hanner nos yn yn adeilad newydd Undeb y Myfyrwyr ac yna rhaglen eclectig o safon ryngwladol a oedd yn gwthio'r ffiniau ym mhob rhan o'r safle: cwmni London Contemporary Dance Theatre, The Friends Roadshow, Tom Paxton, Solid Gold Cadillac Mike Westbrook, Georgie Fame and the Blue Flames, Screaming Lord Sutch, Heather Jones, DJs dan arweiniad John Peel, beirdd, ffilmiau, cerddorion crwydrol a theatr stryd.

I'r rhai a oroesodd drwy'r nos, cafodd brecwast ei weini am 5am cyn i bawb dyrru i'r orsaf i ddal y trên stêm i fyny Cwm Rheidol, efallai gan feddwl am holl gyfoeth Cymru, y bobl a'r adnoddau naturiol, a wnaeth y Brifysgol yn bosibl (neu efallai ddim).

Cofiaf hyd heddiw yr olwg ar wynebau pobl y dref wrth i'r torfeydd ddychwelyd yn eu gwisgoedd crand a llifo allan o'r orsaf ar y bore barugog hwnnw. Fel y dywedodd un dathlwr, 'Os ydych chi'n meddwl eich bod chi'n ei gofio, doeddech chi ddim yno!'

Roger Tomlinson

Some wanted a grand occasion, others the rumoured or remembered excesses of Oxbridge balls, many students and staff a great all-night party. A group of us plotted: myself, Thomas Arfon Owen, the College Registrar, and Neil Caldwell, the Students' Union Social Affairs Secretary.

We delivered a twelve-hour arts festival which saw the citizens of Cantre'r Gwaelod – the legendary land lost under the sea – coming up into town, covered in seaweed, carrying flaming torches, and going up the hill to the Arts Centre to celebrate what the legendary 'pennies of the people' had enabled a century ago. As they arrived at 9.30pm, explosions thundered and fireworks rocketed on top of Pen Dinas, watched by assembled dignitaries inside.

As the artists from the Welfare State Theatre Company entered, their barely clothed seaweed-draped leader skated up the steps to blow fire over startled officials.

Most participants were dressed in dinner jackets and ballgowns, though eccentric exceptions delighted. A midnight feast of food and drink was served in the new Students' Union. Every part of the Arts Centre and the union was used, with an eclectic international-standard programme that pushed the boundaries: London Contemporary Dance Theatre, the Friends Roadshow, Tom Paxton, Mike Westbrook's Solid Gold Cadillac, Georgie Fame and the Blue Flames, Screaming Lord Sutch, Heather Jones, DJs discoing until the early hours led by John Peel, poets, films, buskers and street theatre.

For those who made it through the night, continental breakfast was served at 5am. An hour later, they headed down to the station to catch the steam train up the Rheidol Valley, perhaps thinking (or not) of the human and natural resources of Wales that made the University possible.

An image abides of the faces of townspeople as the returning crowds in formal dress streamed out of the station into town on that cold crisp morning. As one reveller put it, 'If you think you remember it, you weren't there!'

Roger Tomlinson

Rhaglen o ddigwyddiadau i ddathlu canmlwyddiant y Brifysgol, 1872–1972: 'Centennial/Canmlwyddiant, A Night to Mark One Hundred Years/Noson i Nodi Canmlwyddiant'.

Programme of events celebrating the University's 100th anniversary, 1872–1972: 'Centennial/Canmlwyddiant, A Night to Mark One Hundred Years/Noson i Nodi Canmlwyddiant'.

Saturday November 10th — in the Kings Hall — Nos Sadwrn Tachwedd 10fed

BOP

WITH

Rock Re...

+ Disco ...y Neu...

FRIDAY MARCH 16th 10.30pm — NOS WENER 16th MAWRTH 10.30pm

FOLK CLUB AND ENTS.

PRESENTS

LATE NIGHT

YN CYFLWYNO

Concert IN THE GREAT HALL — WED: OCTOBER 17th

Concord YN Y NEUADD FAWR

WITH Camel GYDA

...icksand

UNION BALL DAWNS YR UNDEB

WITH GYDA SUZY QUATRO and deke leonards iceberg

£3 DOUBLE TICKETS TOCYNNAU DYBL

+ tucky buzzard + sun chariot

8.30 – 3.00

Formal DRESS

GWISG FFURFIOL

Tickets in Guild shops from Monday 12th.
BAR TILL 1am: WINE BAR GWIN TAN 1am.
COKE BAR TILL 3.A.M.
BAR DIODYDD GWAN TAN 3.A.M.
BUFFET
November 16th
Tachwedd 16fed

...Ball

IN THE GREAT HALL
YN Y NEUADD FAWR
DOORS OPEN 8.30
DRYSAU AR AGOR 8.30
TICKETS 60p
TOCYNNAU 60c
LATE BAR HWYR

WITH

QUEEN NUTZ

PRESIDENTIAL BALL DAWNS Y LLYWYDD

...RUARY 28th
...HALL

CHWEFROR 28ain
YN Y NEUADD FAWR

BAR TILL 12.00
TICKETS 50p
BEGINS 9.30pm

BAR HYD 12.00
TOCYNNAU 50c
DECHRAU AM 9.30pm

YN CYFLWYNO

STARRING

MAN
J.S.B BAND

AND MYSTERY SUPPORT
ADLONIANT YCHWANEGOL

Hanner can mlynedd yn ôl, roedd cerddoriaeth gyfoes eisoes yn elfen ychwanegol boblogaidd ym mywydau myfyrwyr Aberystwyth. Roedd hyn cyn oes y digwyddiadau stadiwm, ac roedd Aber ar gylchdaith colegau'r DU ar gyfer bandiau teithiol mawr ac artistiaid unigol yn ogystal â bod yn lleoliad pwysig i fandiau lleol a pherfformwyr o Gymru. Trefnwyd llawer o gigs y Brifysgol, fel Queen yn y Neuadd Fawr yn 1974, gan 'Ents' (Entertainments), pwyllgor a oedd yn cael ei redeg gan fyfyrwyr gyda chymhorthdal gan gronfeydd Undeb y Myfyrwyr. Ymunais ag Ents fel myfyriwr israddedig a dod yn gyfrifol am gyhoeddusrwydd ychydig cyn i Argent chwarae yn Nawns yr Undeb ym mis Tachwedd 1972.

Roedd hi fel ffair ar adegau, ond roedd yna gymaint o hwyl. Criw bach oedden ni, gyda chyllideb dynn, ond roedden ni'n gweithio gyda'n gilydd i drefnu dawnsfeydd ar ddechrau a diwedd bob tymor, dawnsfeydd a disgos coleg, a chyngherddau roc a gwerin rheolaidd. Ein gwaith oedd cysylltu ag asiantau, trefnu perfformwyr, lletygarwch, goleuadau a diogelwch, cynhyrchu posteri a thocynnau dwyieithog, a pherswadio cymaint o fyfyrwyr â phosibl i ddod drwy'r drysau. Y wobr i ni oedd mynediad am ddim i ddigwyddiadau Ents – David Bowie a'r Spiders From Mars ym mis Mai 1972, Suzi Quatro yn 1973 a Thin Lizzy yn 1974.

Roedd y cyhoeddusrwydd yn cael eu creu'n ddifyfyr ar y pryd ac yn perthyn i'w gyfnod: llawysgrifen a dwdls ffwrdd â hi ar bosteri a thorri lluniau o gyhoeddiadau eraill a'u haddasu. Roedd argraffwyr y coleg ym Maes Lowri yn gefnogol tu hwnt ac yn cynnig unrhyw bapur dros ben ar gyfer argraffu, yn ogystal â defnydd o'r peiriant dyblygu hollbwysig. Prynodd Ents styffylwr newydd i mi a threuliais oriau yn crwydro'r dref a'r campws, yn gosod posteri a dosbarthu taflenni rhwng darlithoedd. Roedd sawl digwyddiad bythgofiadwy, fel Arthur Brown's Kingdom Come yn Neuadd y Brenin yn 1973. Daeth uchafbwyntiau eraill yn rhan o chwedloniaeth Aber, gan gynnwys perfformiadau gan John Martyn (1972), Man (1973) a Canned Heat (1974).

Anne-Marie Sherwood

Fifty years ago, contemporary music was already a popular addition to student life in Aberystwyth. This was before the era of stadium events, and Aber was on the UK college circuit for big touring bands and solo artists as well as being an important venue for local bands and Wales-based performers. Many university gigs, like Queen in the Great Hall in 1974, were arranged by 'Ents' (Entertainments), a student-run committee, subsidised by Guild (Student Union) funds. I joined Ents as an undergraduate and became responsible for publicity just before Argent played the Union Ball in November 1972.

It was hectic at times but great fun. We were a small group operating on a shoestring, but we worked together to present 'Coming Up' and 'Going Down' balls every term, college dances and discos, and regular rock and folk concerts. Our job was to liaise with agents, sort out bookings and hospitality, lighting and security, produce bilingual posters and tickets, and persuade as many students through the doors as possible. We were rewarded with free entry into Ents events – David Bowie and the Spiders from Mars in May 1972, Suzi Quatro in 1973 and Thin Lizzy in 1974.

Publicity was improvised and of its time, using hand-drawn text and doodles for posters, and adapting cut-outs or pictures. I had fantastic support from the college printers in Laura Place, who provided off-cuts of anything available for print runs, as well as access to the all-important duplicating machine. Ents generously bought me a new stapler and I spent hours foot-slogging around town and campus, putting up posters and scattering 'handouts' between lectures. Many events were unforgettable, such as Arthur Brown's Kingdom Come at the Kings Hall in 1973. Others, including John Martyn's performance on campus in 1972, Man (1973) and Canned Heat (1974), became legendary.

Anne-Marie Sherwood

Detholiad o ddeunydd cyhoeddusrwydd 'Ents Presents' ar gyfer digwyddiadau myfyrwyr ar ddechrau'r 1970au, gan gynnwys posteri ar gyfer Queen, Man a Suzi Quatro.

Selected 'Ents Presents' publicity for student events in the early 1970s, including posters for Queen, Man and Suzi Quatro.

Hen gôt ledr hir
sydd wedi'i gwisgo
gan genedlaethau
o fyfyrwyr Drama.
Fe'i dangosir yma ar
lwyfan Theatr y Werin.

Full-length vintage
leather coat worn
by generations of
Drama students
and shown here
on the Theatr y
Werin stage.

Foneddigion, Foniddegesau a chyfeillion oll. Cymerwch eich sedd yn Theatr y Werin. Bydd y perfformiad yn dechrau mewn dau funud!

Gweledigaeth strategol Prifathro'r cyfnod, Syr Goronwy Daniel, oedd sefydlu Adran Drama y Brifysgol yn 1973, gwta flwyddyn ar ôl agor Theatr y Werin fel rhan o rwydwaith o theatrau rhanbarthol. Cyn sefydlu'r Adran bu cryn weithgarwch megis y Gymdeithas Ddrama o dan law Dr Gareth Edwards ond bellach daeth y cyfleoedd i berfformio yn rhan o radd Prifysgol Cymru. Roedd y cyfnod yn un dramatig a'r ymgyrch am sianel Gymraeg yn eirias. Sefydlwyd BBC Radio Cymru a Radio Wales fel gorsafoedd cyflawn yn 1977–78; darlledodd S4C am y tro cyntaf ar 1 Tachwedd, 1982 a Channel 4 y diwrnod canlynol. Trwy'r Deyrnas Unedig roedd y theatrau rhanbarthol yn cynnig cyfleoedd ac roedd Channel 4 yn rhoi gwaith i gwmnïau annibynnol arloesol.

Pennaeth cyntaf yr Adran oedd y cynfyfyriwr Dr John Edmunds. Penodwyd yr athrylithgar Emily Davies i hyfforddi actio a chyfarwyddo. Ymunais innau flwyddyn yn ddiweddarach i sefydlu gradd trwy gyfrwng y Gymraeg. Sefydlwyd yr Adran yn Ffordd Alexandra a gwelwyd y gôt yn 'Y Sgubor' (ddaeth yn ganolfan gymunedol gelfyddol yn nes ymlaen). Symudodd yr Adran i 1 Maes Lowri a'r gôt yn rhan o berfformio yn Theatr y Castell. Trwy wahoddiad Emily daeth Brith Gof i'r Adran, gan ddylanwadu nid yn unig ar yr Adran ond ar y ddrama yng Nghymru. Croesawyd Theatr Odin. Dilynwyd methodau amrywiol Stanislavski, Grotowski, Meyerhold a Brecht. Sefydlwyd y 'summer season' Saesneg a roddodd gyfle estynedig i fyfyrwyr ennill profiad a cherdyn Equity cychwynnol. Llwyfanwyd y ffefrynau: Chekhov, Shakespeare, Saunders.

Bu'n gyfnod euraid. Symudodd y gôt i gartref a adeiladwyd yn arbennig ar gampws Penglais ac at raddau newydd Ffilm a Theledu.

Mae myfyrwyr yr Adran, wedi eu gwasgaru ar hyd Cymru a'r DU, yn adnabyddus ym myd y theatr, ffilm a darlledu, a sawl un yn cofio'r gôt ledr a'r cyfleoedd a gynigiwyd iddynt yn Aberystwyth.

Elan Closs Stephens

Ladies and Gentlemen, members of the audience. Please take your seats in Theatr y Werin. The performance will start in two minutes!

The establishment of the Drama Department in 1973 – a year after the opening of Theatr y Werin – stemmed from the strategic vision of Aberystwyth's Principal, Sir Goronwy Daniel. Drama had been a feature of Aberystwyth life, testified by the plays of JO Francis in the early 1920s: now, performance was part of a University of Wales degree. The decade was a dramatic one in its own right. In Wales the campaign for a Welsh TV channel escalated; BBC Radio Cymru and Radio Wales came on air in 1977–78, S4C on 1 November, 1982, and Channel 4 UK the following day. There were opportunities within the UK network of new regional theatres – which included Theatr y Werin – and Channel 4 was giving work to innovative and diverse independent companies.

Former student, Dr John Edmunds, became the first Head of Department. The inspirational Emily Davies led on acting and directing. I joined a year later to establish the degree scheme through the medium of Welsh. The Department began in Alexandra Road and the leather coat came to the Barn Theatre (later a community arts centre). We moved to 1 Laura Place; the coat had its outing in Theatr y Castell. Emily invited Brith Gof and the redoubtable late Mike Pearson to work with us. Odin Theatre visited. We experimented: Stanislavski, Grotowski, Meyerhold and Brecht. The summer season gave a taste of a long gruelling run alongside professionals, and a possible first step to an Equity card. Perennial productions were Chekhov, Shakespeare, Saunders Lewis. This golden era led the coat to a purpose-built home on campus and new degrees in Film and Television.

Today, students from the Department feature in theatre, film and broadcasting throughout Wales and the UK. Many will remember the old leather coat and the opportunities that awaited them in Aberystwyth.

Elan Closs Stephens

Y GWYLL/HINTERLAND - II

SCENE	SLATE	TAKE
9/ 56	5564	1

ROLL
#A755

DIR: ED THOMAS
D.O.P: RORY TAYLOR
DATE: 19.06.15

EXT DAY

'LA ger y Lli' – mae'r geiriau'n syth yn creu darlun o Los Angeles, Hollywood a sêr y sgrin fawr. Ond i'n myfyrwyr ni, daeth Hollywood i Aber yn ystod haf 2021, pan ffilmiwyd *My Happy Ending* yn y dref a chafodd pump ar hugain o fyfyrwyr yr Adran Astudiaethau Theatr, Ffilm a Theledu brofiad cwbl unigryw, gan fachu swyddi ar y cynhyrchiad a gweithio gyda thîm ffilm proffesiynol, ynghyd ag actorion fel Andie MacDowell, Miriam Margolyes, Sally Phillips a Rakhee Thakrar.

Fel y dywedodd Daisy Allsop, un o'r cynhyrchwyr, 'Roedden ni'n ddigon ffodus i gael myfyrwyr yn gweithio ar bob agwedd ar y gwaith ffilmio fwy neu lai. Fe wnaeth lefel eu gwybodaeth am y diwydiant ac am gynhyrchu ffilm, ar lefel y theori a'r lefel ymarferol, gryn argraff arna'i. Maen nhw mewn sefyllfa dda i gael eu swyddi cyntaf yn y diwydiant.'

Nid dyma'r tro cyntaf i'r Adran fod yn rhan o gynllun cydweithio ym myd ffilm a theledu. Rhwng 2012 a 2016, bu Fiction Factory yn ffilmio tair cyfres o'r ddrama dditectif *Y Gwyll* yn yr ardal. Yn ôl Uwch-gynhyrchydd y gyfres, Ed Thomas, cafwyd partneriaeth ragorol, o ran y lleoliadau a'r cyfleusterau a ddarparwyd gan y Brifysgol, ac o ran y myfyrwyr, a gafodd brofiad gwerth chweil o weithio ar set ac fel rhan o gynhyrchiad teledu am dros bedair blynedd. Ac yn goron ar y cyfan, cynhaliwyd dosbarthiadau meistr gan weithwyr proffesiynol yn y maes.

Ac ym mis Tachwedd 2018, cafwyd ymweliad brenhinol go iawn – wel, bron iawn beth bynnag. Anghofiwch am sêr mawr LA, roedd y 'Tywysog Charles' yma i ail-fyw ei dymor yn y Brifysgol yn 1969, ar ffurf yr actor Josh O'Connor. Roedd ffilmio pennod o gyfres nodedig *The Crown* (Netflix) yn gyfle pellach i fyfyrwyr gymryd rhan mewn cyfres deledu o safon ryngwladol.

Diolch i'r fath enghreifftiau heb eu hail o gyfaredd y sgrin, mae'n gyfnod cyffrous ar y naw i fod yn astudio yma. Hir oes i LA ger y Lli!

Huw Penallt Jones

'LA by the Sea' conjures Los Angeles, Hollywood and the stars of the silver screen. But for our students, Hollywood came to town in the summer of 2021, with the filming of *My Happy Ending*. This provided a unique experience for twenty-five students from the Department of Theatre, Film and Television Studies, creating jobs on the production, working with a professional film team and actors such as Andie MacDowell, Miriam Margolyes, Sally Phillips and Rakhee Thakrar.

As Daisy Allsop, one of the producers, commented, 'We were lucky to have [the] students in almost every department on our shoot. I was impressed by their level of theoretical and practical knowledge of the film business and production. They are in a good position to get their starter jobs in the industry.'

This is not the first time the Department has collaborated in the film and television business. From 2012 to 2016, Fiction Factory shot three series of the detective drama *Hinterland* in the locality. Ed Thomas, the Executive Producer, notes that this created an excellent partnership, both for the locations and facilities provided by the University, and for the students, who gained access to the set and departments of a working television production for over four years, with the additional bonus of masterclasses given by production professionals.

And in November 2018, the sheen of LA royalty was anticipated by the real thing – almost. 'Prince Charles' returned here to relive his 1969 university term in the guise of actor Josh O'Connor. The filming of the acclaimed episode of *The Crown* (Netflix) gave students further opportunities to participate in international-standard box-set television.

Such unparalleled examples of filmic glamour make this an extraordinarily exciting time to be studying here. Long live LA by the sea!

Huw Penallt Jones

Clepiwr a ddefnyddiwyd yn ystod ffilmio *Y Gwyll / Hinterland* yn Aberystwyth a'r cyffuniau. Trwy ganiatâd Ed Thomas a Fiction Factory.

Clapper board used during filming for *Y Gwyll / Hinterland* in Aberystwyth and the surrounding area. With thanks to Ed Thomas and Fiction Factory.

Byddai'r marciwr pitsh haearn hwn yn cael ei drochi mewn paent i farcio ac adnabod defaid Coleg Amaethyddol Cymru. Trwy garedigrwydd Nigel Howells.

This forged iron pitch marker would be dipped in paint to mark and identify sheep belonging to the Welsh Agricultural College (WAC). Courtesy of Nigel Howells.

Mae Aberystwyth yn gyfystyr ag addysg ac ymchwil amaethyddol ers i'r pwnc gael ei gyflwyno fel rhan o gwricwlwm y Brifysgol yn 1877, gyda'r amcan o gyflwyno addysg mewn 'egwyddorion ac arferion amaethyddol'. Ffurfiwyd Adran Amaethyddol yn 1891, ac yn fuan roedd y cyrsiau byrion a'r efrydiau allanol a oedd yn cael eu cynnig ar y cychwyn wedi datblygu'n gyrsiau diploma a gradd.

Gadawodd diflaniad graddol y cyrsiau diploma yn y Brifysgol, fodd bynnag, wagle amlwg yn y ddarpariaeth addysg amaethyddol genedlaethol. Llwyddodd rhwydwaith o golegau lleol ar draws Cymru i ddarparu cyrsiau ymarferol ond nid oedd hyfforddiant ar gael rhwng y lefel hon ac astudiaeth israddedig.

Roedd sefydlu Coleg Amaethyddol Cymru (WAC) yn 1971 ar gampws newydd yn Llanbadarn Fawr, gyda David Morris yn Brifathro a Robin Gill yn Ddirprwy Brifathro, yn ateb i'r broblem. Gorchwyl y Coleg oedd darparu addysg alwedigaethol mewn amaethyddiaeth trwy Ddiplomâu Cenedlaethol a Chenedlaethol Uwch. O 1988 ymlaen, cyflwynwyd cynllun gradd newydd ar y cyd ag Adran Amaethyddiaeth y Brifysgol ac arweiniodd yr amrywiaeth o ddarpariaeth at gyflwyno cyrsiau mewn Rheoli Cefn Gwlad ac Astudiaethau Ceffylau.

Dros y pum mlynedd ar hugain rhwng 1971 ac 1995, diolch i ffocws y Coleg ar ddysgu egwyddorion technolegol a gwyddonol a'u cymhwyso wedyn mewn ffug sefyllfaoedd a sefyllfaoedd go iawn, fe wnaeth WAC feithrin cenhedlaeth gyfan o ddiplomedigion a graddedigion a aeth ymlaen i gael dylanwad aruthrol ar fywyd gwledig yng Nghymru a thu hwnt. Er gwaethaf amrywiaeth eu cefndir a'u dyheadau, yr un peth sy'n gyffredin iddynt, yn ddiamheuol, yw'r tair llythyren hynny – WAC – a'r ffyrdd y maent yn uniaethu â hwy ac â'i gilydd trwy'r profiadau a roddodd fwynhad iddynt pan oeddent yn fyfyrwyr.

Yn 1995, ymunodd y Coleg â'r Brifysgol a chafodd ei ymgorffori yn Sefydliad Astudiaethau Gwledig Cymru, rhagflaenydd yr IBERS presennol, ond mae hunaniaeth ac ethos WAC, mi obeithiwn, yn parhau.

Iwan Owen

Aberystwyth has been synonymous with agricultural education and research since the subject was introduced as part of the University's curriculum in 1877, with the aim of delivering much needed education in 'agricultural principles and practices'. An Agriculture Department was formed in 1891, and the short courses and extramural provision initially on offer quickly developed into diploma and degree courses.

The gradual demise of diploma courses at the University, however, left a noticeable gap in national agricultural education provision. A network of local colleges throughout Wales successfully delivered practical and craft-level courses but no training was available between this and undergraduate study.

The establishment of the Welsh Agricultural College (WAC) in 1971 on a new campus at Llanbadarn Fawr, with David Morris and Robin Gill as Principal and Vice-Principal respectively, provided the solution. The College's mission was to provide vocational education in agriculture through National and Higher National Diplomas. From 1988, a degree scheme in Agriculture was also introduced jointly with the University's Agriculture Department and a diversification of provision saw the introduction of courses in Countryside Management and Equine Studies.

Over twenty-five years from 1971 to 1995, the College's focus on teaching technical and scientific principles and their subsequent application via simulated and real-life scenarios ensured that WAC produced an entire generation of diplomates and graduates who have subsequently made a huge impact on agricultural and rural life in Wales and beyond. Despite the diversity of their background and destination, the one thing they have in common, undoubtedly, are those three letters – WAC – and the ways in which they identify with them and each other through the experiences they enjoyed as students.

In 1995, the College joined the University and was incorporated into the Welsh Institute of Rural Studies, the forerunner of the current IBERS, but the WAC identity and ethos hopefully remain.

Iwan Owen

Llyfrgell Thomas Parry gan bensaer Sir Aberteifi GR Bruce. Cafodd yr adeilad ei agor yn 1970 i wasanaethu Coleg Llyfrgellyddiaeth Cymru, ar gost o £135,000.

The Thomas Parry Library by Cardiganshire county architect GR Bruce. At a cost of £135,000, the building opened in 1970 to serve the College of Librarianship Wales.

ABERYSTWYTH.

SOUTH WEST ELEVATION.

■ Ym mis Chwefror 1959, argymhellodd Adroddiad Roberts ar strwythur y gwasanaeth llyfrgelloedd yng Nghymru a Lloegr sefydlu ysgol llyfrgellyddiaeth yng Nghymru, gan bwysleisio'r angen i lyfrgelloedd mewn cymunedau dwyieithog gael staff sy'n gyfarwydd â'r Gymraeg ac yn hyddysg yn hanes a llenyddiaeth Cymru. Tanlinellwyd yr angen brys hwn mewn adroddiad pellach yn 1962 (Adroddiad Bourdillon), a sefydlwyd Coleg Llyfrgellyddiaeth Cymru (CLlC) yn fuan wedyn, yn 1964.

Roedd CLlC yn sefydliad modern, blaengar, wedi'i greu yng nghyd-destun y cydsyniad ar ôl y rhyfel a'r chwyldro gwybodaeth, yn ogystal â thon o ddisgyblaethau academaidd newydd, gan gynnwys Gwyddor Llyfrgell a Gwybodaeth. Credai Prifathro dylanwadol cyntaf CLlC, Frank Hogg, y gallai'r coleg gyrraedd y safon ryngwladol uchaf ac, erbyn dechrau'r 1970au, hon oedd ysgol lyfrgell fwyaf blaenllaw Ewrop, gan ddenu myfyrwyr a staff o bob cwr o'r byd. Rhan allweddol o'r llwyddiant hwn oedd sefydlu'r llyfrgell, yr adeilad cyntaf ar gampws newydd Llanbadarn. Llyfrgell lyfrgellyddiaeth bwrpasol oedd hon, gyda chylch gwaith casgliadau cynhwysfawr, yn cynnwys labordy catalogio, casgliadau arbenigol i blant a chasgliadau Cymreig.

Daeth CLlC yn rhan o'r Brifysgol yn 1989, ac mae bellach yn cael ei adnabod fel yr Adran Astudiaethau Gwybodaeth. Caeodd Llyfrgell Thomas Parry ei drysau yn 2018 pan symudodd yr Adran i Benglais. Serch hynny, mae coffa annwyl amdani gan staff a myfyrwyr fel ei gilydd fel canolbwynt unigryw ar gyfer dysgu ac ymchwil, wedi'i chynllunio a'i neilltuo ar gyfer astudiaethau llyfrgellyddiaeth broffesiynol.

Yng ngeiriau un cynfyfyriwr, 'Roedd yn rhan sylweddol o'm cyfnod fel myfyriwr: treuliais sawl orig hapus iawn yno; roedd yn teimlo fel fy llyfrgell i, ac ychydig bach fel bod gartref.'

Gyda diolch i Rheinallt Llwyd, Alan Clark, Dr Susan Davies, Lucy Tedd, Ray Lonsdale a Dr David Stoker.

Anoush Simon

■ In February 1959, the Roberts Report on 'The Structure of the Public Library Service in England and Wales' recommended 'the establishment in Wales' of 'a school of librarianship', emphasising the need for libraries in bilingual communities to have staff 'acquainted with the Welsh language and well versed in the history and literature of Wales'. A further report in 1962 (the 'Bourdillon Report') reiterated this urgent need, and the College of Librarianship Wales (CLW) was established shortly afterwards in 1964.

CLW was a modern, forward-looking institution, established in the context of the post-war consensus and the information revolution, as well as the burgeoning of new academic disciplines, including Library and Information Science. The influential first Principal of CLW, Frank Hogg, believed the college could reach the 'highest international standard' and, by the early 1970s, it was the foremost library school in Europe, attracting students and staff from around the world. A key part of this success was the establishment of its library, the first building on the brand new campus at Llanbadarn. A bespoke 'library of librarianship' with an enviable, comprehensive collections remit, it included a cataloguing laboratory and specialist children's and Welsh collections.

CLW became part of the University in 1989 and is now the Department of Information Studies (DIS). The Thomas Parry Library closed its doors in 2018 when DIS moved to Penglais. It is nevertheless fondly remembered by both staff and students alike as a unique hub of learning and research, designed and dedicated to the study of professional librarianship.

One graduate recalls, 'It was a significant part of my student years: I really did spend many happy hours there; it felt like it was mine, and it felt a little bit like home.'

With thanks to Rheinallt Llwyd, Alan Clark, Dr Susan Davies, Lucy Tedd, Ray Lonsdale and Dr David Stoker.

Anoush Simon

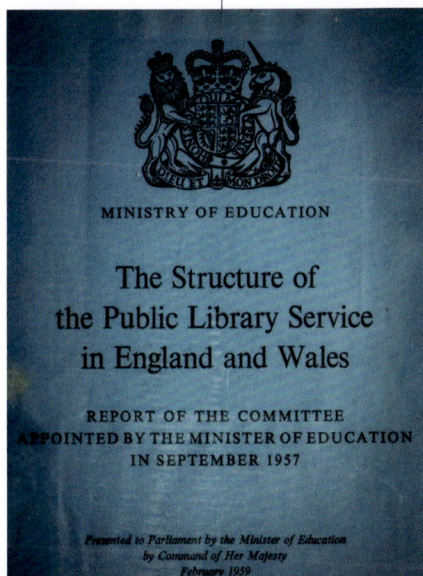

MINISTRY OF EDUCATION

The Structure of
the Public Library Service
in England and Wales

REPORT OF THE COMMITTEE
APPOINTED BY THE MINISTER OF EDUCATION
IN SEPTEMBER 1957

*Presented to Parliament by the Minister of Education
by Command of Her Majesty
February 1959*

Map wedi'i ei liwio â llaw, o ganol y 1800au, *Wallis's Picturesque Round Game of the Produce and Manufacturers of the Counties of England and Wales*, rhan o Gasgliad Horton, Casgliadau Arbennig Llyfrgell y Brifysgol.

Hand-coloured map, mid 1800s, *Wallis's Picturesque Round Game of the Produce and Manufacturers of the Counties of England and Wales*, part of the Horton Collection in the University Library's Special Collections.

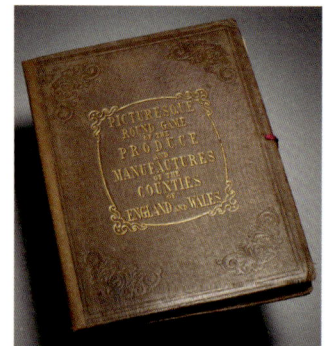

Darluniad o *Flora's Feast* gan Walter Crane (Cassell, London 1889).

Illustration from *Flora's Feast*. Penned and pictured by Walter Crane (Cassell, London, 1889).

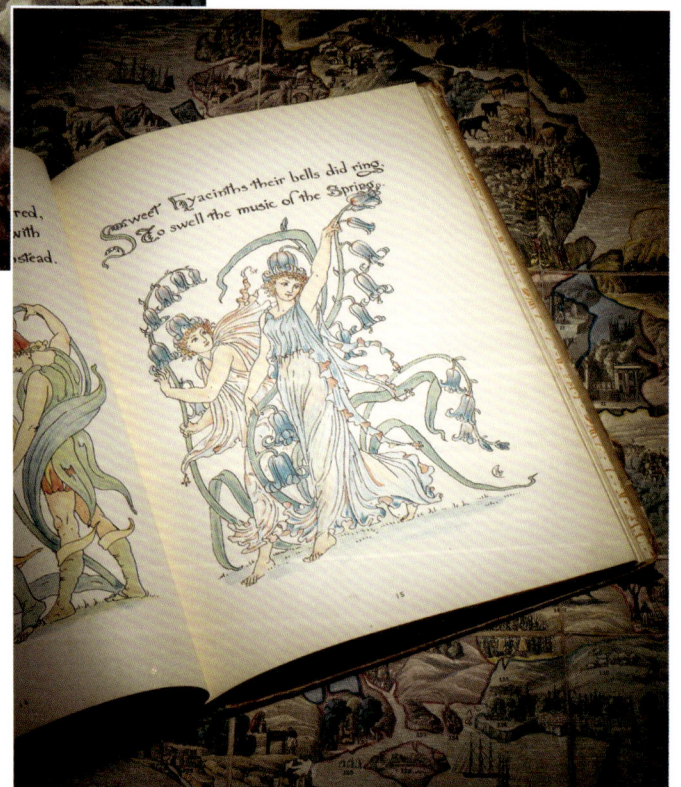

Daw'r map hwn o Gymru o gêm fwrdd *Wallis's Picturesque Round Game of the Produce and Manufacturers of the Counties of England and Wales,* ac mae'n plygu'n dwt ac yn daclus rhwng dau glawr. Mae'n rhan o Gasgliad Horton, sy'n cynnwys tuag 800 o eitemau, y mwyafrif yn llyfrau, ond mae ynddo hefyd nifer o ddarluniadau, comics, gêmau bwrdd, panoramau, sioeau sbecian, theatrau pobl ifanc, cardiau chwarae wedi'u peintio â llaw, ynghyd â thrugareddau eraill. Amrywia cynnwys y llyfrau o hwiangerddi, chwedlau, barddoniaeth a ffuglen, i hanes, daearyddiaeth, addysg grefyddol, gwyddoniaeth a byd natur, a'r cyfan yn olrhain datblygiad llenyddiaeth plant o ganol y ddeunawfed ganrif hyd 1913.

Casglwyd yr eitemau dros gyfnod o bedwar deg mlynedd gan yr arlunydd a darlithydd Ronald Horton. Bu Horton farw yn 1981, ac yn 1983 prynwyd y casgliad gan Goleg Llyfrgellwyr Cymru (CLlC) oddi wrth ei wraig, Margaret Horton, athrawes ysgrifen italig. Adlewyrchir diddordebau Margaret hefyd yn y casgliad trwy gopïau cysylltiedig wedi'u llofnodi gan y caligraffydd Alfred Fairbank.

Prynwyd y casgliad gan CLlC fel adnodd dysgu ar gyfer y cyrsiau llenyddiaeth plant a llyfrgellyddiaeth ysgol, ond gwerthfawrogwyd hefyd werth y casgliad o ran yr argraffu, ysgythru a darlunio sydd i'w cael yn y gwahanol eitemau.

Er mwyn cyflwyno'r casgliad i gynulleidfa ehangach, cynhyrchodd Elinor Thomas, aelod o staff y llyfrgell a oedd wedi bod ynghlwm wrth gatalogio'r casgliad, arddangosfa ar-lein dan y teitl *A Taste of Horton* yn 2001, a *More Gems from the Horton Collection* yn 2004. Mae'r rhain yn dal ar gael ar dudalen we Casgliadau Arbennig Llyfrgell Hugh Owen ac fe'u defnyddir yn aml, ochr yn ochr ag eitemau o'r casgliad, gan fyfyrwyr presennol fel rhan o'u cyrsiau llenyddiaeth ac astudiaethau gwybodaeth.

Mae casgliadau arbennig eraill a brynwyd neu a gyflwynwyd yn rhoddion i'r llyfrgell hefyd wedi bod yn adnoddau gwerthfawr ar gyfer dysgu ac ymchwil yn y Brifysgol, yn ogystal â'r gymuned academaidd ehangach, ac fe'u rhestrir hwy hefyd ar dudalen we'r Casgliadau Arbennig.

Elgan Philip Davies

Folding neatly between the covers of a book, this map of Wales is from *Wallis's Picturesque Round Game of the Produce and Manufacturers of the Counties of England and Wales*. It forms part of the Horton Collection, which consists of approximately 800 items, mostly books but also a number of original illustrations, comics, table games, panoramas, peepshows, juvenile theatres, hand-painted playing cards and other curiosities. The subject matter of the books ranges from nursery rhymes, myths and legends, poetry and fiction, to history, geography, religious instruction, science and nature, all tracing the development of children's literature from the mid-eighteenth century to 1913.

They were collected over a period of forty years by the artist and teacher Ronald Horton. Horton died in 1981, and in 1983, the collection was bought by the College of Librarianship Wales (CLW) from his widow, Margaret Horton, a teacher of italic handwriting. Margaret's interests are also reflected in the collection, with associated copies bearing the autograph of the calligrapher Alfred Fairbank.

The collection was bought by CLW as a teaching resource for its courses on children's literature and school librarianship, but the value of the collection itself, especially regarding printing, engraving and illustration, was also recognised.

To introduce the collection to a wider audience, Elinor Thomas, a member of the library staff who had been involved in cataloguing the collection, produced an online exhibition entitled *A Taste of Horton* in 2001, and a second, *More Gems from the Horton Collection*, in 2004. These are still available on the Hugh Owen Library Special Collections webpage and are regularly used, alongside items from the collection, by current students as part of their literature and information studies courses.

Other special collections that were either purchased or donated to the library have also proved to be valuable resources for teachers and researchers within the University, as well as the wider academic community; these are also listed on the Special Collections webpage.

Elgan Philip Davies

124

Llyfrgell Hugh Owen

Yn wyneb rhai, fe gaeai'r gwynt – y ddôr
I ddysg ond, fel cerrynt,
Os bu'r drysau ar gau gynt,
Nid eir heddiw ond drwyddynt.

Eurig Salisbury

Testun ® Eurig Salisbury

Hugh Owen Library

Would Hugh have liked it? I guess he would
Have frowned at the fabric honeycomb,
The vending machines, collections in chrome;
But then he'd have seen in the sepia wood
His own reflection, and felt at home.

Eurig Salisbury

Text © Eurig Salisbury

Adnewyddwyd Llyfrgell Hugh Owen yn 2017. Gweithfannau cyfrifiadurol unigol a desgiau astudio sydd ar Lawr D bellach, gyda'r casgliadau ar Loriau E ac F.

Level D of the Hugh Owen Library was refurbished during 2017. The space offers study desks and computer workstations, group study rooms and spaces to relax. Collections are housed on Levels E and F.

Detholiad o grochenwaith o ddechrau'r 20 ganrif o gasgliad Amgueddfa'r Ysgol Gelf. O'r chwith, rhes gefn: Reginald Wells (1877–1951), potyn wedi'i ysbrydoli gan waith Tsieineaidd; Michael Cardew (1901–83), jwg o grochenwaith slip. Rhes flaen: William Staite Murray (1881–1962), dysgl o grochenwaith caled; Katharine Pleydell-Bouverie (1895–1985), dysgl wedi'i thanio mewn tân coed a'i gwydro â lludw; Shoji Hamada (1894–1978), jwg gwrth-gwyr.

A selection of early 20th-century ceramics from the School of Art Museum's collection. From left, back row: a Chinese-inspired jar by Reginald Wells (1877–1951); a slipware jug by Michael Cardew (1901–1983). Front row: a stoneware bowl by William Staite Murray (1881–1962); an ash-glazed, wood-fired bowl by Katharine Pleydell-Bouverie (1895–1985); and a wax-resist jug by Shoji Hamada (1894–1978).

Yn 1909, enillodd Sidney Greenslade y comisiwn i gynllunio Llyfrgell Genedlaethol Cymru. Yn bensaer Celfyddyd a Chrefft o Gaerwysg gyda swyddfa yn Llundain, roedd yn hoff iawn o brintiau a cherameg, ac yn ffrind agos, a chydweithredwr ar brydiau, i'r brodyr Martin, y crochenwyr crefft blaenllaw ar droad yr ugeinfed ganrif. Pwy well, felly, i'w wahodd i fod yn Guradur Ymgynghorol yr Amgueddfa Celf a Chrefft newydd, a oedd i'w chodi i ategu'r addysgu yn Aberystwyth? Gyda chyfarwyddyd i gasglu enghreifftiau o waith 'crefft gan bobl o bob cwr o'r byd', prynodd wydr hynafol, basgedi, caligraffeg, cerfiadau Byrmanaidd a llu o weithiau eraill ond – yn arwyddocaol – prynodd brintiau cyfoes a chrochenwaith o orielau Llundain ac weithiau oddi wrth yr arlunwyr eu hunain.

Dyma flynyddoedd allweddol datblygiad crochenwaith stiwdio. Yn 1919, roedd Bernard Leach wedi dychwelyd o Japan gyda'i ffrind Shoji Hamada, yn benderfynol o sefydlu crochendy a fyddai'n cynhyrchu math newydd o waith – darnau ymarferol, wedi'u taflu ar olwyn gan mwyaf, wedi'u saernïo'n grefftus a'u haddurno'n syml ac yn parchu nodweddion y deunyddiau, sef cyferbyniad llwyr i'r tsieni a gâi ei fasgynhyrchu. Roedd llawer o geffylau blaen y mudiad, gan gynnwys Michael Cardew, Katharine Pleydell-Bouverie a Norah Braden, wedi eu hyfforddi yng Nghrochendy Leach yn St Ives. Roedd crochenwyr stiwdio yn edmygu ffurf syml a gwydro cynnil crochenwaith oes Brenhinlin Song Tsieina (960–1279), ond hefyd yn ymateb i ffurfiau cryf ac addurniadau slip bywiog crochendai gwledig Cymru a Lloegr. Dan Jones, Pennaeth yr Adran Celf a Chrefft, a oedd yn gyfrifol am ddod o hyd i grefftau Cymreig, a llwyddodd i gasglu darnau pwysig o grochenwaith slip o'r bedwaredd ganrif ar bymtheg, llawer ohono o Fwcle.

Ar ôl 1936, bu'r casgliadau, i bob pwrpas, yn segur ond, yn y 1970au, mewn cyfnod newydd o adfywiad i waith crefft, bu'r casgliad cynnar yn sylfaen gadarn wrth ailddatblygu casglu cerameg yn Aberystwyth.

Moira Vincentelli

In 1909, Sidney Greenslade won the commission to design the National Library of Wales. An Arts and Crafts architect from Exeter with an office in London, he had a passion for prints and ceramics and was a close friend, even sometime collaborator, of the Martin Brothers, leading craft potters at the turn of the twentieth century. Who better, then, to invite to become the Consulting Curator of the new Arts and Crafts Museum, set up to support teaching at Aberystwyth? With a brief to acquire specimens of 'human workmanship from all regions of the world', he bought antique glass, baskets, calligraphy, Burmese carvings and much else but – significantly – he purchased contemporary prints and ceramics from London galleries and sometimes from the artists themselves.

These were key years for the development of studio pottery. In 1919, Bernard Leach had returned from Japan with his friend Shoji Hamada, determined to set up a pottery that would produce a new kind of work – functional, mainly wheel-thrown pieces, beautifully crafted, simply decorated and respecting the qualities of the materials. The pottery was the opposite of industrial mass-produced china. Many of the leading figures in the movement trained at the Leach Pottery in St Ives, including Michael Cardew, Katharine Pleydell-Bouverie and Norah Braden. Studio potters admired the simple form and subtle glazes of Song Dynasty (960–1279) wares from China but they also responded to the strong shapes and lively slip decoration of country potteries in England and Wales. The Head of the Arts and Crafts Department, Dan Jones, had responsibility for seeking out Welsh crafts, and acquired a major collection of nineteenth-century slipware pottery, much of it from Buckley in north Wales.

The collections were largely dormant after 1936, and little was understood about their history. In the 1970s, in a new period of craft revival, the early collection proved a strong foundation for the redevelopment of ceramic collecting at Aberystwyth.

Moira Vincentelli

Cerameg gyfoes o gasgliadau'r Ysgol Gelf. O'r chwith i'r dde: 'Seated Nude III', Phillip Eglin (g.1959), a brynwyd gyda chymorth y Gronfa Gelf, 2006. 'Tall Bottle', Magdalena Odundo (g.1950), a brynwyd gyda chyfraniadau gan Gronfa Grant Prynu Amgueddfa Victoria ac Albert a'r Gronfa Gelf, 2009. 'Garden on Blossom', Akbar Rakhimov (g.1949), a brynwyd yn 2019.

Contemporary ceramics from the School of Art Museum collections. Left to right: 'Seated Nude III' by Phillip Eglin (b.1959) purchased with support from the Art Fund in 2006; 'Tall Bottle' by Magdalena Odundo (b.1950) purchased with contributions from the V&A Purchase Grant Fund and the Art Fund in 2009, and 'Garden on Blossom' by Akbar Rakhimov (b.1949) purchased in 2019.

Cysyniadol, Cerfluniol a Benywaidd: Cerameg Gyfoes

Pan ddaeth Moira Vincentelli yn Guradur Cerameg yn 1971 – a hithau hefyd wedi ei phenodi'n ddiweddar yn diwtor Hanes Celf – roedd yn gyfnod cyffrous yn y maes. Roedd sefydliadau newydd megis Cyngor Celfyddydau Cymru a'r Cyngor Crefftau yn dechrau cefnogi'r crefftau, a daeth cyrsiau Cerameg blaengar ar lefel addysg drydyddol i bontio bwlch rhwng celfyddyd gain, crefft a dylunio. Heriwyd traddodiad Leach a oedd yn tra-arglwyddiaethu, gydag ymarferwyr yn cynhyrchu gwaith drwy ddulliau amgen. Cyflwynwyd gweithiau cerameg cerfluniol, cysyniadol a chyfoes am y tro cyntaf i gasgliad Aberystwyth yn 1975, yn dilyn symposiwm rhyngwladol mis o hyd yng Nghaerdydd.

Yn ystod y 1980au, roedd menywod ar flaen y gad o ran defnyddio technegau gwaith llaw a lliwiau beiddgar. Oherwydd ei diddordeb mewn artistiaid benywaidd, aeth Vincentelli ar drywydd gwaith gan grefftwyr fel Alison Britton (g.1948), Elizabeth Fritsch (g.1940), Carol McNicoll (g.1943) a Magdalene Odundo (g.1950). Ehangwyd potensial ymchwil y casgliad pan sefydlwyd Archif Cerameg yn 1985, gan ddatblygu casgliad hanes llafar.

Erbyn 1987, roedd Oriel Gerameg newydd wedi'i chwblhau yng Nghanolfan y Celfyddydau, a chafwyd rhaglen arddangos yn sgil hynny, yn canolbwyntio ar y casgliad a chrefftwyr cyfoes. Mae'r Ŵyl Gerameg Ryngwladol a gynhelir bob dwy flynedd wedi bod yn gyfle i gasglu gwaith gan wneuthurwyr o fri rhyngwladol ers 1987, yn ogystal â chreadigaethau brodorol llai adnabyddus, fel gwaith uwch-grochenwyr Uzbekistan (2019). Ar yr un pryd, mae darnau o'r casgliad yn cael eu benthyg yn rheolaidd i sefydliadau blaenllaw yn y DU ac arddangosfeydd teithiol rhyngwladol, fel y rhai diweddar yn America a Japan.

Ers y 1990au, mae cyllid grant o wahanol ffynonellau wedi noddi rhaglenni arloesol sy'n defnyddio'r casgliadau, gan gynnwys yr artist nodedig Philip Eglin (g.1959), a fu'n gweithio gyda phlant ysgol yn 2015 yn ymateb i grochenwaith slip Bwcle o'r casgliad. Ers 2008, mae rhaglen deuluol wedi cyflwyno'r casgliad i gynulleidfaoedd ifanc. Mae'r casgliad yn dal i dyfu, gan bwysleisio bod Cerameg yn ddisgyblaeth sy'n esblygu'n barhaus.

Louise Chennell

Conceptual, Sculptural and Female: Contemporary Ceramics

In 1971, when Moira Vincentelli, newly appointed Art History tutor, also took on the role of Curator of Ceramics, it was an exciting time in the field. Emerging institutions, such as the Arts Council of Wales and the Crafts Council, were supporting the crafts, and new Ceramics courses in third-level education began to bridge the gap between fine art, craft and design. Many practitioners began to challenge the dominant Leach tradition, producing work in alternative ways. The first conceptual and contemporary sculptural ceramics to enter the Aberystwyth collection came from the month-long 1975 Cardiff international symposium.

During the 1980s, women paved the way with new approaches using hand-building techniques and bold colours in their work. With an interest in women artists, Vincentelli sought out work from key makers such as Alison Britton (b.1948), Elizabeth Fritsch (b.1940), Carol McNicoll (b.1943) and Magdalene Odundo (b.1950). The wider research potential of the collection was enhanced when Vincentelli established the Ceramic Archive in 1985, developing an oral history collection.

By 1987, a new Ceramics Gallery was completed at Aberystwyth Arts Centre, further enabling an active exhibition programme, featuring themes from the collection and shows by contemporary makers. The International Ceramics Festival, held here biennially since 1987, has provided the opportunity to acquire work from internationally renowned makers (including one-off performance pieces) and also creations by lesser known indigenous makers, such as the master potters of Uzbekistan (2019). Meanwhile, works from the collection are regularly loaned to major UK institutions and international touring exhibitions, lately to America and Japan.

Since the 1990s, grant funding from various sources has supported innovative artistic, community and education programmes using the collections, including notable artists such as Philip Eglin (b.1959), who in 2015 worked with schoolchildren responding to Buckley slipware from the collection. A family programme has introduced the collection to young audiences since 2008. The collection continues to grow, reflecting ceramic practice as an ever evolving discipline.

Louise Chennell

Roedd 'The Road to Thaxted', torlun leino 1958 gan Edward Bawden RA (1903–1989), ymhlith dros 250 o weithiau celf a anrhegwyd i Amgueddfa'r Ysgol Gelf gan Wasanaeth Llyfrgell Ysgolion Cyngor Swydd Derby yn 2020. Torlun leino: ⓑ Ystad Edward Bawden.

'The Road to Thaxted', a 1958 linocut by Edward Bawden RA (1903–1989), was among over 250 artworks gifted to the School of Art Museum by Derbyshire County Council Schools Library Service in 2020. Linocut © The Estate of Edward Bawden.

Rhodd Gwasanaeth Llyfrgell Ysgolion Cyngor Swydd Derby o oddeutu 250 o weithiau celf yw un o'r rhoddion mwyaf arwyddocaol yn hanes Amgueddfa'r Ysgol Gelf. Helpodd i lenwi bylchau amlwg yn ein casgliad o brintiau.

Roedd y trosglwyddiad i Aberystwyth, a oedd yn werth tua £750,000, yn cynnwys printiau gwreiddiol gan Dürer a Rembrandt yn ogystal â gwaith gwneuthurwyr printiau Prydeinig yr ugainfed ganrif fel Michael Ayrton, Elizabeth Frink, LS Lowry a Victor Pasmore. Anrhegwyd paentiadau gan Edward Middleditch, Ceri Richards a Nan Youngman hefyd, yn ogystal â lluniau gan Edward Lear, George du Maurier, John Minton a darlunydd *Winnie the Pooh*, EH Shepard.

Mae'r gweithiau celf yn ffigurol i raddau helaeth. I ddechrau, roedd prynwyr Swydd Derby wedi bod yn chwilio am luniau naratif i annog prosiectau ysgrifenedig, adrodd straeon a thrafodaeth rhwng athrawon a phlant ysgol: yn eu plith mae llun Edward Bawden o blismon pentref yn mynd ar ei rownd, llun Richard Beer o ffair, 'Strong Ladies', a gwerthwyr ffrwythau trol a cheffyl Charles Keeping.

Yn sgil degawdau o bwysau ar gyllidebau awdurdodau lleol, nid oedd gan lawer o wasanaethau ysgolion yr adnoddau i gynnal ac arddangos eu casgliadau benthyg. Caeodd gwasanaeth ysgolion Swydd Derby yn 2018, ar ôl dros wyth deg mlynedd o rannu ei luniau ar draws y sir. Er bod awdurdodau addysg eraill wedi ymelwa wrth waredu eu casgliadau benthyg drwy arwerthiannau cyhoeddus, ceisiodd Swydd Derby ailgartrefu ei gweithiau celf mewn amgueddfeydd achrededig ledled Prydain.

Fel rhan o broses dendro Swydd Derby, cyflwynodd amgueddfa'r Ysgol Gelf ffurflen mynegi diddordeb ar gyfer pob gwaith celf y gwnaeth gais amdano, gan egluro sut yr oedd y printiau'n berthnasol i'w Pholisi Datblygu Casgliadau a sut y byddent o fudd i fyfyrwyr a staff, cynulleidfaoedd lleol ac ymwelwyr cenedlaethol a rhyngwladol.

Caiff y paentiadau, printiau a darluniau a anrhegwyd eu defnyddio bellach wrth hyfforddi myfyrwyr sy'n mynd ymlaen i fod yn artistiaid, haneswyr celf, curaduron a cheidwad orielau. Drwy hwyluso astudio uniongyrchol i gyfoethogi profiad myfyrwyr, rydym yn parhau i gyflawni cenhadaeth Gwasanaeth Llyfrgell Ysgolion Cyngor Swydd Derby.

Robert Meyrick

The Derbyshire County Council Schools Library Service gift of some 250 artworks is one of the most significant donations in the history of the School of Art Museum. It helped fill notable gaps in our print collection.

The transfer to Aberystwyth, valued at approximately £750,000, included original prints by Dürer and Rembrandt as well as twentieth-century British printmakers such as Michael Ayrton, Elizabeth Frink, LS Lowry and Victor Pasmore. Paintings by Edward Middleditch, Ceri Richards and Nan Youngman are also represented, as well as drawings by Edward Lear, George du Maurier, John Minton and *Winnie the Pooh* illustrator, EH Shepard.

The artworks are largely figurative. Derbyshire's buyers had initially sought out narrative pictures to encourage written projects, storytelling and discussion between teachers and school children: among them Edward Bawden's village bobby making his rounds, Richard Beer's fairground 'Strong Ladies' and Charles Keeping's East End horse-drawn costermongers.

Decades of pressure on local authority budgets left many schools services without the resources to maintain and display their loan collections. Derbyshire's schools service closed in 2018, after more than eighty years of sharing its pictures county-wide. While other education authorities profited from the dispersal of their loan collections through public auction, Derbyshire sought to rehome its artworks in accredited museums across Britain.

As part of Derbyshire's tendering process, the School of Art Museum submitted an expression of interest form for each artwork it requested, making a case for how they relate to its Collections Development Policy and how they would benefit students and staff, local audiences and national and international visitors.

The gifted paintings, prints and drawings are now used in training our students who go on to become artists, art historians, curators and gallerists. By enhancing student experience through first-hand study of original artworks, we continue to fulfil the mission of Derbyshire County Council Schools Library Service.

Robert Meyrick

'Recapturing *Mighty Joe Young*: The Movie! The Memory!! The Make-believe!!!' Dyna oedd y datganiad ar boster ein harddangosfa. Gyda holl sbloets dangosiad cyntaf yn Hollywood, cafodd albwm, nas gwelwyd erioed, o ffotograffau a darluniau cysyniadol o'r cynhyrchiad, ei arddangos yn gyhoeddus yn orielau'r Ysgol Gelf yn 2017, bron i saith deg mlynedd ar ôl rhyddhau'r ffilm ffantasi.

Bwriad yr albwm oedd tystio i'r gelfyddyd, y dyfeisgarwch a'r gwaith tîm a fyddai'n sicrhau'r Oscar am effeithiau arbennig i *Mighty Joe Young*. Hwn oedd prosiect ffilm hir cyntaf Ray Harryhausen, un o gewri animeiddio stop-symud cyn oes delweddau wedi'u cynhyrchu â chymorth cyfrifiadur.

Ynghyd â channoedd o lyfrau, cyfnodolion ac eitemau eraill sy'n gysylltiedig â sinema, roedd yr albwm yn rhan o gymynrodd yr hanesydd ffilm Prydeinig Raymond Durgnat (1932–2002) i'r Adran Astudiaethau Theatr, Ffilm a Theledu. Er mai ffantasi bwystfilod yw'r lleiaf difrifol o'r holl genres sinematig, cydnabu Durgnat yn *Films and Feelings* (1971) fod haen gyfoethog o farddoniaeth i'w gweld yn aml mewn ffilmiau o'r fath. Roedd yn braf iawn gallu dathlu ffilm na wnaeth cystal yn y sinemâu ac a gafodd ei diystyru fel ffilm dila gan y beirniaid.

Deilliodd y ffilm o syniad a gafwyd yn 1945, a chafodd ei chwblhau mewn pedwar mis ar ddeg rhwng 1947 ac 1948. Serch hynny, erbyn ei rhyddhau yn 1949, teimlwyd bod *Mighty Joe Young* yn anghydnaws â'r Oes Atomig. Roedd hi'n stori am gyfeillgarwch annisgwyl ar draws cyfandiroedd – ac yn ochri â dieithryn cawraidd y mae eraill yn manteisio arno i greu elw. Nid yw'n debyg i arlwy gweledol arferol y Rhyfel Oer, ffilmiau lle'r oedd estroniaid o'r gofod yn ymosod, neu fwtaniaid yn mynd yn rhemp – a disgwylid i'r gynulleidfa gymeradwyo wrth iddynt gael eu trechu.

Mae'r ffaith i'r albwm hwn gael ei adael yn ein gofal yn tanlinellu cysylltiad agos Aberystwyth a'i Phrifysgol â chanolfannau creadigol fel 'Tinseltown'. Yn wir, fel y nododd ymwelydd lleol â'n harddangosfa, ganwyd rheolwr cynhyrchu yr uned ffilm, Lloyd Richards (1903–1992), yng Nghymru ac, ar ôl iddo ymddeol, roedd yn byw ychydig filltiroedd o Aberystwyth.

Harry Heuser

Tudalen o albwm ôl-gynhyrchu unigryw o ffotograffau a chelf gysyniadol, yn coffáu gwaith ffilmio ar y ffilm ffantasi Hollywood *Mighty Joe Young* (1949).

'Recapturing *Mighty Joe Young*: The Movie! The Memory!! The Make-believe!!!' our exhibition poster declared. With all the ballyhoo of a Hollywood premiere, a never-before-seen album of production stills and concept drawings went on public display in the School of Art galleries in 2017, nearly seventy years after the completion of the fantasy film whose making it commemorates.

A relic of a bygone era, the album was designed to showcase the artistry, ingenuity and teamwork that would earn *Mighty Joe Young* an Academy Award for Special Effects. The film was the first feature-length project of Ray Harryhausen, whose name became synonymous with pre-CGI stop-motion animation.

Along with hundreds of books and journals, as well as other cinema-related artefacts, the album was bequeathed to the Department of Theatre, Film & Television Studies by the British film historian Raymond Durgnat (1932–2002). In *Films and Feelings* (1971), Durgnat acknowledged that, while the 'monster fantasy' was the 'least serious of cinematic genres', such movies 'often have a rich vein of poetry'. Being able belatedly to celebrate a box-office underperformer that the contemporary press derided as 'incredible corn' was a stroke of poetic justice.

Conceived in 1945, commenced in 1947 and completed after fourteen months in 1948, *Mighty Joe Young* was felt to be out of touch with the Atomic Age upon its 1949 release. Telling the story of an unlikely transcontinental friendship – and championing an outsized outsider exploited for profit – it bears little resemblance to the spectacles of alien invasions and rampaging mutants whose annihilation Cold War-era consumers of Hollywood fare were encouraged to cheer.

That this album was left in our care drives home how connected Aberystwyth and its University are to creative hubs like Tinseltown. In fact, as a local visitor to our exhibition pointed out, the film's unit production manager, Lloyd Richards (1903–1992) – whose photographic likeness was also spotted in the album – was born in Wales and, in his retirement, lived just a few miles from Aberystwyth.

Harry Heuser

A page from a unique post-production album of photographs and conceptual art, commemorating the making of the 1949 Hollywood fantasy *Mighty Joe Young*.

Comisiynwyd 'Interpenetrations' gan Handel Evans ar gyfer y Sefydliad Gwybodaeth Wyddonol yn Philadelphia gan yr entrepreneur Americanaidd Eugene Garfield, ac fe'i hanrhegwyd i Amgueddfa'r Ysgol Gelf yn 2003.

'Interpenetrations' by Handel Evans was commissioned for the Institute of Scientific Information in Philadelphia by the American entrepreneur Eugene Garfield who gifted the painting to the School of Art Museum in 2003.

Handel Evans: 'Interpenetrations'

■ Mae gan 'Interpenetrations', rhodd i'n Prifysgol sy'n cael ei harddangos mewn man amlwg yn Llyfrgell Hugh Owen, gysylltiad tipyn agosach â'i leoliad nag y byddai rhywun yn ei dybio ar yr olwg gyntaf.

Gwaith Handel Cromwell Evans yw'r paentiad anferthol hwn. Wedi ei eni a'i hyfforddi yng Nghymru, bu'n byw, gweithio ac arddangos yn y Caribî, yr Unol Daleithiau a'r Almaen, gan ddatblygu gyrfa ryngwladol fel artist.

Yn 2001, gwahoddwyd Robert Meyrick, y Ceidwad Celf, i draddodi darlith i Sefydliad Cymru Gogledd America yn Philadelphia i goffáu'r diweddar arlunydd. Yno, cyfarfu â mam yr arlunydd, Marian Evans-Quinn, a oedd ar ymweliad o Loegr, a'i ffrind mynwesol a'i noddwr, Eugene Garfield. Profodd y cyfarfyddiad a'r cyfeillgarwch a ddatblygodd yn

ei sgil yn dyngedfennol, gydag Evans-Quinn yn gadael ei heiddo hi a chynnwys stiwdio ei mab – dros 1,000 o weithiau celf, ei archifau a'i ddau biano cyngerdd – i Amgueddfa'r Ysgol Gelf. Rhoddodd Garfield yntau, yn ei dro, 'Interpenetrations', canfas a gomisiynwyd ganddo yn 1978 ar gyfer y Sefydliad Gwybodaeth Wyddonol yn Philadelphia.

Roedd yr ieithydd a'r entrepreneur, Garfield, yn un o arloeswyr bibliometreg, dull ystadegol a ddefnyddir ym maes gwyddor llyfrgelloedd a gwybodaeth i fesur effaith ymchwil. Yn y 1960au, bu'n ddarlithydd gwadd yng Ngholeg Llyfrgellwyr Cymru a theimlai y byddai Llyfrgell Hugh Owen yn gartref perffaith i 'Interpenetrations'. Rhoddwyd y canfas deuddeg troedfedd mewn crât a'i gludo mewn llong i Aberystwyth yn 2003.

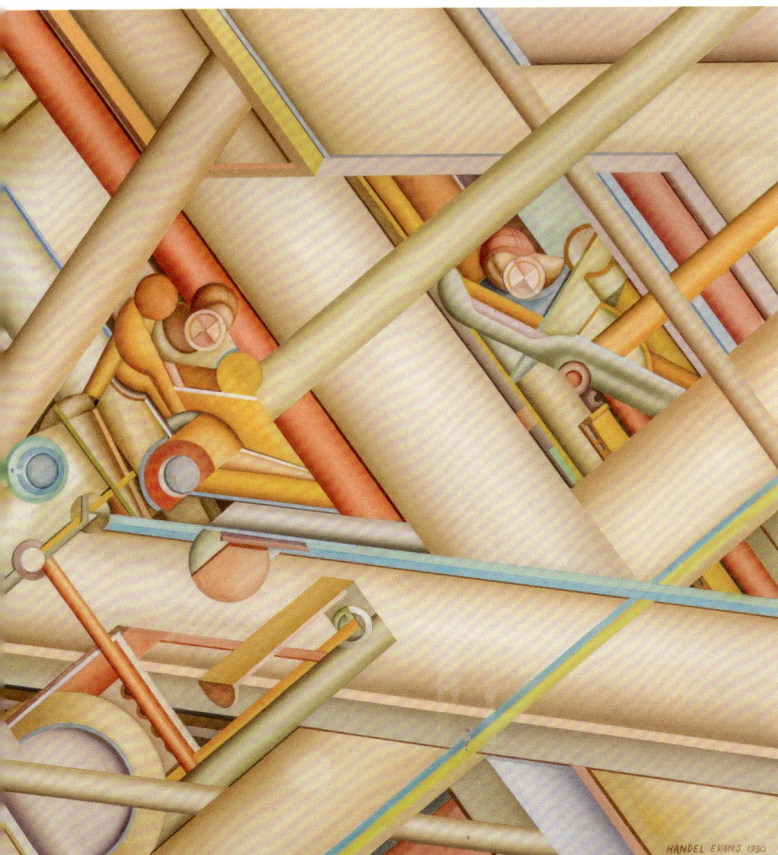

HANDEL EVANS 1980

■ A gift to our University and on prominent display in Hugh Owen Library, 'Interpenetrations' is more closely connected to the space it occupies than might be immediately apparent.

The large-scale painting is the work of Handel Cromwell Evans. Born and trained in Wales, Evans forged an international career as an artist living, working and exhibiting in the Caribbean, the United States and Germany.

In 2001, Keeper of Art Robert Meyrick was invited to deliver an address to the North America Wales Foundation in Philadelphia to commemorate the late artist. There he met the artist's mother, Marian Evans-Quinn, visiting from England, and his closest friend and patron, Eugene Garfield. The social gathering and the friendships that ensued proved momentous. Evans-Quinn would bequeath to the School of Art Museum her estate and the contents of her son's studio – over 1,000 artworks, his archives and two grand pianos. Garfield in turn gifted 'Interpenetrations', a canvas he had commissioned in 1978 for the Institute of Scientific Information in Philadelphia.

An American linguist and entrepreneur, Garfield was one of the pioneers of bibliometrics, a statistical method used in the field of library and information science to measure the impact of research. In the 1960s, he was guest lecturer at the College of Librarianship Wales. Garfield had fond memories of Aberystwyth and felt that Hugh Owen Library was a perfect home for 'Interpenetrations'. The twelve-foot canvas was crated and shipped to Aberystwyth in 2003.

With his painting, Evans sought to communicate the 'interdependent nature' of the relationship between humankind and the 'growing mass of information' the mind needs to process. The five figures symbolise the senses, while the structures surrounding them represent the information environment. Choosing abstracted, non-gendered forms, Evans expressed his hope for a 'probable future' in which 'participation in intellectual pursuits' would be more equitable.

Today's university libraries are not simply depositories of texts. This painting anticipated the equal access to information that is the bedrock of Information Services.

Harry Heuser

Yn ei ddarlun, ceisiodd Evans gyfleu 'natur gyd-ddibynnol' y berthynas rhwng dynoliaeth a'r 'cruglwyth cynyddol o wybodaeth' y mae angen i'r meddwl ei brosesu. Symbolau o'r synhwyrau yw'r pum ffigwr, gyda'r adeiladau o'u cwmpas yn cynrychioli'r amgylchedd gwybodaeth. Wrth ddewis ffurfiau haniaethol, di-rywedd, roedd Evans yn cyfleu ei obaith am 'ddyfodol tebygol' lle byddai 'cymryd rhan mewn gweithgareddau deallusol' yn fwy cyfartal.

Bellach, mae llyfrgelloedd prifysgolion yn fwy nag ystorfa testunau. Roedd y darlun hwn yn rhagfynegi ymroddiad ein Gwasanaethau Gwybodaeth i sicrhau hawl cyfartal i wybodaeth.

Harry Heuser

Mae 'Snowdon, the Traeth and Frightened Horse' (1948) gan Syr Kyffin Williams yn un o'm hoff weithiau yng nghasgliadau'r Ysgol Gelf ers i mi gerdded i mewn i'r adeilad am y tro cyntaf ddeng mlynedd yn ôl a'i weld ar y wal uwchlaw'r prif risiau. Mae yn yr Ysgol ers 1951, rhodd gan Gymdeithas Celfyddyd Gyfoes Cymru. Roedd y Gymdeithas wedi talu £100 am y paentiad – swm arwyddocaol am mai dyma'r gwaith cyntaf i Williams ei werthu am swm tri ffigur. Roedd yr arlunydd ei hun yn siaradwr gwadd yn agoriad swyddogol yr Ysgol Gelf yn Adeilad Edward Davies yn 1994.

Roedd gan Williams (1918–2006) berthynas agos â mynyddoedd gogledd Cymru. Byddai'n cerdded milltiroedd ar draws gwlad ac yn peintio yn yr awyr agored hyd yn oed pan fyddai'n bwrw glaw neu eira. Byddai'n siarad â ffermwyr, yn gwybod eu henwau hwy ac enwau eu cŵn. Roedd ei gariad at Wynedd a'i phobl i'w weld yn amlwg yn ei baentiadau.

Mae David Meredith yn esbonio yn *Kyffin in Venice* (Gomer, 2006) fod cynefin yn rhywbeth yr oedd yr arlunydd am ei gyfleu yn ei weithiau. Yn yr olygfa hon, mae'r ffermwr yn ceisio tawelu ei geffyl, sydd wedi ei ddychryn; mae'r cymylau trymion a'r lliwiau tywyll yn adlewyrchu profiad Williams o'r dirwedd. Nid ffug-ddrama sydd yma; mae gerwinder y wlad, y tywydd anwadal a'r prudd-der i gyd yn elfennau o'r Gymru go iawn yr oedd yn ceisio'i phortreadu.

Yn ei flynyddoedd diweddarach, dywedodd Williams wrth Meredith ei fod yn dal i beintio'r merlod Cymreig, ffermwyr y bryniau a'r cŵn, ond yn gwybod y byddai'r byd hwnnw'n diflannu ryw ddydd. Fel y mae Ian Skidmore yn ei grybwyll yn *Kyffin: A Figure in a Welsh Landscape* (Seren, 2008), bydd y paentiad hwn bob amser yn ein hatgoffa o'r Cymro i'r carn yn Eryri yn uniaiethu â'i gynefin godidog, wedi ei beintio gan Gymro a oedd wedi gwirioni ar ei wlad.

Karen Westendorf

Sir Kyffin Williams' *Snowdon, the Traeth and Frightened Horse* (1948) has been one of my favourite works in the School of Art collections ever since I first walked into the building over a decade ago and spotted it hanging above the main staircase. It's been at the School since 1951, a gift from the Contemporary Art Society of Wales. The Society had paid £100 for the painting – a notable amount as it was the first work sold by Williams for a three-figure sum. The artist himself was a guest speaker at the official opening of the School of Art in the Edward Davies Building in 1994.

Williams (1918–2006) had an intimate relationship with the mountains of north Wales. He walked for miles across the countryside and would paint outside even during rain and snow. He talked to the farmers, knew their names and those of their dogs. His love for Gwynedd and its people comes across in the painting.

David Meredith explains in *Kyffin in Venice* (Gomer, 2006) that *cynefin* – the deep bond between the Welsh land, its history and its people – was something the artist wanted to convey in his works. In this scene, the farmer is trying to calm his terrified horse; the heavy clouds and the dark colours reflect Williams' experience of the landscape. There is no pretend drama here; the roughness of the countryside, the unstable weather and the melancholy are all components of the real Wales he tried to depict. In his later years, Williams told Meredith that he still painted the Welsh ponies, the hill farmers and the dogs, but knew that that world would vanish some day. As Ian Skidmore remarks in *Kyffin: A Figure in a Welsh Landscape* (Seren, 2008), this painting will thus always be a reminder of the true Welshman of Snowdonia within the sublime beauty of the area, painted by a Welshman who was obsessed with his country.

Karen Westendorf

'Snowdon, the Traeth and Frightened Horse' (1948) oedd y paentiad cyntaf o waith Kyffin Williams (1918–2006) a werthwyd am swm tri ffigur. Fe'i rhoddwyd i'r Coleg gan Gymdeithas Celfyddyd Gyfoes Cymru yn 1951. Trwy ganiatâd Llyfrgell Genedlaethol Cymru.

Gifted by the Contemporary Art Society for Wales in 1951, 'Snowdon, the Traeth and Frightened Horse' (1948) was the first painting Kyffin Williams (1918–2006) sold for a three-figure sum. By permission of The National Library of Wales.

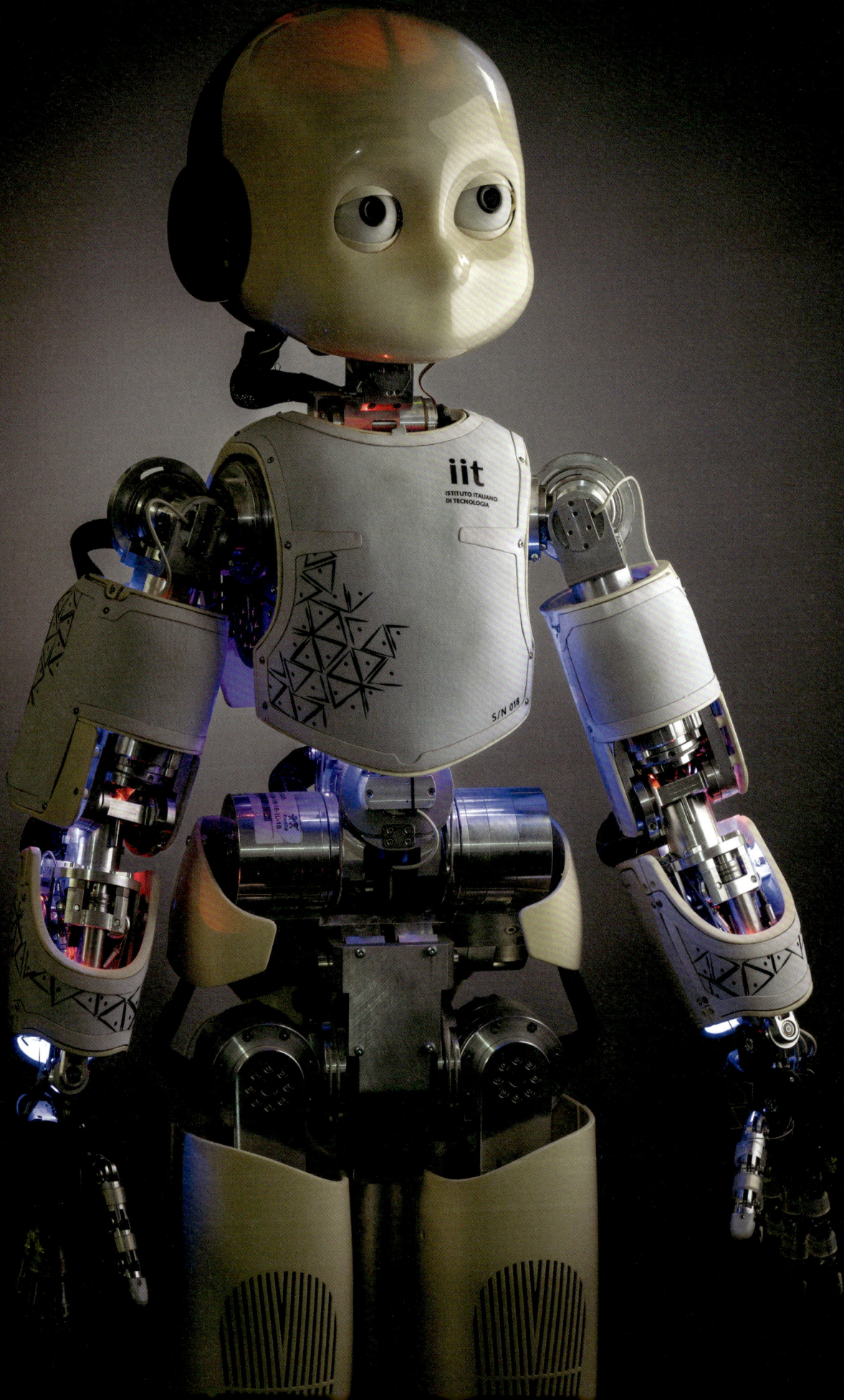

Cyrhaeddodd ein robot dynolffurf iCub ym mis Awst 2010, fel rhan o brosiect IM-CLeVeR wedi'i gyllido gan Ewrop. Mewn cydweithrediad â seicolegwyr, niwrowyddonwyr a robotegwyr o bob rhan o'r cyfandir, nod y prosiect oedd datblygu system robotig a fyddai'n gallu dysgu fel plentyn dynol.

Modelwyd y robot hwn ar blentyn tair a hanner i bedair oed, ac mae ganddo gasin plastig lliw hufen a chymalau yn y golwg. Er bod ganddo alluoedd symud tebyg i'w fodel, mae wedi'i osod ar stand ac nid yw'n gallu cerdded. Mae ganddo ddwylo deheuig gyda synwyryddion cyffyrddol, torso a breichiau, dau gamera yn y 'llygaid', meicroffon ym mhob clust, a synwyryddion propriodderbynnol yn y cymalau. Datblygwyd y robot 'plentyn' hwn gan Sefydliad Technoleg yr Eidal, dim ond y deunawfed i'w gynhyrchu ganddyn nhw. Er bod rhwng pedwar deg a phum deg o beiriannau tebyg ar waith ledled y byd erbyn hyn, ein robot ni yw'r unig iCub yng Nghymru o hyd, ac yn un o lond llaw yn unig yn y DU.

Mae'r ymchwil, sydd wedi'i ysbrydoli gan y robot ei hun ac o'i ddefnyddio, wedi datblygu dros nifer o flynyddoedd. Un enghraifft yw system sy'n cynnwys un neu bâr o freichiau robotig diwydiannol gyda chamera, yn efelychu estyniad a chanfyddiad gweledol dynol. Un o nodweddion allweddol y gwaith yw'r angen i ymgorffori dysgu yn yr amgylchedd ffisegol a'i gynnal mewn amser real. Mae'r dull hwn wedi golygu y medrwn archwilio sut mae robot yn gallu dysgu, o fewn cyfnod byr, i gydgysylltu ei systemau modur a synhwyraidd er mwyn estyn a gafael mewn pethau. Gan ddatblygu ar hynny, mae modd i ni ddechrau modelu sut mae plant yn dysgu drwy chwarae. Wrth wneud hynny, rydyn ni'n gallu meithrin gwell dealltwriaeth amdanom ein hunain yn ogystal â datblygu robotiaid y mae'n bosibl i ni rannu profiad â nhw.

Patricia Shaw

Our iCub humanoid robot arrived in August 2010, as part of the European-funded project IM-CLeVeR (Intrinsically Motivated, Cumulative Learning, Versatile Robot). The project, in collaboration with psychologists, neuroscientists and roboticists from across Europe, aimed to develop a robotic system capable of learning like a human child.

This robot, featuring creamy plastic casing around exposed joints, is modelled on a three-and-a-half to four-year-old child. Although it has a similar range of motion to its model, it is mounted on a stand and not capable of walking. It has dexterous hands with tactile sensors, torso and arms. There are two cameras mounted in 'eyeballs' as well as a microphone in each ear, and proprioceptive sensors in the joints. This 'child' robot was developed by the Italian Institute for Technology, being only the eighteenth produced by them. Although there are now approximately forty to fifty such machines worldwide, ours is still the only iCub robot in Wales and one of only a handful in the UK.

Research, both stemming from and utilising our robot, has grown over many years. One example is a system involving one or a pair of industrial robot arms with camera, simulating human reach and visual perception. A key feature of the work is the need for learning to be embodied in the physical environment and to take place in real time. This approach has enabled us to explore how a robot can learn, within a short period, to coordinate its motor and sensory systems in order to reach out and grasp objects. Building on that, we can start to model how children learn through play. In so doing, we can gain a greater understanding of ourselves as well as developing robots with which we can share experience.

Patricia Shaw

Robot dynolffurf ymchwil yw iCub, yn mesur tua 1 metr o daldra gyda synwyryddion a pheirianwaith sy'n ei alluogi i amgyffred a rhyngweithio â'r hyn sydd o'i gwmpas.

iCub is a research-grade humanoid robot. Roughly 1m tall, it is equipped with sensors and motors enabling it to perceive and interact with its surroundings.

Siasi robotig seiliedig ar Arduino
a adeiladwyd gan aelodau o Glwb
Roboteg Aberystwyth.

An Arduino-based robotic
chassis built by members of
Aberystwyth Robotics Club.

Yn hwyr ar brynhawniau Mercher, mae un o'r prif labordai addysgu yn adeilad y Gwyddorau Ffisegol yn troi'n gartref i Glwb Roboteg Aberystwyth. Mae disgyblion o ysgolion uwchradd lleol yn ymgynnull yma i ddysgu ac ymarfer sgiliau STEM newydd. O dan arweiniad staff a myfyrwyr o'r adrannau Cyfrifiadureg a Ffiseg, maent yn dysgu sut i gynllunio, datblygu ac adeiladu eu robotiaid eu hunain.

Mae cyflawniadau'r bobl ifanc hyn yn gallu bod yn rhyfeddol, fel y dengys y siasi robotig coch, seiliedig ar Arduino, y mae modd ei raglennu i wneud nifer o dasgau, yn dibynnu ar y mathau o synwyryddion sydd ynghlwm wrtho. Unwaith maen nhw wedi meistroli'r hanfodion, mae aelodau'r clwb yn gallu creu eu robot eu hunain, boed yn robot dynolffurf print 3D neu'n gerbyd awyr annibynnol. Rhaid wrth ddealltwriaeth gadarn o sgiliau fel sodro, weirio ac electroneg, yn ogystal â dylunio CAD neu argraffu 3D, i adeiladu'r peiriannau hyn. Ar ddiwedd y tymor, mae creadigaethau robotig y myfyrwyr ifanc yn cael eu harddangos i'r cyhoedd.

Rydw i wedi gweithio fel technegydd yn yr adrannau ers dros ddeugain mlynedd. Dechreuodd fy niddordeb mewn roboteg pan oeddwn yn rhan o dîm o gydweithwyr a myfyrwyr o Brifysgol Aberystwyth ar gyfres deledu'r BBC, *Robot Wars,* yn 2000. Tua deng mlynedd yn ddiweddarach, roedd Aberystwyth yn un o bedair prifysgol yng Nghymru a oedd yn rhan o'r fenter Technocamps, gyda'r nod o ymestyn addysg gyfrifiadurol y tu hwnt i'r ystafell ddosbarth a thanio diddordeb pobl ifanc mewn pynciau STEM. Mae'r ethos hwnnw wedi bod yn allweddol i waith ein clwb, ac i gefnogaeth llu o staff ymroddedig y mae'r diolch am ei lwyddiant. Er bod y pandemig wedi newid pethau rhyw fymryn, mae bob amser yn wych gweld cynifer o'n cyn-aelodau'n mynd ymlaen i astudio roboteg ar lefel addysg uwch, yn cael eu cyflogi gan bartneriaid yn y diwydiant, neu hyd yn oed os dewisant yrfa wahanol, gobeithiwn y bydd eu gwybodaeth am roboteg yn dal i fod yn ddefnyddiol.

Stephen Fearn

On late Wednesday afternoons, one of the main teaching labs in the Physical Sciences building becomes home to Aberystwyth Robotics Club. Pupils from local secondary schools gather here to learn and practise new STEM skills. Under the guidance of staff and students from the departments of Computer Science and Physics, they are taught how to plan, develop and build their own robots.

The achievements of these young people can be astounding, as shown by this red Arduino-based robotic chassis, which can be programmed to do numerous tasks, depending on the types of sensors attached. Once they have mastered the basics, club members can create their own robot. These have so far ranged from a 3D-printed humanoid robot to autonomous aerial vehicles. Building these machines calls for a real understanding of skills such as soldering, wiring and electronics, as well as CAD design or 3D printing. At the end of term, the young students put their robotic creations on public display.

I have worked as a technician in the departments for over forty years. My interest in robotics took off when I was part of a team of colleagues and students from Aberystwyth University in the BBC television series *Robot Wars* in 2000. Around ten years later, ours was one of four Welsh universities involved in the Technocamps initiative, aimed at extending computing education beyond the classroom and increasing young people's engagement with STEM subjects. That ethos has been key to the work of our club, whose success stems from the support of many dedicated staff. Though the pandemic has changed things slightly, it is always great to see many of our former members going on to study robotics at higher education, being employed by industry partners, or choosing different career paths which still may benefit from their knowledge of robotics.

Stephen Fearn

■ Dyfernir Medal y Pegynau ers 1857 (o dan enw Medal yr Arctig tan 1904) i gydnabod cyfraniad eithriadol i faes ymchwil y pegynau, ac mae angen i'r derbynwyr fod wedi treulio o leiaf deuddeg mis yn gweithio yn y pegynau. Hyd yma, mae tri aelod o Ganolfan Rewlifeg y Brifysgol wedi'u hanrhydeddu – yr Athro Julian Dowdeswell yn 1994, yr Athro Michael Hambrey yn 2011, a minnau yn 2016. Yn aml gyda chefnogaeth Arolwg Antarctig Prydain, mae ein hymchwilwyr maes yn dal i wersylla mewn pebyll pyramid cadarn – bron yn union fel pebyll cyfnod Scott a Shackleton (ill dau wedi derbyn y Fedal) – gyda llusernau a stofiau paraffin dibynadwy. Mae'r gamp o gysgu mewn golau dydd pedair awr ar hugain a gwynt cyson yn cael ei hwyluso gan fatres haenog enwog BAS, gyda'i isflanced croen dafad. Er bod y tymheredd y tu allan ddegau lawer o raddau islaw'r rhewbwynt, mae'n gallu cyrraedd 20 gradd clyd yn y pebyll.

Sefydlwyd y Ganolfan Rewlifeg fel canolfan ymchwil ffurfiol yn 1994, ac mae staff a myfyrwyr wedi cynnal ymchwil flaengar i sut mae masau iâ yn ymateb i'r newid yn yr hinsawdd, a'r peryglon rhewlifol sy'n deillio o hynny. Mae hynny'n aml wedi cynnwys gwaith maes cymhleth ac anodd mewn amgylcheddau rhewllyd eithafol yn Antarctica, yr Ynys Las, Svalbard, tiroedd Arctig Canada, yr Andes a'r Himalaya. Ymhlith yr uchafbwyntiau mae ymchwilio a drilio i lynnoedd isrewlifol o dan haen iâ'r Antarctig, mapio dyddodion anferthol Oes yr Iâ ar hyd cyrion Gogledd yr Iwerydd, datblygu meini prawf ar gyfer nodi peryglon yn fuan o ran llynnoedd sydd wedi'u creu gan rewlifoedd yn yr Andes a'r Himalaya, datblygu technegau mapio gyda drônau at ddefnydd y geowyddorau, mapio dirywiad silffoedd iâ Antarctica, arwain yr astudiaeth o fasau iâ fel ecosystemau organig cymhleth, a drilio i'r rhewlif uchaf ar y Ddaear, Rhewlif Khumbu yn Nepal.

Bryn Hubbard

Medal y Pegynau, a ddyfarnwyd i'r Athro Bryn Hubbard yn 2016 yn cydnabod ei waith fel 'ysgolhaig mewn rhewlifeg, daeareg rewlifol ac adeiladwaith a mudiant masau iâ'.

■ The Polar Medal has been awarded since 1857 (under the name of the Arctic Medal until 1904) in recognition of 'outstanding achievement and service to the UK in the field of polar research' and requires recipients to have spent at least twelve months working at the poles. To date, three members of the University's Centre for Glaciology have received this accolade – Professor Julian Dowdeswell in 1994, Professor Michael Hambrey in 2011, and myself in 2016. Often supported by the British Antarctic Survey (BAS), our staff, carrying out deep field Antarctic research, still camp in robust pyramid tents – virtually unchanged since the time of Scott and Shackleton (both Polar Medal recipients) – equipped with dependable paraffin stoves and lanterns. The feat of sleeping in twenty-four-hour daylight and ever-present wind is aided by the celebrated BAS layered mattress, featuring a full-size sheepskin underblanket. While outside temperatures can be several tens of degrees below freezing, temperatures inside Scott tents can reach a toasty 20 degrees centigrade.

The Centre for Glaciology was established as a formal University research centre in 1994, and staff and students have carried out internationally leading research, investigating the response of Earth's ice masses to climate change, as well as evaluating the glacier-related hazards arising from those responses. This has commonly involved intricate and difficult fieldwork in extreme icy environments, including Antarctica, Greenland, Svalbard, Arctic Canada, the Andes and the Himalayas. Some highlights include investigating and drilling into subglacial lakes beneath the Antarctic Ice Sheet, mapping mega-scale Ice Age deposits located along the fringes of the North Atlantic, developing criteria for the early identification of hazards presented by glacially dammed lakes in the Andes and Himalayas, developing drone-based mapping techniques for application in the geosciences, mapping the disintegration of Antarctica's ice shelves, trailblazing the study of ice masses as complex organic ecosystems, and drilling into Earth's highest glacier, Khumbu Glacier in Nepal.

Bryn Hubbard

Polar Medal presented to Professor Bryn Hubbard in 2016 for services in recognition of his work as a 'Polar scholar in glaciology, glacial geology and the structure and motion of ice masses'.

Bwth ystafell dadansoddi
synhwyraidd sy'n rhan o
Ganolfan Bwyd y Dyfodol ar
gampws newydd ArloesiAber
yng Ngogerddan.

A sensory analysis suite
booth that forms part of the
Future Food Centre on the
AberInnovation Campus
at Gogerddan.

■ Mae'r bwth dadansoddi synhwyraidd hwn yn elfen allweddol o Ganolfan Bwyd y Dyfodol ArloesiAber. Yn un o chwe bwth o'r fath, mae'n galluogi ymchwilwyr a datblygwyr cynnyrch i gynnal gwerthusiad synhwyraidd o fwyd a diod. Mae asesydd hyfforddedig yn eistedd o dan oleuadau LED y gellir eu rheoli, ac yn blasu a chloriannu samplau bach o gynnyrch bwyd newydd.

Dull gwyddonol yw dadansoddi synhwyraidd sy'n asesu'n wrthrychol brofiad y cwsmer wrth iddynt flasu'r cynnyrch, o fedd i gaws artisan. Drwy ddadansoddi priodweddau fel blas a gwead, mae'n gallu helpu gyda rheoli ansawdd, pennu oes silff a dyddiadau 'ar ei orau', mesur parodrwydd ar gyfer lansio cynnyrch, a darparu dealltwriaeth werthfawr o ran dewisiadau cwsmeriaid.

Mae hynny'n gallu rhoi mantais gystadleuol i gwmnïau sy'n cydweithio â'r Brifysgol a'u helpu gyda phenderfyniadau sy'n ymwneud â defnyddio deunyddiau crai, cynhwysion ac ychwanegion. Mae ein dull o weithio yn dod â phartneriaid diwydiannol ac academaidd at ei gilydd i sbarduno ymchwil, datblygu ac arloesi rhyngddisgyblaethol.

Mae'r campws hefyd yn gartref i Ganolfan Fioburo, Canolfan Dadansoddi Uwch, Biofanc Hadau a Pharth Arloesi. Wedi'i agor yn 2020, mae ArloesiAber yn ganolbwynt i gymuned o gwmnïau gyda chyfle iddynt gydweithio gydag ymchwilwyr y Brifysgol a datblygu cynhyrchion a phrosesau newydd yn yr economi gylchol a'i sectorau cysylltiedig.

Mae'r rhain i gyd yn helpu'r Brifysgol i adeiladu ymhellach ar ei chanrif o waith datblygu cnydau ac i barhau â'i gwaith arloesol mewn meysydd fel biobrosesu, creu gwerth o'r llif gwastraff, datblygu deunydd bwyd newydd a dadansoddi cyfansoddiadol uwch.

Mae academyddion Aberystwyth yn chwarae rôl arweiniol wrth ymateb i heriau cymdeithasol ac amgylcheddol ers degawdau, yn cynnwys diogelu cyflenwadau bwyd a dŵr, lliniaru newid yn yr hinsawdd ac ynni adnewyddadwy. Mae ArloesiAber yn galluogi'r gwaith hanfodol hwn i barhau ar flaen y gad o ran technolegau newydd a chyda rhai o gwmnïau mwyaf arloesol y byd.

Rhian Hayward

■ This sensory analysis booth is a key component of AberInnovation's Future Food Centre. Part of a suite of six identical booths, it enables researchers and product developers to carry out a sensory evaluation of food and drink. A trained assessor sits in the LED light-controlled space and small samples of new food products are passed through the hatch for tasting and evaluation.

Sensory analysis – sometimes known as organoleptic evaluation – is a scientific method that provides objective analysis on how products are experienced by consumers, from honey mead to artisan cheese. By analysing properties such as taste, texture and mouthfeel, sensory analysis can help with quality control, determining shelf life and best-before dates, gauging readiness for product launch, and providing valuable insights relating to consumer preferences.

Such insights can give companies collaborating with the University a competitive advantage and help them with decisions relating to the use of raw materials, ingredients and additives. Our approach brings together industrial and academic partners to catalyse interdisciplinary research, development and innovation.

As well as the Future Food Centre, our campus also houses a Biorefining Centre, Advanced Analysis Centre, Seed Biobank and Innovation Hub. Opened in 2020, AberInnovation provides a focal point for a community of collaborative companies to work with University researchers and develop new products and processes in the circular economy and its related sectors.

All these help the University build on its 100-year track record in crop development and continue its pioneering work in fields such as bioprocessing, waste stream valorisation, new food material development and advanced compositional analysis.

Aberystwyth academics have been at the forefront of meeting societal and environmental challenges for decades, including food and water security, climate change mitigation and renewable energy. AberInnovation allows this vital work to continue at the cutting edge of new technologies and with some of the world's most innovative companies.

Rhian Hayward

Mae amrywogaethau newydd o geirch wedi cael eu bridio yn Aberystwyth ers sefydlu Bridfa Blanhigion Cymru yn 1919. Roedd ceirch yn gnwd pwysig ar gyfer bwydo ceffylau gwedd. I ddechrau, casglwyd mathau fel 'Radnorshire Sprig', 'Hen Gardie', 'Grey Winter' a 'Cheirch Du' o ffermydd cyfagos a chymdeithasau amaethyddol. Cafodd yr amrywogaethau hyn eu croesi gydag adnoddau genetig o bob cwr o'r byd, gyda mathau fel 'Red Algerian' yn cyflwyno gallu newydd i wrthsefyll clefydau.

Roedd yr amrywogaethau nodedig cyntaf yn cynnwys ceirch gaeaf S147, a ryddhawyd yn 1938, a'r math gwellt byr S172 yn 1939, a oedd yn cyfuno gwydnwch gaeafol Grey Winter gyda sythder ceirch gwanwyn, a'u cynaeafau gwell. Ymhlith y ceirch gwanwyn cynnar roedd 'Maldwyn', a ddatblygwyd o groesiad rhwng 'Radnorshire Sprig' ac amrywogaeth o'r enw 'Victory'. Cafodd sawl amrywogaeth ei bridio ar gyfer amodau tyfu anoddach ucheldir Cymru, gyda'u gwydnwch yn cyfrannu'n fawr at eu llwyddiant parhaus.

Gyda manteision iechyd ceirch yn cael eu gwerthfawrogi fwyfwy, mae'r rhan fwyaf o'r ceirch sy'n cael eu tyfu yn y DU heddiw ar gyfer pobl. Mae ceirch yn un o'r bwydydd prin sy'n gostwng colesterol, ymateb glycemig a phwysedd gwaed, yn lleihau'r risg o glefyd coronaidd y galon, ac yn gwneud i chi deimlo'n llawn ar lai.

Mae gwaith ymchwil a bridio ceirch mwy maethol gydag ansawdd melino a chynaeafau gwell wedi arwain at ddatblygu amrywogaethau fel 'Mascani', sy'n cael ei dyfu bellach ar dros saith deg y cant o dir ceirch gaeaf y DU, a cheirch gwanwyn 'Conway', ffefryn melinau'r Alban. Ond a gollwyd rhywbeth wrth i ni geisio gwella'r cynhaeaf? Mae angen cofio'r hen amrywogaethau ac amrywiaeth enetig enfawr ceirch traddodiadol wrth geisio bodloni gofynion cynhyrchu ceirch modern, gan edrych i'r gorffennol am geirch y dyfodol.

Catherine Howarth

New varieties of oats have been bred at Aberystwyth since the Welsh Plant Breeding Station was founded in 1919. Oats were an important crop for feeding the horse that pulled the plough. Initially, varieties such as 'Radnorshire Sprig', 'Hen Gardie', 'Grey Winter' and 'Ceirch Du' were collected from surrounding farms and agricultural societies. These landraces were crossed with genetic resources collected globally, with varieties such as 'Red Algerian' bringing in new disease resistances.

The first landmark varieties included the winter oats S147, released in 1938, and the short-strawed S172 in 1939, which combined the winter-hardiness of the weak-strawed Grey Winter with the yield and straw stiffness of spring oats. Early spring oats included 'Maldwyn', developed from a cross between 'Radnorshire Sprig' and a variety called 'Victory'. Many varieties were designed for the poorer growing conditions of upland Wales, and their resilience has been important to their continued success.

With the health benefits of eating oats increasingly appreciated, the majority of oats grown in the UK today are for human consumption. They remain one of the few food stuffs with an accredited health claim for lowering cholesterol, glycaemic response and blood pressure, as well as reducing the risk of coronary heart disease and increasing satiety.

Research and breeding of oats with improved nutritional and milling quality as well as high yield have resulted in the development of varieties such as 'Mascani', now grown on over seventy per cent of the winter oat area in the UK, and the spring oat 'Conway', preferred by millers in Scotland. But have we lost something in the pursuit of high yields? We should keep in mind the old varieties of oats and use the vast genetic diversity of heritage strains to help meet the requirements of modern-day oat production, looking to the past for the oats of tomorrow.

Catherine Howarth

'Maldwyn', amrywogaeth o geirch gwanwyn sy'n gallu gwrthsefyll clefydau. Fe'i datblygwyd gan Brifysgol Aberystwyth yn 1923 drwy groesi ceirch Cymreig traddodiadol, 'Radnorshire Sprig', a'r amrywogaeth 'Victory'.

'Maldwyn' is a disease-resistant spring oat variety developed by Aberystwyth University from a cross made in 1923 between the traditional Welsh landrace 'Radnorshire Sprig' and the variety 'Victory'.

136

Er mwyn byw o fewn terfynau amgylcheddol, mae angen i ni weithredu'r hyn y mae'r economegydd amgylcheddol Paul Elkins yn cyfeirio ato fel y 'D driphlyg': *datgarboneiddio* systemau ynni a ffyrdd o fyw, *dadwenwyno* prosesau sy'n llygru, a *disylweddu*, er mwyn lleihau effeithiau echdynnu a gwaredu adnoddau ar yr amgylchedd.

Mae planhigion yn allweddol i hyn, ac mae'r Brifysgol ar flaen y gad o ran ymchwilio i gyfraniad *Miscanthus* – glaswellt lluosflwydd sy'n tarddu o Asia. Mae'n tyfu 3–4 metr bob blwyddyn, yn cael ei adael yn sefyll dros y gaeaf, ac yna'i dorri at wyneb y pridd yn y gwanwyn cyn i flagur newydd ymddangos. Mae modd llosgi'r biomas mewn gorsafoedd pŵer gwellt i gynhyrchu trydan, neu ei brosesu'n amrywiaeth o gemegion neu ddeunyddiau adeiladu bio-seiliedig.

Ar hyn o bryd, mae tua 8,000 hectar o *Miscanthus* yn y DU, bron i gyd yn glôn o un math sengl o'r enw *Miscanthus giganteus*. Er mwyn bodloni uchelgais llywodraeth y DU o gynyddu hynny i 500,000 hectar erbyn 2050, mae angen mwy o amrywogaethau i ddiogelu'r diwydiant rhag plâu a chlefydau a allai ddeillio o blannu un clôn, ac i wella cynnyrch a gwydnwch y cnwd.

Yn 2006, dechreuodd ein hymchwilwyr ar gyfres o deithiau ar draws Asia i gasglu mathau gwahanol o *Miscanthus*, gan gipio amrywiaeth enetig enfawr y planhigyn yn ei gynefin naturiol. Dechreuodd gwyddonwyr ar raglen ddofi a bridio, gyda'r nod o ddatblygu mathau sy'n tyfu'n dda yn y DU ar dir llai addas ar gyfer cynhyrchu bwyd. Mae ymchwil ar ddulliau sefydlu'r planhigyn, ar ei fioleg sylfaenol, ac ar ei fanteision o ran carbon wedi bod yn allweddol wrth feithrin hyder ymhlith llunwyr polisi, ac rydym bellach ar gamau olaf treialon cofrestru cyn i amrywogaethau a grëwyd yn Aberystwyth fod ar gael yn fasnachol. Mae'r ffaith bod *Miscanthus* bellach yn elfen ganolog o strategaeth y DU ar gyfer cyrraedd allyriadau carbon sero net yn dyst i ymroddiad ein gwyddonwyr, yn ogystal â phlanhigyn eithaf trawiadol.

Judith Thornton

In order to live within environmental limits, we need to implement what the environmental economist Paul Ekins refers to as the 'triple D': *decarbonisation* of energy systems and lifestyles, *detoxification* of polluting processes, and *dematerialisation*, to reduce the impacts on the environment of resource extraction and disposal.

Plants are key to the 'triple D', and the University is at the cutting edge of researching how *Miscanthus* – a perennial grass originating in Asia – can contribute. The plant grows 3–4 metres each year, is left to stand over winter, and is then cut down to ground level in the spring before new shoots emerge. The biomass can then be burnt in straw-fired power stations to produce electricity, or processed into a variety of bio-based construction materials or chemicals.

At present, there are around 8,000 hectares of *Miscanthus* in the UK, virtually all of which is a single varietal clone known as *Miscanthus giganteus*. In order to meet the UK government's ambition of increasing the planted area to 500,000 hectares by 2050, more varieties are needed to safeguard the industry from pests and diseases that might result from planting large areas with a single clone, and to improve the crop's yield and resilience.

In 2006, our researchers began a series of expeditions across Asia to collect germplasm that would capture the enormous genetic diversity of the plant in its natural environments. Scientists began a domestication and breeding programme, the aim of which is to develop varieties that grow well in the UK on land less suited to food production. Research on establishment methods, underpinning biology, and overall carbon benefits has been key to developing policymakers' confidence in the crop, and we are now in the final stages of registration trials before Aberystwyth-bred varieties become commercially available. That *Miscanthus* is now a central component of the UK's strategy for reaching net zero carbon emissions is testament to the dedication of our scientists, as well as a rather impressive plant.

Judith Thornton

Planhigion *Miscanthus* ifanc a dyfwyd yn un o dai gwydr y Brifysgol.

Young *Miscanthus* plants grown in one of the University's glasshouses.

■ Gallai'r teclyn bychan hwn, targed graddnodi, gynnig ateb i wir liw y Blaned Goch fel y'i gelwir. Bydd yn sicrhau bod delweddau sy'n cael eu cipio ar gamera yn ystod y daith Ewropeaidd nesaf i'r blaned Mawrth yn dangos y lliwiau cywir, gan fod y golau yno'n wahanol iawn i'r golau ar y Ddaear. Mae'n cynnwys wyth cylch o wydr lliw (yn debyg i ffenestri eglwys) sy'n cadw eu lliw heb bylu, gan wrthsefyll effeithiau'r pelydrau uwchfioled dwys ar y blaned.

Mae targed graddnodi PanCam yn un o sawl eitem o galedwedd a gynlluniwyd gan wyddonwyr y gofod yn Aberystwyth ar gyfer taith ExoMars i chwilio am arwyddion o fywyd yn y gorffennol neu'r presennol islaw arwyneb Mawrth. Bydd yn cael ei osod ar *Rosalind Franklin*, crwydrwr ExoMars Asiantaeth Ofod Ewrop, a bydd yn gweithio ar y cyd â chyfarpar PanCam – y prif gamera gwyddonol a fydd yn arolygu tirwedd Mawrth o'i leoliad ar frig mast y crwydrwr. Arweinir tîm offerynnau PanCam gan Labordy Gwyddor Ofod Mullard yng Ngholeg Prifysgol Llundain (UCL), ac mae'n cyfuno arbenigedd cyfranwyr ledled Ewrop, gan gynnwys y tîm yn ein hadrannau Cyfrifiadureg a Ffiseg.

Yn ogystal ag arwain ar y targed graddnodi, mae Aberystwyth wedi cynhyrchu dwy eitem arall o galedwedd. Mae'r nodwyr sefydlog yn cael eu gosod ar ddec y crwydrwr, gan alluogi'r PanCam i wirio ei raddnodi geometrig ar y blaned Mawrth, a drych arolygu'r crwydrwr yn isel ar y siasi, er mwyn gweld oddi tano, rhywbeth a fyddai'n amhosibl fel arall. Wedi'i ariannu gan Asiantaeth Ofod y DU, mae'r gwaith hwn yn ddatblygiad o arbenigedd ein gwyddonwyr ym maes roboteg y gofod dros sawl degawd, yn eu plith y diweddar Dave Barnes, Athro Roboteg y Gofod a'r Planedau, a chwaraeodd ran allweddol yn nhaith *Beagle 2* i'r blaned Mawrth yn 2003.

Matt Gunn a Helen Miles

■ This small but perfectly formed piece of kit may hold the answer to the true colour of the so-called Red Planet. It's a calibration target to ensure images captured on camera during the next European mission to Mars are the correct colour, as the light there is very different to Earth. It includes eight coloured patches made from stained glass (similar to church windows), chosen for its resistance to colour fading under the planet's intense ultraviolet rays.

The PanCam Calibration Target (PCT) is one of several items of hardware designed by space scientists at Aberystwyth for the ExoMars mission, aimed at searching for signs of past or present life in the Martian sub-surface. It will be mounted on the European Space Agency's ExoMars rover, called *Rosalind Franklin*, and will work alongside the ExoMars PanCam instrument – the primary science camera which will survey the Martian landscape from its vantage point on top of the rover's mast. The PanCam instrument team is led by UCL's Mullard Space Science Laboratory, and draws together the expertise of contributors throughout Europe, including the team at our departments of Computer Science and Physics.

In addition to leading on the calibration target, Aberystwyth has produced two other items of hardware. The Fiducial Markers (FidMs) are mounted on the rover deck and enable PanCam to check its geometric calibration on Mars. The Rover Inspection Mirror (RIM) is mounted low on the rover chassis and enables PanCam to see under the rover where there is otherwise no visibility. Funded by the UK Space Agency, this work builds on space robotics expertise developed by our scientists over several decades, including the late Dave Barnes, Professor of Space and Planetary Robotics, who played a key role in the UK's *Beagle 2* Lander mission to Mars in 2003.

Matt Gunn and Helen Miles

Model profi byw o darged graddnodi PanCam a adeiladwyd yn Aberystwyth, ynghyd â nodwyr sefydlog a'r drych arolygu. Mae pob un o'r darnau wedi bod yn destun profion trwyadl ar gyfer goroesi lansio a glanio, ac arwyneb anghyfeillgar y blaned Mawrth.

Life test model of the PanCam calibration target built at Aberystwyth, alongside the Fiducial Markers and Rover Inspection Mirror. These parts have been subjected to rigorous testing to confirm the hardware will survive launch, landing and the hostile environment of the Martian surface.

Yn 2017, pan oeddwn i'n Llywydd Undeb Myfyrwyr Aberystwyth, gofynnwyd i mi fodelu un o hen siacedi streipiau coch a gwyrdd Coleg Prifysgol Cymru, Aberystwyth, ar gyfer cyfres hen bethau'r BBC, *Flog It!*, a oedd yn cael ei ffilmio yn yr Hen Goleg. Ar adeg pan oeddwn i'n gwisgo crys-T, hwdi a jîns yn feunyddiol, roedd yn rhyfedd meddwl bod y siaced drwsiadus roeddwn i'n ei gwisgo wedi bod yn rhan annatod o wisg myfyrwyr Aber niferus ar un adeg (er y dylid nodi na fu erioed yn wisg orfodol).

Roedd yr un a wisgais i yn eiddo i Leslie Davies-Shiel, a raddiodd dros ganrif yn ôl yn 1921. Fel rhywun a fu'n aelod o sawl cymdeithas chwaraeon, cefais ymdeimlad o uniaethu wrth weld y llythrennau AFCRC wedi'u brodio ar y boced, tystiolaeth iddo fod yn aelod o glybiau pêl-droed a rhwyfo'r Coleg. Islaw, mae arwyddair y Brifysgol – 'Nid byd, byd heb wybodaeth' – yr un mor berthnasol heddiw â phan gafodd ei fabwysiadu gyntaf yn 1875.

Mae'r label y tu mewn yn dangos iddi gael ei phrynu yn siop teiliwr J Baird & Co, 29 Stryd Fawr, Aberystwyth. Er bod y siop honno wedi hen fynd erbyn hyn, rwy'n tybio y byddai hefyd yn gwerthu sgarff a chap coch a gwyrdd y Coleg, i gwblhau'r 'ensemble'. Roedd y siacedi'n dal i gael eu gwisgo gan ambell fyfyriwr hyd at y 1960au, ond nid dyna fyddai'r unig ddewis o wisg ffurfiol ar y pryd. Byddai myfyrwyr a darlithwyr fel ei gilydd wedi gwisgo gynau academaidd yn rheolaidd. Anaml y gwelwn ynau erbyn hyn, ac eithrio yn ystod wythnos y seremonïau graddio, ond os edrychwch chi'n ofalus yn ystod y dathliad blynyddol hwn o lwyddiant myfyrwyr, mae'n bosib y gwelwch chi gip achlysurol ar y siaced streipiog.

Bruce Wight

In 2017, when I was President of the Aberystwyth Students' Union, I was asked to model one of UCW Aberystwyth's old red- and green-striped blazers for the BBC's antiques series, *Flog It!*, which was being filmed at the Old College. At a time when a T-shirt, hoodie and jeans were my go-to gear, it was strange to think the tailored jacket I was donning had once been a staple of many an Aber student's attire (though never, I should add, a compulsory uniform).

The jacket I wore belonged to Leslie Davies-Shiel, who graduated more than a century ago in 1921. As someone who'd been a member of several sports societies, I felt a certain affinity when I saw the letters AFCRC embroidered on the chest pocket, showing he'd been part of the College's Association Football Club and Rowing Club. Beneath are the University's crest and motto 'Nid byd, byd heb wybodaeth' (a world is not a world, without knowledge) – a motto which resonates as much today as when first adopted by the governors in 1875.

The label inside Leslie's blazer shows it was bought at J Baird & Co, Merchant Tailors of 29 Great Darkgate Street, Aberystwyth. Though that shop has now long gone, I imagine it would also have been the place to buy the College's matching striped red and green scarf and cap. The blazer was still worn by some up until the 1960s and was not the only formal garment of choice back in the day. Academic gowns would also have been worn as a matter of course by students as well as lecturers. We rarely see the gown now, outside graduation week, but look carefully during this annual celebration of student success and you may even get the occasional glimpse of the striped blazer.

Bruce Wight

Siacedi streipiau coch a gwyrdd Coleg Prifysgol Cymru, Aberystwyth.

University College of Wales, Aberystwyth red-and-green striped blazers.

■ Mae gwreiddiau mantell y Canghellor, fel pob gŵn academaidd, yn yr Oesoedd Canol, pan oedd gynau yn rhan o wisg broffesiynol. Wrth dreulio fy oes waith ym myd y gyfraith, roedd gynau yn wisg ddyddiol i bob pwrpas, o'r cyfnod fel bargyfreithiwr dan hyfforddiant nes i mi ymddeol fel barnwr. Er bod gynau'r uwch-farnwyr wedi parhau i esblygu, maent wedi aros yr un fath i raddau helaeth ers yr ail ganrif ar bymtheg; ond eto, mae mentyll defodol yn parhau i fod yn gywrain, ac mae angen help i wisgo ambell un o hyd.

Yn yr un modd, mae mantell Canghellor Prifysgol Aberystwyth yn adlewyrchu traddodiadau'r Oesoedd Canol, a hanes Aberystwyth fel rhan o'r hen Brifysgol Cymru ffederal. Yn wreiddiol, roedd godre hir gan fantell Canghellor y Brifysgol ffederal (fel mentyll cangellorion y prifysgolion hynafol a'r barnwyr uchaf oll) a fyddai wedi cael ei gario gan ddau dywysydd. Penderfynwyd yn ddiweddarach y byddai mantell Llywydd Aberystwyth, a'r prifysgolion cyfansoddol eraill, ar ffurf mantell Canghellor, gydag addurn aur tebyg ond llai coeth, a heb odre. Drwy hynny, mae traddodiad hynafol, hanes a symlrwydd modern wedi cyfuno.

Pan fyddaf yn gwisgo mantell y Canghellor mewn seremonïau graddio, mae'n amlygu canrifoedd o draddodiadau prifysgolion. Mae hefyd yn symbol o gyfraniad llywodraethwyr academaidd wrth ddathlu a llawenhau yn llwyddiant pob myfyriwr graddedig – y gwelwyd ei golli cymaint yn ystod pandemig 2020–22. Yn yr un modd, mae'r capiau y mae'r Canghellor a'r Is-Ganghellor yn eu diosg yn ystod y seremonïau yn symbol o groesawu'r graddedigion newydd hyn. Mae ffurfioldeb hynafol yn perthyn i hyn, ond mae'n bell iawn o'r traddodiad lle mae barnwyr, yn gwisgo wigiau llawn, yn croesawu Arglwydd Faer Llundain drwy tynnu eu hetiau tri-chornel deirgwaith.

Yr Arglwydd Thomas o Gwmgïedd

Ymddangosodd y cyflau graddio Cymreig cyntaf yn Aberystwyth yn 1896, pan sefydlwyd Tywysog Cymru yn Ganghellor cyntaf Prifysgol Cymru. Lluniwyd clogyn damasg du'r Canghellor, gyda'i ffurfiau sidan a'i addurn les aur, gan Ede & Ravenscroft (cwmni teiliwr a gwneuthurwyr clogynnau hynaf Llundain, a sefydlwyd yn 1689): mae'r traddodiad hwnnw'n parhau hyd heddiw.

■ The Chancellor's robe, like all academic gowns, has its origins in medieval times, when gowns were part of professional dress. As a lawyer all my working life, gowns were an almost daily costume, from my pupillage as barrister until retirement as judge. Although the gowns of the senior judges have continued to evolve, they have remained very much the same since the seventeenth century; meanwhile, ceremonial robes remain elaborate and some still require help in donning.

The Chancellor of Aberystwyth University's gown similarly reflects the traditions of medieval times, and Aberystwyth's history as part of the former federal University of Wales. Originally, the robe of the Chancellor of the federal University (like those of the chancellors of the ancient universities and very senior judges) had a long train which would have been carried by two attendants. It was later decided that the gown of the President of Aberystwyth and the other constituent universities would be 'shaped like a Chancellor's gown and trimmed with gold similar to a Chancellor's gown but to a lesser extent and without a train'. Thus, ancient tradition, history and modern simplicity have blended.

When I don the Chancellor's gown at graduation ceremonies, it makes visible the centuries-old traditions of universities. It also symbolises the participation of academic governance in the celebration and joy of each graduate's achievement – so greatly missed during the pandemic of 2020–22. Similarly, the caps which the Chancellor and Vice-Chancellor doff during the ceremonies symbolise the welcoming of these new graduates. This has its own archaic formality, but is a far cry from the tradition of judges welcoming the Lord Mayor of London, which involved the doffing of tricorns three times from their fully bewigged heads.

Lord Thomas of Cwmgïedd

The first Welsh degree hoods appeared in Aberystwyth in 1896 when the Prince of Wales was installed as first Chancellor of the University of Wales. As today, the Chancellor's black satin figured damask robe with gold lace trimming was made by London's oldest tailor and robe maker, Ede & Ravenscroft, established in 1689.

Yn 2018 cefais y fraint o gyflwyno Sydney John Dawes OBE fel Cymrawd er Anrhydedd Prifysgol Aberystwyth. Wedi graddio mewn Cemeg yng Ngholeg Prifysgol Cymru, Aberystwyth, yn 1959, enillodd John enwogrwydd yn 1971 fel capten taith Llewod Prydain ac Iwerddon yn eu hunig gyfres fuddugoliaethus yn erbyn Crysau Duon Seland Newydd. Yn dilyn y seremoni, rhoddodd John grys replica o daith 1971 wedi'i lofnodi i'r Brifysgol, crys sy'n hawlio lle amlwg yn oriel anfarwolion Canolfan Chwaraeon y Brifysgol.

Nid John yw'r unig gysylltiad rhwng Prifysgol Aberystwyth a thaith 1971 y Llewod. Yn 2002, croesawodd Aberystwyth ei charfan gyntaf o fyfyrwyr i'r cynllun gradd Gwyddor Chwaraeon ac Ymarfer Corff newydd, ac yn 2003 cwblhawyd y gwaith ar Adeilad Carwyn James. Mae'r adeilad, sydd wedi ei enwi ar ôl y cynfyfyriwr Carwyn Rees James, yn cynnwys labordai gwyddor chwaraeon a pherfformiad dynol y Brifysgol. Graddiodd Carwyn o Aberystwyth gyda gradd mewn Cymraeg yn 1951, ac aeth ymlaen i hyfforddi tîm 1971 y Llewod, dan gapteniaeth lwyddiannus John. Agorwyd yr adeilad yn 2004 gan gyn-chwaraewr rhyngwladol Cymru, aelod o deithiau Llewod Prydain ac Iwerddon yn 1968 ac 1971, a Llywydd presennol Undeb Rygbi Cymru, Thomas Gerald Reames Davies CBE DL. Dychwelodd Gerald i'r Brifysgol yn 2012 i ddathlu dengmlwyddiant yr Adran Gwyddor Chwaraeon ac Ymarfer Corff yng nghwmni Dafydd Jones, chwaraewr rhyngwladol arall.

Er mai ychydig sy'n cyrraedd yr uchelfannau fel John, Carwyn, Gerald a Dafydd, mae gan rygbi Prifysgol Aberystwyth draddodiad balch o gefnogi pob lefel o fedrusrwydd yng ngêm y merched yn ogystal â'r dynion.

Yn anffodus, bu farw John ar 16 Ebrill, 2021. Ond gall y genhedlaeth newydd o chwaraewyr ymfalchïo yn llwyddiannau'r rhai a aeth o'u blaen, a'n gobaith yw y bydd y crys replica a roddwyd gan John yn ysgogi'r chwaraewyr un ac oll i wireddu eu nodau personol.

Rhys Thatcher

In 2018 I was privileged to present Sydney John Dawes OBE as an Honorary Fellow of Aberystwyth University. A graduate of Chemistry from the University College of Wales, Aberystwyth, in 1959, John famously captained the 1971 British and Irish Lions tour in their only series victory over the New Zealand All Blacks. Following the graduation ceremony, John presented the University with a signed replica of the 1971 tour Lions jersey, which now takes pride of place on the University Sports Centre's 'wall of fame'.

John is not the only link between Aberystwyth University and the 1971 Lions tour. In 2002, Aberystwyth University welcomed the first intake of students onto the newly developed Sport and Exercise Science degree scheme, and in 2003 work on the Carwyn James Building was completed. The building, named after Aberystwyth graduate Carwyn Rees James, houses the University's sport science and human performance laboratories. Carwyn graduated from Aberystwyth with a degree in Welsh in 1951, and went on to coach the successful 1971 Lions team that John captained. The building was opened in 2004 by former Welsh international, member of the 1968 and 1971 British and Irish Lions' tours, and current President of the Welsh Rugby Union, Thomas Gerald Reames Davies CBE DL. Gerald returned to the University in 2012 to commemorate the tenth anniversary of the Department of Sport and Exercise Science and, on this occasion, he was joined by Welsh international Dafydd Jones.

While few reach the performance levels and achievements of John, Carwyn, Gerald and Dafydd, Aberystwyth University rugby has a proud tradition of supporting all abilities in both the men's and women's game.

Sadly, John died on 16 April, 2021. But the new generation of our players can take pride in the achievements of those that have gone before, and we hope that the replica jersey presented by John will continue to motivate all players to strive for their personal goals.

Rhys Thatcher

Crys replica y Llewod wedi ei lofnodi a'i anrhegu gan John Dawes adeg ei anrhydeddu'n Gymrawd y Brifysgol yn 2018.

Signed replica of a Lions shirt donated by John Dawes when he was made Honorary Fellow of the University in 2018.

Y Rhyngolgampau – penllanw calendr chwaraeon y Brifysgol, lle mae ein timau athletau yn cystadlu yn erbyn rhai Bangor – yw digwyddiad chwaraeon (ac yn ystod y blynyddoedd diwethaf, digwyddiad cymdeithasol) mwyaf hirddisgwyliedig y flwyddyn. Ers cyn cof, mae dros dri deg o dimau o Aberystwyth wedi bod yn herio eu cyfoedion ym Mhrifysgol Bangor mewn ymgais i hawlio tlws y Rhyngolgampau.

Mae yna rywbeth arbennig am fyfyrwyr Aber, ac amlygir hyn bob tro yn ystod y Rhyngolgampau. Mae pob myfyriwr yn falch o gynrychioli ei brifysgol, waeth pa brifysgol yw hi, ond mae yna 'ysbryd Aber' penodol sy'n mynnu disgleirio. Adeg y Rhyngolgampau, mae'r ysbryd hwn yn cynnwys chwarae teg gonest ac ymdeimlad heb ei ail o fod yn rhan o un tîm mawr, gyda gostyngeiddrwydd wrth wraidd y cyfan. Ennill neu golli, waeth pa mor ffyrnig yw'r frwydr, mae Tîm Aber bob amser mewn hwyliau da. Rwy'n cofio siarad â rhywun cyn ei gêm unwaith a ddywedodd, 'Rwy'n gwybod na fyddwn ni'n ennill y gêm hon, ond rydyn ni'n gwybod mai ni yw'r *tîm* gorau.'

Mae'r Rhyngolgampau yn golygu llawer i fyfyrwyr, nid yn unig i'r rheiny sy'n cystadlu. Wrth gwrs, mae'n gyfle i guro Bangor ac ennill er clod i Dîm Aber, ond fel gwyliwr nid cystadleuydd, roedd yn wych cael fy nghyflwyno i chwaraeon byw newydd a gweld pa mor amrywiol yw diddordebau a doniau ein myfyrwyr. Mae'r awyrgylch bob amser yn drydanol, boed ar gae, ar gwrt neu yn y pwll.

Wrth i mi ysgrifennu'r llith hwn, dydy Tîm Aber ddim wedi llwyddo i gipio tlws y Rhyngolgampau ers 2014. Ac er y byddai buddugoliaeth dros Fangor yn uchafbwynt i unrhyw flwyddyn, dydw i ddim yn credu bod ennill yn bwysig pan welwch chi pa mor wych y mae Tîm Aber yn ein cynrychioli ac yn ymgorffori 'ysbryd Aber'.

Lauren Marks

Varsity – the culmination in the University's sporting calendar, in which our athletic teams play against those of Bangor – is possibly the most anticipated sports (and in more recent years, society) event of the year. For as long as many of us can remember, over thirty Aberystwyth teams face off against Bangor University in a bid to claim the Varsity trophy.

There's something special about Aber students, and this is always demonstrated at Varsity time. All students are proud to represent their university, no matter which one they attend, but there is a particular 'Aber spirit' which shines out. This spirit at Varsity encompasses honest sportsmanship and has a true sense of being one big team, but is also tempered with a prevailing humility. Win or lose, however fierce the fight, Team Aber is always good humoured. I once spoke to someone before their match who said, 'I know we're not going to win this game, but we know we're the better *team*.'

Varsity means a lot to students, not only those competing. Of course, it's a chance to beat Bangor and win for Team Aber, but being a non-competitor myself, it was great to be introduced to new live sports and see just how diverse our students are in their interests and skills. The atmosphere is always electric, whether the performance is on a pitch or court or in the pool.

At the time of writing, there hasn't been a sports Varsity trophy win for Team Aber since 2014, and whilst victory over Bangor is a highlight of any year, I don't think the winning matters when you see just how admirably Team Aber represent us and show their 'Aber spirit'.

Lauren Marks

Mae dros 400 o fyfyrwyr o brifysgolion Aberystwyth a Bangor yn herio'i gilydd yn nhwrnamaint chwaraeon blynyddol y Rhyngolgampau, gyda'u cefnogwyr yn gwisgo dillad fel yr hwdi hwn o 2014 i ddangos eu lliwiau.

The annual Varsity sports tournament sees more than 400 students from Aberystwyth and Bangor universities compete against each other, cheered on by their supporters wearing such branded clothing as this hoodie from 2014.

O holl gwestiynau'r Cymry, reit ar ôl
'O ble ti'n dod?' a 'Pwy oedd mam dy nain?',
Mae un sy'n deillio o'r un chwilfrydedd ffôl,
Yn gymysg â rhyw swyn na ellir llai
Nag ildio iddo'n deg – pan welir dau
Gyfarwydd, nid fel pâr yn cerdded ci
Neu'n siopa neu'n rhianta, ond fel dau
Fu unwaith ar wahân – 'Ble ddaru chi
Gyfarfod?' A'r cariadon gyda'r un
Ymholiad hwnnw, ânt yn ôl i fod
Am eiliad yn ddieithriaid yr oedd llun
A llais y naill i'r llall ar fin troi rhod
Y byd yn grwn. 'Yn Aber,' dwedwn ni,
Lle byddo dau yn cwrdd i wneud un lli.

Eurig Salisbury

Testun ⓟ Eurig Salisbury

Of all the questions asked by folk in Wales,
Just after home and roots and family tree,
Comes one where curiosity prevails
Mixed with a sense of awe, unfettered, free
Whenever two familiar souls appear –
Not two out shopping, walking on the street,
But close-knit spirits both, together here
Yet once were separate beings – 'Where did you meet?'
And with that lone enquiry, back they go
Through space and time, to when they were apart,
That final moment when they didn't know
Each other, as the arrows struck each heart
And sealed the deal. 'In Aber,' we reply,
Where two are joined as one, like sea and sky.

Eurig Salisbury

Text © Eurig Salisbury
Translated by Arwel 'Pod' Roberts.

Rhwng 1926 ac 1933, daeth llawer o lwyau pren yn rhan o gasgliad Crefftau Gwerin Amgueddfa Celf a Chrefft y Brifysgol. Mae'r casgliad o lwyau'n cynnwys amrywiaeth eang o wahanol ffurfiau ac addurniadau, o lwyau cartref syml i rai mwyfwy cywrain at ddibenion addurniadol yn unig.

The University's Arts and Crafts Museum acquired a collection of carved wooden lovespoons between 1926 and 1933, as part of its Welsh Folk Craft collection. Their purpose was to illustrate different forms and decoration, evolving from simply carved spoons intended for domestic use to the increasingly sophisticated carving of the purely ornamental spoons.

TERIMA KASIH DAN SALAM MESRA

FROM

UCW ABERYSTWYTH ALUMNI CLUB MALAYSIA

10.1.92

Dechreuodd ein perthynas hir ag Aberystwyth yn 1948, pan groesawodd y Brifysgol y myfyriwr cyntaf o'r wlad, Muhammad Ghazali bin Shafie, i astudio'r Gyfraith. Ers hynny, mae dros fil o fyfyrwyr o'r wlad wedi graddio o'r Brifysgol. Mae'r rhan fwyaf ohonyn nhw wedi astudio yn Adran y Gyfraith a Throseddeg, gan fod gradd LLB y Brifysgol yn gymhwyster cydnabyddedig ym Malaysia, fel yng Nghymru a Lloegr. Mae cyrsiau busnes hefyd yn boblogaidd.

Ers graddio, mae llawer ohonyn nhw wedi profi llwyddiant mawr yn eu meysydd. Daeth sawl un yn arweinwyr amlwg yn y wlad, gan dderbyn swyddi fel gweinidogion, gweithwyr proffesiynol a ffigyrau blaenllaw yn eu priod ddiwydiannau.

Mae'r agosrwydd hwnnw, a oedd yn rhan annatod o'r berthynas rhwng myfyrwyr Malaysia a chymuned ehangach Aberystwyth yn ystod eu hamser yma, yn parhau'r un mor fyw heddiw. Drwy'r Clwb Cynfyfyrwyr, rydyn ni wedi trefnu gweithgareddau a chyfarfodydd, ac wedi cadw mewn cysylltiad â'n gilydd, yn ogystal â swyddogion y Brifysgol, yn rheolaidd. Mae bob amser yn fraint gweld y swyddogion hynny'n ymweld â Malaysia ac yn cymryd rhan yn ein digwyddiadau.

Mae ein cyfnod yn astudio yn Aber nôl yn y 1990au yn frith o atgofion da o'r dref, nid yn unig ansawdd yr addysgu a phrofiad y myfyrwyr, ond golygfeydd arfordir gorllewin Cymru ac amgylchedd iachusol yr ardal. Caiff ffotograffau, a dynnwyd yn ystod ein cyfnod yng Nghymru – lluniau o'r Hen Goleg, Craig-glais, Penglais a'n neuaddau preswyl – eu hastudio a'u trysori. Roedd yn lle mor fendigedig i fod.

Mae disgynyddion y graddedigion cyntaf a ddaeth i Aber yn parhau â'r traddodiad hwn. Mae'r berthynas hon wedi goroesi'r anawsterau a ddaeth oherwydd y pandemig. Daw cynhesrwydd, cyd-brofiad a gwydnwch o hyd i ffordd o gynnal perthnasoedd pwysig, beth bynnag yw'r rhwystrau y gall pellter eu creu ar adegau.

Azlan Zulkifli Alymann a Rozainun Hj Abdul Aziz

Our long relationship with Aberystwyth began in 1948, when the University welcomed its first Malaysian student, Muhammad Ghazali bin Shafie, to study Law. Since then, more than 1,000 Malaysian students have graduated from the University. The majority have studied in the Department of Law and Criminology, as the University's LLB degree is recognised as a qualifying Law degree in Malaysia, as well as in England and Wales. Business courses are also popular.

Since graduating from Aber, many Malaysians have gone on to celebrate numerous achievements based on their field of study. Several have become prominent leaders in the country, assuming positions such as ministers, professionals and leading figures in their respective industries.

The closeness generated between Malaysian students and the Aberystwyth community while studying at the University is still alive today. Through the Alumni Club, we have organised activities and meetings, and regularly kept in touch with each other, as well as with University officials. It is always an honour to see the latter visit Malaysia and participate in our events.

Studying in Aber back in the 1990s has left us with good memories of the town, not just the quality of teaching and the student experience, but the scenery of the west Wales coastline and the restorative environment of the town's environs. Photographs, taken during our time in Wales – which capture the Old College, Constitution Hill, Penglais and our halls of residence – are studied back home, and cherished. It was such a breathtaking place to be.

The descendants of the earliest Aber graduates are now continuing this legacy. This relationship has withstood the difficulties presented by the pandemic. Warmth, shared experience and resilience will find a way to maintain important relationships, whatever barriers physical distance may create at times.

Azlan Zulkifli Alymann and Rozainun Hj Abdul Aziz

Plât piwter Royal Selangor ac arno olygfeydd a bywyd gwyllt o Falaysia. Fe'i cyflwynwyd gyda diolch a dymuniadau gorau (Terima kasih dan salam mesra) gan Glwb Cynfyfyrwyr CPC Aberystwyth Malaysia yn 1992.

Commemorative Royal Selangor pewter plate, featuring Malaysia landmarks and wildlife. Presented with thanks and best wishes (Terima kasih dan salam mesra) by the UCW Aberystwyth Alumni Club Malaysia in 1992.

Llestri te traddodiadol
o Korea a roddwyd gan
Ysgol Gristnogol Cymru
Korea i'r Ganolfan
Saesneg Ryngwladol.

Traditional Korean tea
set gifted by the Korea
Wales Christian School
to the International
English Centre.

■ Croesawodd Aberystwyth ei myfyriwr rhyngwladol cyntaf yn 1875, a heddiw cynrychiolir dros 100 o genhedloedd ar y campws. Mae llawer o'r myfyrwyr tramor yn cychwyn eu hastudiaethau yn y Ganolfan Saesneg Ryngwladol (IEC), sy'n cynnig hyfforddiant yn yr iaith Saesneg a sgiliau academaidd i fyfyrwyr o wledydd mor amrywiol â'r Swistir a Saudi Arabia, Brasil a Bangladesh, Korea a Kyrgyzstan.

Ar hyd y daith, mae sawl cyfeillgarwch, rhwng unigolion yn ogystal â sefydliadau, wedi'u meithrin ar draws y diwylliannau. Mae gwreiddiau rhai ohonynt mewn hanes sy'n hŷn na'r Brifysgol ei hun. Un enghraifft yw perthynas Aberystwyth ag Ysgol Gristnogol Cymru Korea, sydd wedi'i lleoli nid nepell o Seoul, prifddinas De Korea.

Mae enw ac ethos yr ysgol yn ddyledus i genhadwr o Gymru, Robert Jermain Thomas. Yn ôl y stori, cyrhaeddodd Thomas Korea yn 1866 ar fwrdd llong fasnach. Ar y pryd roedd teithiau masnachu diwahoddiad yn cael eu hystyried yn elyniaethus, a chafodd Thomas ei ddienyddio, ond nid cyn taflu cyflenwad o Feiblau i'r lan. Defnyddiwyd un o'r Beiblau hyn i bapuro waliau cartref swyddog. Dros y blynyddoedd, darllenwyd y tudalennau a phriodolir diwygiad Cristnogol yn y wlad i Feibl Thomas.

Mae Capel Hanover yn Llanofer, lle'r oedd tad Thomas yn weinidog, bellach yn gyrchfan pererindod i lawer o Koreaid y De, ac mae'r cysylltiadau rhwng y ddwy wlad yn parhau. Mae Prifysgol Aberystwyth wedi cael y pleser o groesawu dros 100 o fyfyrwyr o Ysgol Gristnogol Cymru Korea ers llofnodi memorandwm dealltwriaeth yn 2014.

Ar lawer ystyr, stori o gysylltiad byd-eang yw stori'r Brifysgol. Bob blwyddyn, mae cannoedd o fyfyrwyr tramor yn ymuno â'r Ganolfan Saesneg Ryngwladol a'r Brifysgol ehangach. Mae pob un yn cyfrannu i'n sefydliad a'i gymuned leol mewn ffyrdd unigryw a phwysig, ac yn helpu i wneud Aberystwyth yr hyn ydyw – lle bywiog, diwylliannol-gyfoethog, a chroesawus.

Rachael Davey

■ Aberystwyth University welcomed its first international student in 1875, and today we have more than 100 nationalities on campus. Many overseas students begin their studies in the International English Centre (IEC), which offers English language and academic skills tuition to students from countries as diverse as Switzerland and Saudi Arabia, Brazil and Bangladesh, Korea and Kyrgyzstan.

Along the way, many firm friendships, both individual and institutional, have been formed across cultures. Some have their roots in a history older than the University itself. One example is Aberystwyth's relationship with the Korea Wales Christian School, located just outside Seoul, the South Korean capital.

This school owes its name and ethos to Welsh missionary Robert Jermain Thomas. The story goes that Thomas arrived in Korea in 1866 as a missionary aboard a trading ship. Uninvited trading missions were viewed as hostile at the time and Thomas was executed, but not before throwing his consignment of Bibles ashore. One of these Bibles was used to paper the walls of an official's home. Over the years, the pages were read and Thomas' Bible was credited with bringing about a Christian revival in the country.

Hanover Chapel in Llanofer, where Thomas' father was minister, is now a place of pilgrimage for many South Koreans, and the links between the two nations continue. Aberystwyth University has been pleased to welcome over 100 students from the Korea Wales Christian School since signing a memorandum of understanding in 2014.

The University's story is, in many ways, a story of global connection. Every year, hundreds of overseas students join the International English Centre and the wider University. Each contributes to our institution and its local community in unique and important ways, and helps to make Aberystwyth the vibrant, culturally rich and welcoming place it is.

Rachael Davey

"Nordisk Fredsdag"
18 Maj
"Good will day."
1938

Boys and girls of Wales!

On this day of the "good will"
we thank you for your Kind wishes
and feelings and return same
of all our heart.

We hope with you that children
of today and in future may be allowed
to grow up in peace and freedom.

Ymhlith trysorau digidol y Llyfrgell Genedlaethol yn Aberystwyth mae casgliad nid yn unig o bron pob Neges Heddwch ac Ewyllys Da a gyhoeddwyd gan Urdd Gobaith Cymru a phobl ifanc yr Urdd dros y blynyddoedd ond hefyd yr ymatebion a gafwyd gan blant a phobl ifanc o bedwar ban byd. Daeth y llythyr lliwgar yma at 'Boys and girls of Wales!' gan blant ysgol yn Norwy yn 1938, ar drothwy'r Ail Ryfel Byd. Er treigl amser, mae yna atsain gyfoes o hyd i'w dymuniadau diffuant ond diniwed sy'n dyheu am heddwch i blant y presennol a'r dyfodol.

Roedd gweld y llythyr annwyl hwn o'r gorffennol yn arwyddocaol am sawl rheswm. Yn gyntaf, cefais i ac un ar bymtheg o fyfyrwyr Prifysgol Aberystwyth y fraint o lunio Neges Heddwch ac Ewyllys Da 2022 ac o fod yn Norwy ar 18 Mai ar gyfer ei chyhoeddi i blant a phobl ifanc y byd. Roedd yn achlysur bythgofiadwy, yn enwedig gan i'r neges gael ei rhannu yn ystod dathliadau canmlwyddiant yr Urdd.

Yr arygfwng newid hinsawdd oedd thema neges 2022 ac roedd yn ffrwyth cyfres o weithdai a gynhaliwyd yn ystod gaeaf 2021–22. Buon ni'n cwrdd yn rheolaidd yn lolfa fach Neuadd Pantycelyn i lunio'r testun ac i drafod syniadau dros y we gydag arbenigwyr yn y maes. Yn ogystal, cawsom gyfle i weithio'n rhithiol gyda myfyrwyr Prifysgol Gwyddorau Bywyd Norwy, a oedd, fel Prifysgol Aberystwyth, yn rhan o bartneriaeth Neges Heddwch ac Ewyllys Da 2022.

Roedd bod yn rhan o lunio neges heddwch y canmlwyddiant yn gyfle hefyd i gofio am y cyswllt hir sy'n bodoli rhwng y Brifysgol a'r Urdd ers sefydlu'r mudiad nôl yn 1922. Roedd sylfaenydd y mudiad, Syr Ifan ab Owen Edwards, yn fyfyriwr yn Aberystwyth rhwng 1912 ac 1915 ac yn aelod o staff o 1921 tan 1948, yn cynnwys dwy flynedd fel Cyfarwyddwr yr Adran Efrydiau Allanol.

Mared Edwards

The digital treasures of the National Library of Wales include not only a collection of nearly all Peace and Goodwill messages published by Urdd Gobaith Cymru and the movement's young people over the years but also the responses received from children and young people from across the world. This colourful letter was sent to the 'Boys and girls of Wales!' by schoolchildren in Norway in 1938, shortly before the outbreak of World War Two. Despite the passage of time, there is a contemporary resonance to their heartfelt though idealistic wish: 'We hope with you that children of today and in future may be allowed to grow up in peace and freedom.'

Seeing this sweet letter from the past was significant for several reasons. Sixteen students from Aberystwyth University and I had the privilege of drafting the 2022 Peace and Goodwill Message, and of being in Norway when it was broadcast to the world's children and young people on 18 May. It was an unforgettable occasion, particularly as the message was being shared during the Urdd's centenary celebrations.

The theme of the 2022 message was the climate change crisis, and it followed a series of workshops held during the winter of 2021–22. We met regularly in the small lounge of Pantycelyn Hall to write the text and discuss ideas online with experts in the field. We also worked with students from Norway's University of Life Sciences, who, like Aberystwyth University, were partners in the Urdd's 2022 Peace and Goodwill Message.

Being involved in drawing up the centenary peace message was an opportunity too to reflect on the longstanding links which have existed between the University and the Urdd since the establishment of the organisation in 1922. Its founder, Sir Ifan ab Owen Edwards, was a student at Aberystwyth from 1912 to 1915 and a member of staff from 1921 to 1948, including two years as Director of the Department of External Studies.

Mared Edwards

Llythyr gan blant ysgol Norwy yn ymateb i Neges Heddwch ac Ewyllys Da Urdd Gobaith Cymru yn 1938. Trwy ganiatâd Llyfrgell Genedlaethol Cymru a'r Urdd.

A letter from Norwegian school children in response to Urdd Gobaith Cymru's 1938 Peace and Goodwill Message. By permission of The National Library of Wales and the Urdd.

VOL. XLI

The Dragon,

DEC. 1918

Joan Barkey

Yn ddi-os, y ddwy flynedd ddiwethaf (2020–22) fu'r rhai anoddaf yn fy ngyrfa. Er fy mod wedi wynebu heriau a allai ymddangos yn rhai mwy o ran maint, mae bob amser wedi bod yn bosibl cynllunio a chytuno ar amserlen er mwyn ymateb iddynt. Mae arwain y Brifysgol drwy gyfnod COVID-19 wedi bod yn dra gwahanol ac yn gryn her.

Wrth fyfryio ar golofn olygyddol cylchgrawn myfyrwyr *The Dragon* o 1918 a phandemig ffliw y flwyddyn honno, mae'r elfennau tebyg yn fy nharo: gwaith caled y warden Caroline Pearce Tremain wrth ofalu am fyfyrwyr Neuadd Alexandra, y Senedd yn penderfynu dilyn cyngor meddygol a pharhau i addysgu, cyn gorfod gwneud tro pedol llwyr a chau'r Brifysgol. Ychydig iawn o astudio a gyflawnwyd y tymor hwnnw ac, yn drasig, collwyd tri myfyriwr mewn cyfnod eithriadol o anodd. Er mai ynysu a thrin symptomau oedd yr unig opsiynau yn 1918, rydym wedi gallu ychwanegu profi, imiwneiddio a rhai cyffuriau gwrthfeirysol addawol at y dulliau hynny heddiw, yn ogystal â dysgu digidol a chyfarfodydd digidol.

Ond mae'r epidemig arall sy'n ein hwynebu yn 2022 hefyd yn hoelio fy sylw, sef ym maes iechyd meddwl: ymhlith ein pobl ifanc yn bennaf, ond hefyd yn sgil llwyth gwaith ychwanegol ein staff. Er bod rhai wedi bod wrth eu bodd yn gweithio gartref, mae eraill wedi bod ar dân eisiau dychwelyd i'r swyddfa. Mae angen i fyfyrwyr (a staff) gymdeithasu, cymryd rhan mewn chwaraeon, gweithio a gwirfoddoli. Mae addysgu wyneb yn wyneb yn cael ei werthfawrogi'n fwy nag erioed. Yn wahanol i 1918, mae addysgu wedi parhau ac mae canlyniadau'r asesiadau yn parhau mor gadarn ag erioed.

Er na wyddom pryd na sut y daw'r pandemig presennol i ben, gwyddom y bydd un arall. Mae rolau'r prifysgolion ym meysydd ymchwil ac arloesi wedi bod yn amlwg iawn yn ystod y cyfnod hwn. Ar gyfer y dyfodol, rydym yn buddsoddi mewn ymchwil ym maes iechyd anifeiliaid a dyfodol ffermio: y mae o leiaf ran o'r gwaith hynny yn paratoi ar gyfer y pandemig nesaf.

Elizabeth Treasure

Cylchgrawn
The Dragon,
Rhagfyr 1918.

The Dragon
magazine,
December 1918.

The last two years (2020–22) have, without question, been the most difficult of my entire career. Although I have faced what might have seemed greater challenges, it has always been possible to plan, agree a timescale and deliver. Leading the University through COVID-19 has been entirely different and extremely challenging.

Reflecting on the editorial of *The Dragon* student magazine of 1918 and its discussion of that year's influenza pandemic, I am struck by the similarities reflected here: the warden Caroline Pearce Tremain's hard work in caring for the students of Alexandra Hall, the Senate deciding to follow medical advice and keep teaching, only to have to do a complete about-turn and close the University. Little study was achieved that term and, tragically, we lost three students during that exceptionally difficult time. While, in 1918, isolation and symptomatic treatment were the only options, today we have been able to add testing, immunisation and some promising anti-virals to those approaches, as well as digital learning and digital meetings.

But always in my mind is that other epidemic we face in 2022, that of mental health: mainly in our young, but also arising from the additional workload of our staff. While some have thoroughly enjoyed working from home, others have been really keen to get back into the office. Students (and staff) need to socialise, play sports, work and volunteer. In-person teaching has never been more valued. In contrast to 1918, learning has continued and assessment results are holding up.

While we don't know when or how the current pandemic will end, we do know that there will be another one. Universities' roles in research and innovation have really been apparent in these times. For the future, we are investing in research in animal health and the future of farming. At least part of this is preparing for the next pandemic.

Elizabeth Treasure

Fel myfyrwraig Aberystwyth rhwng 2019 a 2021, cafodd pandemig COVID-19 effaith fawr ar fy mywyd. Er bod fy mlwyddyn gyntaf a'r rhan fwyaf o'r ail flwyddyn yn bleserus, roedd y drydedd, fy mlwyddyn olaf, dipyn yn wahanol. O ganlyniad i gyfyngiadau symud, bu'n rhaid i mi a'm cydfyfyrwyr celf weithio gartref heb gael defnyddio stiwdios nag adnoddau'r Ysgol Gelf. Roedd byw gartref ym Manceinion yn golygu colli cwmni cydfyfyrwyr a'r glan môr hardd a oedd wedi fy nenu i Aberystwyth yn y lle cyntaf. Dechreuais sianelu fy emosiynau a'm pryder ynghylch y pandemig i'm gwaith celf, gan ganolbwyntio ar effaith gwastraff plastig a grëwyd drwy gyfnod COVID-19 ar fywyd y môr.

Rydw i bob amser wedi bod yn angerddol am achosion amgylcheddol, yn enwedig y ffordd y mae ein gweithredoedd ni fel pobl yn effeithio'n uniongyrchol ar fywyd gwyllt. Amcangyfrifir bod 52 y cant o grwbanod môr y byd wedi bwyta gwastraff plastig. Mae'n hawdd deall pam – sut mae crwban môr yn gallu gwahaniaethu rhwng slefren fôr a bag plastig yn arnofio ar wyneb y dŵr? O ganlyniad i'r pandemig, mae masgiau tafladwy wedi datblygu'n fygythiad newydd – mae perygl i fywyd gwyllt dagu arnyn nhw neu fynd yn sownd ynddyn nhw. Roeddwn i eisiau codi ymwybyddiaeth o hyn yn fy ngwaith celf, a phenderfynais ddefnyddio masgiau tafladwy i greu crwbanod môr bach.

Roedd pob masg a ddefnyddiais wedi cael ei daflu yn fy ardal leol. Trodd pob masg unigol yn grwban. Unwaith eto, oherwydd y pandemig, cynhaliwyd fy sioe raddio ar-lein yn hytrach nag fel rhan o sioe draddodiadol mewn oriel. Fodd bynnag, roedd y platfform digidol hwn yn caniatáu i mi godi ymwybyddiaeth o fyrdwn fy mhrosiect ymhlith cynulleidfa ehangach, drwy ddefnyddio ffrydio byw i ddangos gweithdai a fideos o'r crwbanod môr wedi'u ffilmio ar draeth Aberystwyth. Drwy greu tudalen bwrpasol ar-lein, fe wnes i godi arian – ac rwy'n dal i wneud hynny – i'r Gymdeithas Cadwraeth Forol trwy roi crwban môr i unrhyw un a gyfrannodd.

Farrah Nicholson

As a student attending Aberystwyth from 2019 to 2021, the COVID-19 pandemic affected my life greatly. Although my first year and the majority of my second year were enjoyable, my third and final year was rather different. As a result of lockdown restrictions, I and my fellow art students had to work from home, without a studio space or access to facilities. Living back home in Manchester, I missed the company of fellow students and the beautiful seaside which had attracted me to Aberystwyth in the first place. I began to direct my emotions and anxiety about the pandemic into my artwork, focusing on how the plastic waste created during the COVID-19 period affected sea-life.

I have always been passionate about environmental causes, in particular the way in which our actions as humans directly impact on wildlife. It is estimated that 52% of the world's turtles have eaten plastic waste. It is easy to understand why – how can a turtle tell the difference between a floating plastic bag and a jellyfish? As a result of the pandemic, the disposable mask has become a new threat, both a choking and tangling hazard. I wanted to raise awareness of this issue through my artwork, and decided to create miniature turtles out of disposable masks.

All the masks which I collected were littered around my local area. Each separate mask became one turtle. Again, because of the pandemic, my degree show took place online rather than as part of the traditional in-person gallery. However, this digital platform allowed me to raise awareness of the issues in my project with a larger audience, through the live streaming of workshops and videos I had made using my turtles on the beach at Aberystwyth. Through an online fundraising page, I raised money – and continue to do so – for the Marine Conservation Society by giving a turtle to anyone who donated money.

Farrah Nicholson

Cafodd pob un o'r crwbanod môr bach yma ei greu o fasg wyneb meddygol gan Farrah Nicholson, myfyrwraig yn yr Ysgol Gelf, fel rhan o'i phrosiect blwyddyn olaf yn 2020–21.

Each of these small turtles was created from a single surgical facemask by School of Art student Farrah Nicholson as part of her final year project, 2020–21.

Model anatomegol o ddafad gan gwmni cynnyrch milfeddygol H Hauptner & Richard Herberholz o Solingen, yr Almaen. Fe'i defnyddir i ddysgu gwyddor filfeddygol yn Aberystwyth ers degawdau. Mae un ochr yn dangos y cyhyrau a'r organau mewnol, sydd i gyd wedi'u rhifo'n unigol ac y mae modd eu tynnu'n rhydd.

Anatomical model of a sheep by veterinary products manufacturer H Hauptner & Richard Herberholz of Solingen, Germany. It has been used to teach veterinary science at Aberystwyth for decades. One side shows the musculature and internal organs, which are all individually numbered and removable.

Roedd bod yn filfeddyg yn uchelgais gen i erioed, ond gwireddwyd y freuddwyd pan gefais fy newis yn un o'r pump ar hugain o fyfyrwyr cyntaf i astudio'r cwrs BVSc Gwyddor Milfeddygaeth yn Aberystwyth. Felly pa wrthrych dylwn i ei ddewis i gynrychioli Ysgol Gwyddor Filfeddygol gyntaf Cymru? Gallwn fod wedi dewis asgwrn o droed eliffant neu sgerbwd ci, ond llawer mwy addas yn fy marn i yw'r model anatomegol hwn o ddafad. Rydym yn ei ddefnyddio'n ddyddiol i ddysgu am anifail fferm mwyaf cyffredin ac eiconig ein gwlad.

Bu elfennau o astudiaethau milfeddygol yn rhan o gyrsiau amaethyddiaeth yn y Brifysgol am ganrif neu fwy. Ond bellach, mewn partneriaeth â'r Coleg Milfeddygol Brenhinol (RVC), sy'n uchel ei barch drwy'r byd, mae Aberystwyth yn hyfforddi milfeddygon i gefnogi un o ddiwydiannau pwysicaf Cymru, sef amaethyddiaeth, y diwydiant gyda'r ganran uchaf o siaradwyr Cymraeg yn gweithio ynddo. Addas felly fod nifer o fodiwlau'r cwrs yn cael eu cynnig trwy gyfrwng iaith y nefoedd a'r buarth.

Ond er bod pwyslais ar Gymru a chyfleoedd trwy gyfrwng y Gymraeg, nid agwedd ynysig sydd i'r cwrs, gyda myfyrwyr rhyngwladol o bedwar ban byd yn rhan o'r garfan gyntaf. Daw'r Pennaeth, yr Athro Darrell Abernethy, o Dde Affrica yn wreiddiol ac mae ganddo gyfoeth o brofiad rhyngwladol i'w rannu. Rydym hefyd yn elwa o'r buddsoddiad o dros £2 filiwn yn y Ganolfan Addysg Milfeddygaeth newydd ar gampws Penglais, ond hefyd yn gwneud defnydd llawn o ffermydd arloesol y Brifysgol wrth gael profiad ymarferol gyda phob math o anifeiliaid.

Braint yw cael bod yn rhan o'r fenter hanesyddol hon, ond er maint y boddhad â'n hastudiaethau sy'n perthyn i mi a'm cydfyfyrwyr, rydym yn awchu am y cyfle i gymhwyso fel y milfeddygon cyntaf erioed i gael eu hyfforddi yng Nghymru a chael y cyfle i gefnogi cymunedau amaethyddol ein gwlad. Bryd hynny, bydd yn amser rhoi'r ddafad blastig i un ochr a thrin creaduriaid cig a gwaed.

Megan Wynne Jones

My long-held ambition to be a vet came a step closer to being realised when I was selected as one of the first twenty-five students on Aberystwyth's BVSc Veterinary Science course. But which object should represent Wales' first School of Veterinary Science? I could have chosen a bone from an elephant's foot or a dog's skeleton, but this anatomical model of a sheep seems much more apt. We use it every day to learn about our country's most common and iconic farm animal.

The University's agriculture courses have involved elements of veterinary studies for over a century. But now, in partnership with the world-renowned Royal Veterinary College, Aberystwyth trains vets to support one of Wales' most important industries, and the one with the highest percentage of Welsh-speaking workers – agriculture. Appropriately enough, many course modules are offered through the medium of Welsh.

But although there is an emphasis on Wales and opportunities through the medium of Welsh, the course has an international outlook, with students from around the world among the first cohort. The Head, Professor Darrell Abernethy, hails from South Africa and has a wealth of international experience to share. While benefiting from the £2 million plus investment in the new Veterinary Education Centre, we also make full use of the University's innovative farms to gain practical experience with all types of animals.

It is a privilege to be part of this historic initiative, but despite the satisfaction that the course engenders in myself and my fellow students, we hunger for the opportunity to qualify as the first vets ever to be trained in Wales and for the opportunity to support our country's agricultural communities. It will then be time to set the plastic sheep aside and treat real living creatures.

Megan Wynne Jones

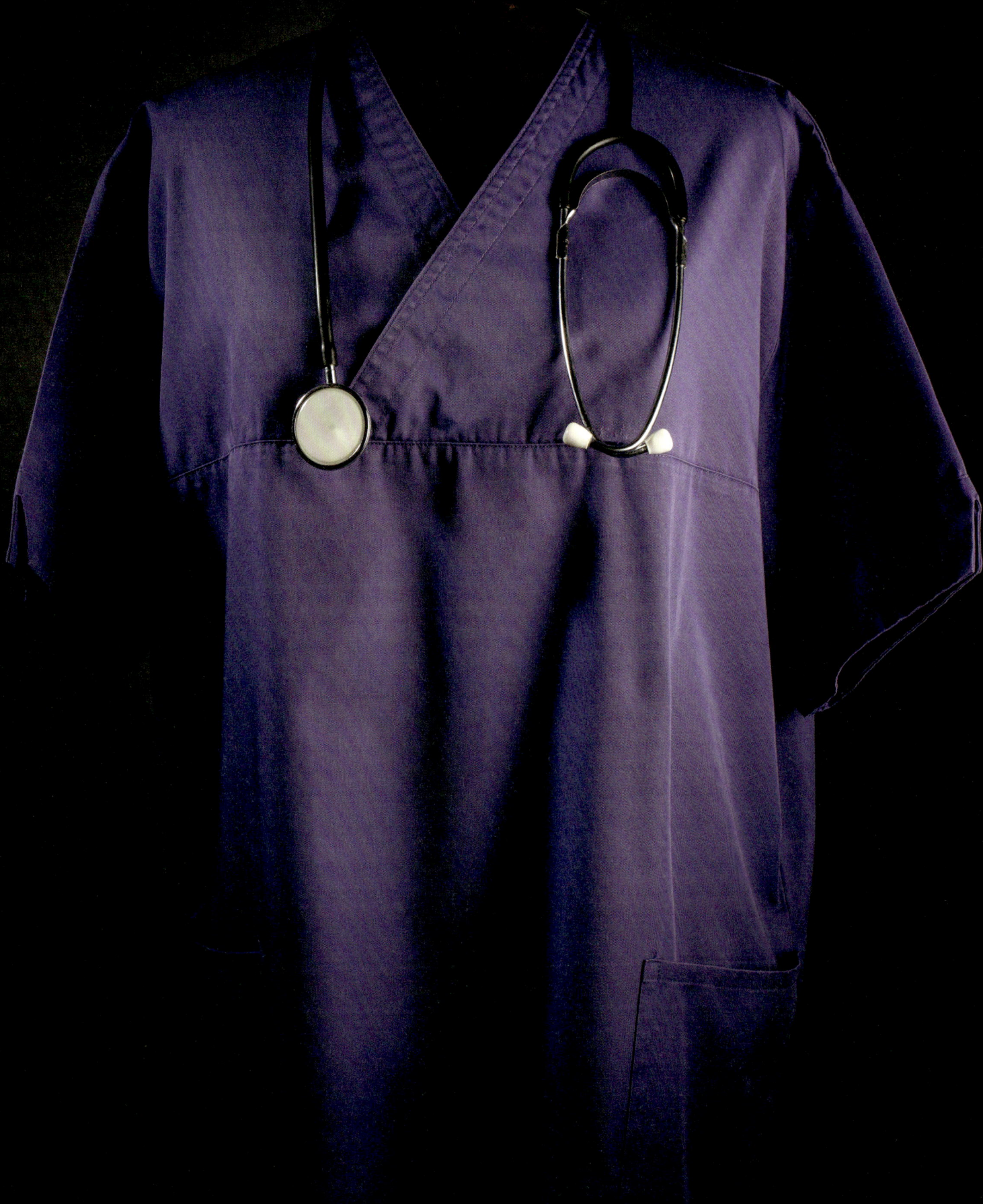

Yn ei adroddiad i'r Cyngor ym mis Hydref 1874, nododd y Prifathro cyntaf, Thomas Charles Edwards (gan gyfieithu ei eiriau): 'Ein nod fydd ffurfio'r math o Goleg y mae anghenion addysgol Cymru yn ei fynnu o bryd i'w gilydd. Ac os daw allan o'r crochan ychydig yn wahanol i ddisgwyliadau llawer, gofynnwn am gael ein barnu gan y prawf syml hwn – Ai dyma beth mae Cymru ei eisiau ar hyn o bryd?' Mae'r prawf yn dal dŵr hyd heddiw, ac mae wedi arwain at gyflwyno ein graddau diweddaraf, wrth i ni geisio darparu rhaglenni sy'n addas ar gyfer bywydau pobl yng nghefn gwlad Cymru.

Daeth ein myfyrwyr nyrsio cyntaf i'r campws ym mis Medi 2022, a'r wisg safonol, borffor hon i Gymru gyfan maen nhw'n ei gwisgo wrth ddysgu mewn mannau clinigol. Rydyn ni'n dechrau gyda dwy ddisgyblaeth – nyrsio oedolion a nyrsio iechyd meddwl. Hefyd yn cyd-daro â dathliadau'r cant a hanner, bydd Athro Economeg Iechyd newydd ar waith, ynghyd â thîm ymchwil bach, gan ddatblygu ein harbenigedd mewn materion iechyd gwledig a gweithio'n agos iawn gyda'r bwrdd iechyd.

Mae'r datblygiadau'n ymateb i anawsterau wrth benodi staff i'r ysbyty, gwasanaethau iechyd cymunedol a chartrefi gofal yn y canolbarth ac, wrth gwrs, yr angen am staff sy'n siarad Cymraeg. Nodwyd angen, ac ymatebwyd yn gyflym. Yn ogystal, crëwyd partneriaethau gyda phrifysgolion Caerdydd ac Abertawe i roi lle i fyfyrwyr meddygol am flwyddyn ar y tro.

Mae gweithio i gryfhau seilwaith ein cymuned mor bwysig, ac mae'n bryd i ni nawr holi rhanddeiliaid lleol am y cam nesaf – boed hynny'n fwy o raglenni academaidd, rhannu cyfleusterau neu brosiectau arbennig. Fy her i Is-Gangellorion y dyfodol yw dal ati i ofyn cwestiwn Thomas Charles Edwards. Sefydlwyd y Brifysgol hon ar gyfer pobl Cymru, ac mae angen iddi barhau i'w gwasanaethu.

Elizabeth Treasure

In his report to Council in October 1874, the first Principal, Thomas Charles Edwards, noted: 'Our aim will be to form such a College as the educational wants of Wales from time to time may demand. And if it comes out of the crucible somewhat different from what many expected, we ask only to be judged by this simple test – Is this the sort of thing Wales at present wants?' This simple test still holds true today and has led to the introduction of our latest degrees, as we seek to deliver programmes suitable for the lives of people in rural Wales.

Our first nursing students arrived on campus in September 2022, and this purple all-Wales standard student nursing uniform is what they wear when learning in clinical areas. We start with two disciplines – adult nursing and mental health nursing. Also coinciding with our 150th anniversary, we will have in post a new Professor of Health Economics and a small research team, building on our expertise in rural health matters and working very closely with the health board.

These developments arose from conversations about difficulties in appointing staff to the hospital as well as community practice and care homes in mid Wales and, of course, the need for Welsh-speaking staff. We identified a need and responded rapidly. In addition, we've developed partnerships with both Cardiff and Swansea universities to host medical students for a year at a time.

Working to strengthen the infrastructure of our community is so important and our question now to local stakeholders is 'what next?'. That may include more academic programmes but it could be shared facilities or special projects. My challenge to future Vice-Chancellors is keep asking Thomas Charles Edwards' question. This University was founded for the people of Wales and it needs to keep serving them.

Elizabeth Treasure

Tiwnig borffor sy'n cael ei gwisgo gan fyfyrwyr fel rhan o wisg nyrsio safonol Cymru gyfan.

Purple tunic worn by students as part of the All-Wales standard nursing uniform.

Allwedd addurniadol o dderw Cymreig gan un o gynfyfyrwyr y Brifysgol, Geraint Edwards, i nodi dyfarnu contract adeiladu prosiect yr Hen Goleg yn 2022. Mae'r llafn yn adlewyrchu siâp yr Hen Goleg, ac mae hefyd yn cynnwys arfbais y Brifysgol.

Commemorative key carved in Welsh oak by alumnus Geraint Edwards. Commissioned to mark the awarding of the construction contract for the Old College project in 2022. The blade features the skyline of the Old College and the University crest.

Adeg ysgrifennu, mae sgaffaldiau wedi'u codi o'r newydd o amgylch yr Hen Goleg ac mae golwg dipyn cadarnach arnynt na'r sgaffaldiau a ddefnyddiodd adeiladwyr Thomas Savin nôl yn y 1860au.

Mae gweld yr adeiladwyr ar waith yn gyffrous dros ben a hithau'n ddeng mlynedd ers comisiynu astudiaeth ddichonoldeb i archwilio posibiliadau diogelu ac adnewyddu'r adeilad. Bu'n gyfnod hir a dwys o ddatblygu cynlluniau, ymgynghori'n helaeth â'r cyhoedd ac arbenigwyr, ennyn cefnogaeth cyllidwyr, ac ystyried anghenion a dyheadau defnyddwyr arfaethedig, ochr yn ochr â dod i ddeall heriau sylweddol a chymhleth y safle a'r adeiladau rhestredig sydd arno. Cam wrth gam, cafodd gweledigaeth ac uchelgais eu trosi'n gynlluniau dylunio a maes o law bydd gennym ganolfan dysg, diwylliant a menter o'r newydd.

Bydd yr Hen Goleg ar ei newydd wedd yn gwasanaethu'r Brifysgol a chymunedau lleol ynghyd ag ymwelwyr. Bydd rhan ohono'n l[l]ety deniadol, gan atseinio'r diben gwreiddiol o dŷ haf a gwesty trawiadol. Ceir mannau dysgu ac astudio ar gyfer ein myfyrwyr. Bydd canolfan neilltuol i gynnig cyfleoedd i bobl ifanc y fro, a bydd unedau menter yn hybu creadigrwydd ac arloesi yn rhan o'n hymrwymiad i hybu ffyniant yn lleol.

Mewn cyfres o orielau fe brofwch hanes y Coleg, darganfod rhyfeddodau gwyddoniaeth ac ymchwil, a mwynhau rhaglen amrywiol flynyddol. Bydd yr holl nodweddion pensaernïol trawiadol wedi'u diogelu a'u hatgyweirio. Daw bywyd newydd i'r Cwad, yr Hen Neuadd a'r llyfrgell ogoneddus. A bydd Atriwm newydd yn ychwanegiad sensitif ond beiddgar a fydd yn cynnig man cyfarfod i ymwelwyr.

Roedd cefnogaeth a haelioni rhyfeddol yn ein helpu i gyrraedd y garreg filltir hon, yn union fel y gwnaeth yn y blynyddoedd sefydlu hynny. Mae'r pwrs cyhoeddus wedi cyfrannu'n sylweddol, ond unwaith eto y mae ceiniogau prin y werin wedi chwarae eu rhan holl bwysig. Diolchwn i bawb, yn gynfyfyrwyr ac eraill, sydd wedi cyfrannu, gan ein galluogi i agosáu at y nod.

Rhodri Llwyd Morgan

As I write, the Old College has once again been enveloped by scaffolding, and it looks considerably more stable than the scaffolding used by Thomas Savin's builders back in the 1860s.

Ten years since a feasibility study was commissioned to explore the possibilities of protecting and renovating the building, it is thrilling to see the builders at work. It has been a long and intense period of developing plans, extensive consultation with the public and experts, gaining funding support, and considering the needs and aspirations of potential users, alongside understanding the significant and complex challenges of the site and its listed buildings. Step by step, vision and ambition have been transformed into design schemes, and we will, in due course, have a new centre for learning, culture and enterprise.

The new-look Old College will serve the University and local communities as well as visitors. Part will provide attractive accommodation, echoing the original purpose of the building as a summer house and an impressive hotel. There are learning and study spaces for our students. There will be a dedicated centre to offer opportunities to young people in the area, and enterprise units will promote creativity and innovation as part of our commitment to promoting local prosperity.

In a series of galleries, you will experience the history of the College, discover the wonders of science and research, and enjoy a varied annual programme. All the striking architectural features will be protected and repaired. New life will be breathed into the Quad, the Old Hall and the glorious library. And a new Atrium will be a sensitive but bold addition: a meeting place.

Remarkable support and generosity helped us reach this milestone, just as it did in those founding years. The public purse has made a significant contribution, but once again, the hard-earned pennies of the people have been vital. We thank everyone, alumni and others, who have contributed, enabling us to take another step towards our goal.

Rhodri Llwyd Morgan

Cyfranwyr / *Contributors*

(yn nhrefn yr wyddor / *in alphabetical order*)

Graddiodd **Catherine Addis** mewn Saesneg a Drama yn 1984 a bu'n Ysgrifennydd Rag Aber yn 1983.
Catherine Addis graduated in English and Drama in 1984 and was Secretary of Aber Rag in 1983.

Mae **Dr Gordon Allison** yn Ddarlithydd Biocemeg yn Athrofa'r Gwyddorau Biolegol, Amgylcheddol a Gwledig (IBERS).
Dr Gordon Allison is a Biochemistry Lecturer in the Institute of Biological, Environmental and Rural Sciences (IBERS).

Darllenodd **Dato' Azlan Zulkifli Alymann** y Gyfraith (1987–90) ac mae'n Llywydd Clwb Cynfyfyrwyr Prifysgol Aberystwyth Malaysia.
Dato' Azlan Zulkifli Alymann read Law (1987–90) and is President of the Aberystwyth University Alumni Club of Malaysia.

Syr Edward Anwyl (1866–1914) oedd Athro'r Gymraeg rhwng 1892 a 1913.
Sir Edward Anwyl (1866–1914) was Professor of Welsh between 1892 and 1913.

Julie Archer yw Rheolwr Llywodraethu Gwybodaeth ac Archifydd y Brifysgol.
Julie Archer is the University's Information Governance Manager and Archivist.

Astudiodd yr **Athro Ddr Rozainun Hj Abdul Aziz** Gyfrifeg a Chyllid (1994–95) ac mae'n Is-Lywydd Clwb Cynfyfyrwyr Prifysgol Aberystwyth Malaysia.
Professor Dr Rozainun Hj Abdul Aziz studied Finance and Accounting (1994–95) and is the Vice-President of the Aberystwyth University Alumni Club of Malaysia.

Mae **Dr Gemma Beatty** yn ddarlithydd yn yr Adran Gwyddorau Bywyd. Mae hefyd yn dysgu cysriau Ecoleg Maes a Chadwraeth yn yr Adran Dysgu Gydol Oes.
Dr Gemma Beatty is a lecturer in the Department of Life Sciences. She also teaches Field and Conservation Ecology courses in the Department of Lifelong Learning.

Astudiodd **Kim Bradick** BSc Ffiseg a Ffiseg yr Atmosffer (1990–1993) ac mae'n Ddirprwy Gofrestrydd.
Kim Bradick studied BSc Physics and Atmospheric Physics (1990–1993), and is a Deputy Registrar.

Graddiodd **Owen Burt** mewn Daearyddiaeth yn 1981, ac ennill TAR yn 1982. Bu'n Drysorydd Rag Aber yn 1982 a 1983, ac yn Brif Gasglwr yn 1981 a 1982.
Owen Burt graduated in Geography in 1981 followed by a PGCE in 1982. He was Treasurer of Aber Rag in 1982 and 1983, and Top Collector in 1981 and 1982.

Mae **Dr Marie Busfield** yn Uwch Ddarlithydd Gwyddor Daear Amgylcheddol yn yr Adran Daearyddiaeth a Gwyddorau Daear.
Dr Marie Busfield is a Senior Lecturer in Environmental Earth Science in the Department of Geography and Earth Sciences.

Mae **Dr T Robin Chapman** yn Uwch Ddarlithydd yn Adran y Gymraeg ac Astudiaethau Celtaidd.
Dr T Robin Chapman is a Senior Lecturer in the Department of Welsh and Celtic Studies.

Mae **Dr Cathryn Charnell-White** yn Ddarllenydd ac yn Bennaeth Adran y Gymraeg ac Astudiaethau Celtaidd.
Dr Cathryn Charnell-White is a Reader and Head of the Department of Welsh and Celtic Studies.

Mae **Arthur Chater** yn fotanegydd ac awdur *Flora of Cardiganshire*. Roedd ei dad, Hugh Chater, yn ddarlithydd yn yr Adran Fotaneg.
Arthur Chater is a botanist and author of Flora of Cardiganshire. *His father, Hugh Chater, was a lecturer in the Department of Botany.*

Louise Chennell yw Curadur Cerameg yr Ysgol Gelf.
Louise Chennell is Curator of Ceramics in the School of Art.

Mae **Simon Cox** yn Athro Mathemateg Gymhwysol ac yn Bennaeth yr Adran Fathemateg.
Simon Cox is Professor of Applied Mathematics and Head of the Department of Mathematics.

Cydlynydd Ymchwil Casgliadau yw **Cara Cullen**, sy'n gweithio ar orielau arddangos newydd yr Hen Goleg.
Cara Cullen is a Collections Research Coordinator, working on the new exhibition galleries in the Old College.

Rachael Davey yw Cyfarwyddwr y Ganolfan Saesneg Ryngwladol.
Rachael Davey is Director of the International English Centre.

Mae **Dr Andrew James Davies** yn Ddarllenydd ac ef yw Pennaeth yr Ysgol Addysg.
Dr Andrew James Davies is a Reader and Head of the School of Education.

Mae **Elgan Philip Davies** yn gyn-lyfrgellydd yn y Brifysgol ac yn awdur lleol sydd wedi ysgrifennu'n helaeth ar hanes yr Hen Goleg.
Elgan Philip Davies is a former University librarian and a local author who has written extensively on the history of the Old College.

Gwen Davies yw golygydd cylchgrawn *New Welsh Review*, sydd wedi'i leoli yn yr Adran Saesneg ac Ysgrifennu Creadigol.
Gwen Davies is the editor of New Welsh Review, *whose offices are in the Department of English and Creative Writing.*

Iwan Teifion Davies yw Cyfarwyddwr Cerdd y Brifysgol.
Iwan Teifion Davies is the University's Director of Music.

Yr **Athro Sarah Davies** yw Pennaeth yr Adran Daearyddiaeth a Gwyddorau Daear.
Professor Sarah Davies is Head of the Department of Geography and Earth Sciences.

Bu **Dr Susan Davies** yn dysgu yn yr Adran Hanes a Hanes Cymru (1979–2008), ac yn yr Adran Astudiaethau Gwybodaeth.
Dr Susan Davies taught in the Department of History and Welsh History (1979–2008) and in the Department of Information Studies.

Yr **Athro JR Ainsworth Davis** (1861–1934) oedd Pennaeth Swoleg a Daeareg rhwng 1891 a 1908.
Professor JR Ainsworth Davis (1861–1934) was Head of Zoology and Geology between 1891 and 1908.

Astudiodd **Barrie Dennett** Ffiseg (1964–67) ac roedd ymhlith wyth o fyfyrwyr a drefnodd daith ar draws y Sahara yn 1966.
Barrie Dennett studied Physics (1964–67) and was one of eight students who organised an expedition across the Sahara in 1966.

Mae **Dr Toby Driver** yn Uwch Ymchwilydd yng Nghomisiwn Brenhinol Henebion Cymru.
Dr Toby Driver is a Senior Investigator at the Royal Commission on the Ancient and Historical Monuments of Wales.

Mae **Catherine Duigan** yn Athro er Anrhydedd yng Ngwyddor yr Amgylchedd yn yr Adran Daearyddiaeth a Gwyddorau Daear.
Catherine Duigan holds an honorary Professorship in Environmental Science in the Department of Geography and Earth Sciences.

Mared Edwards oedd Llywydd Undeb Myfyrwyr Cymraeg Aberystwyth (UMCA) 2021–22 a Llywydd Urdd Gobaith Cymru 2021–2023.
Mared Edwards was President of Aberystwyth's Welsh Students' Union (UMCA) 2021–22 and President of Urdd Gobaith Cymru 2021–2023.

Roedd **Dr EL Ellis** (1922–2008) yn Uwch Ddarlithydd yn yr Adran Hanes, yn warden neuadd breswyl Pantycelyn (1962–74), ac yn awdur *The University College of Wales, Aberystwyth: 1872–1972*.
Dr EL Ellis (1922–2008) was a Senior Lecturer in the Department of History, warden of Pantycelyn Hall (1962–74), and author of The University College of Wales, Aberystwyth: 1872–1972.

Mae **Andrew Evans** yn Athro mewn Ffiseg Deunyddiau ac yn Bennaeth yr Adran Ffiseg.
Andrew Evans is Professor of Materials Physics and Head of the Department of Physics.

Bu **Dafydd Evans** yn astudio'r Gyfraith yn y 1960au ac roedd yn un o bump o fyfyrwyr a ffurfiodd y grŵp roc Cymraeg cyntaf, Y Blew.
Dafydd Evans studied Law in the 1960s and was one of five students who founded the first Welsh rock group, Y Blew.

Mae **Dr Rhodri Evans** yn ddarlithydd yn yr Ysgol Addysg. Testun ei ddoethuriaeth oedd cymdeithas myfyrwyr Aberystwyth, radicaliaeth, a phrotest y 1960au.
Dr Rhodri Evans is a lecturer in the School of Education. His PhD researched the student community of Aberystwyth, radicalism and protest in the 1960s.

Mae **Stephen Fearn** yn dechnegydd yn y Gyfadran Busnes a'r Gwyddorau Ffisegol, ac yn un o sylfaenwyr Clwb Roboteg Aberystwyth.
Stephen Fearn is a technician in the Faculty of Business and Physical Sciences, and a founder of the Aberystwyth Robotics Club.

Mae **Dr John Fish**, MBE, yn fiolegydd morol ac yn gyn-Gyfarwyddwr Athrofa'r Gwyddorau Biolegol.
Dr John Fish, MBE, is a marine biologist and former Director of the Institute of Biological Sciences.

Mae **Matthew Francis** yn Athro yn yr Adran Saesneg ac Ysgrifennu Creadigol ac yn fardd arobryn.
Matthew Francis is a Professor in the Department of English and Creative Writing and an award-winning poet.

Mae **Mariecia Fraser** yn Athro mewn Ecosystemau-amaeth yr Ucheldir yn IBERS, ac yn Bennaeth Canolfan Ymchwil Ucheldir Pwllpeiran.
Mariecia Fraser is Professor of Upland Agroecosystems at IBERS, and Head of the Pwllpeiran Upland Research Centre.

Roedd **William Ewart Gladstone** (1809–1898) yn wleidydd Rhyddfrydol a fu'n Brif Weinidog y DU ar bedwar achlysur rhwng 1867 a 1894.
William Ewart Gladstone (1809–1898) was a Liberal politician who served as UK Prime Minister on four occasions between 1867 and 1894.

Mae **Eluned Gramich** yn awdur, cyfieithydd a golygydd. Enillodd ddoethuriaeth mewn Ysgrifennu Creadigol a Beirniadol yn Aberystwyth yn 2021.
Eluned Gramich is a writer, translator and editor who completed a PhD in Creative and Critical Writing at Aberystwyth in 2021.

Bu **Geraint Gravell** yn aelod o dîm porthorion y Brifysgol, a bu'n gweithio yn yr Hen Goleg rhwng 1989 a 2014.
Geraint Gravell was a member of the University's team of porters, working in the Old College between 1989 and 2014.

Yr Athro **Gareth Griffith** yw Pennaeth Grŵp Ymchwil Microbioleg Adran y Gwyddorau Bywyd ac ef yw curadur Llysieufa'r Brifysgol.
Professor Gareth Griffith is Head of the Microbiology Research Group in the Department of Life Sciences and curator of the University's Herbarium.

Mae **Dr Hywel Griffiths** yn Ddarllennydd yn yr Adran Daearyddiaeth a Gwyddorau Daear, ac yn brifardd.
Dr Hywel Griffiths is a Reader in the Department of Geography and Earth Sciences, and a National Eisteddfod-chaired bard.

Mae **Martha Faye Grubb** yn fyfyrwraig BA (Anrh) mewn Ffotograffiaeth ac Ysgrifennu Creadigol (2021–).
Martha Faye Grubb is a BA (Hons) student of Photography & Creative Writing (2021–).

Mae **Dr Matt Gunn** yn Uwch Gymrawd Ymchwil yn yr Adran Ffiseg ac mae wedi bod yn rhan o brosiect archwilio'r gofod, ExoMars, ers 2010.
Dr Matt Gunn is a Senior Research Fellow in the Department of Physics and has been involved in the ExoMars space exploration project since 2010.

Mae **Elinor Gwynn** yn ymchwilydd yn yr Adran Daearyddiaeth a Gwyddorau Daear, yn amgylcheddwraig ac yn brifardd coronog.
Elinor Gwynn is a researcher in the Department of Geography and Earth Sciences, an environmentalist and award-winning poet.

Mae **Joanne Hamilton** yn Athro Sŵoleg a Gwyddor Parasitiaid yn yr Adran Gwyddorau Bywyd, ac yn Gymrawd y Gymdeithas Fioleg Frenhinol.
Joanne Hamilton is Professor of Zoology and Parasitology in the Department of Life Sciences, and a Fellow of the Royal Society of Biology.

Mae **Dr Andrea Hammel** yn Ddarllenydd yn yr Adran Ieithoedd Modern a hi yw Cyfarwyddwr y Ganolfan Astudio Symudedd Pobl.
Dr Andrea Hammel is a Reader in the Department of Modern Languages and Director of the Centre for the Movement of People.

Dr Rhian Hayward MBE yw Prif Weithredwr Campws Arloesi a Menter Aberystwyth (ArloesiAber).
Dr Rhian Hayward MBE is Chief Executive Officer of the Aberystwyth Innovation and Enterprise Campus (AberInnovation).

Bu **Peter Henley** yn dechnegydd yn yr Adran Fotaneg ac, yn hwyrach, IBERS, am 43 o flynyddoedd rhwng 1959 a 2002.
Peter Henley worked as a technician in the Botany Department and later IBERS for 43 years between 1959 and 2002.

Mae **Dr Harry Heuser** yn Uwch Ddarlithydd mewn Hanes Celf ac yn Gyfarwyddwr Ymchwil yn yr Ysgol Gelf.
Dr Harry Heuser is a Senior Lecturer in Art History and Director of Research in the School of Art.

Yr Athro Nigel Holt yw Pennaeth yr Adran Seicoleg.
Professor Nigel Holt is the Head of the Department of Psychology.

Mae **Mererid Hopwood** yn Athro'r Gymraeg ac Astudiaethau Celtaidd, yn brifardd, a hi yw Llywydd Anrhydeddus Cymdeithas Waldo Williams.
Mererid Hopwood is Professor of Welsh and Celtic Studies, a National Eisteddfod-chaired bard and Honorary President of the Waldo Williams Society.

Mae **Dr Catherine Howarth** yn Ddarllenydd yn IBERS ac mae ei hymchwil yn canolbwyntio ar fridio a geneteg ceirch.
Dr Catherine Howarth is a Reader in IBERS whose research focuses on oat breeding and genetics.

Yr Athro Bryn Hubbard yw Cyfarwyddwr y Ganolfan Rewlifeg a Chyfarwyddwr Ymchwil yr Adran Daearyddiaeth a Gwyddorau Daear.
Professor Bryn Hubbard is the Director of the Centre for Glaciology and Director of Research in the Department of Geography and Earth Sciences.

Mae **David Russell Hulme** yn arweinydd a cherddolegydd Cymreig. Mae'n Ddarllenydd Emeritws ac yn gyn-Gyfarwyddwr Cerddoriaeth y Brifysgol.
David Russell Hulme is a Welsh conductor and musicologist. He is an Emeritus Reader and the University's former Director of Music.

Yr **Athro TS Humpidge** oedd Pennaeth yr Adran Gemeg o 1878 hyd ei farwolaeth gynamserol yn 34 oed yn 1887.
Professor TS Humpidge was Head of Chemistry from 1878 until his early death aged 34 in 1887.

Mae **Dr Bleddyn Huws** yn Uwch Ddarlithydd yn Adran y Gymraeg ac Astudiaethau Celtaidd, ac ef yw awdur *Pris Cydwybod: TH Parry-Williams a Chysgod y Rhyfel Mawr* (Y Lolfa, 2018).
Dr Bleddyn Huws, Senior Lecturer in the Department of Welsh and Celtic Studies, is the author of Pris Cydwybod: TH Parry-Williams a Chysgod y Rhyfel Mawr *(Y Lolfa, 2018) on the writer's conscientious objector status during WWI.*

Mae **Gwenallt Llwyd Ifan** yn Diwtor Cyswllt Gwyddoniaeth yn yr Ysgol Addysg ac mae wedi ennill dwy gadair yn yr Eisteddfod Genedlaethol.
Gwenallt Llwyd Ifan is a Link Tutor for science in the School of Education, and has won two chairs in the National Eisteddfod for his poetry.

Mae **Richard Ireland** yn Uwch Ddarlithydd Emeritws yn Adran y Gyfraith a Throseddeg.
Richard Ireland is Senior Lecturer Emeritus at the Department of Law and Criminology.

Mae'r Athro **Matthew Jarvis** yn gweithio yn yr Adran Saesneg ac Ysgrifennu Creadigol.
Professor Matthew Jarvis works in the Department of English and Creative Writing.

Bu'r **Dr Faaeza Jasdanwalla-Williams** yn diwtor rhan-amser yn yr Adran Hanes a Hanes Cymru o 2009 hyd 2019.
Dr Faaeza Jasdanwalla-Williams was a part-time Tutor in the Department of History and Welsh History from 2009 to 2019.

Mae'r **Athro Anwen Jones** yn Ddirprwy Is-Ganghellor yng Nghyfadran y Celfyddydau a'r Gwyddorau Cymdeithasol.
Professor Anwen Jones is Pro Vice-Chancellor for the Faculty of Arts and Social Sciences.

Gwerfyl Pierce Jones oedd Cadeirydd Bwrdd Prosiect Pantycelyn rhwng 2015 a 2020. Roedd yn Ddirprwy Ganghellor ac yn Ddirprwy Gadeirydd Cyngor y Brifysgol rhwng 2012 a 2019.
Gwerfyl Pierce Jones was Chair of the Pantycelyn Project Board from 2015 to 2020. She was Pro Chancellor and Deputy Chair of the University's Council from 2012 to 2019.

Mae **Huw Penallt Jones** yn Uwch Ddarlithydd yn yr Adran Astudiaethau Theatr, Ffilm a Theledu, yn gynhyrchydd ffilm profiadol ac yn warantwr cwblhau.
Huw Penallt Jones is a Senior Lecturer in the Department of Theatre, Film and Television Studies, an experienced film producer and completer guarantor.

Mae **Megan Wynne Jones** ymhlith y garfan gyntaf o fyfyrwyr i astudio yn Ysgol Gwyddor Filfeddygol y Brifysgol, a agorodd yn 2021.
Megan Wynne Jones is among the first cohort of students in the University's School of Veterinary Science, which opened in 2021.

Mae **Rhys Jones** yn Athro Daearyddiaeth Ddynol ac yn gyn-Bennaeth yr Adran Daearyddiaeth a Gwyddorau Daear.
Rhys Jones is a Professor of Human Geography and a former Head of the Department of Geography and Earth Sciences.

Derbyniodd **Dr Rhidian Lawrence** ei raddau yn Aberystwyth ac ymunodd yn hwyrach â nifer o sefydliadau yn datblygu radar laser a systemau synhwyro o bell.
Dr Rhidian Lawrence received his degrees at Aberystwyth and later joined several organisations in the development of laser radars and remote sensing systems.

Mae **Alan Lovatt** wedi bod yn fridiwr glaswellt o 1974 hyd heddiw, gan gynhyrchu nifer o fathau llwyddiannus yn ystod gyrfa hir gydag IBERS ac yna Germinal Holdings Ltd.
Alan Lovatt has been a grass breeder from 1974 to the present day, producing many successful varieties during a long career in IBERS and subsequently in Germinal Holdings Ltd.

Lauren Marks yw Llywydd Cymdeithas y Cynfyfyrwyr (2021–23), ac mae'n gyn-Lywydd (2016–17) a Swyddog Addysg (2015–16) Undeb y Myfyrwyr.
Lauren Marks is President of the Old Students' Association (2021–23), and former President (2016–17) and Education Officer (2015–16) of the Students' Union.

Mae **Dr Louise Marshall** yn Ddarllenydd ac yn Bennaeth yr Adran Saesneg ac Ysgrifennu Creadigol.
Dr Louise Marshall is a Reader and Head of the Department of English and Creative Writing.

Mae **Dr Jennifer G Mathers**, Uwch Ddarlithydd yn yr Adran Gwleidyddiaeth Ryngwladol, yn arbenigo ar wleidyddiaeth Rwsia a'r cyn-Undeb Sofietaidd.
Dr Jennifer G Mathers is a Senior Lecturer in the Department of International Politics, and a leading expert on the politics of Russia and the former Soviet Union.

Trish McGrath yw Prif Weithredwr Undeb Myfyrwyr Prifysgol Aberystwyth.
Trish McGrath is Chief Executive Officer of Aberystwyth University Students' Union.

Yr Athro **Robert Meyrick** yw Pennaeth yr Ysgol Gelf a Cheidwad Amgueddfa ac Orielau'r Ysgol Gelf.
Professor Robert Meyrick is Head of the School of Art and Keeper of the School of Art Museum and Galleries.

Mae **Dr Helen Miles** yn ddarlithydd yn yr Adran Gyfrifiadureg ac mae wedi bod yn rhan o dîm ExoMars y Brifysgol ers 2016.
Dr Helen Miles is a lecturer in the Department of Computer Science and has been part of the University's ExoMars team since 2016.

Yr Athro **Derec Llwyd Morgan** oedd Is-Ganghellor Prifysgol Aberystwyth rhwng 1995 a 2004.
Professor Derec Llwyd Morgan was Vice-Chancellor of Aberystwyth University from 1995 to 2004.

Mae **Dr John Morgan** yn Gydlynydd Arferion Astudio yn y Ganolfan Saesneg Ryngwladol, ac yn fardd gweledol.
Dr John Morgan is Study Practices Coordinator in the International English Centre, and a visual poet.

Dr Rhodri Llwyd Morgan yw Cyfarwyddwr y Gymraeg a Chysylltiadau Allanol y Brifysgol, a Chadeirydd Bwrdd Prosiect yr Hen Goleg.
Dr Rhodri Llwyd Morgan is the University's Director of Welsh Language and External Engagement, and Chair of the Old College Project Board.

Dr Mike Morris yw Rheolwr Datblygu Busnes prosiect BEACON yn IBERS.
Dr Mike Morris is Business Development Manager for the BEACON project in IBERS.

Mae **Iwan Rhys Morus** yn Athro yn yr Adran Hanes a Hanes Cymru.
Iwan Rhys Morus is a Professor in the Department of History & Welsh History.

Mae **Siân Nicholas** yn Athro Hanes Modern Prydain yn yr Adran Hanes a Hanes Cymru.
Siân Nicholas is Professor of Modern British History in the Department of History and Welsh History.

Astudiodd **Farrah Nicholson** Gelf Gain a Hanes Celf yn yr Ysgol Gelf, gan raddio yn 2021.
Farrah Nicholson studied Fine Art and Art History in the School of Art and graduated in 2021.

Paul O'Leary yw Athro Syr John Williams mewn Hanes Cymru yn yr Adran Hanes a Hanes Cymru.
Paul O'Leary is the Sir John Williams Professor of Welsh History in the Department of History and Welsh History.

Mae **Dr Iwan Owen** yn agronomegydd glaswelltir ac yn ddarlithydd yn IBERS ac yna'r Adran Gwyddorau Bywyd.
Dr Iwan Owen is a grassland agronomist and a lecturer in IBERS, then the Department of Life Sciences.

Yn fardd, yn awdur ac yn ysgolhaig, **Syr TH Parry-Williams** (1887–1975) oedd Athro'r Gymraeg rhwng 1920 a 1952.
A poet, author and scholar, Sir TH Parry-Williams (1887–1975) was Professor of Welsh between 1920 and 1952.

Alison Pierse yw Cydlynydd Celf a Dylunio'r Adran Dysgu Gydol Oes.
Alison Pierse is the Art and Design Coordinator for the Department of Lifelong Learning.

Graddiodd **Paul Revell** mewn Botaneg a Swoleg yn 1982, ac ef oedd Cadeirydd Rag Aber 1983.
Paul Revell graduated in Botany & Zoology in 1982 and was Chair of Aber Rag 1983.

Graddiodd **Eurwen Richards** mewn Amaethyddiaeth yn 1957. Mae'n Gymrawd Anrhydeddus y Brifysgol ac yn gyn-Lywydd y Gymdeithas Technoleg Llaethyddiaeth.
Eurwen Richards graduated in Agriculture in 1957. An Honorary Fellow of the University, she is a former President of the Society of Dairy Technology.

Mae **Felicity Roberts** yn Diwtor a Chydlynydd yn yr Adran Dysgu Cymraeg ers 2007, a bu'n darlithio yn Adran y Gymraeg ac Astudiaethau Celtaidd am 27 mlynedd.
Felicity Roberts has been a Learn Welsh Tutor and Coordinator since 2007 and lectured for 27 years in the Department of Welsh and Celtic Studies.

Mae **Joan Rowlands** yn ddarlithydd yn yr Adran Saesneg ac Ysgrifennu Creadigol.
Joan Rowlands is a lecturer in the Department of English and Creative Writing.

Dr Jan Ruzicka yw Cyfarwyddwr Sefydliad Coffa David Davies ar gyfer Astudiaethau Rhyngwladol, ac mae'n Ddarlithydd mewn Astudiaethau Diogelwch yn yr Adran Gwleidyddiaeth Ryngwladol.
Dr Jan Ruzicka is Director of the David Davies Memorial Institute of International Studies and Lecturer in Security Studies in the Department of International Politics.

Mae'r bardd a'r awdur **Eurig Salisbury** yn Bennaeth Cynorthwyol ac yn Ddarlithydd mewn Ysgrifennu Creadigol yn Adran y Gymraeg ac Astudiaethau Celtaidd.
Poet and author Eurig Salisbury is Assistant Head and Lecturer in Creative Writing in the Department of Welsh and Celtic Studies.

Mae **Phillipp Schofield** yn Athro Hanes yr Oesoedd Canol ac yn Bennaeth yr Adran Hanes a Hanes Cymru.
Phillipp Schofield is Professor of Medieval History and Head of the Department of History and Welsh History.

Mae **Dr Ian Scott** yn Uwch Ddarlithydd yn yr Adran Gwyddorau Bywyd.
Dr Ian Scott is a Senior Lecturer in the Department of Life Sciences.

Mae **Dr Patricia Shaw** yn Ddarlithydd a hi yw Pennaeth y Grŵp Ymchwil Roboteg Ddeallus yn yr Adran Gyfrifiadureg.
Dr Patricia Shaw is a Lecturer and Head of the Intelligent Robotics Research Group in the Department of Computer Science.

Astudiodd **Anne-Marie Sherwood** Economeg Amaethyddol rhwng 1972 a 1977, a hi oedd Swyddog Cyhoeddusrwydd Pwyllgor Adloniant Urdd y Myfyrwyr rhwng 1972 a 1974.
Anne-Marie Sherwood studied Agricultural Economics from 1972 to 1977 and was Publicity Officer for the Guild of Students' Entertainment Committee from 1972 to 1974.

Mae **Dr Anoush Simon** yn Uwch Ddarlithydd ac yn Bennaeth yr Adran Astudiaethau Gwybodaeth.
Dr Anoush Simon is a Senior Lecturer and Head of the Department of Information Studies.

Papur newydd dyddiol yn cynnwys newyddion lleol a chenedlaethol oedd y *South Wales Daily News* rhwng 1872 a 1918.
The South Wales Daily News was a daily newspaper covering local and national events between 1872 and 1918.

Yr **Athro Fonesig Elan Closs Stephens** yw Dirprwy Ganghellor y Brifysgol, mae'n Athro Emeritws Cyfathrebu a Diwydiannau Creadigol, ac yn gyn-Bennaeth yr Adran Astudiaethau Theatr, Ffilm a Theledu.

Professor Dame Elan Closs Stephens is University Pro Chancellor, Emeritus Professor of Communications and Creative Industries, and former Head of the Department of Theatre, Film and Television Studies.

D Gwawr Taylor yw Ysgrifennydd y Brifysgol ers 2022.

D Gwawr Taylor was appointed University Secretary in 2022.

Mae **Dr Rhys Thatcher** yn Ddarllenydd yn yr Adran Gwyddorau Bywyd ac yn Gymrawd Cymdeithas Gwyddor Chwaraeon ac Ymarfer Corff Prydain.

Dr Rhys Thatcher is a Reader in the Department of Life Sciences and a Fellow of the British Association of Sport and Exercise Sciences.

Yr Arglwydd Thomas o Gwmgïedd yw Canghellor Prifysgol Aberystwyth, ac ef oedd Arglwydd Brif Ustus Cymru a Lloegr rhwng 2013 a 2017.

Lord Thomas of Cwmgïedd is Chancellor of Aberystwyth University and was Lord Chief Justice of England and Wales between 2013 and 2017.

Mae **Dr Judith Thornton** yn Rheolwr Prosiect sy'n gweithio ar agronomeg a bridio *Miscanthus* yn IBERS.

Dr Judith Thornton is a Project Manager working on Miscanthus *agronomy and breeding in IBERS.*

Astudiodd **Roger Tomlinson** Ddaearyddiaeth ac Economeg yn Aberystwyth (1963–1968) ac ef oedd rheolwr cyntaf Canolfan Celfyddydau Aberystwyth (1972–1975).

Roger Tomlinson studied Geography and Economics at Aberystwyth (1963–1968) and was the first manager of the Aberystwyth Arts Centre (1972–1975).

Yr Athro Elizabeth Treasure yw Is-Ganghellor y Brifysgol (2017–). Yn 2021, cafodd ei hethol yn Gadeirydd Prifysgolion Cymru ac Is-Lywydd (Cymru) Prifysgolion y DU.

Professor Elizabeth Treasure is Vice-Chancellor of Aberystwyth University (2017–). In 2021, she was elected Chair of Universities Wales and Vice-President (Wales) of Universities UK.

Wedi graddio mewn Cymraeg, astudiodd **Marged Tudur** MA Ysgrifennu Creadigol cyn cwblhau doethuriaeth yn 2020.

Having graduated in Welsh, Marged Tudur studied for an MA in Creative Writing before completing a PhD in 2020.

Mae'r **Athro Richard Marggraf-Turley** yn dal Cadair Bersonol yn yr Adran Saesneg ac Ysgrifennu Creadigol, ac mae'n Gyd-Gyfarwyddwr y gynhadledd Keats flynyddol a drefnir gan Sefydliad Keats.

Professor Richard Marggraf-Turley holds a Personal Chair in the Department of English and Creative Writing and is Co-Director of the Keats Foundation's annual Keats Conference.

Yn raddedig o Adran y Gymraeg ac Astudiaethau Celtaidd, mae **Iestyn Tyne** yn fardd, yn gerddor ac yn olygydd.

A graduate of the Department of Welsh & Celtic Studies, Iestyn Tyne is a poet, musician and editor.

Mae **Moira Vincentelli** yn Athro Emeritws mewn Hanes Celf ac yn Guradur Ymgynghorol Cerameg yn yr Ysgol Gelf.

Moira Vincentelli is Professor Emeritus of Art History and Consulting Curator of Ceramics in the School of Art.

Mae **Karen Westendorf** yn Gynorthwyydd Technegol a Churadurol yn yr Ysgol Gelf.

Karen Westendorf is Curatorial and Technical Assistant in the School of Art.

Mae **Dr Eryn White** yn hanesydd Cymru yn y cyfnod modern cynnar, ac yn Ddarllenydd yn yr Adran Hanes a Hanes Cymru.

Dr Eryn White is a historian of early modern Wales and a Reader in the Department of History and Welsh History.

Mae **Bruce Wight** yn Ddarlithydd Cynorthwyol yn Ysgol Fusnes Aberystwyth ac ef oedd Llywydd Undeb y Myfyrwyr rhwng 2017 a 2019.

Bruce Wight is an Associate Lecturer in the Aberystwyth Business School and was President of the Students' Union between 2017 and 2019.

Graddiodd **Sioned Wiliam** mewn Drama yn 1982 ac fe'i hanrhydeddwyd yn Gymrawd yn 2008. Yn nofelydd ac yn gynhyrchydd arobryn, bu'n Olygydd Comisiynu Comedi BBC Radio 4 rhwng 2015 a 2022.

Sioned Wiliam graduated in Drama in 1982 and became an Honorary Fellow in 2008. A novelist and award-winning producer, she was Commissioning Editor for Comedy at BBC Radio 4 between 2015 and 2022.

Dr Calista Williams yw Cydlynydd Rhaglen y Dyniaethau a'r Gwyddorau yn yr Adran Dysgu Gydol Oes.

Dr Calista Williams is the Humanities and Science Programme Coordinator in the Department of Lifelong Learning.

Astudiodd **Martin R Williams** y Gyfraith (1964–1967) ac wedi graddio, daeth yn gyfreithiwr yn ei dref enedigol, Coventry.

Martin R Williams studied Law at Aberystwyth (1964–1967) and became a solicitor in his hometown of Coventry after graduating.

Mae **Dr Ruth Wonfor** yn ddarlithydd Gwyddor Anifeiliaid a Cheffylau yn yr Adran Gwyddorau Bywyd.

Dr Ruth Wonfor is a lecturer in Animal and Equine Science in the Department of Life Sciences.

Mae **Dr Martin Wright** yn Uwch Ddarlithydd Hanes ym Mhrifysgol Caerdydd ac yn gyn-diwtor efrydiau allanol ym Mhrifysgol Aberystwyth.

Dr Martin Wright is a Senior Lecturer in History at Cardiff University and a former extra-mural tutor at Aberystwyth.

Yn actor a chanwr adnabyddus, astudiodd **Emyr Wyn** radd mewn Hanes a Gwleidyddiaeth (1971–74) ac roedd yn un o aelodau cychwynnol y band gwerin Mynediad am Ddim.

Well-known actor and singer Emyr Wyn studied History and Politics (1971–74) and was one of the founding members of the folk group Mynediad am Ddim.

Darllen Pellach / *Further Reading*

Davies, Elgan Philip *Bywyd Newydd i'r Hen Goleg / New Life for Old College* (Prifysgol Aberystwyth / Aberystwyth University, 2021).

Davies, Elgan Philip *Yr Hen Goleg / The Old College* (Gwasg Gomer, 2011)

Davies, Susan *Philanthropy at Aberystwyth University 1860–1950* (Prifysgol Aberystwyth / Aberystwyth University, 2016)

Ellis, EL (et al), yn gol / in ed JA Andrews *Alexandra Hall 1896–1986* (Coleg Prifysgol Cymru / University College of Wales Aberystwyth, 1986)

Ellis, EL *University College of Wales, Aberystwyth 1872–1972* (Gwasg Prifysgol Cymru / University of Wales Press, 1972)

Jenkins, Geraint H *The University of Wales: An Illustrated History* (Gwasg Prifysgol Cymru / University of Wales Press, 1993)

Meyrick, Robert and Holland, Neil *To Instruct and Inspire: 125 Years of Collecting Art and Crafts at the University of Wales, Aberystwyth* (University of Wales School of Art Press, 1997)

Meyrick, Robert a Holland, Neil *Addysgu ac Ysbrydoli: 125 Mlynedd o'r Casgliad Celf a Chrefft* (Gwasg yr Ysgol Gelf, Prifysgol Cymru, Aberystwyth, 1997)

Morgan, Iwan J (gol/ed) *The College by the Sea: A Record and a Review* (Y Cyngor Cynrychioli Myfyrwyr a Chyngor y Coleg / The Students' Representative Council and the College Council, Cambrian News Ltd, 1928)

Old Students' Association *Canrif o Fywyd Colegol / A Hundred Years of College Life* (Cymdeithas y Cynfyfyrwyr / Old Students' Association, 1972)

Webster, J Roger *Old College, Aberystwyth: The Evolution of a High Victorian Building* (Gwasg Prifysgol Cymru / University of Wales Press, 1995)

Gweler hefyd: **www.aber.ac.uk/amserlin**
See also: **www.aber.ac.uk/timeline**

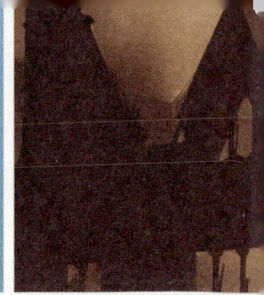

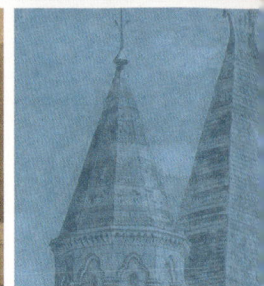

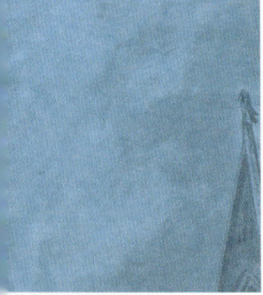

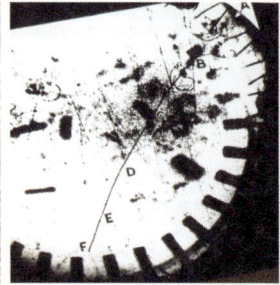

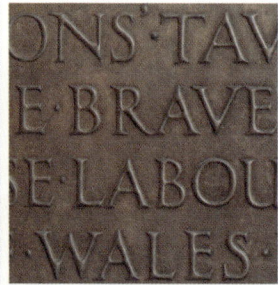

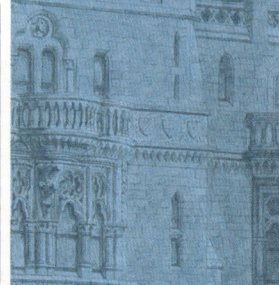

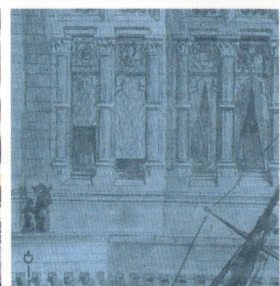

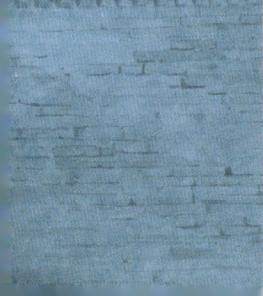